FISCHER

Kevin Dutton
Andy McNab

# DER GUTE PSYCHOPATH IN DIR

## Entdecke deine verborgenen Stärken!

Aus dem Englischen
von Gabriele Herbst

FISCHER

FSC
www.fsc.org
MIX
Papier aus verantwortungsvollen Quellen
FSC® C083411

Deutsche Erstausgabe

Erschienen bei FISCHER Taschenbuch,
Frankfurt am Main, März 2015

Die Originalausgabe erschien 2014
unter dem Titel »The Good Psychopath's Guide to Success«
im Verlag Bantam Press, London,
an Imprint of Transworld Publishers

Satz: Dörlemann Satz, Lemförde
Druck und Bindung: CPI books GmbH, Leck
Printed in Germany
ISBN 978-3-596-03273-0

*Wenn sich also ein überlegener Verstand und ein psychopathisches Temperament … in ein und derselben Person verbinden, haben wir die bestmöglichen Bedingungen für die Art erfolgreiches Genie, das in die Biographielexika eingeht.*
*Solche Männer bleiben mit ihrem Verstand nicht bloße Kritiker und Versteher. Ihre Ideen ergreifen Besitz von ihnen, sie zwingen sie ungeachtet der Folgen ihren Zeitgenossen auf.*

William James, »Vater der amerikanischen Psychologie« (1842–1910)

*Wir sind die Pilger, Herr; wir werden*
*Immer ein wenig weitergehen; auch hinaus über*
*Den letzten blauen Berg, bewehrt mit Schnee*
*Über die tobende oder die schimmernde See.*

Aus *The Golden Road to Samarkand* von James Elroy Flecker (1884–1915). Diese Zeilen stehen auf dem Glockenturm des Stützpunkts des Special Air Service in Hereford.

# INHALT

PROLOG

# HABEN SIE LUST, RAUFZUKOMMEN UND SICH MEIN LABOR ANZUSCHAUEN …?

Das Birkbeck College der University of London besteht aus einem ausgedehnten Gebäudekomplex, in dem ungefähr 20000 Studenten mit bücherbepackten Rucksäcken herumwuseln. Ich traf mich mit Kevin Dutton, weil seine Kollegen an der psychologischen Fakultät dort über die landesweit modernsten Geräte für die Sorte Experiment verfügten, das Kevin mit mir vorhatte.

Nachdem ich eine ungeheuerliche Parkgebühr entrichtet hatte, spazierte ich durch das Gelände und kam schließlich bei Kevin an. Er trug immer noch langes, in der Mitte gescheiteltes Haar und ein riesiges Brillengestell à la Buddy Holly. Damit sah er eher aus wie der Bassgitarrist einer Rockband der 1980er als wie ein Professor.

Aber ausnahmsweise hatte er sich zurechtgemacht wie ein Eierkopf von der Universität.

Er steckte in einem wollenen, Rupert-Bär-artig blaukarierten Dreiteiler und einem rosa Hemd, bis oben hin zugeknöpft, aber ohne Krawatte. Er wirkte wie der sprichwörtliche schrullige Professor, der vergessen hat, sich anständig anzuziehen oder in seine Schuhe zu schlüpfen, bevor er das Haus verlässt, weil er vom Augenblick des Erwachens an mit dem Kopf völlig in den Wolken schwebt, nachdem er die Nacht als Traumtänzer verbracht hat. Das, was so zum normalen Leben gehört – das hatte einfach keinen Platz in seinem Tag.

Er begrüßte mich in breitem Cockney-Dialekt: »Na, Kumpel, wie läuft's denn so?«

»Besser als bei dir, so wie's aussieht«, erwiderte ich. »Wo hast du denn bloß diesen Anzug her – Disneyland?«

Kevin lotste mich zu einem der Gebäude, und mit quietschenden Sohlen durchschritten wir weißgestrichene Korridore mit spiegelblanken Linoleumböden. »Andy, danke, dass du mitmachst. Je mehr Freiwillige wir haben, desto besser wird die Wissenschaft – du verstehst, was ich meine?«

Wir gingen durch eine dicke, hölzerne Schwingtür in ein weißes, steriles Labor. Sechs oder sieben junge Männer und Frauen eilten geschäftig darin umher, angetan mit weißen, zum Raum passenden Kitteln. Es hätte ein Labor sein können mit den taillenhohen Arbeitstischen, doch die Bunsenbrenner fehlten. Stattdessen waren drei der Tische vollgestellt mit Monitoren, Festplatten und Stapeln von Ausdrucken. Aus den Rechnern führten Kabelstränge, mittels Klebeband gebündelt, über den glänzenden Boden bis hin zu einer Gummikappe, die zusammen mit einer Tube Gleitgel neben einer Art Zahnarztstuhl lag, vor dem ein 126-cm-Flachbildschirm an der Wand platziert war. Kevin nickte stolz.

»Willkommen in meiner Welt: zentrale Hirnforschung, und ich bin dein leitender Folterer.«

Er deutete zufrieden auf den Stuhl und den Bildschirm.

»Dieser Sessel ist jetzt deine Welt. Dort wirst du sitzen, wenn wir das Gel und dieses hübsche Käppchen da an Ort und Stelle gebracht haben, und dann werden wir sehen, was in deinem Kopf vor sich geht, wenn wir dich ein bisschen piesacken. Ich werde dir auf dem Bildschirm ein paar ziemlich scheußliche Dinge zeigen und dir Entsprechendes auf die Ohren geben. Dann messe ich, wie du darauf reagierst. Ist ein Kinderspiel, oder? Du setzt dich einfach hin, und die Mädels regeln den Rest. Stell dir einfach vor, du wärst beim Frisör.«

Ich verstand und machte es mir bequem, während zwei der

Mädchen mein Haar eingelten. Währenddessen knöpften mir andere Weißkittel mein Hemd auf und klebten EKG-Elektroden auf meine Brust. Dann kam die Matrix-Kappe mit 20 oder mehr Elektroden an der Innenseite; außen hingen die Kabel heraus bis hinunter auf den Boden wie das längste Haar der Welt. Das war die Vorrichtung zur Aufzeichnung des EEGs, wie Kevin erklärte. Dieses Elektroenzephalogramm registrierte die elektrische Aktivität in meinem Gehirn. Die beiden Mädchen zogen mir die Kappe stramm über den Kopf, damit alle Elektroden Kontakt mit dem Gel bekamen. Eine andere Weißkittelträgerin befestigte Klettband um meine Finger, von denen Kabel zu einem gelben Kasten auf dem Tisch führten. Damit wurde laut Kevin mein elektrischer Hautwiderstand gemessen. An dessen Veränderung ließ sich ablesen, ob und wie stark ich unter Stress stand. Als sie fertig waren, sah ich aus, als sei ich in einer riesigen Verteilerdose gefangen.

»Ich komme mir vor wie Hannibal Lecter«, scherzte ich.

Kevin lachte ebenfalls, lauter als nötig. Dann setzte er die Kopfhörer auf meine Ohren und schrie, als ob das Headset mich taub machen würde: »Kumpel, du wirst gleich Dinge sehen, auf die er stolz gewesen wäre. Ich schalte jetzt in den Professorenmodus, also keine Witze und nichts Persönliches mehr, klar so weit?«

Unmittelbar vor mir hing der Bildschirm. Kevin drückte den Einschaltknopf, und die Mattscheibe erwachte zum Leben. Musik wie im Fahrstuhl einer Kureinrichtung erklang in meinen Kopfhörern. Seidiges, silbriges Wellengekräusel eines Sees erfüllte den Bildschirm vor meinen Augen. Fast glaubte ich, einen Werbespot für Inkontinenzeinlagen zu sehen.

»Okay.« Kevins Stimme kam aus dem Kopfhörer. »Andy, du siehst jetzt auf dem Bildschirm vor dir eine ruhige, friedliche Szene, die gegenwärtig von dieser schönen, entspannenden Musik begleitet ist. Alles gut, nicht wahr? Ich ermittle gerade die physiologischen Ausgangswerte, damit wir später die Erregungsniveaus messen können. Lehn dich also einfach entspannt zurück.«

Ich nickte, so gut ich mit dem ganzen Matrix-Geschirr auf dem Kopf eben konnte.

»Mach das Beste draus, denn in ein paar Augenblicken, irgendwann in den nächsten 60 Sekunden, werden sich die Bilder ändern. Sie werden sich dann sehr stark von dem unterscheiden, was jetzt auf dem Schirm zu sehen ist. Sie werden brutal, widerlich, drastisch, aufwühlend sein. Wir werden dir also gewaltig Zunder geben!

Während du diese Bilder siehst, werden wir die Veränderungen deiner Herzfrequenz, deines Hautwiderstands und deiner EEG-Aktivität beobachten und sie mit deinen Ruhepegeln vergleichen. Noch Fragen?«

»Bisschen zu spät dafür, oder?«

Kevin hatte keinen Sinn mehr für Geplauder. »Okay. Bereitschaft.«

Ich saß da und wartete, und plötzlich änderte sich die Szenerie. Als Nächstes sah ich drastische Bilder – Enthauptungen, Folter, Hinrichtung und abgetrennte Gliedmaßen. Einmal meinte ich sogar Blutgeruch wahrzunehmen, so plastisch waren sie: diesen ekelhaft süßlichen Geruch, den man niemals wieder vergisst. Die Wellness-Musik war ebenfalls weg. Die neuen Bilder wurden begleitet von Sirenengeheul und weißem Rauschen wie der Soundtrack eines schlechten Science-Fiction-Films.

Ich saß da und ließ es über mich ergehen. Ich war mir nicht sicher, wie lange es dauerte, doch bald erschien wieder der See, und die Fahrstuhlmusik streichelte meine Ohren. »Erledigt«, dachte ich und wartete, dass jemand käme und mich von Rapunzels Haar befreite. Aber nein, die Horrorbilder und der Krach brachen erneut über mich herein, bis wieder die Wellness-Musik und der See erschienen – diesmal sogar mit einem tieffliegenden Schwan!

»Scheiße!«, dachte ich. »Dieser verdammte Inkontinenzspot macht mich noch ganz irre!«

Die Datensammlung ging ungefähr eine Minute lang weiter, dann kamen zwei weibliche Weißkittel und begannen mich abzustöpseln. Das meiste ging ganz leicht ab, abgesehen von der Kappe und ein paar Sensoren auf der Brust, die sogar zwei haarlose Flecken hinterließen. Durch das Gel hatten sie sich total festgesaugt, und auch die Kappe wollte partout da bleiben, wo sie war. Schließlich löste sie sich mit einen lauten Schmatzen, und ich sah mein Spiegelbild auf dem Bildschirm: Hannibal Lecter hatte sich in Jedward verwandelt.

Ich erhob mich aus dem Sessel und ging hinüber an den Tisch zu Kevin. Die Drucker surrten, und er studierte eifrig die Ausdrucke und blickte dabei immer wieder auf die Monitore.

Er konnte die Augen nicht von den Daten wenden, als ich mich neben ihn stellte, und sagte: »Normalerweise frage ich die Probanden, ob es ihnen gutgeht und ob sie einen Kaffee möchten. Aber wenn ich mir diese Daten ansehe, glaube ich, dass eher ich einen brauche.«

»Ich würde trotzdem einen nehmen«, sagte ich. »Milch, keinen Zucker.«

Er blickte nicht auf. Papierbahnen quollen aus den Geräten, wanden sich überall. »Tut mir leid, Kumpel, nur Espresso. Wir brauchen Koffein für die ganze Hirnarbeit, die wir hier leisten.«

»Auch gut.«

Einer der jungen Kerle nickte und verschwand mit den Kaffeebestellungen. Man bot mir einen Laborhocker an, und ich setzte mich zu Kevin vor die Geräte. Er zeigte dahin und dorthin, und hinter mir erhob sich ein Raunen, als die Weißkittel die Daten erblickten.

»Siehst du hier? Deine Herzfrequenz war gegenüber deinen Ruhepegeln signifikant erhöht, als ich dich gebeten habe, dich bereitzuhalten. Das ist normal. Das ist die Erwartungsspannung, was jetzt wohl gleich kommt. Und nun diese Aufzeichnung. Hier steigen deine Pegel an.«

Ich nickte zwar, doch für mich waren das nur krakelige Linien, die nach oben wiesen.

Er deutete wieder auf etwas. »Aber mit der Szenenänderung wurde irgendwo in deinem Gehirn – wie soll ich sagen? – ein Aus-Knopf gedrückt. Deine psychologischen Anzeigewerte kippten ins Gegenteil. Deine Herzfrequenz verlangsamte sich. Deine Hautleitfähigkeit sank. Dein EEG ging runter. Gegen Ende der Videoshow sanken deine sämtlichen psychologischen Output-Maße sogar unter ihre Ausgangswerte. Siehst du das? Schau mal, nur noch gerade Linien.«

Er wandte sich mir mit einen breiten Grinsen zu. »So etwas hab ich noch nie gesehen. Es ist, als ob dein Gehirn sagen würde: ›Na los, gib's mir doch!‹ Und als dann die Hölle so richtig losging, reagierte es wie auf Autopilot, wie eine Drohne in Menschengestalt. Du hast es vielleicht witzig gemeint, als du gesagt hast, du kämst dir vor wie Hannibal Lecter, aber ich glaube, ihr beide habt mehr gemein, als du denkst!«

Kevin schaute mich unverwandt an, und aus der Nähe wirkten seine Augen doppelt so groß wie ohne die Mordsbrille. Sein Lächeln war ein wenig beunruhigend. Etwa so, wie Ärzte es an sich haben, wenn sie bei einem armen, ahnungslosen Opfer eine exotische Geschwulst oder eine üble Krankheit festgestellt haben. Er wartete darauf, dass ich etwas sagte. Doch ich hielt den Mund, ich hörte nur zu. Die Hälfte dessen, was er von sich gab, ging sowieso über meinen Verstand.

»Nimm's mir nicht übel, aber wenn mir jemand diese Daten zeigen und behaupten würde, sie stammten von einem Menschen – einem *lebendigen* –, dann bin ich nicht sicher, ob ich ihm glauben würde. Du warst so weit jenseits von aller Welt, dass du … schon in einer *anderen Welt* warst.«

Er klatschte in die Hände, ganz in *seiner* eigenen Welt.

»Und was bedeutet das«, fragte ich, »außer dass mich ein Video nicht sonderlich aus der Ruhe bringt?«

Seine Hand legte sich auf meine Schulter. »Hast du *Blade Runner* gesehen?«

»Ja.«

»Du erinnerst dich an den Test? Den Voight-Kampff-Test, das polygraphenähnliche Gerät, mit dem Harrison Ford Verdächtige darauf prüft, ob sie Replikanten sind?«

Ich nickte. »Guter Film.«

»Also, das hier ist der *echte* Voight-Kampff-Test! Und weißt du, was er mir sagt?«

»Du wirst es mir gleich verraten.«

Kevin holte tief Luft: »Er sagt mir, dass du durchaus ein Psychopath sein könntest.«

Er strich sich mit den Fingern durchs Haar und riss seine Glupschaugen auf, um seine Aussage zu unterstreichen. Dann sah er den Ausdruck auf meinem Gesicht.

»Keine Sorge, das heißt nicht, dass du mit einer Axt Amok laufen wirst oder so was. Eine der Besonderheiten von Psychopathen besteht darin, dass die Lichtschalter in ihrem Gehirn nicht ganz so verdrahtet sind wie beim Rest der Menschheit. Ein besonders betroffenes Areal ist die Amygdala. Das ist eine erdnussgroße Struktur – manche sagen mandelförmig, manche erdnussförmig, aber wer weiß das schon, und wen juckt's? –, die genau im Zentrum der Platine sitzt.«

Er bearbeitete seinen Kopf mit den Fingerknöcheln.

»Diese Amygdala ist das emotionale Kontrollzentrum des Gehirns. Sie überwacht unseren gesamten emotionalen Luftraum und ist dafür verantwortlich, wie wir die Dinge empfinden. Doch bei Psychopathen – Leuten wie dir – ist ein Teil dieses Luftraums, der Teil, welcher Angst entspricht, leer. Da ist nichts. Null.«

Er wies mit den Händen auf die Monitore und Ausdrucke. »Das da, das bist du. Aber keine Sorge, du gehörst nicht zur Hollywood-Sorte. Es gibt gute und es gibt böse Psychopathen. Klar so weit?«

»Nein.«

Kevin stürzte den Rest seines Kaffees hinunter und wischte sich die Lippen. »Alfred Hitchcock hat uns allen weisgemacht, dass jeder Psychopath den lieben langen Tag um Duschen herumschleicht. Und was Hannibal Lecter angeht ... Es gibt viele Gründe, warum diese Typen den Terminator machen – ihre Kindheit, ihre Gene und natürlich die Verdrahtung ihres Gehirns.

Doch im richtigen Kontext können bestimmte psychopathische Eigenschaften sogar sehr konstruktiv sein. Denk mal an die Burschen im Justizwesen. Was glaubst du wohl, wie so ein Staranwalt es schafft, ein mutmaßliches Vergewaltigungsopfer im Kreuzverhör so auseinanderzunehmen, dass die Zeugin zusammenbricht und manchmal ihr Leben lang an den Folgen zu knabbern hat – und dann heimzukommen, seine Kinder zu knuddeln und mit seiner Frau essen zu gehen?

Oder nehmen wir das Bankwesen und die Politik. In den Finanzzentren und Regierungen der Welt wimmelt es von Psychopathen – total fokussiert, total skrupellos. Klar, manche von diesen Kerlen haben uns in die Lage gebracht, in der wir jetzt stecken. Doch ironischerweise ist ebendiese Sorte Skrupellosigkeit nötig, um uns da wieder rauszuholen!«

Er lachte auf.

»Ich habe einmal einen Neurochirurgen getestet, der im psychopathischen Spektrum echt hohe Werte erzielte. Er beschrieb die psychische Verfassung, in die er sich versetzte, bevor er eine wirklich schwierige Operation in Angriff nahm. Seinen Worten zufolge war er dann wie in einem Rausch, der seine Sinne schärfte, statt sie abzustumpfen. Eigentlich sind in jeder Krise die leistungsfähigsten Leute diejenigen, die Ruhe bewahren, die das tun können, was gerade erforderlich ist, und dabei gleichzeitig innerlich unbeteiligt bleiben. Ich würde sagen, so bist du, Andy!«

Er ließ mir keine Zeit zu antworten, selbst wenn ich gewollt hätte. Er knuffte mich wie ein Schuljunge, Schulter gegen Schulter. Ich hatte das früher im Klassenzimmer mit Schulkameraden gemacht, wenn der Lehrer über irgendwas redeten, das wir nicht verstanden.

Aber der da wusste genau, was er tat.

»Kumpel, ich würde sagen, du verstehst mich ganz genau. Ich schätze, du bist mehr als vertraut mit dieser Drauflos-Mentalität, zu der wir Normalsterblichen meistens erst dann finden, wenn wir uns ordentlich einen hinter die Binde gegossen haben. Sie ist fast … spirituell, transzendental, nicht wahr?«

Er blickte mich an und nickte.

»Habe ich recht?«

Ich ließ mir nicht in die Karten schauen. Er hatte schon zu viel rausgekriegt.

»Nur, dass du *nicht* besoffen bist, Andy. Du bist *nicht* müde oder durcheinander oder aus der Fassung. Du empfindest sogar genau das Gegenteil. Du fühlst dich top, glasklar, voll da, nicht wahr?«

Er hielt inne, und ich ließ ihn einen weiteren Schluck Kaffee nehmen, während er auf eine Antwort wartete. Doch er bekam nur ein Lächeln: Ganz nach Art des verrückten Professors war die Tasse, aus der er grade trinken wollte, leer. Er schaute in das blaue Porzellan, als ob er sich fragte, wohin der Kaffee wohl verschwunden war.

»Okay, ich verstehe. Du hörst einfach nur zu. Aber lass mich dir noch ein bisschen mehr über dich erzählen, wenn es knüppeldick kommt. Du fühlst dich, als ob dein Gewissen auf Eis läge, nicht wahr? All deine Ängste sind ertränkt, als ob du ein halbes Dutzend neurochemische Wodkas gekippt hättest. Du gleitest überlegen durchs Leben, oder? Die ganzen psychologischen Verkehrsschilder, die die meisten Leute in ihrer theoretischen Prüfung fürs Leben lernen, bedeuten dir gar nichts, stimmt's?«

Er wusste, dass von mir keine Reaktion kommen würde.

»Na los, du weißt doch, dass ich recht habe. Warum dich dagegen wehren? Alles, was andere für einen Albtraum halten, betrachtest du als Spiel. Vielleicht siehst du das Leben wie andere Psychopathen – als ob du ein Außerirdischer wärst, der auf die Erde geschickt wurde, um die Menschen zu studieren, aber einfach nicht dahinterkommt, was zum Teufel die treiben. Und noch schlimmer, warum. Du verstehst einfach nicht, warum die anderen ständig wegen irgendwelchem Scheiß die Nerven verlieren, nicht wahr?«

Ich zuckte die Schultern.

»Zu welcher Sorte gehörst du also: Spieler oder Alien?«

Er kicherte in sich hinein, und seine Augen wanderten wieder zu den Monitoren.

»Denk mal nach. Du bist hierhergekommen, ohne auch nur zu fragen, ob ein Risiko besteht. Ohne zu fragen, was passieren würde, wenn was schiefgeht. Ohne überhaupt etwas zu fragen. Glaubst du, das ist normal? Ich habe Menschen in diesem Sessel zusammenbrechen, das Handtuch werfen, sich selbst die Elektroden herunterreißen sehen.«

Er nickte zu der Kappe hin.

»Ich meine, du hast nicht mal gefragt, wofür dieses verdammte Ding da gut ist.«

Kevin beugte sich zu mir, unsere Schultern berührten sich erneut, und halb flüsterte er, als ob zwischen uns eine Verschwörung im Gange sei. Und vielleicht war das ja so?

»Also, es gibt Leute, die behaupten, dass Psychopathen der nächste Schritt der Evolution seien. Kumpel, du könntest das nächste Ass sein, das die natürliche Auslese im Ärmel hat. Du könntest einer der Auserwählten sein.«

Ich lachte. Ich konnte nicht anders. Dass ich Teil einer Darwin'schen Fisch-zu-Echse-Geschichte sein sollte, kam mir vor wie ein Witz. Kevin sah den komischen Aspekt selbst auch, behielt jedoch die Verschwörerpose bei. Er war mir jetzt so nah auf den Pelz gerückt, dass er mir fast das Ohr küsste.

»Sieh mal, Andy« – er begann sich zu entspannen –, »warum lässt du mich nicht weitere Tests durchführen, sowohl mit der kognitiven Software als auch mit der genetischen Hardware? Es gibt hier tolle Leute, absolute Cracks in ihrem Fach.«

Eines der Geräte machte *Ping*, und Kevin stöpselte mich davon los, während er sich vorbeugte und einen Ausdruck ergriff. Die Kurve war ein gerader Strich am unteren Rand, wie tot. Er tippte mit einem Stift aufs Papier.

»Wir könnten verdammt viel mehr über deine Verdrahtung herausfinden. Es gibt noch so viele andere Tests. Stell dir das wie einen psychologischen TÜV vor – du weißt schon, ich mache die Haube auf und schaue, was bei dir wirklich drunter ist.«

Ich strich mir das Haar glatt und dachte über das nach, was er gesagt hatte. Es ergab Sinn, auch wenn ich es nicht zugeben wollte. Ich war immer schnurstracks auf die Dinge losgegangen, ohne einen einzigen Gedanken darauf zu verschwenden, dass ich vielleicht Mist bauen könnte. Es spielte keine Rolle, ob ich bei einer Geiselbefreiungsaktion als Erster durch die Tür brechen sollte oder mit einem südenglischen Akzent einen verdeckten Einsatz in Londonderry hatte oder, wie in meinem jetzigen Leben, einen Vortrag vor den Vorstandsmitgliedern eines Unternehmens halte, das den Bach runtergeht, weil sie völlig bescheuert sind.

Ich wusste, ich würde durchkommen. War ich immer, schon als Kind. Nie dachte ich bei irgendwas an Gefahr. Ich dachte an Spaß – wie bei den Levels eines Videospiels.

Doch wenn es dann losging, ob das ein Feuergefecht, eine Prügelei oder bloß ein Gejagtwerden war, war ich mir immer zu 100 Prozent bewusst, was abging, war ich immer total konzentriert auf das, was ich tun musste. Mir kam nicht einmal der Gedanke an ein Versagen. Manchmal war ich sogar begeistert.

Dieses Gefühl des »Scheiß drauf«, von dem Kevin sprach, das hatte ich definitiv.

Bei einem Kampf, ob körperlich oder verbal, fühlte ich mich

innerlich unbeteiligt. Es war fast, als würde ich mir selbst in Zeitlupe zusehen und überlegen, was ich als Nächstes zu tun hätte. Es gab keine Angst, keine gefühlsmäßige Verbindung zu den Geschehnissen.

Kevin hatte recht. Ich hatte immer geglaubt, ich hätte etwas von einem Außerirdischen an mir.

Warum machten sich die Leute Sorgen wegen Dingen, die sie nicht in der Hand hatten?

Warum dachten alle an morgen und nicht an heute und vermasselten den Augenblick?

Warum konnten sie nicht analysieren, was um sie herum vorging, und sich einfach damit befassen, statt die Nerven zu verlieren?

Nach meinem Abstecher in Kevins Welt fügte sich alles zusammen. Ich hatte schon immer das Gefühl gehabt, anders zu sein, schon als Kind. Aber ich hatte nie auf den Punkt bringen können, warum ...

## KAPITEL 1

# TUT MIR LEID, ICH GLAUBE, WIR KENNEN UNS NOCH NICHT …

Hallo! Ich bin Andy McNab.

Sie haben vielleicht durch das eine oder andere meiner früheren Bücher schon von mir gehört. Falls ja, gut und schön. Aber falls nicht, kann ich mich jetzt genauso gut hier vorstellen.

Ich habe 18 Jahre lang im britischen Militär gedient. Acht als Infanterist und zehn in der Spezialluftеinheit SAS. Am bekanntesten ist wahrscheinlich mein erstes Buch *Die Männer von Bravo Two Zero*. Es handelt von einer Operation eines acht Mann starken SAS-Kommandos hinter den feindlichen Linien im Irak während des ersten Golfkriegs. Ich wurde mit drei anderen Soldaten der BTZ-Patrouille für Tapferkeit ausgezeichnet. Unsere Operation wurde zur höchstdekorierten Aktion seit der Burenkriegsschlacht um Rorke's Drift im Jahr 1879.

Seither habe ich weitere Sachbücher, Thriller und Drehbücher verfasst und produziere Filme. Ich gelte als einer der 30 erfolgreichsten Autoren aller Zeiten. Das Entscheidende am Erfolg ist, dass man ihn steuern muss. Wenn man das schafft und ihn dann richtig einsetzt, zieht er weiteren Erfolg nach sich. Deshalb bin ich auch in der britischen und US-amerikanischen Geschäftswelt tätig – insbesondere für Start-up-Unternehmen.

Aber das ist keine große Sache.

Ein Problem ist für mich wie das andere. Ich habe von Kampfhandlungen zu Zahnbehandlungen und von Schlachtplänen zu

Geschäftsplänen gewechselt, ohne auch nur einen Gedanken daran zu verschwenden. Vielleicht fiel es mir deshalb so leicht, weil ich *nicht* darüber nachdenke. Wie auch immer, ich hatte nie ein Problem mit Problemen. Ich glaube, sie haben Angst vor *mir*.

Ich erzähle Ihnen das, weil ich *einen* Grund für meinem Erfolg kenne – den Hauptgrund sogar.

Er liegt darin, dass ich ein Psychopath bin.

Aber keine Panik, ich bin ein *guter* Psychopath.

Das ist schon ein bisschen überraschend, wenn man das zum ersten Mal hört, nicht wahr? Mich jedenfalls hat es überrascht. Ich hatte bis vor ein paar Jahren keine Ahnung davon – bis ich Kevin Dutton kennenlernte und seine Vorliebe für exotische Anzüge und noch exotischere Parfüms. Gerade haben auch Sie ihn kennengelernt – und obwohl er vielleicht nicht so aussieht (und mit Sicherheit nicht so redet), ist er Psychologieprofessor an der University of Oxford. Der Mann kennt seine Psychopathen – und er ist beeindruckend.

Doch genug von mir (vorerst!). *Sie* wollen schließlich wissen, was dieses Buch *Ihnen* bringt. Wie wird es *Ihr* Leben verändern?

Es funktioniert so: Auf den folgenden Seiten werden wir Ihnen sieben einfache Prinzipien verraten, die Sie erfolgreicher machen. Und dann helfen wir Ihnen, sie anzuwenden.

Es interessiert uns nicht, hinter welcher Art Erfolg Sie her sind. Es könnte ein großer sein:

- Vielleicht wollen Sie eine Gehaltserhöhung?
- Oder eine Beförderung?
- Oder das Geschäft perfekt machen, das Ihnen ebendies *einbringt*?

Oder vielleicht sind es die kleinen Dinge des Lebens, die Sie bisher nie geschafft haben:

- Sich nicht mehr vor einem unangenehmen und peinlichen Anruf zu drücken.
- Den Nachbarn zu sagen, dass Sie ihre Chihuahuas wirklich mögen … aber nicht, dass sie auf Ihren Rasen kacken.
- Mit dem Freund oder Verwandten zu sprechen, der Ihnen immer noch Geld schuldet. Sie haben es nicht vergessen, er hofft es aber.

Was auch immer es ist, dieses Buch soll dazu beitragen, die ganz normalen Bedürfnisse ganz normaler Menschen im ganz normalen Leben zu erfüllen:

- am Arbeitsplatz
- außerhalb des Arbeitsplatzes
- gegenüber Kollegen
- gegenüber Freunden
- gegenüber Familienangehörigen

Es kann:

- Ihnen Geld einbringen
- Ihnen Geld sparen
- Sie aus Schwierigkeiten herausholen
- Sie in Schwierigkeiten bringen!
- Ihnen eine Vorzugsbehandlung verschaffen

Nach welcher Art von Erfolg Sie auch streben, wir werden Ihnen zeigen, wie Sie ihn erreichen. Doch wir werden weit darüber hinausgehen. Wir werden Ihnen eine Lebensphilosophie bieten.

Eine Philosophie für ein *erfolgreiches* Leben.

Eine Philosophie, die *funktioniert.*

Vertrauen Sie mir – dieses Buch ist einmalig. Nichts kann ihm das Wasser reichen. Und als ob das noch nicht genug wäre, betreiben wir auch noch Wissenschaft! Ehrlich gesagt, das ist eher Kevins Ding als meins. Aber ich trage was dazu bei, wenn ich kann. Er untersucht, wie solche Leute wie ich ticken – und wie auch Sie es können. Ich übernehme den Anschleichpart. Kevin übernimmt den Eierkopfpart. Im Prinzip feuere ich die Waffe ab, und er erklärt Ihnen, warum sie »Peng« macht.

Ich schätze also mal, wir überlassen jetzt besser ihm das Wort. Dem Eierkopf …

Danke, Andy. Überaus freundlich.

Wir sind im Mai 2010, und ich befinde mich auf der Feier anlässlich des Erscheinens meines ersten Buches, *Gehirnflüsterer*. Stellen Sie sich die Szenerie vor: Zwölf neue Magnumflaschen Jahrgangschampagner sind gerade aus dem Nichts aufgetaucht, der Weltvorrat von Königinpastetchen macht die Runde, und Blondies »Hanging on the Telephone« dröhnt aus der iStation hinter der Bar. Jeder redet mit jedem, und die Party ist in vollem Gange.

Plötzlich höre ich jemanden quer durch den Raum meinen Namen rufen: »He, Kev! Komm doch eine Minute rüber und signiere die für uns, bitte!«

Ich blickte mich um. Drüben in der Ecke neben dem Verlagsstand wedelt eine vertraute Gestalt mit einer Handvoll Büchern und einem Stift in meine Richtung. Ich dränge mich durch die Menge, und wir schütteln uns die Hand.

»Hallo, Kumpel. Wie geht's?«

»Ach, nicht schlecht. Komme grade aus Hawaii.«

Als Erstes fällt mir die Sonnenbräune auf. Strahlt heftiger als Fukushima. Dann die Schuhe. Sie glänzen so sehr, dass sie in Kalifornien wahrscheinlich verboten wären, wegen akuter Waldbrandgefahr. Der Anzug ist von Armani. Anthrazit, Einreiher. Ich ergreife den Stift und ziehe mir einen herumstehenden Stuhl heran. Wüsste ich es nicht besser, würde ich sagen, dieser Kerl hat Stil.

Ich schlage ein Buch auf der Titelseite auf und halte inne. »Für wen soll es sein?«, frage ich gewohnheitsmäßig.

»Für niemanden«, erwidert er. »Einfach nur signieren.«

»Sicher?«, frage ich therapeutenhaft. »Was ist los, großer Einzelgänger?«

Er lächelt und öffnet eine Cola. »Ich hab jede Menge Kumpel auf eBay«, sagt er. »Und diese Dinger gehen dreimal so teuer weg, wenn sie signiert sind!«

Wer sonst konnte das sein als die Legende Andy McNab?

Hallo, Leute, ich bin Kevin Dutton – Andys unvergleichlich besser riechende, ungeheuer weniger gebräunte und unschätzbar kultiviertere andere Hälfte.

Falls *Gehirnflüsterer* an Ihnen vorbeigegangen sein sollte (was nicht jenseits der Grenzen des Möglichen liegt), haben Sie vielleicht durch die Fortsetzung *Psychopathen. Was man von Heiligen, Anwälten und Serienmördern lernen kann* von mir gehört. Darin behaupte ich, dass Psychopathen über wertvolle Fähigkeiten verfügen. Und ich untermauere meine Behauptung mit an Heiligen, Anwälten und Serienmördern gewonnenen Belegen.

Ich habe eine Ewigkeit gebraucht, um mir den Titel auszudenken. Der Buchumschlag ist feuerrot mit neongelber Schrift – exakt der Farbe, in der Andy seine Nägel lackiert, wenn er ausgeht. Und merkwürdigerweise kommt er drin vor.

Ich traf zum ersten Mal auf Andy, als ich ihn für eine Radiosendung im Auftrag des BBC World Service interviewte. Etwas später tauchte er dann in meinem Labor auf. Ich erlebe heute noch Flashbacks. Als ich seine Hirnscans beim Betrachten beklemmender Bilder sah – Bilder, bei denen die graue Substanz der meisten Leute schneller feuert als sämtliche Revolverhelden aller Western zusammen –, traute ich meinen Augen nicht.

Seine Kurven waren alles andere als das Silvesterfeuerwerk des Gehirns, das ich erwartet hatte, sondern flach wie Pfannkuchen. Gegen ihn wirkte Hannibal Lecter wie Hape Kerkeling. Nur gut, dass er in den SAS eingetreten ist. Er hätte auch den übelsten Insassen einer forensischen Hochsicherheitspsychiatrie wie Broadmoor eine Höllenangst eingejagt.

Andy hat sich schon immer gern im Freien aufgehalten. Das hat er seiner Mutter zu verdanken. Er begann sein Leben in einer Harrods-Tüte auf den Stufen des Guy's Hospital.

Als er mir das erzählte, war mein erster Gedanke: Na, da haben wir ja was gemeinsam. Nachdem ich eine erstklassige Schulbildung und ein Stipendium für Cambridge vergeigt hatte, arbeitete ich schließlich im Lager von Harrods an der Great West Road in West London. Ich füllte Regale auf, holte Sachen und trug sie in Laster, stapelte sie dann wieder auf.

Nach zwei Jahren in dem Job dämmerte mir, dass die Uni vielleicht doch keine so schlechte Idee war. Also fing ich in einem Erwachsenenbildungscollege ein paar Häuser weiter wieder an.

Die meisten der angebotenen Kurse bewegten sich auf Abiturniveau – und das hatte ich schon vermasselt –, also beschloss ich, mich ein wenig anders zu orientieren. Wie das Schicksal es wollte, bot das Birkbeck College zu der Zeit einen zweijährigen Diplomstudiengang in Psychologie an, und ich entschied mich dafür.

Ich blickte nie zurück. Zehn Jahre später unterrichtete ich in Cambridge, wo ich vor all den Jahren hätte studieren sollen. Alles in allem denke ich, sie sind dort glimpflich davongekommen.

Die Leute fragen mich oft: Warum Psychologie? Und von der jugendlichen Abneigung gegen das Abitur mal abgesehen frage ich mich das häufig selbst.

Ich vermute, es lag mir von Kindheit an im Blut. Mein alter Herr war Markthändler in London. Oft half ich ihm, wenn ich hätte die Schulbank drücken sollen – nur einer der Gründe, weshalb es mit Cambridge erst ein bisschen später klappte. »Du wirst am Stand mehr lernen als in jedem Klassenzimmer«, pflegte er zu sagen. Und in meinem Fall hatte er wahrscheinlich recht.

Ich war etwa sechs oder sieben Jahre alt, die Sommerferien

standen kurz vor der Tür. Im Klassenraum hängt eine Sternchentabelle, und ich bin der Zweite in der Hackordnung. Mir fehlen zwei Sterne. Mama schlägt mir einen Handel vor. »Ich kauf dir ein Monopoly-Spiel«, sagt sie, »wenn du am Ende des Schuljahrs in dieser Tabelle ganz oben stehst.«

Angesichts des Zeitrahmens – etwas weniger als eine Woche – mache ich mir keine großen Hoffnungen. Und das erweist sich als berechtigt. Als zum letzten Mal in diesem Schuljahr die Klingel läutet, hat sich der Stand nicht verändert. Ich habe die Ziellinie um zwei Sterne verpasst, und jetzt bleibt mir nur Heulen und Zähneklappern. Ich gehe nicht gerade glücklich ins Ferienlager.

Draußen vor dem Tor warten Mama und Papa, um mich abzuholen. Dad nimmt meinen Ranzen und legt ihn in den Kofferraum.

»Kev«, sagt er, »ich habe noch nie dein Klassenzimmer gesehen. Könntest du es mir vielleicht rasch mal zeigen?«

Ich seufze lustlos.

»Okay«, murmle ich und führe ihn durch ein Labyrinth leerer, hallender Korridore tief in die Eingeweide der Schule. Das Gebäude ist verlassen. Alle anderen Kinder sind vor Ewigkeiten gegangen und die Lehrer längst weg. Nur der Hausmeister werkelt auf dem Spielplatz herum. Als wir da sind, tritt Papa zu der Sterntabelle und inspiziert sie. Zwei zu wenig.

»Kev«, fordert er mich auf, »geh und hol deine Mutter aus dem Auto, bitte.«

»Lassen wir's doch einfach, Papa«, erwidere ich.

»Geh und hol deine Mutter«, beharrt er.

Einige Minuten später, als ich mit Mama zurückkomme, grinst Papa breit übers ganze Gesicht. »Nun schau dir das an, Clare!«, ruft er aus und zeigt auf die Tabelle. »Ich wusste, dass er's schafft! Ich bin stolz auf dich, Junge!«

Mama macht einen Schritt auf die Wand zu und starrt darauf.

Ich starre darauf.

Wir alle starren darauf.

Ich kann nicht glauben, was ich da sehe. Irgendwann in den letzten paar Minuten habe ich offenbar drei weitere Sterne eingeheimst. Plötzlich bin ich der klügste Junge der Klasse!

»Also«, sagt Mama, als wir zurück zum Auto gehen, »du hast diese Woche wirklich den Finger gestreckt, nicht wahr?«

Ich spüre, wie Papa mich in den Rücken stupst. »Ich wette, du kannst es kaum erwarten, dieses Monopoly-Spiel in die Finger zu kriegen, was, Sohn?«, sagt er.

Ein paar Tage später – wie versprochen – kauft mir Mama eines. Es ist phantastisch. Ganz bunt und glänzend und neu.

Später, als ich in meinem Zimmer gerade die Plastikfolie vom Karton herunterreiße, klopft es an der Tür. Es ist Papa.

»Hier«, sagt er und wirft etwas auf den Tisch, »steck die da für nächstes Jahr in eine Schublade. Man weiß ja nie; sie könnten ganz gelegen kommen.«

Er zieht die Tür zu, und ich stehe auf und werfe einen Blick drauf. Es ist ein Päckchen billiger selbstklebender Sterne vom Kiosk. Drei fehlen. Hinten in der Packung steckt etwas Kleines, Biegsames …

… eine »Du kommst aus dem Gefängnis frei«-Karte.

Mein alter Herr war wahrscheinlich nicht der einzige Grund, weshalb ich nach meinem Lager- und Stapelabschlussexamen bei Harrods mit Psychologie anfing. Es muss noch andere gegeben haben, da bin ich sicher. Doch sein Gespenst im Schafspelz blitzt in den Büchern, die ich seither geschrieben habe, ganz sicher durch.

In *Gehirnflüsterer* berichte ich von meinen Gesprächen mit einigen der Top-Trickbetrüger der Welt in Großbritannien und den Vereinigten Staaten. Ich wollte herausfinden, wer Menschen besser zu Aktionen zu bewegen wusste: sie oder ich? Dahinter stand die Absicht, die besten Erkenntnisse, welche die Wissenschaft von der Beeinflussung von Menschen zu bieten hatte, mit den besten

Tipps, dem gesammelten Insiderwissen der Meister der Beeinflussung – früherer und heutiger, guter und böser – zu vereinen.

Da ich den Großteil meiner wissenschaftlichen Laufbahn der Sozialpsychologie gewidmet hatte, war ich fasziniert von der Wissenschaft des sozialen Einflusses. Sie hatte im Lauf der Jahre klare Regeln der Überzeugung dingfest gemacht, überzeugende Leitlinien, was funktioniert und was nicht – und mein Hauptziel bestand darin, diese beklagenswerterweise in obskuren Periodika und Vierteljahreszeitschriften begrabenen Strategien und Prinzipien auszugraben und sie einem breiteren, weniger fachspezifischen Publikum frei zugänglich zu machen.

Ich wollte das Genom der Beeinflussung entschlüsseln. Ihre DNS aufdecken.

Und dann einen Schritt weitergehen.

Faszinierte war ich auch von einer höchst rätselhaften Teilgruppe von Menschen mit Überzeugungskraft – den »Naturtalenten der Überzeugung«, wie ich sie nannte: Träger des schwarzen Gürtels der Beeinflussung – wie mein alter Herr –, welche die erste Seite eines Psychologielehrbuchs nicht von der letzten unterscheiden können, aber allem Anschein nach über eine gottgegebene Fähigkeit verfügen, die Methoden der Beeinflussung aus Grundprinzipien abzuleiten und sich Normalsterbliche gefügig zu machen.

Viele dieser Virtuosen der Einflussnahme – zu denen einige der bösartigsten Psychopathen der Welt zählen – gehören zur Elite der Beeinflussungskünstler; böse Genies des sozialen Einflusses, die ihr Geschäft von der Pike auf beherrschen und laufend verbessern.

In mir keimte die Frage, ob sich ihre tödlichen Fähigkeiten irgendwie zu einigen wenigen Schlüsselprinzipen der Überredung verdichten ließen. Ob sich die Techniken, die sie in den Bars, Verkaufsräumen und Chefetagen zur Vollendung gebracht hatten, mit den in jahrzehntelanger gewissenhafter Forschung gewonnenen Entdeckungen der wissenschaftlichen Untersuchung des sozialen Einflusses zusammenfassen ließen.

Zur Klärung dieser Frage verbrachte ich ein paar Jahre damit, kreuz und quer um den Globus zu jetten und Interviews mit dieser skrupellosen Elite zu führen, während ich gleichzeitig Studien in meinem eigenen Labor durchführte und die Literatur nach wissenschaftlichem Beutegut durchkämmte.

Als alle Teile des Einfluss-Puzzles an Ort und Stelle lagen, durchleuchtete ich beide Sorten von Belegen – die wissenschaftlichen und die weniger wissenschaftlichen – gründlich und destillierte daraus eine Reihe von gemeinsamen Themen.

Was schließlich übrig blieb, war ein Elixier des Erfolgs: ein nicht weiter zu vereinfachendes Modell des Einflusses aus fünf Kernprinzipien der Beeinflussung, die in jeder Situation todsicher Trumpf sind. Die das Blatt nicht nur wenden, sondern es herumreißen!

Doch darüber später mehr.

Die Fortsetzung von *Gehirnflüsterer* mit dem Titel *Psychopathen. Was man von Heiligen, Anwälten und Serienmördern lernen kann* trieb die Sache einen Schritt weiter. Wenn (wie ich festgestellt hatte) Psychopathen Meister darin waren, das zu kriegen, was sie wollen, wie, so überlegte ich, stellten sie das im Einzelnen an? Welche düsteren psychologischen Gewitter lauerten hinter dem Wahnsinn in ihrer Methode?

Um das herauszufinden, interviewte ich Psychopathen aus allen nur erdenklichen Gesellschaftsschichten:

- von kühl kalkulierenden Hedgefonds-Managern bis zu Neurochirurgen ohne Nerven
- von wortgewandten Anwälten bis zu skrupellosen Wirtschaftsbossen
- von brutalen, eiskalten Mördern bis zu Elitesoldaten von Spezialeinheiten

Das Ergebnis war eine riesige, verschlungene U-Bahnstreckenkarte der psychopathischen Psyche. Ein wucherndes, vernetztes, labyrinthisches Diagramm der psychopathischen Persönlichkeit – mit genauso vielen Abkürzungen wie Umwegen.

Doch viele Leser wollten mehr.

*Psychopathen* ist, wie sie betonten, ein populärwissenschaftliches Buch. Kein Selbsthilfebuch. Und es enthielt zwar eine ganz anständige Broschüre für den Psychopathie-Tourismusverband, doch eines fand sich darin nicht: eine Liste mit häppchenweisen Schritt-für-Schritt-Anleitungen, wie wir alle uns »psychopathisch aufrüsten« können. Wie wir alle Freundschaft mit unserem eigenen »inneren Psychopathen« schließen und lernen können, unseren Alltag mit Hilfe psychopathischer Prinzipien erfolgreicher zu gestalten.

Diese Absicht hatte ich natürlich auch nie damit verfolgt. Doch plötzlich äußerten die Leser ein Bedürfnis nach genau dieser Art Buch – sie gierten förmlich nach dem, was »hinten rauskommt«.

Insbesondere gab es offenbar eine überwältigende Nachfrage nach einem grundlegenden, sachlichen Leitfaden, der meine zentralen, während der Arbeit an *Psychopathen* gewonnenen Erkenntnisse zusammenfasste. Die Leute wollten direkte, provokative Ratschläge für das Handeln in vertrauten, alltäglichen Situationen.

- Wie kann ich psychopathische Prinzipien anwenden, um in einer stark frequentierten Bar zuerst bedient zu werden?
- Wie kann ein Kurs in Psychopathie mir zu einem Upgrade verhelfen?
- Wie schließe ich Freundschaft mit meinem inneren Psychopathen, um mir diesen einen Job zu angeln … um mir diesen einen Kerl zu angeln?

Dieses Buch – *Der (gute) Psychopath in dir* – soll die Lücke füllen.

Es enthält:

- hochspezielle, brandheiße wissenschaftliche Ergebnisse aus psychologischen Topspitzenlabors in aller Welt *plus*
- spaßige und aufschlussreiche Persönlichkeitstests *plus*
- Mantel-und-Degen-Sondereinsatzkommando-Tipps von einem der berühmtesten und höchstdekorierten Soldaten der britischen Armee …

Und bietet:

- nützliche
- seriöse
- leicht umsetzbare

Erfolgsrezepte für praktisch jede Situation, die Sie sich vorstellen können. Und für einige, die Sie sich nicht vorstellen können!

Unter anderem werden Sie erfahren:

- warum 20 Uhr die beste Zeit ist, um Versicherungen zu verkaufen;
- warum eine kalte Dusche Ihnen zu einer Gehaltserhöhung verhelfen könnte;
- wie viel von einem guten Psychopathen in Ihnen steckt.

Wie Andy schon erwähnte, werden Sie nicht nur lernen, wie man die Waffe abfeuert, sondern auch, warum sie »Peng« macht. Und eben dahinter versucht er seit Jahren zu kommen.

Zeit, dass wir ihn von seinem Leiden erlösen.

## KAPITEL 2

# DIE GUTEN, DIE BÖSEN UND DIE KNUDDELIGEN

*Blut. Manchmal macht es mich nervös. Und dann wieder hilft es mir, das Chaos zu kontrollieren.*

Dexter Morgan, *Der Tod kommt in kleinen Stücken*

Am 16. Oktober 2012 saß ich auf dem Podium im Rubin Museum of Art in New York neben einem der produktivsten Serienmörder der Geschichte. Das heißt, der Fernsehgeschichte.

»Dexter« alias Michael C. Hall war zu einer Diskussion über mein kürzlich erschienenes Buch *Psychopathen* in der Stadt, und der Saal war gerammelt voll.

Die Gesprächsthemen reichten im Verlauf des Abends von den Techniken, die Michael anwandte, um sich vor dem Drehen in Dexter hineinzuversetzen – wie er sich »aufmörderte« –, bis zu den psychologischen Ähnlichkeiten zwischen Schauspieler und Figur im realen Leben.

Wenn ich so daran zurückdenke, bin ich nicht sicher, ob das Publikum wusste, was es von uns halten sollte. Doch es schien sich gut zu unterhalten – es war amüsiert, fasziniert und halb tot vor Angst zu gleichen Teilen. Und das noch *vor* der Frischhaltefolie!

Als sich die Veranstaltung schließlich dem Ende näherte, stellte ich Michael eine Frage: »Wenn Sie Dexter einen seiner Persönlichkeitszüge wegnehmen und in Ihren Kopf stopfen könnten, welcher wäre das? Welche von Dexters Eigenschaften, wenn überhaupt, würde Ihnen nach Ihrer Meinung im Alltag am meisten nützen?«

Michael überlegte einen Augenblick. Dann machte sich ein verschlagenes, dexterhaftes Grinsen auf seinem Gesicht breit.

»Ruhe bewahren unter Druck. Stressmanagement«, sagte er schleppend. »Je brenzliger die Lage wird, desto cooler wird Dexter.«

## DAS PSYCHOPATHEN-MISCHPULT

Man kann mit Fug und Recht sagen, dass die beiden Fragen, die mir seit dem Erscheinen von *Psychopathen* am häufigsten gestellt wurden, die folgenden sind:

- Helfen uns psychopathische Persönlichkeitszüge tatsächlich, im Leben voranzukommen?
- Falls dem so ist, wie können wir das nutzen? Wie kann Otto Normalverbraucher sich selbst um ebendieses Quäntchen psychopathischer machen?

Und natürlich stimmt es doch, nicht wahr?

Wenn das Wort »Psychopath« fällt, denken die meisten von uns an Figuren wie Ted Bundy und Hannibal Lecter. Nicht an skalpellschwingende Genies, sprachgewaltige Anwälte oder kaltblütige Elitekämpfer.

In Wirklichkeit verhält es sich jedoch ganz anders. In krassem Gegensatz zu den schlagzeilenträchtigen Schlagwörtern, mit denen die Mediengurus und Filmmogule hausieren gehen, meinen Psychologen wie ich mit dem Wort »Psychopath« eine spezielle Gruppe von Personen mit einem charakteristischen Bündel von Persönlichkeitsmerkmalen.

Zu diesen Merkmalen gehören:

- Skrupellosigkeit
- Furchtlosigkeit
- Impulsivität
- Selbstvertrauen
- Fokussiertheit
- Kaltblütigkeit unter Druck
- Mentale Härte
- Charme
- Charisma
- Herabgesetzte Empathie
- Fehlen von Reue

Wenn wir uns jetzt alle diese Eigenschaften als Skalen auf einem Persönlichkeits-»Mischpult« vorstellen, dessen Regler und Drehknöpfe in verschiedenen Kombinationen rauf- und runtergestellt werden können, gelangen wir zu zwei Schlussfolgerungen:

1. Es gibt keine für alle einheitliche, objektiv korrekte »Einstellung« dieser Regler. Vielmehr hängt die effektivste Anordnung unweigerlich vom jeweiligen Zeitpunkt und von den besonderen Umständen ab, die Ihre persönliche Situation gerade kennzeichnen.
2. Ebenso gibt es Tätigkeiten und Berufe, die es von Natur aus erfordern, dass einige dieser Regler ein bisschen höher eingestellt sind als normal – die ein gewisses Maß von dem erfordern, was wir »Präzisionspsychopathie« nennen könnten.

Mit anderen Worten, keiner der Knöpfe und Regler auf dem Mischpult ist »schlecht«. Weit gefehlt. Alle haben ihren Platz darauf, denn:

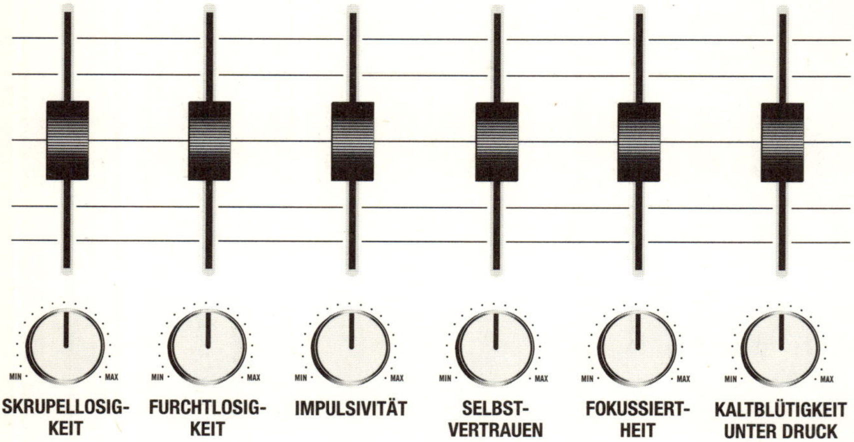


- auf das richtige *Niveau* eingestellt,
- gemischt und angeordnet in der richtigen *Kombination*

*und*

- eingesetzt im richtigen *Kontext*,

… trägt jeder von ihnen zur Qualität des gesamten Soundtracks bei.

## KILLERTALENTE

Betrachten wir beispielsweise drei bekannte Tätigkeitsbereiche: Medizin, Wirtschaft und Justiz.

Um einen *beliebigen* Beruf erfolgreich auszuüben, benötigen Sie zwei Dinge:

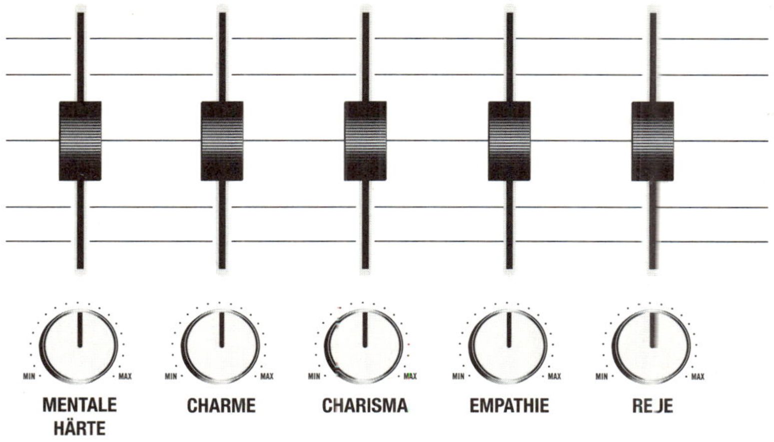


- Talent – die für die Tätigkeit erforderlichen Fähigkeiten.
- Optimale Persönlichkeit – die besondere Konstellation von Persönlichkeitsmerkmalen, die es Ihnen erlaubt, Ihre beruflichen Fähigkeiten mit größtmöglichem Effekt umzusetzen.

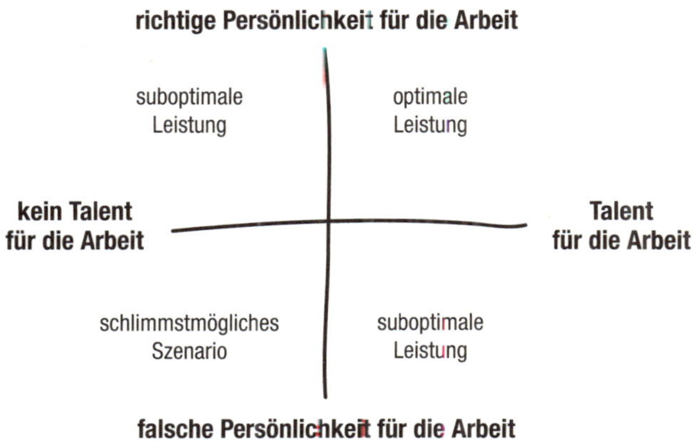

In der Medizin könnte diese Synergie zwischen Talent und Persönlichkeit leicht den Unterschied zwischen Leben und Tod ausmachen.

Stellen Sie sich vor, Sie hätten das Zeug zu einem großartigen Chirurgen – die manuelle Geschicklichkeit, das Fachwissen und das Können des Spezialisten –, doch Ihnen fehlte die Fähigkeit, sich von der Person auf Ihrem Operationstisch *emotional zu distanzieren.*

Sie werden Ihren Schnitt nicht machen.

Ein Neurochirurg der Spitzenklasse drückte das im Gespräch mit mir so aus:

> Ich wäre alles andere als ehrlich, wenn ich sagen würde, dass mir diese Herausforderungen keinen Kick geben. Neurochirurgie ist ein blutiger Sport. Mich stets auf der sicheren Seite zu bewegen liegt nicht in meiner Natur ... Doch man kann sich auch nicht erlauben, sich von der Angst lähmen zu lassen, wenn etwas schiefgeht. In der Hitze des Gefechts ist kein Platz für Panik. Man muss um hundertprozentige Konzentration kämpfen, was immer geschieht. Man muss erbarmungslos sein und das höchste Vertrauen in sich selbst haben, wissen, dass man seinen Job machen wird. Das Gehirn ist die Hochsee der aktuellen Medizin, und die Neurochirurgen operieren dort als Piraten und Freibeuter.

In der Arbeits- und Geschäftswelt reden wir vielleicht nicht unbedingt über Leben und Tod. Doch für einige in diesem Tätigkeitsfeld ist der Unterschied zwischen Profit und Verlust sogar noch bedeutsamer.

Stellen Sie sich vor, Sie hätten den strategischen und finanziellen Grips für einen Top-CEO – die Antriebskraft, das visionäre Denken und ein intuitives Gespür für den Markt –, doch Ihnen fehlte die Skrupellosigkeit, Menschen zu entlassen, die zu wenig Leistung bringen. Oder die Fähigkeit, unter Druck einen kühlen Kopf zu bewahren, um eine Krise durchzustehen. Oder der Mumm, ein kalkuliertes Risiko einzugehen, wenn es angemessen ist.

Sie können noch so viel Grips haben, Sie werden untergehen.

Einer der führenden Hedgefonds-Manager der Welt erklärte mir Folgendes:

> Mir ist aufgefallen, dass ich dann die besten Erträge erziele, wenn die Märkte chaotisch sind und sich Panik breitmacht. Nehmen Sie 2008, als der Markt auf 20 bis 30 Prozent runter war. Ich bin 20 Prozent raufgegangen. Wenn alle anderen Panik schieben und Chaos herrscht, dann bin ich am ruhigsten. Ich finde dieses Umfeld entspannend.
> Es ist seltsam, aber es stimmt absolut. Wenn die Märkte ruhig und stabil sind, unterscheiden sich meine Erträge nicht wesentlich vom Durchschnitt. Ich habe in diesem Umfeld keinen Vorteil. Panik erzeugt für mich Ruhe in den Märkten.

Stellen Sie sich schließlich vor, Sie hätten die Begabung zu einem Topanwalt – die Fähigkeit zum Durchblick in den Irrungen und Wirrungen eines komplizierten Falles, die mühelose Eloquenz, die messerscharfe Ausdrucksweise eines vollendeten Geschichtenerzählers, ein fotografisches Gedächtnis –, nur dass Ihnen dieser Hauch von Narzissmus fehlt und dieses streitlustige Selbstvertrauen, um im Mittelpunkt der Aufmerksamkeit eines vollbesetzten Gerichtssaals zu stehen.

Wiederum wird das nicht funktionieren, oder?

Lesen Sie diesen Auszug aus einem Interview mit einem berühmten Kronanwalt:

> Information bewegt sich im Gehirn wie Elektrizität in einem Schaltkreis. Sie nimmt den Weg des geringsten Widerstands. Die besten Rechtsanwälte sind die, welche die Fakten eines Falles, die

Teile des Beweispuzzles so anordnen können, dass sie in den Köpfen der Geschworenen das klarste, schlüssigste Bild ergeben. Mit anderen Worten, es sind diejenigen, die ihre Sicht der Ereignisse für die Geschworenen glaubhafter machen können als die Version der Gegenseite.

Und die Anwälte, die das schaffen, sind die Schauspieler, die Darsteller, die Kerle, die, stehen sie im Scheinwerferlicht, über die Lethargie des Gerichtssaals hinauswachsen können und sich zum olympischen Wortschmied aufschwingen – Kerle, die die Geschichte nicht bloß *erzählen*, sondern die die Geschichte *sind*.

In Wirklichkeit ist es natürlich so: Wenn Sie keine dieser optimalen Persönlichkeitszüge für die oben erwähnten Berufe besitzen – emotionale Distanz und Gelassenheit unter Druck als Chirurg, Furchtlosigkeit und Skrupellosigkeit im Geschäftsleben, Selbstvertrauen in der Justiz –, dann kommen Sie wahrscheinlich schon von vorneherein nicht mal in die Nähe von OP, Vorstandsetage oder Gerichtssaal. Sie werden ausgesiebt, lange bevor Skalpelle oder Fusionen oder Roben ein Thema werden. Und doch machen all diese Eigenschaften die Vorzeigemerkmale der psychopathischen Persönlichkeit aus …

… und sind die Dimensionen der Individualität, die Serienmörder und Pädophile mit Generälen und Industriekapitänen teilen.

## TÖTEN ODER NICHT TÖTEN?

Eine solche Beobachtung – so krass, beängstigend und unbequem zugleich sie auch ist – führt uns zu einer sehr wichtigen Frage. Eigentlich mehreren Fragen. Fragen, die direkt zum Zentrum der Kernthemen und -werte dieses Buches vorstoßen und die wir meines Erachtens hier und jetzt ausräumen sollten, bevor wir fortfahren:

- Was ist der Unterschied zwischen einem *guten* Psychopathen (positiv-psychopathisch) und einem *bösen* Psychopathen (negativ-psychopathisch)?
- Ist es möglich, *beides* zugleich zu sein?

Die Antwort auf die erste Frage ist eigentlich ganz einfach. Im Wesentlichen gibt es drei Hauptunterschiede zwischen dem guten und dem bösen Psychopathen – Unterschiede, die mit einigen der zentralen konstitutiven Elemente unseres sozialen Umfelds zu tun haben:

- anderen Menschen
- dem sozialen Kontext (der zwischenmenschlichen Dynamik zwischen Menschen in verschiedenen sozialen Situationen) *und*
- der Gesellschaft allgemein

Oder ich sollte vielleicht besser sagen, damit, wie wir mit diesen Elementen interagieren. Diese Unterschiede sind zusammengefasst in der folgenden Tabelle.

Und um zu erkennen, wie sich all die Puzzleteile zusammenfügen, kriegen wir gleich ein kleines Tutorium …

- über die umsichtige Anwendung positiv-psychopathischer Prinzipien …
- unter dem bewusstseinserweiternden Druck einiger der extremsten psychologischen G-Kräfte draußen in der moralischen Welt …
- und zwar vom berühmtesten Berufskiller Großbritanniens!

In *Die Männer von Bravo Two Zero* erzählt Andy eine Geschichte, welche die Verschiedenheit zwischen dem *guten* Psychopathen und dem *bösen* Psychopathen perfekt einfängt.

Versteckt in der irakischen Wüste hinter den feindlichen Linien,

| **Interaktion mit** | **guter Psychopath** | **böser Psychopath** |
|---|---|---|
| **anderen Menschen** | Fügt anderen keinen übermäßigen oder unnötigen Schaden oder Leid zu. | Hat keine Skrupel, anderen willkürlich Leid zuzufügen. |
| **sozialem Kontext** | Ist psychologisch flexibel: d. h. fähig, seine/ihre Handlungen auf die spezifischen Anforderungen bestimmter Situationen abzustimmen. | Die verschiedenen Mischpultregler sind standardmäßig gefährlich hoch eingestellt – und stecken entweder fest oder sind sehr schwer zu verstellen. |
| **Gesellschaft allgemein** | Setzt psychopathische Persönlichkeitszüge zum Nutzen der Gesellschaft ein. | Macht sich keine Gedanken über die Folgen seiner/ihrer Handlungen für andere, nur für sich selbst. |
| Fazit | Psychopathie ist ein *Segen*. | Psychopathie ist ein *Fluch*. |

Unterschiede zwischen einem guten und einem bösen Psychopathen

wurde sein Stoßtrupp von einem Hirten entdeckt, der seine Ziegen weidete.

Das warf ein kleines Problem auf. Nur ein paar hundert Meter von dem Versteck entfernt lagen irakische Flugabwehrstellungen. Wenn sie den Jungen ziehen ließen, war es nur eine Frage der Zeit, bis sich die gegnerischen Soldaten von seinen Angaben überzeugen würden. Und dann wäre die Kacke am Dampfen gewesen.

Beschlossen sie dagegen, ihn umzubringen und sich damit die Hände schmutzig zu machen – na, Sie können sich vorstellen, worauf *dieses* kleine Szenario hinausgelaufen wäre. Welches örtliche Empfangskomitee auch immer zur Begrüßung auftauchte, es hätte wohl kaum mit Wohlwollen reagiert, hätten sie dem Jungen das Leben genommen.

Die Leiche zu verstecken wäre auch nicht gerade gutnachbarschaftlich gewesen.

Sie mussten eine Entscheidung fällen. Und zwar schnell. Oder vielmehr musste Andy als Kommandant des Trupps sie treffen.

Sollten sie das Leben des Jungen schonen und damit ihr eigenes in Gefahr bringen? Oder sollten sie ihn töten und in Deckung bleiben?

Wie sich zeigte, beschlossen sie, ihn gehen zu lassen. Und wurden gefangen genommen. »Wir sind der SAS, nicht die SS«, wie es Andy damals ausdrückte.

Doch rein praktisch gesehen – das moralische Argument mal für eine Sekunde beiseitegelassen – war das zweifellos die richtige Vorgehensweise. Und ironischerweise auch eine ziemlich psychopathische. Es war die wohlüberlegte Handlungsweise eines klar denkenden, vorausplanenden, guten Psychopathen. Nicht der mörderische, automatische Impuls eines bösen.

Um Andys Hintergrund zu verstehen, greifen wir nochmals kurz auf unsere Mischpultanalogie zurück und fragen uns: Wie sähen die Einstellungen dafür aus, den Hirten unter diesen Umständen *nicht* umzubringen?

Nun, Andy zufolge etwa so …

Und hier folgen, in seinen eigenen Worten, die Gründe dafür:

In einer solchen Lage musst du das Gesamtbild bedenken. Nicht nur das, was vor dir ist. Und du musst schnell denken! Es ist wie Schach. Du musst ein paar Züge voraus sein. Den Burschen zu überwältigen, wäre schlichtweg eine Panikreaktion gewesen. Und im Regiment ist kein Platz für Panik, denn das ist kontraproduktiv. Auch wenn dein Hirn mit einer Million km/h rast, musst du auf die Operation fokussiert bleiben, darauf, was du in der Situation willst – in unserem Fall, das irgendwo in der Nähe vergrabene Glasfaserkabel finden und es zerstören.

Wenn wir es geschafft hätten, den Jungen in unser Versteck zu locken und zu töten, hätten wir ihn mitnehmen müssen, und das hätte uns enorm aufgehalten.

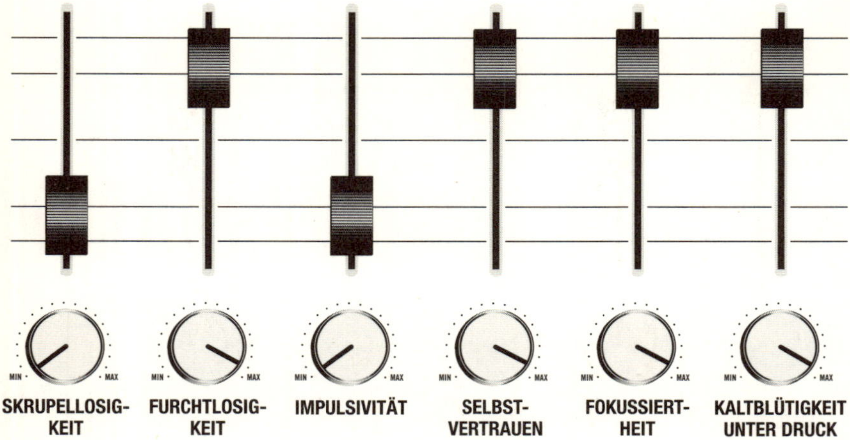


Wir hätten das mit einem Hund gemacht. Wir hätten ihn getötet, ihn mit dem blutigen Sand in einen Sack gesteckt und mitgenommen, um keinerlei Spuren zu hinterlassen.
Wenn man uns mit einem toten Hund erwischt hätte, na und wenn schon? Aber mit einem toten Kind? Da hätten wir viel zu erklären gehabt – wenn wir überhaupt dazu gekommen wären. Sich an jemanden anzuschleichen und Kinder einzusacken kommt nirgends gut an.
Also musst du alles gegeneinander abwägen – in diesem Fall in den sauren Apfel beißen – und daran glauben, dass du, was auch passiert, damit fertig wirst.

Mit anderen Worten, Sie drehen die folgenden Regler *herauf*:

- Furchtlosigkeit
- Selbstvertrauen
- Fokussierung
- Kaltblütigkeit unter Druck
- Mentale Härte
- Empathie

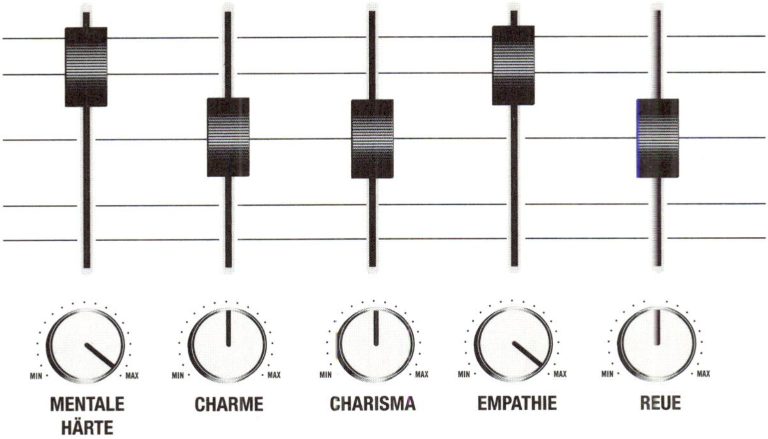


Sie drehen die folgenden Regler *herunter*:

- Skrupellosigkeit
- Impulsivität

Und Sie lassen die folgenden Kanäle außen vor:

- Charme
- Charisma
- Gewissen

Oder um es anders zu sagen, Sie:

- vermeiden willkürlich zugefügtes Leiden,
- steuern Ihr Verhalten in Übereinstimmung mit den Erfordernissen der Situation,
- bedenken die weiteren Folgen Ihrer Handlungen.

Was natürlich keine Antwort auf die große unbeantwortete Frage liefert:

Was wäre passiert, wenn der Tod des Jungen dem Trupp einen *Vorteil* gebracht hätte?

Was wäre passiert – nur um den Gedanken einmal durchzuspielen –, wenn Andy »gewusst« hätte, dass sie sich nach der Beseitigung des Jungen ungeschoren zur syrischen Grenze durchschlagen würden – Auftrag erfüllt? Hätte das die Einstellungen der Drehknöpfe verändert?

Er lächelt mich bitter an, als ich ihn das frage.

»Als Berufssoldat nimmt man niemals etwas für selbstverständlich«, weicht er aus. »Kriegsführung ist keine Wissenschaft. Auf dem Schlachtfeld gibt es keine Gewissheit. Und auch kein Nachhinein. Was jammerschade ist, denn das Leben wäre verdammt viel einfacher, wenn es so wäre. Gefechtssituationen sind zu instabil, zu unbeständig, zu ungewiss, als dass einem mehr als ein paar Sekunden bleiben, um sein Gehirn in die Gänge zu bringen und zu tun, was es einem sagt.

Ein bisschen länger, und du hast vielleicht kein Gehirn mehr, das du in die Gänge bringen kannst. Im Feld ist alles, was du tust, eine Entscheidung. Muss es sein.

Aber – und das ist ein riesiges ›Aber‹ – wenn ich dieses Wissen damals gehabt hätte, wenn ich gewusst hätte, dass ich durch seine Tötung den Auftrag – der Grund, weshalb wir überhaupt dort waren – hätte erfüllen und uns alle heil aus dem Irak rausbringen können, ja, dann hätte das für diesen Jungen sehr gut anders ausgehen können.«

»Den Skrupellosigkeitsknopf ein paar Grad mehr aufgedreht?«, vermute ich.

»Ich hatte die Pflicht, nicht nur mein eigenes Leben zu schützen, sondern auch das des übrigen Kommandos«, erklärt Andy trocken. Die Temperatur hinter dem eisbonbonblauen, starren Blick sackt ab. Dann zuckt er die Achseln.

»Schon, ja. So viele wie nötig.«

## DER RAHM UND DER ABSCHAUM

Andys stillschweigendes Eingeständnis, dass Situationen auf Messers Schneide oft kompromisslos extreme Lösungen vorprogrammieren, dass die Hand des Schicksals die Knöpfe auf dem Mischpult auf Stärken dreht, die im Alltag normalerweise als höchst gefährlich gelten würden, wirft ein besorgniserregendes und schwieriges Problem auf:

Der Grat zwischen einem *guten* und einem *bösen* Psychopathen ist zuweilen verschwindend schmal. Damit kommen wir zur zweiten unserer beiden Fragen: Ist es möglich, beides zugleich zu sein?

Die Antwort, ohne jeden Hauch eines Zweifels, lautet: *Vielleicht*. Doch um zu verstehen, *warum*, müssen wir tiefer in die Frage eindringen, was genau es bedeutet, ein *guter* Psychopath zu sein.

Derzeit sind zwei Etiketten im Umlauf, die oft als Synonyme betrachtet werden. Diese beiden Bezeichnungen lauten:

**FUNKTIONALER** PSYCHOPATH & **ERFOLGREICHER** PSYCHOPATH

In Wahrheit jedoch sind das alles andere als Synonyme, sondern völlig verschiedene Begriffe. Oder vielmehr *können* sie es sein – je nachdem, was sonst noch ganz hinten im Persönlichkeitsspind Ihres Gehirns lauert.

Nehmen wir diese Bezeichnungen mal etwas auseinander, um Zugang zu ihrer eigentlichen Bedeutung zu finden. Ich glaube nicht, dass allzu viele Leute überrascht wären, dass es möglich ist, sich die Leiter hochzulügen, zu betrügen, zu prahlen und zu manipulieren, wenn einem das nötige Talent für den Job fehlt.

Wie die Leute sagen, steigen zwei Dinge nach oben – der Rahm und der Abschaum. Und sie haben recht.

»Hat jemand das Bankgewerbe erwähnt?«, witzelt Andy.

Was ich jedoch viel interessanter finde und was viele Leute sehr wohl überraschen dürfte, ist Folgendes: Wenn Sie die für Ihre Arbeit erforderlichen nötigen Fähigkeiten besitzen, dann können Sie sich durch bestimmte psychopathische Merkmale noch weiter steigern – wie wir oben in der Medizin, der Juristerei und der Wirtschaft gesehen haben.

Hier spielen zwei verschiedene Argumente eine Rolle:

1. Psychopathische Eigenschaften können Ihren Aufstieg fördern – anders gesagt, Sie *erfolgreich* machen.
2. Psychopathische Eigenschaften können Ihnen helfen, Kapital aus Ihren natürlichen Fähigkeiten zu schlagen – anders gesagt, Sie *funktional* machen.

Beides geht nicht immer Hand in Hand.

Schlagen Sie die Zeitung auf oder schalten Sie den Fernseher ein, und Sie werden bald sehen, was ich meine. Auf praktisch jedem vorstellbaren Arbeitsgebiet kann ein gerissener, entschlossener Psychopath mittels Schikane, Erpressung, Intrigantentum und scheinbar harmlosen Plaudereien zur Spitze vordringen und durch ebendiese Eigenschaften seine mangelnde berufliche Eignung verschleiern.

Eine solche Person könnte durchaus beträchtliche Macht ausüben – und insofern als *erfolgreich* gelten.

Aber *funktional*? Nicht im Entferntesten. So jemand ist etwa so funktional wie ein Tourette-Syndrom im Auktionshaus.

In *Wall Street* formuliert das Gordon Gekko (den wir gleich kennenlernen werden) einmal so: »Du hast es geschafft, Junge, in mein Büro zu kommen. Es stellt sich die Frage, ob du auch das Zeug hast, nicht rauszufliegen.«

## REIBACH AN DER BÖRSE

»Ein *guter* Psychopath ist also nicht annähernd dasselbe wie ein *erfolgreicher* Psychopath?«, fragt Andy, als wir mitten in einem scheinbar endlosen Dreh fürs Fernsehen auf einem Platz in London auf und ab gehen und dem Filmteam die Käse-Gurken-Sandwichs klauen. »Willst du das sagen?«

»Genau«, erwidere ich. »Oberflächlich betrachtet, liegt dieser Fehler nahe. Aber es ist bei weitem nicht so.«

Gewiss, viele *gute* Psychopathen sind erfolgreich. Aber viele *böse* Psychopathen auch. Das müssen wir uns immer vor Augen halten.

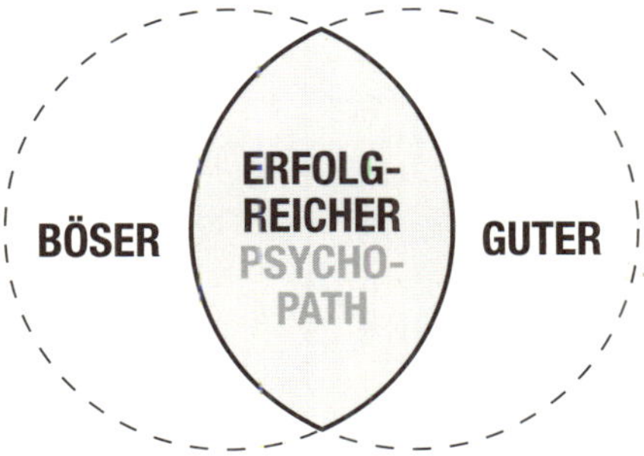


Sie brauchen kein guter Psychopath zu sein, um ein erfolgreicher Psychopath zu sein

Aber wir müssen uns noch etwas vor Augen halten: Die Sache ist nicht so einfach! Die Beziehung zwischen guten Psychopathen, bösen Psychopathen, Funktionalität und Erfolg hängt darüber hinaus von mindesten zwei weiteren Faktoren ab:

- Intelligenzniveau
- Gewaltneigung

Und an dieser Stelle wird die Sache *wirklich* spannend.

Die folgende einfache Tabelle veranschaulicht, was ich meine. Beginnen wir rechts oben und arbeiten uns im Uhrzeigersinn voran:

| **psychopathisch** | **hohe Intelligenz** | **niedrige Intelligenz** |
|---|---|---|
| **gewalttätig** | 4. funktional erfolgreich (z. B. Elitesoldat, Verbrecher) | 1. dysfunktional erfolglos (z. B. rangniedriger Schläger, Schuldeneintreiber) |
| **nicht gewalttätig** | 3. funktional erfolgreich (z. B. Anwalt, Chirurg, Topmanager) | 2. dysfunktional erfolglos (z. B. Kleinkrimineller) |

Zeit und Ort: Wann sich psychopathische Eigenschaften auszahlen und wann nicht

1. Nehmen wir an, Sie seien:

- ein Psychopath,
- schlecht ins Leben gestartet,
- mit geringer Intelligenz ausgestattet,
- gewalttätig.

Ihre Aussichten sind, um ganz ehrlich zu sein, nicht gerade rosig. Sie enden als rangniedriger Schläger oder Schuldeneintreiber einer Verbrecherbande – oder etwas in der Art. Wie auch immer, Sie werden sehr schnell im Gefängnis landen.

2. Entfernen Sie die Gewalttätigkeit aus der Gleichung, und Ihre Aussichten werden etwas besser. Sie werden:

- Betrüger
- kleiner Schwindler

- Drogendealer
- Zuhälter

oder noch wahrscheinlicher alles zusammen. Und wiederum werden Sie ziemlich flott hinter Gittern landen.

3. Aber nehmen wir jetzt an, Sie seien:
- ein Psychopath,
- nicht von Natur aus gewalttätig,
- *gut* ins Leben gestartet,
- mit *Intelligenz* gesegnet.

Jetzt liegt die Sache völlig anders. Jetzt werden Sie eher mörderisch an der Börse zuschlagen als sonst wo.

4. Wenn Sie schließlich:
- ein Psychopath,
- intelligent *und*
- gewalttätig sind …

… na, dann dürften alle möglichen exotischen Beschäftigungen auf Sie warten: Alles, vom nächsten Andy McNab bis zum Chef eines Verbechersyndikats.

## JAMES BOND GEGEN GORDON GEKKO

»Du verstehst das ein bisschen leichter«, sage ich zu Andy, »wenn du dir das anhand berühmter Filmfiguren verdeutlichst.«

Ich schnappe mir eine Serviette und skizziere folgendes Diagramm:

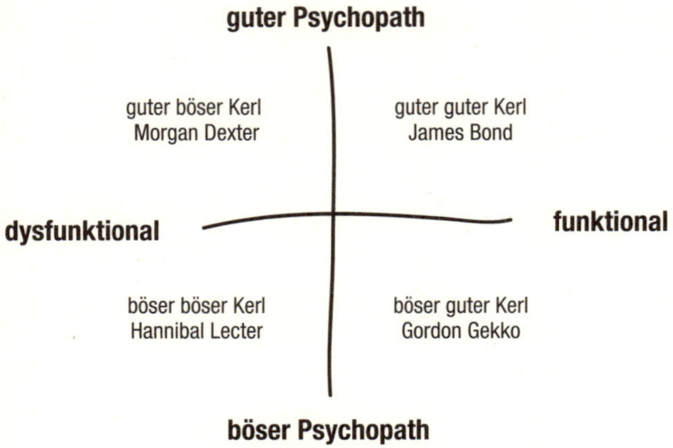


Zwei gut, zwei böse: vier verschiedene Psychopathentypen

Oben rechts haben wir die guten guten Kerle, wie ich zu sagen pflege. Das sind die funktionalen Psychopathen, die im Interesse der Gesellschaft handeln – und für die James Bond der Pin-up-Boy der Wahl ist.

Andy zieht die Augenbrauen hoch.

»Denk mal drüber nach«, ermuntere ich ihn.

Bond stürzt sich auf Skiern einen Berg hinunter, benutzt Krokodile als Trittsteine, springt mitten in der Nacht vom höchsten Staudamm der Welt Bungee und tötet einen Mann in der Badewanne, indem er ihm einen Elektroheizofen zum Spielen zuwirft.

007 ist ein Geheimdienstvampir. Er erzeugt kein Abbild im Spiegel der Schuld und wirft keinen Schatten im grellen Licht der Lebensgefahr. Er ist der Inbegriff eiskalter Genialität und der Meister des glückstrahlend Brutalen, dessen Union-Jack-Gehirn über eine der funktionalsten psychopathischen Neurochemien der Filmgeschichte verfügt.

»Und alles für Königin und Vaterland!«, lacht Andy.

Unten rechts dagegen finden sich die bösen guten Kerle. Das

sind die funktionalen Psychopathen, die wie das Finanzgenie der 1980er Jahre, Gordon Gekko, nur sich selbst im Kopf haben. Sie *könnten* auch uns Übrige im Kopf haben, *könnten* im Sinne des Gemeinwohls handeln, wenn sie sich das in den Kopf setzten –

»Aber sie entscheiden sich nicht dafür«, wirft Andy ein. »Richtig?«

»Richtig.«

Gekko ist ein gewissenloser Aktienaufkäufer, eine personifizierte Heuschrecke. Bekommt er ein Unternehmen in die Hand, verkauft er dessen lukrativste Aktivposten und wirft den Rest – einschließlich der Arbeitskräfte – auf den Schrotthaufen. Er ist der Lionel Messi der Geschäftswelt, steckt Teilhaber in die Tasche, wie der kleine argentinische Fußballmaestro gegnerische Verteidiger in die Tasche steckt.

Er hat das Charisma: »Der entscheidende Punkt ist doch, dass die Gier – leider gibt es dafür kein besseres Wort – gut ist. Die Gier ist richtig. Die Gier funktioniert. Die Gier klärt die Dinge, durchdringt sie und ist der Kern jedes fortschrittlichen Geistes.«

Er hat den Biss: »Mittags essen doch nur Flaschen.«

Und wenn es ums Geldmachen geht, ist er so skrupellos wie ein Zuhälterkampfhund: »Macht es entweder richtig oder verschwindet schnell.«

Aber zählt für Gekko irgendjemand anders außer ihm selbst? Sie machen wohl Witze!

## HANNIBAL LECTER GEGEN DEXTER MORGAN

Gehen wir im Uhrzeigersinn weiter – über den Wendekreis der Dysfunktionalität –, stürzen wir aus einem glanzvollen Eckbüro im obersten Stock eines New Yorker Wolkenkratzers hinunter in eine voll einsehbare Zelle im Keller eines Hochsicherheitsgefängnisses. Hier treffen wir auf Hannibal Lecter – die zischelnde Bedrohung in Person und die archetypische Verkörperung der bösen bösen Kerle.

Beredsam bösartig, leidenschaftslos lasterhaft und raubgieriger als ein abgebrannter Kredithai am letzten Tag des Monats, hat Lecter nicht nur selbst Eis in den Adern, sondern lässt auch jedem anderen das Blut in den Adern gefrieren.

Seine höchste aufgezeichnete Pulsfrequenz beträgt 85: Gemessen wurde sie, wie wir erfahren, kurz nachdem er eine Krankenschwester zerstückelt hatte ... und während er gerade ihre Zunge verschlang.

»Genug!«, findet auch Andy.

Doch wenn wir in die Zelle über Lecter springen, wo die guten bösen Kerle wohnen, sieht es anders aus. Hier stoßen wir auf meinen alten Kumpel Dexter – bekannt aus der gleichnamigen Fernsehserie auf Sky und RTL2 –, den blutrünstig serienmordenden Frischhaltefolienexperten und -liebhaber, wie er gerade dabei ist, »den Müll wegzuschaffen«, wie er sich wohl ausdrücken würde.

Dexter ist der knuddeligste Serienkiller der Branche. Einerseits befriedigt er unsere tiefsitzende Lust an Mord und Totschlag und bietet uns andererseits Schutz davor. Ja, er ist brutal, bestialisch und barbarisch. Aber er ist auch sehr anständig, schüchtern und scharfsichtig.

Der nachhaltige Reiz von Dexter – sieben Jahre ist eine ziemlich gute Laufzeit für einen Serienmörder, gerade auf dem Bezahlsender Sky – liegt darin, dass er uns das Beste und das Schlechteste aus beiden Welten bietet.

»Ist Dexter also dein guter Psychopath und dein böser Psychopath in einem?«, fragt Andy, während er sich, wie es sich gehört, den Mund abtupft, die Serviette zerknüllt und in den Papierkorb wirft.

Ich schaue ihn spöttisch an. »Na ja, vielleicht sollte ich *dich* das beurteilen lassen. Eines ist sicher: Er hat das Herz am rechten Fleck!«

Andy zuckt die Achseln. »Ja«, meint er. »Die Frage ist nur: Geht es über 85?«

## DIE HÖHEN UND TIEFEN DER PSYCHOPATHIE

Im Verlauf dieses Kapitels sind wir bereits ein gutes Stück vorangekommen. Wir haben:

- uns angesehen, was es im Einzelnen bedeutet, ein Psychopath zu sein,
- mehrere Märchen entzaubert, die sich um Psychopathen ranken,
- den Begriff des guten Psychopathen eingeführt,
- umrissen, was erforderlich ist, um ein guter Psychopath zu sein,
- die Merkmale eines guten Psychopathen mit denen eines bösen verglichen,
- in Erwägung gezogen, dass die Eigenschaften eines guten und eines bösen Psychopathen zuweilen in ein und derselben Person nebeneinander bestehen können.

Diese klischeezertrümmernde Spritztour durch den Mittleren Westen des Psychopathentums – über eine Chefetage ganz oben in einem New Yorker Wolkenkratzer und einen Schützengraben in der irakischen Wüste hinweg – hat Ihnen hoffentlich Grundfähigkeiten im Psychopathen-Kartenlesen vermittelt, mit denen Sie auf dem vor uns liegenden Weg Kurs halten können.

Gerade als wir für die nächsten Aufnahmen zum Set zurückgehen wollen, stellt Andy eine Frage, mit der wir uns befassen müssen – eine Frage, die mitten in den Kern einer lebhaften wissenschaftlichen Debatte unter Psychopathenfachleuten auf der ganzen Welt zielt. Ich gebe sie mit seinen eigenen Worten wieder:

»Ein Psychopath zu sein, ist das, wie vom Mars zu stammen – man ist es oder man ist es nicht? Oder ist es wie groß gewachsen zu sein – man kann sehr groß sein, ziemlich groß oder überhaupt nicht groß?«

Die Antwort auf diese Frage hat sich über die Jahre mehrmals geändert.

Bis vor gar nicht so langer Zeit bestand Einhelligkeit in Bezug auf die erste Option: Nach allgemeiner Ansicht *war* man entweder ein Psychopath, oder man war es nicht. Was ich angesichts von Hannibal Lecter und dem »American Psycho« Patrick Bateman als den Verkörperungen der Wahl für ziemlich berechtigt halte.

Anders gesagt, Psychopathie galt als so etwas wie ein Lichtschalter. Der stand entweder auf *An* oder auf *Aus* – und wenn er *An* war, fiel der Unterschied recht deutlich ins Auge.

Doch neuerdings sehen Wissenschaftler die Kategorie in einem etwas anderen »Licht«. Psychopathie ist jetzt nicht mehr eine Frage von An oder Aus, sondern von Hoch oder Niedrig. Mit anderen Worten, »Psychopathizität« hängt jetzt an einem Dimmer. Und wir alle haben unseren Ort auf der Skala. (Um herauszufinden, wie es um Sie steht, können Sie den einfachen Test am Ende des Kapitels machen. Andy hat es getan, aber ich bin zur Verschwiegenheit über seinen Punktwert von – äh, 30 – verpflichtet.)

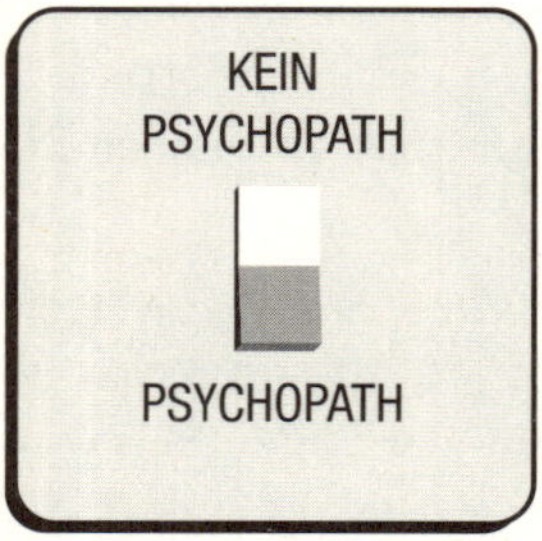

## PERSÖNLICHKEIT MIT BRÄUNE

Licht ist eine gute Analogie für Psychopathie. Denn genauso wie Licht sich in sieben Einzelfarben aufteilt, wenn es durch ein Prisma fällt (daher der Regenbogen), so teilt sich die psychopathische Persönlichkeit in eine Reihe unterschiedlicher Teileigenschaften auf, wenn man sie einer psychometrischen Analyse* unterzieht (daher unser psychopathisches Mischpult).

Diese Eigenschaften (oder um bei unserem Mischpult zu bleiben, Kanäle) sind, wie wir gesehen haben, alle an ihren jeweils eigenen Dimmer angeschlossen, der sich auf Hoch oder Niedrig stellen lässt – was selbstredend enormen Spielraum innerhalb des Systems zulässt.

Wenn Sie alle Regler auf Maximum stellen, überlasten Sie den Schaltkreis. Sie kriegen 30 Jahre Gefängnis. Drehen Sie aber je nach den Umständen ein paar Knöpfe hoch und ein paar runter, werden Sie also, wie es uns oben Andy in der Wüste vorgeführt hat, zum *Methodenpsychopathen* – und Sie setzen, anders als die Lecters und Batemans und Dexters, neue Maßstäbe.

Derzeit bildet sich ein neuer Konsens heraus. Die Frage, ob man ein Psychopath ist oder nicht, ist keine klipp und klare Angelegenheit. Keine Schwarzweißgeschichte.

Es gibt, etwa so wie bei den Preiszonen auf einem U-Bahnlinienplan, innere und äußere Intensitätsbereiche der Psychopathie – und nur eine winzige Minderheit wohnt in der Innenstadt.

---

* Die Psychometrie arbeitet mit mathematischen Verfahren, die bestimmte Fähigkeiten- oder Fertigkeitenbündel in kleinere Elemente aufgliedern. Dazu analysiert sie statistische Zusammenhänge zwischen diesen Teilelementen. Beispielsweise lässt sich der Gesamtwert in einem IQ-Test in Einzelwerte für Fragen zerlegen, welche das rechnerische, sprachliche, räumliche und logische Denkvermögen messen.

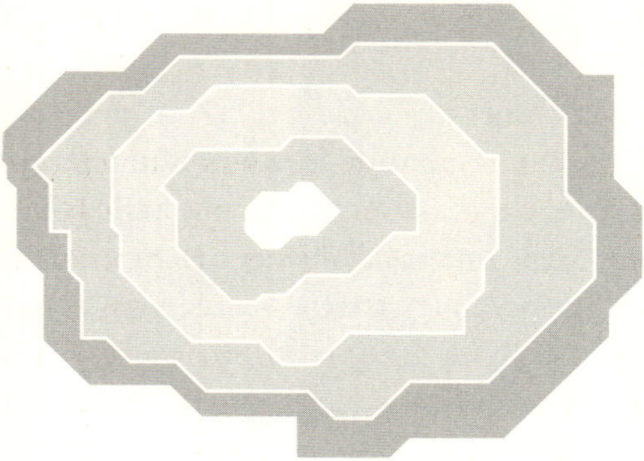

»Was nicht heißt«, betont Andy, »dass es eine schlechte Idee wäre, wenn man zufällig draußen wohnt, ab und an einen Trip in die Stadtmitte zu machen. Ich meine, so ist es doch nicht, oder? Manchmal muss das eben sein. Manchmal liegt der einzige Ort, an dem man kriegt, was man will, mittendrin.«

Ich verneige mich vor seinem Genie.

»Weißt du«, sage ich, »du hast eben gerade davon gesprochen, vom Mars zu stammen. Jetzt überleg mal. Stell dir vor, ein Marsmensch kommt auf die Erde und besorgt sich als Erstes einen Job in einer medizinischen Einrichtung, die sich ausschließlich auf die Behandlung von sonnenbedingten Problemen spezialisiert hat. Dorthin kommen Menschen mit Melanomen, Sonnenbrand, Hitzschlag, Austrocknung ... was du auch willst, sie haben es. Der Marsmensch würde doch sofort denken: ›Sonne ist schlecht. Verbieten wir Sonne!‹ Richtig?«

»Ich denke schon«, sagt Andy.

»Aber natürlich wissen *wir*, dass Sonne *nicht* schlecht ist. Wir wissen, dass Sonne schlecht sein *kann*, wenn wir uns ihr zu lange oder in zu starker Dosierung aussetzen. Dass Sonnenlicht aber in schwächerer Dosierung und besser gesteuerter Exposition nicht nur dazu führt, dass wir besser aussehen und uns besser fühlen – sondern dass wir ohne es gar nicht da wären!«

»Und du willst worauf hinaus?«, gähnt Andy, während er sich beiläufig ein letztes Schoko-Eclair vom Tablett eines Kellners schnappt und es sich in den Mund schiebt.

»Ich will darauf hinaus«, fahre ich fort, »dass es mit der Psychopathie ganz genauso wie mit der Sonne ist. Wenn du dich Tag für Tag darin fläzt, verbrennst du dir ziemlich heftig den Pelz. Genauso geht es den Menschen um dich herum. Sie kriegen, was wir ein Karzinom der Persönlichkeit nennen könnten. Doch bei geregelter Exposition kann Psychopathie als solche Vorteile haben. In hohem Maß ist sie Persönlichkeits*krebs*. In geringem Maß jedoch sieht die Sache anders aus. Da ist sie Persönlichkeit mit Bräune.«

# FRAGEBOGEN:
# SIND SIE EIN PSYCHOPATH?

Um das herauszufinden, geben Sie an, in welchem Maß Sie jeder der folgenden Aussagen zustimmen oder nicht. Trifft die Aussage voll und ganz zu, geben Sie sich 3 Punkte, trifft sie eher zu, geben Sie sich 2 Punkte, trifft sie eher nicht zu, 1 Punkt, und trifft sie ganz und gar nicht zu, 0 Punkte. Addieren Sie alle Punkte und schauen Sie auf der Skala nach; sie liefert Ihnen eine grobe Einschätzung Ihrer Position auf dem psychopathischen Spektrum.

| | 3 trifft voll und ganz zu | 2 trifft eher zu | 1 trifft eher nicht zu | 0 trifft ganz und gar nicht zu |
|---|---|---|---|---|
| 1. Ich plane selten voraus. Ich bin ein spontaner Mensch. | ❍ | ❍ | ❍ | ❍ |
| 2. Den Partner zu betrügen ist okay, solange man sich nicht erwischen lässt. | ❍ | ❍ | ❍ | ❍ |
| 3. Wenn was Besseres kommt, ist es okay, eine seit langem vereinbarte Verabredung abzusagen. | ❍ | ❍ | ❍ | ❍ |
| 4. Ein verletztes oder gequältes Tier zu sehen macht mir nicht das Geringste aus. | ❍ | ❍ | ❍ | ❍ |
| 5. Schnelle Autos, Achterbahnfahren und Fallschirmspringen reizen mich. | ❍ | ❍ | ❍ | ❍ |
| 6. Es macht mir nichts aus, andere auszunutzen, um meinen Willen zu kriegen. | ❍ | ❍ | ❍ | ❍ |
| 7. Ich bin sehr überzeugend. Ich habe Talent dafür, andere Menschen dazu zu bringen, das zu tun, was ich will. | ❍ | ❍ | ❍ | ❍ |
| 8. Ich wäre gut in einem gefährlichen Beruf, weil ich schnelle Entschlüsse fassen kann. | ❍ | ❍ | ❍ | ❍ |
| 9. Mir fällt es leicht, mich zusammenzureißen, wenn andere unter Druck zusammenbrechen. | ❍ | ❍ | ❍ | ❍ |
| 10. Wenn man andere reinlegen kann, ist das deren Problem. Sie verdienen es. | ❍ | ❍ | ❍ | ❍ |
| 11. Wenn was schiefgeht, ist meistens jemand anderes schuld, nicht ich. | ❍ | ❍ | ❍ | ❍ |

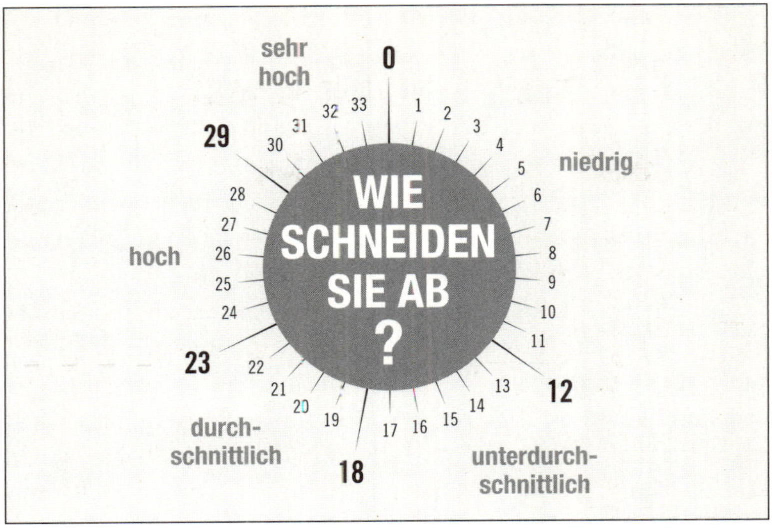


## UND WAS BEDEUTET DAS NUN?

Den meisten Leuten fällt in der Regel Hannibal Lecter ein, wenn sie an Psychopathen denken. Doch Psychopath zu sein bedeutet nicht unbedingt, dass Sie zum Serienmörder werden. Oder dass Sie auch nur gegen das Gesetz verstoßen.

Für die klinische Psychologie ist ein Psychopath ein Mensch mit einem charakteristischen Bündel von Persönlichkeitszügen wie Skrupellosigkeit, Furchtlosigkeit, Selbstvertrauen, Charme, Charisma, Impulsivität, Überzeugungskraft, geistige Härte und einem Mangel an Gewissen und Empathie. Gewiss, diese Eigenschaften können Ihnen durchaus zupasskommen, wenn Sie danach streben, zum Mörder zu werden. Sie können aber auch im Gerichtssaal, auf dem Börsenparkett, auf dem Schlachtfeld oder im OP nützlich sein. Das hängt einfach davon ab, was sich in Ihrer Persönlichkeit sonst noch so tummelt und welchen Start ins Leben Sie hatten.

Eine weitere irrige Vorstellung über Psychopathen bezieht sich auf die Diagnose. Viele Leute glauben, man sei entweder ein Psychopath oder man sei es nicht, ganz im Sinne eines Schwarzweißdenkens. Doch es gibt Hinweise, dass die Sache nicht so eindeutig ist, wie sie scheint. Und dass Psychopathie – wie etwa Größe und Gewicht – in Wirklichkeit auf einem *Spektrum* liegt.

Sicherlich, am äußersten Ende finden Sie natürlich Ihre Serienkiller und Gewaltverbrecher. Doch zugleich haben wir alle unseren Platz an irgendeiner Stelle des Kontinuums. Manche von uns erreichen vielleicht höhere Werte bei einigen psychopathischen Eigenschaften als bei anderen. Mit anderen Worten, bei manchen von uns sind die Knöpfe weiter nach rechts gedreht als bei anderen.

Doch wenn nicht *alle* Ihre Knöpfe zugleich nach rechts – oder auch nach links – gedreht sind, haben Sie überhaupt keinen Grund zur Sorge! Sogar wenn Ihre sämtlichen Regler jeweils bis zum Anschlag rauf- oder runtergefahren sind, haben Sie immer noch keinen Grund zur Sorge.

Außer sie stehen alle auf Maximum. Und stecken fest. In diesem Fall … haben Sie Grund zur Beunruhigung!

Denken Sie daran – keine Einstellung ist isoliert betrachtet unbedingt schlecht. Es hängt vielmehr von der Situation ab, in der Sie sich befinden.

Suchen wir also zunächst einmal nach einem allgemeinen Hinweis, auf welches Niveau Ihr Regler für Psychopathie insgesamt eingestellt ist. Dann werden wir Ihnen auf den folgenden Seiten helfen, Ihre individuellen Mischpultregler so abzustimmen, dass Sie den Erfolg erzielen, den Sie sich vom Leben wünschen.

## Auswertung des Fragebogens

**Niedrige Werte** Sie sind herzlich und einfühlsam und haben ein ausgeprägtes soziales Verantwortungsgefühl und Gewissen. Sie wägen das Für und Wider einer Situation vor dem Handeln gerne sorgfältig ab und sind im Allgemeinen Risiken abgeneigt. Sie vermeiden es, andere zu kränken, und sind selbst leicht kränkbar. Sie sind ein Mensch, der »gerne mit Menschen zu tun hat«, und Sie mögen keine Konflikte. »Was du nicht willst, das man dir tu …« ist Ihr Motto.

**Durchschnittliche Werte** Obwohl Ihr Gewissen am rechten Platz ist, haben Sie auch eine pragmatische Ader und scheuen sich gewöhnlich nicht, Ihre Drecksarbeit selbst zu machen. Sie sind kein scheues Reh – aber auch kein Draufgänger. Es fällt Ihnen im Allgemeinen nicht schwer, sich in die Sichtweise eines anderen zu versetzen, doch andererseits sind Sie nicht leicht rumzukriegen. »Alles mit Maßen – einschließlich der Maße« könnte man Ihre Lebenseinstellung zusammenfassen.

**Hohe Werte** Sie können mit harten Bandagen gegen die Allerbesten antreten. Sie wissen, was Sie wollen, und haben keine Angst, es sich zu holen – selbst wenn das bedeutet, dabei gelegentlich ein paar Regeln und ein paar Nasen zu brechen. Nichts bringt Sie aus der Fassung. Sie sind resolut, selbstbewusst und so ziemlich zu allem entschlossen. Sie sind ein »Mittel-zum-Zweck«-Mensch. Für Sie geht es nicht unbedingt um richtig oder falsch, sondern darum, die Sache zu erledigen. »Leg los!« ist Ihr Mantra.

## KAPITEL 3

# DAS PROGRAMM DES GUTEN PSYCHOPATHEN

*Große Männer werden im Feuer geschmiedet. Es ist das Privileg der unbedeutenderen Menschen, die Flamme zu entzünden.*

Doctor Who

## BUSHALTESTELLENZWICKMÜHLE

Sie fahren in Ihrem Zweisitzer durch eine kalte, stürmische Nacht. Sie kommen an einer Bushaltestelle vorüber und bemerken drei Menschen, die auf eine Mitfahrgelegenheit nach Hause warten:

- eine sehr alte Dame, die erkennbar schwer krank ist und ins Krankenhaus muss,
- einen alten Freund, der Ihnen einmal das Leben gerettet hat,
- den Partner Ihrer Träume, nach dem Sie sich seit Jahren sehnen.

Sie wissen, dass Sie im Auto nur Platz für einen Mitfahrer haben. Welcher Person bieten Sie an einzusteigen?

Sie könnten:

- die alte Dame mitnehmen und ihr vielleicht das Leben retten,
- sich für Ihren alten Freund entscheiden, weil er einmal Ihres gerettet hat, *oder*

- den idealen Partner einladen, den Sie vielleicht nie wiedersehen, wenn Sie nicht sofort etwas unternehmen.

Welche Person soll es sein?

Andy und ich trinken Kaffee in einem Restaurant mit einem atemberaubenden Blick über London. Es ist Anfang Dezember, Spätnachmittag, und die funkelnden Lichter von MI6, Canary Wharf und Old Bailey heben sich golden glitzernd gegen den dunklen, vorweihnachtlichen Himmel ab. Bond, Gekko, Dexter und Lecter sind alle irgendwo da draußen, denke ich bei mir. Ziehen ihr Ding durch. Zweifellos ist es nur eine Frage der Zeit, bis wir von ihren neuesten Inkarnationen hören.

Die schimmernde Skyline ist ein passender Hintergrund für das Dilemma, vor das Andy mich gerade gestellt hat.

»Das soll ein Initiativetest sein«, erklärt er mir und schlürft dazwischen geräuschvoll seinen Cappuccino, »für Leute, die in einer Investmentbank arbeiten.«

Er beginnt den Schaum aus der Tasse zu löffeln.

»Andy«, raune ich, »dieser Laden hat einen Michelin-Stern.«

»Ich weiß. Der Schaum schmeckt toll!«

Ich habe ernsthaft über die Frage nachgedacht, die mir Andy gerade gestellt hat. Oder vielmehr habe ich versucht, ernsthaft darüber nachzudenken, während er seinen Kaffee dekonstruiert. Doch sobald ich das Wort »Initiativetest« höre, ist es aus. Ich werfe das Handtuch.

»Sprich weiter«, ermuntere ich ihn. »Wie lautet die Antwort?«

»Na gut«, meint er. »Nach dem, was ich gehört habe, lautet die gewünschte Antwort so: Du machst das alte Mädchen platt, um es aus seinem Elend zu erlösen, lässt dir die Telefonnummer deines Traumpartners geben und rauschst dann mit deinem alten Kumpel ab, um einen trinken zu gehen. Das beweist offensichtlich, dass du skrupellos, gut organisiert und loyal denen gegenüber bist, die dir früher Gutes getan haben – die Eigenschaften eines perfekten Investmentbankers, wie es heißt.«

Ich starre ihn ungläubig an. »Gut organisiert?«, hake ich nach. »Moment mal, dass ich das richtig verstehe. Dein idealer Partner soll dir seine Nummer geben und dein bester Kumpel mit dir einen heben gehen, nachdem sie gerade gesehen haben, wie du vor ihren Augen eine alte Dame überfahren hast?«

Andy schlürft erneut.

»Die falsche Antwort ist, die alte Dame ins Krankenhaus zu bringen und deinen Traumpartner allein mit deinem alten Freund an der Haltestelle zurückzulassen«, fährt er fort. »Das zeigt, dass du dich leicht von der Hauptaufgabe ablenken lässt, dass du sich bietende Gelegenheiten versäumst und deine Konkurrenten an dir vorbeiziehen lässt.«

»Du verarschst mich.« Ich lache. »Also gut, wie findest du das? Du wirfst deinem Kumpel die Autoschlüssel zu, damit er das Muttchen ins Krankenhaus fährt, begleitest deinen Traumpartner im Bus, damit er oder sie sicher nach Hause kommt – und kriegst dabei seine oder ihre Handynummer raus. Das zeigt, dass du mehr als eine Hirnzelle und gesunden Menschenverstand hast und es vermeiden kannst, lebenslang in einer Klinik für psychisch kranke Straftäter eingebuchtet zu werden. Wo passt das in die Gleichung?«

Andy schüttelt den Kopf. »Weiß ich nicht«, erwidert er. »Aber genau das würde ich tun. Aller Wahrscheinlichkeit nach braucht die alte Dame eine künstliche Hüfte, und wenn das schiefgeht, ist sie richtig schlecht dran.«

»Banken«, murmle ich. »Kein Wunder, dass alles den Bach runtergegangen ist.«

## DER HEISSE STUHL

Andys moralisches Dilemma im Initiativetest veranschaulicht drastisch, wie Sie Ihr Leben *nicht* leben sollten. Dass Sie *nicht* herumlaufen und nur Ihr Eigeninteresse verfolgen sollten. Es ist nichts falsch daran, das zu kriegen, was man möchte. Aber eine alte Dame mit dem Auto überfahren? Das ist nicht rücksichtslos. Das ist bösartige, holzköpfige Dummheit.

Um Dummheit wie diese geht es in diesem Buch *nicht*. In diesem Buch geht es vielmehr darum, wie Sie Ihren Willen auf eine Weise kriegen, die ab und an hart sein mag, sich aber immer an die Regeln hält ... auch wenn es zugegebenermaßen manchmal Grauzonen gibt!

Ich erinnere mich, dass ich einmal die U-Bahn nach Manhattan hinein nahm. Ich war unterwegs zu einigen Läden, als es mir dämmerte, dass ich eigentlich gar nicht genau wusste, wo ich aussteigen musste. Der Zug war gerammelt voll. Also beschloss ich, den Typ, der vor mir stand, zu fragen.

»Die nächste«, antwortete er.

»Danke«, erwiderte ich und stand auf.

Er setzte sich.

»Eigentlich«, sagte er, »sind es noch fünf Haltestellen. Aber, Mann, meine Beine bringen mich um!«

Alle in dem Waggon brachen in so heftiges Gelächter aus, dass mir kaum eine andere Wahl blieb, als es »zu schlucken«, wie man in diesem Teil der Welt sagt. Die Station konnte gar nicht schnell genug kommen.

Hatte sich der Kerl an die Regeln gehalten? Das ist schwer zu beurteilen. Ja, er hatte einen gerissenen Trick angewandt. Daran besteht kein Zweifel. Aber wenn ich so zurückdenke, muss ich mich fragen:

Haben sich die Schmach und die Unannehmlichkeit, einige Minuten länger in der New Yorker U-Bahn stehen zu müssen, nicht gelohnt für das, was ich dafür bekommen habe – eine Anekdote, die ich seither immer wieder erzähle?

Ein Paradebeispiel in puncto Verarschung, das ich nie mehr vergesse?

Einen Schnellkurs – »quick and dirty« – darin, wie man ein *dreister* Psychopath wird, wenn auch nicht ein gänzlich *guter*?

Ich denke schon!

Manche haben mich gefragt, ob ich bei dem, was der Typ mit mir abzog, vielleicht eine bessere Figur gemacht hätte, wenn er es für eine andere Person statt für sich selbst getan hätte. Wenn er, nachdem er mich zum Aufstehen gebraucht hat, beispielsweise eine alte Dame zu meinem Platz geführt hätte.

Oder die Frau seiner Träume.

Oder seinen besten Kumpel.

Ich glaube nicht. Wäre *das* seine Masche gewesen, hätte sie auf mich etwas zu gönnerhaft gewirkt. Etwas zu selbstgefällig. Etwas zu sehr nach Oberlehrer. Und niemand mag es, oberlehrerhaft behandelt zu werden. Vor allem nicht von solchen Typen!

Außerdem wäre das Richtige in dieser Situation bestimmt gewesen, die alte Dame auf den Boden zu stoßen, Ihrer Traumfrau ihre Telefonnummer aus dem Kreuz zu leiern, während Sie ihr Ihren Platz anbieten, und dann an der nächsten Haltestelle rauszuspringen, um das Ganze mit Ihrem Kumpel zu begießen, oder? Vielleicht habe ich aber auch nur mit zu vielen Investmentbankern zu tun gehabt.

Als ich Andy zum ersten Mal begegnete, sagte er etwas zu mir, das mir im Gedächtnis haftengeblieben ist. »Man kann mit allem durchkommen«, erklärte er, »solange man damit durchkommen kann.«

Er hat recht. Der springende Punkt ist, damit durchzukommen.

## NICHT GESCHÜTTELT, NICHT GERÜHRT – DIE MISCHUNG MACHT DEN GUTEN PSYCHOPATHEN

Manchmal kann Andy klüger sein, als er aussieht – nicht oft, aber manchmal –, und über die Jahre ertappte ich mich gelegentlich beim Sinnieren über diese Worte. Sie sind seichter, als sie klingen!

Im Grunde läuft der Satz auf eines hinaus:

Alles ist unmöglich, bis jemand daherkommt und es tut. Und dann wird es auf einmal möglich.

Mit anderen Worten, möglich und unmöglich sind keine Harry-Potter'schen Superwörter mit realitätsdefinierender Macht. Im Grunde ist es genau andersherum. Die Realität definiert *sie*. Ob etwas möglich oder unmöglich ist, hängt sehr stark davon ab, wie *wir* es anstellen. Das ist ein Gedanke, der unglaubliche Kraft verleiht.

Er ist auch, wie ich finde, eine Philosophie – eine Philosophie, die sehr gut zusammenfasst, was es heißt, ein guter Psychopath zu sein.

In Kapitel 1 hat Andy einen sehr wichtigen Punkt erwähnt. Wie Sie sich erinnern werden, sagte er, dass wir Ihnen hier nicht bloß eine Erfolgsrezeptesammlung nach Art eines Jamie-Oliver-Kochbuchs anbieten, nicht bloß ein praktisches Handbuch mit Tipps, wie Sie die Leiter erklimmen können. Sondern eine *Lebensphilosophie*.

Genau das.

Doch welche Art Philosophie? Und woher kommt sie?

Im Rest dieses Kapitels werden wir diese Fragen beantworten, und zwar anhand eines Überblicks über die ethischen, kulturellen und geistigen Traditionen, auf die sich die Philosophie des guten Psychopathen stützt – die theoretischen Grundlagen des von uns beschriebenen Lebensstils. Der sich daraus ergebende ideologische Cocktail mag Sie überraschen: eine seltsame Mischung aus Hedonismus, Existentialismus und jüdisch-christlicher Tradition.

Andererseits jedoch sind philosophische Verkostungsnotizen vielleicht nicht Ihr Ding. Wenn Sie es also nicht so sehr interessiert, wie das Gebräu zustande kam, sondern mehr, wie es schmeckt, dann tun Sie sich keinen Zwang an und überspringen die nächsten Seiten. Je weniger Sie denken, desto schneller kommen Sie zu Ihrem Drink.

## NATURAL UNBORN KILLERS

Wir beginnen unsere Degustation in Begleitung der alten Griechen. *Eines* alten Griechen, um genau zu sein: des Philosophen Epikur.

Im dritten vorchristlichen Jahrhundert prägte Epikur eine Vorstellung, die für die meisten von uns heute selbstverständlich ist. Auf unserem Lebensweg bestimmen hauptsächlich zwei Triebfedern unser Handeln:

- das Erlangen von *Lust*
- das Vermeiden von *Schmerz*

Diese beiden Motivationen sind nicht ausschließlich dem Menschen eigen. Epikurs Idee ist so grundlegend, dass sie sogar für die primitivsten Stufen des Lebens gilt. Unter einem starken Mikroskop kann man beispielsweise beobachten, dass einfache, einzellige Mikroorganismen sich auf belohnende Reize (z.B. eine Nahrungsquelle) zu und von bedrohlichen Reizen (z.B. einer spitzen Sonde) weg bewegen.

»Ungefähr so, wie ein Moppel Kuchen bestellt, statt die Kohlenhydrate wegzulassen und eine Diät zu machen!«, wirft Andy ein und greift nach der Speisekarte.

Epikur bezeichnete dieses Streben nach Lust statt nach Schmerz als *Hedonismus* (vom griechischen *hedonē*, Vergnügen, Lust, Genuss) – und sogar die größten Masochisten unter uns sind im Herzen Hedonisten. Und nicht nur das, wir fangen auch noch ziemlich früh an!

Hier gleich ein Beispiel: Der Biologe David Haig von der Harvard University hat die letzten Jahre systematisch die Vorstellung entzaubert, die Beziehung zwischen Mutter und ungeborenem Kind ähnele auch nur im Geringsten dem rosaroten Idyll, das sich gewöhnlich auf den Hochglanztitelblättern von Elternzeitschriften findet.

In Wahrheit ist sie alles andere als das. Die Präeklampsie, eine Schwangerschaftserkrankung mit gefährlich hohem Blutdruck, wird brutal von nichts Geringerem als einem Staatsstreich des Fötus losgetreten. Er beginnt damit, dass fötale Zellen durch Lecks in der Plazenta in das mütterliche Gefäßsystem eindringen. Dann inszeniert der Fötus regelrecht einen skrupellosen biologischen Raubüberfall – einen Undercovereinsatz *in utero*, um lebenswichtige Nährstoffe an sich zu bringen.

Und ich rede hier nicht nur von Baby-Gordon-Gekkos – ich rede von uns allen.

Das Vorgeplänkel ist Gynäkologen wohlbekannt. Als Kampfstoff schwemmt der Fötus ein bestimmtes Protein in den Blutstrom der Mutter, das sie zwingt, mehr Blut und daher mehr Nährstoffe in die Plazenta mit ihrem relativ niedrigen Blutdruck zu pumpen. Dieser Kampf ist schlicht und ergreifend ein Betrug, der das Leben der Mutter schwer und sofort gefährdet.

»Der Scheißkerl!«, kommentiert Andy. »Sollen wir ein paar Oliven bestellen?«

»Und er ist keineswegs der einzige«, fahre ich fort.

In einer Art fötalem Schneeballsystem schüttet das Ungeborene Plazenta-Laktogen aus, das dem mütterlichen Insulin entgegenwirkt und so den Blutzuckerspiegel der Mutter erhöht; damit schafft der Fötus also einen Überschuss zu seinen eigenen Gunsten.

»Eine Schale von den Zitronen-Chili und eine Schale von den

Paprika-Basilikum«, bestellt Andy beim Kellner. Dann linst er mich über die Speisekarte hinweg an. »Im Grunde sagst du also Folgendes: Vergesst die Gaddafis und Husseins. Wenn es um chemische Kriegsführung geht, ist das ungeborene Kind der King!«

»Sie klauen definitiv Sachen, die ihnen nicht gehören«, erwidere ich. »Und die Folgen sind ihnen scheißegal.«

Andy lächelt. »Also anders gesagt: Sie sind Psychopathen!«, konstatiert er.

## BABY, DU BIST DER/DIE BESTE

Epikurs Beobachtung, dass wir alle von Eigeninteresse, vom Streben nach Lust und von der Vermeidung von Schmerz gelenkt werden – etwa 2000 Jahre später untermauert von dem wissenschaftlichen Nachweis, dass wir alle so drauf sind, sobald wir ein paar Nullachtfünfzehn-Nervenzellen zusammenkratzen können –, sollte uns theoretisch zu einem guten Bild von uns selbst verhelfen. Oder zumindest zu einem besseren. Unser besorgtes Gewissen beschwichtigen.

Tut sie aber nicht.

Unter dem Druck sozialer Normen und der persönlichen und beruflichen Konsequenzen, wenn wir anderen auf die Zehen treten, tragen wir sehr schwer an der Bürde unseres Wunsches, unseren Willen zu kriegen, unseres nicht pasteurisierten Eigeninteresses.

Wir grübeln …

Wir sinnieren …

Wir überlegen …

Wir zögern …

… nicht nur vor Entscheidungen von lebensverändernder Bedeutung, sondern auch vor solchen mit weitaus geringerem Gewicht.

Wir schwitzen Blut und Wasser bei Kleinkram, bei den großen Sachen und bei allem dazwischen. In *Gehirnflüsterer* habe ich – wie Andy – eine Reihe verblüffender Parallelen zwischen Neugeborenen und Psychopathen gezogen. Das brachte damals etliche Leute auf die Palme. Insbesondere Leser, die gar keine Kinder hatten!

Babys sind überaus einnehmend, Meister der Beeinflussung, unbarmherzig, und haben ausschließlich sich selbst im Sinn, so schrieb ich. Wie ihre gleichermaßen skrupellosen Gegenstücke. Und sie halten, wie Psychopathen, unangenehm lange unbeirrt Augenkontakt – ein zuverlässiger Indikator für soziale Enthemmung. Psychopathie, so argumentierte ich damals, ist unser Naturzustand. Wir werden so geboren. In genau dem Augenblick, da wir zur Welt kommen, hat die natürliche Auslese uns bereits für die vor uns liegende gefahrvolle Mission ausgerüstet – uns bewaffnet mit einem tödlichen Psychopathie-Starterkit, vollgepackt bis zum Rand mit jedem nur möglichen Lug und Trug aus der Trickkiste des Schwarzgürtelträgers der Schwindelei, damit wir kriegen, was wir wollen. Was der andere natürlich tut.

Ich hätte nicht gedacht, dass wir dieses Paket schon im Mutterleib öffnen!

Doch wenn wir heranwachsen, ändert sich das allmählich. Unsere Skrupellosigkeit schwächt sich ab, und unsere psychopathische Furchtlosigkeit lässt nach. All das wird uns – in unterschiedlichem Maße – ausgeliebt, ausgestraft, aberzogen und abdoktriniert, so dass wir, wenn wir ins Erwachsenenalter eintreten und unser Leben selbst in die Hand nehmen, wenn wir herangewachsen und stark genug sind, unsere *eigenen* Entscheidungen zu treffen statt andere für uns entscheiden zu lassen, genau davor eine Heidenangst haben.

Wir erstarren im grellen Licht der Folgen unseres Handelns. Wir stehen geblendet und verwirrt in den lähmenden Scheinwerferkegeln der Entscheidungsfreiheit. Wir sind gelähmt von der Freiheit, um die wir so schwer gekämpft haben.

Die Oliven kommen, und Andy macht sich sofort darüber her.

»Du weißt, was wir jetzt brauchen, nicht wahr, Kumpel?«, fragt er.

»Schieß los«, sage ich.

»Eine aktualisierte Form dieses Psychopathie-Starterpakets *in utero*.«

## DER TAUMEL DER FREIHEIT

Diese Idee der existentiellen Angst, über die Andy und ich sprechen, ist selbstredend nicht neu. Sie ist so alt wie die philosophische Welt. Doch der Erste, der wirklich den Finger darauf legte, war keine antike, bärtige, lorbeerbekränzte und togageschmückte Geistesgröße, sondern der dänische Philosoph Søren Kierkegaard im 19. Jahrhundert.

Um seine Vorstellung zu veranschaulichen, verfiel Kierkegaard auf eine geniale Analogie: Stellen Sie sich vor, Sie stehen am Rand einer Klippe. Sie werden zwei Arten von Angst empfinden. Die erste ist die Furcht vorm Fallen (die durchaus berechtigt ist). Die zweite ist die Angst, sich selbst hinunterzustürzen – die erschreckende Erkenntnis, dass es *völlig bei Ihnen* liegt, ob Sie in den Abgrund springen oder nicht. Sie haben völlige *Wahlfreiheit*.

Im Einklang mit dem schwindelerregenden Thema seiner Analogie prägte Kierkegaard einen schönen Satz, um die Ontologie (ein philosophischer Begriff, der Wesen und Ursprung zugleich bezeichnet) dieser Angst zu beschreiben.

»Angst«, so schrieb er, »ist der Taumel der Freiheit.«

Sogar Andy nickt. »Aber es kann ihm doch nicht nur um Klippenränder gegangen sein«, vermutet er. »Ich meine, wenn das so wäre, würden wir doch nicht heute noch über ihn reden.«

»Du hast ganz recht«, erwidere ich. »Das war auch nicht so. Seine Einsicht reicht viel tiefer.«

Kierkegaard zufolge erleben wir diese Art Taumel immer, wenn wir uns im alltäglichen Leben am Rand von persönlichen oder moralischen oder finanziellen Klippen bewegen (um nur einige zu nennen). Und im Großen und Ganzen schadet uns das seines Erachtens nicht. Ganz im Gegenteil.

Der Taumel hält individuelle Impulse von der verdrehteren Sorte in Schach und die Gesellschaft auf dem rechten Pfad, denn er stellt sicher, dass wir nicht losziehen und »über die Stränge schlagen«.

Gewiss, von Zeit zu Zeit kann uns der Taumel runterziehen. Es kann uns in die Depression treiben oder sich zu dem voll entwickelten psychologischen Drehwurm einer Angststörung auswachsen. Doch im Allgemeinen, so Kierkegaard, überwiegen die Vorteile die Nachteile. Der Taumel der Freiheit steigert das Ichbewusstsein und gibt uns ein größeres persönliches und gemeinschaftsbezogenes Verantwortungsgefühl.

»In Ordnung«, sagt Andy. »Aber ich schätze, die Kehrseite ist, dass manche Leute eine ungesunde Höhenangst entwickeln. Und noch viel mehr werden, selbst wenn sie anfangs keine Angst vorm Bergsteigen haben, auf dem Gipfel nicht mehr den kleinsten Hopser wagen.«

»Auf den Punkt gebracht!«, lobe ich.

Das Problem liegt allem Anschein nach darin, das richtige Gleichgewicht zu finden.

In krassem Gegensatz zu unserer *in-utero-* und neugeborenen Persönlichkeit sind wir über die Mitte hinaus und zu weit ans andere Ende des Spektrums geschossen. Wir sind zu risikoscheu geworden.

## TALENT GEGEN ERFOLG

Zur Zeit Jesu gab es keine Banken. Jedenfalls nicht die großen, multinationalen, die uns heute so auf die Nerven gehen. Hätte es sie gegeben und hätte das Römische Reich dieselbe Kreditklemme erlebt wie wir vor ein paar Jahren, dann wäre die folgende Erzählung vielleicht anders ausgegangen. Doch wie es aussieht, gibt es kein besseres Beispiel für den Mangel an Risikoscheu, von *zu viel* Risikoscheu und für die moralische Verantwortung, die jeder von uns trägt, die Würfel zu werfen und das Beste aus sich herauszuholen, als die unglaublich überraschende Geschichte, die Andy jetzt auftischt.

Sie ist eine der elegantesten, scharfsichtigsten Abhandlungen über gesunde und ungesunde Denkweisen, über positive und negative Einstellung in der Geschichte des westlichen Denkens. Und eine ausgezeichnete Verkörperung – 2000 Jahre bevor er sie formulierte – von Kierkegaards großer Idee. Leider ist Andys Wiedergabe nicht ganz so gut wie einige andere auf dem Markt (ein Mund voll Oliven macht die Sache nicht besser). Deshalb folgt sie hier jetzt im Originalwortlaut: das Gleichnis von den anvertrauten Talenten.

Gleichwie ein Mensch, der über Land zog, rief er seine Knechte und vertraute ihnen seine Habe an, und einem gab er fünf Zentner Silber, dem anderen zwei, dem dritten einen, einem jeden nach seiner Tüchtigkeit, und zog hinweg. Alsbald ging der hin, der die fünf Zentner empfangen hatte, und handelte mit denselben und gewann andere fünf. Desgleichen, der die zwei Zentner empfangen hatte, gewann zwei Zentner. Der aber den einen empfangen hatte, ging hin und machte eine Grube in die Erde und verbarg seines Herrn Geld.

Über eine lange Zeit kam der Herr dieser Knechte und hielt Rechenschaft mit ihnen. Da trat herzu, der die fünf Zentner empfan-

gen hatte, und legte andere fünf Zentner dazu und sprach: Herr, du hast mir fünf Zentner anvertraut; siehe da, ich habe damit andere fünf Zentner gewonnen.
Da sprach sein Herr zu ihm: Ei, du frommer und getreuer Knecht, du bist über wenigem getreu gewesen, ich will dich über viel setzen; gehe ein zu deines Herrn Freude!
Da trat auch herzu, der die zwei Zentner empfangen hatte, und sprach: Herr, du hast mir zwei Zentner anvertraut, siehe da, ich habe mit denselben zwei andere gewonnen.
Da sprach sein Herr zu ihm: Ei, du frommer und getreuer Knecht, du bist über wenigem getreu gewesen, ich will dich über viel setzen; gehe ein zu deines Herrn Freude!
Da trat auch herzu, der einen Zentner empfangen hatte, und sprach: Herr, ich wußte, daß du ein harter Mann bist: du schneidest, wo du nicht gesät hast, und sammelst, wo du nicht ausgestreut hast; und ich fürchtete mich, ging hin und verbarg deinen Schatz in der Erde. Siehe, da hast du das Deine.
Sein Herr aber antwortete und sprach zu ihm: Du böser und fauler Knecht! Wußtest du, daß ich schneide, wo ich nicht gesät habe, und sammle, wo ich nicht ausgestreut habe, so solltest du mein Geld zu den Wechslern getan haben, und wenn ich gekommen wäre, hätte ich das Meine zu mir genommen mit Zinsen.
Darum nehmet von ihm den Zentner und gebet ihn dem, der die zehn Zentner hat. Denn wer da hat, dem wird gegeben werden, und er wird die Fülle haben, wer aber nicht hat, dem wird auch, was er hat, genommen werden. Und den unnützen Knecht werft in die Finsternis hinaus; da wird sein Heulen und Zähneklappern.
(Matthäus 15; 14–30)

Diese brutal einfache Geschichte hält, wie Andy zu Recht bemerkt, Kierkegaards hochgestochener Analogie einen perfekten psychologischen Spiegel vor. Doch sie geht auch noch einen Schritt weiter. Denn das Wichtigste, das uns neben dem Element des *Risikos* auffällt, ist die völlige *Relativität* des Erfolges. Er ist nichts Absolutes.

»Immer wenn wir auf den Endstand schauen, ob nach einem Rennen, einem Wettbewerb, einem Auswahlverfahren oder Ähnlichem«, betont Andy, »müssen wir uns klarmachen, dass wir alle von unterschiedlichen Startpositionen aus beginnen. Mit anderen Worten, was auch immer wir im Leben erreichen wollen, es gibt immer ein paar glücksverwöhnte Dreckskerle, die es leicht haben, die mit natürlichen Talenten (fünf Zentner) gesegnet sind. Und es gibt immer welche ohne Talente (ein Zentner).

Ich glaube, diese einfache, grundlegende Wahrheit zu kapieren ist entscheidend dafür, wie du Erfolg siehst. Und entscheidend dafür, wie du ihn erreichst. Dieser Däne, über den du dich ausgelassen hast, hat recht. Es stimmt, dass viele Menschen nicht kriegen, was sie wollen, weil sie Angst haben, ins kalte Wasser zu springen. Aber ich schätze, es gibt noch einen Grund, warum Leute versagen – und der hat nichts mit mangelndem Eifer zu tun oder damit, wie sie es anpacken. Dahinter steckt schlicht und einfach, dass sie unrealistische Erwartungen haben, was tatsächlich möglich ist. Sie setzen sich Ziele, die bei ihrer Startposition unmöglich zu erreichen sind.

Vorhin hast du gesagt, dass Erfolg ein Nebenprodukt von zwei Dingen ist: Talent einerseits und der richtigen Persönlichkeit andererseits, um das Maximum aus dem Talent herauszuholen. Na, das ist es doch, oder? Das eine ohne das andere funktioniert einfach nicht.«

Als Beispiel erzählt mir Andy von einem häufigen Vorkommnis bei der SAS-Auswahl – dem furchterregendsten militärischen Auswahlverfahren der Welt: »Manche von den Kerlen, die an Tag eins aufkreuzen, sehen aus als kämen sie direkt aus dem Olympiastadion«, berichtet er. »Sie trainieren monatelang, um sich in Topform zu bringen, nur um dann an irgendeinem Punkt festzustellen, dass das, was für *sie* Topkondition ist, immer noch unter der für das Regiment erforderlichen körperlichen Leistungsfähigkeit liegt.

Diese Jungs sind am Boden zerstört, wenn sie ausgemustert und zu ihren Einheiten zurückgeschickt werden. Da haben sie nun so hart gearbeitet und trotzdem ›versagt‹.

Nur, dass sie gar nicht versagt haben. Sie haben die Auswahl nicht geschafft, das schon. Aber sie haben nicht *vor sich selbst* versagt. Sie haben das Allerletzte aus sich herausgeholt, was drin war. Doch das war eben nicht gut genug. Es wird auch nie gut genug werden. Das ist keine Schande.

Bei einem SAS-Auswahlverfahren vor ein paar Jahren kamen zwei Kandidaten ums Leben. Der befehlshabende Offizier befahl den Ausbildungsleiter des Kurses in sein Büro und fragte ihn, wie er das zu rechtfertigen gedenke. Im Unterhaus würden Fragen gestellt.

›Meines Erachtens‹, antwortete der Trainingsleiter, ›ist das die Art und Weise der Natur, ihnen zu sagen, dass sie bei der Auswahl durchgefallen sind!‹

Seine Antwort wurde schriftlich verewigt, gerahmt und im Unterkunftskomplex des Ausbildungsgeschwaders aufgehängt, so dass alle Auswahlkandidaten es lesen konnten.«

Aber es funktioniert in beide Richtungen.

Die Geschichte könnte man auch das Gleichnis von den Talenten nennen. Doch man beachte, dass der Erzähler die Persönlichkeitsseite der Medaille genauso stark betont. Den Umgang mit diesen Talenten.

Wenn Sie zu den Glücklichen gehören, etwa wie der Knecht mit den fünf Zentnern Silber, dann genügt es einfach nicht, sich auf seinen Lorbeeren auszuruhen und es sich wohl sein zu lassen. Wenn Sie von Natur aus begabt sind, dann sollte der Ertrag, den Sie aus diesen Gaben ziehen, dem Aufwand entsprechen.

Dagegen kann es in Ihrem Leben Zeiten geben, wo Sie wie der Knecht mit dem einen Zentner Silber einfach das Bestmögliche daraus machen müssen. Was nicht heißt, ihn in der Erde zu vergraben! Ein Gewinn von einem Zentner aus einem Zentner ist genauso gut wie ein Gewinn von fünf Zentnern aus fünfen.

»Einverstanden!«, stimmt Andy zu. »Das ist sogar eine der Leitlinien, nach denen der SAS operiert. Die Auswahl ist offen für alle in der britischen Armee, der Marine und der Luftwaffe – von Chefköchen in U-Booten über Flugzeugmechaniker, die die Chinook-Hubschrauber der RAF warten, bis zu den Regimental Sergeant Majors eines Fallschirmjägerbataillons. Aber auch wenn es keine Rolle spielt, was du bist, die Auswahl-Ausbilder erwarten Kenntnisse und Fachwissen auf einem Niveau, das deinem Hintergrund entspricht. Letztlich dreht sich alles um die Lernfähigkeit, nicht darum, was du schon weißt. Das bedeutet, dass du deine Fortschritte unmöglich durch den Vergleich mit anderen beurteilen kannst. Der Einzige, gegen den du antrittst, bist du selbst. Übertriff ihn – und du bist drin.

Für die Ausbilder ist es absolut in Ordnung, einem Marinekoch etwas Elementares wie das Auseinandernehmen und Zusammensetzen einer Waffe beizubringen. Aber einem Fallschirmjäger? Du machst wohl Witze!«

## GIB ALLES, WAS DU HAST

Wir bestellen und schauen hinaus zum MI6-Gebäude. Regen setzt ein, und die Schlieren auf den Scheiben hüllen es in einen grünlich-goldenen Dunst. Ich frage Andy, ob er schon mal drin war.

»Wo, in Legoland?«, entgegnet er. »Ja, kann gar nicht mehr sagen, wie oft.«

Wir werden immer lockerer, und Andy berichtet mir von einem Vorfall, als er selbst das Auswahlverfahren durchlief. Diese Begebenheit illustriert exemplarisch das Verständnis des SAS von Talent.

Nach Abschluss der vierwöchigen Ausdauer- und Navigationsphase wurden diejenigen, die in dem Ausbildungsprogramm verblieben waren (und das waren nicht viele), nach Brunei geflogen, um mit dem »Fortsetzungs«- (oder Dschungel-)Training zu beginnen.

Als die Jungs sich anschicken, unter dem schwülheißen, smaragdgrünen Baldachin des Regenwaldes die Grundlagen des Morsealphabets zu erlernen, beschließt einer von ihnen, der ursprünglich vom Royal Corps of Signals kommt, ein paar Tässchen Tee zu trinken. Als Funker kann er bereits morsen und sieht keinen Grund, bei etwas dabeizusitzen, das er bereits im Schlaf beherrscht. Sie sind kaum nach England zurückgekehrt, als er seine Taschen packt und auf Nimmerwiedersehen verschwindet.

»Das war aus zwei Gründen völlig in Ordnung«, urteilt Andy. »Erstens, wenn er schon Tee kocht, dann hätte er das nicht nur für sich selbst tun sollen; er ist schließlich Teil eines Teams. Und zweitens hätte er sich gleich danach einbringen sollen – uns dabei helfen, all diese Punkte und Striche zu kapieren. Es gilt nicht nur ›Wer wagt, gewinnt‹. Es gilt auch ›Wer *teilt*, gewinnt‹.«

Als die Nachricht vom Schicksal des Funkers die Runde machte, erschien wie ein ironischer Kommentar eine geheimnisvolle Botschaft aus seltsamen Hieroglyphen auf seinem Bett.

»Morsecode?«, frage ich Andy.

»Ja«, grinst er und schiebt sich sein Brötchen mit Bacon und getrockneten Tomaten in den Mund. »Für ›Verpiss dich, Tee-Ei!‹«

Erfolg hat zwei Seiten: eine *subjektive* und eine *objektive*. Wenn beide zusammenfallen, ist das toll. Doch haben Sie eine ohne die andere, sind die Ergebnisse größtenteils gewöhnlich weniger als optimal:

Subjektiv ohne objektiv kann Enttäuschung vorprogrammieren.

Objektiv ohne subjektiv kann zu Faulheit und Leistungen unter den eigenen Möglichkeiten führen.

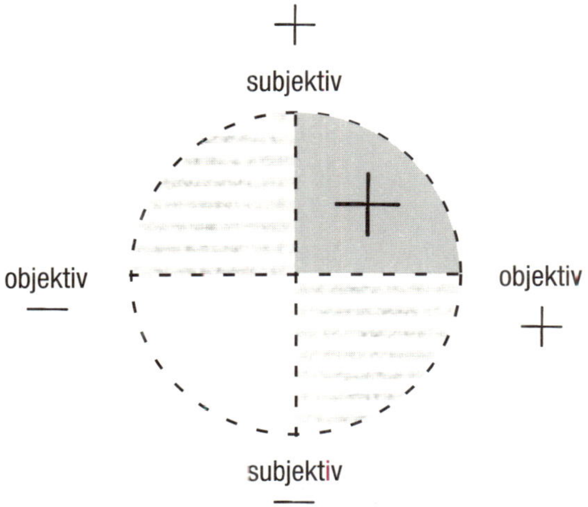


Worauf es ankommt, wie es uns auch das Gleichnis von den anvertrauten Talenten lehrt, ist Selbstvertrauen. Nicht Selbstüberschätzung.

Selbstvertrauen. Das heißt:

- an sich selbst glauben,
- den Fehdehandschuh hinwerfen,
- sich den eigenen Dämonen stellen.

Das Gleichnis von den anvertrauten Talenten ist eine verwegene Einladung – um Kierkegaards »Cliffhanger«-Metapher nochmals aufzugreifen –, den »Taumel der Freiheit« zu überwinden und sich mit der Person zusammenzutun, die Sie zu werden wagen. Eine Lizenz zum Chancenergreifen.

»Vor vielen Jahren, als er noch unter uns weilte, wirft der amerikanische Tennisspieler Vitas Gerulaitis Jimmy Connors aus irgendeinem Turnier«, erzähle ich Andy. »Connors – der vor dem Match 16 Spiele hintereinander gegen Gerulaitis gewonnen hat – kocht vor Wut. Allgemein wird erwartet, dass sich auf der Pressekonferenz nach dem Match die Spannung entladen wird. Das heißt, bis Gerulaitis ans Mikrophon tritt:

›Niemand schlägt Vitas Gerulaitis siebzehnmal in Folge!‹, tönt er.

Darauf brechen alle in Lachen aus. Inklusive Connors.

Doch trotz der Vorgeschichte hatte Gerulaitis an diesem Tag überragend gespielt. Und sein Bonmot war ebenso sehr ein Mantra wie ein Eisbrecher. Er hatte am Rand des Abgrunds gestanden und war gesprungen. Er hatte unzählige Niederlagen erlitten, sich aber geweigert, die Waffen zu strecken.«

»Er weigerte sich, seinen Zentner zu vergraben«, kommentiert Andy.

## SCHEITERN LERNEN

Vitas Gerulaitis hatte den Mumm, weiter an die Person zu glauben, die er zu werden wagte. Er hatte den Mumm gehabt, beharrlich weiter auf eine erträumte Oase der Lust zuzustolpern, wie Epikur es vielleicht formuliert hätte, auch wenn der Weg ihn immer wieder durch die ausgedörrte und einsame Todeszone des Schmerzes führte. Was einfacher gesagt als getan ist.

Ein klassisches Experiment aus den 1960er Jahren demonstrierte, dass Hunde, die wiederholt Elektroschocks erhielten, ohne davor fliehen zu können, sich später passiv ihrem Schicksal ergaben, *auch wenn ihnen ein Fluchtweg eröffnet wurde*. Sie legten sich hin und winselten, statt aufzuspringen und fortzulaufen.

Diese seltsame Neigung des Gehirns, sich manchmal in die Unterwerfung zu ergeben – von Psychologen »gelernte Hilflosigkeit« genannt –, ist auch bei Menschen zu beobachten. Sie erklärt unter anderem, warum misshandelte Frauen oft bei dem Täter ausharren, obwohl sich ihnen die Tür zu einem neuen Leben, manchmal ganz buchstäblich, weit auftut. Und warum Langzeitgeiseln und -entführungsopfer keinen Ausbruchsversuch unternehmen und stattdessen gegen alle Gesetze des objektiven gesunden Menschenverstands freiwillig in Gefangenschaft bleiben.

Und um auf die SAS-Auswahl zurückzukommen, sie erklärt auch, warum Kandidaten das Handtuch werfen – sogar im Spätstadium, wenn sie die körperlichen Prüfungen hinter sich haben und nur noch ein paar Tage durchstehen müssen.

Wieder erklärt Andy: »In der letzten Woche setzen sie dich mitten in den Bergen der walisischen Brecon Beacons aus und ein Jagdkommando auf deine Fersen. Du wirst in eine Falle gelockt und gefangen genommen, denn sie wollen dich verhören, schauen, ob du dem standhältst.

Es dauert normalerweise 72 Stunden. Sie ziehen dir eine Kapuze über, verbinden dir die Augen, fesseln dich, schreien dich an, überschütten dich mit Wasser, quälen dich mit allem Möglichen – weißem Rauschen, schmerzhaften Körperhaltungen, einfach allem –, um festzustellen, ob sie dich ›knacken‹ können. Und viele knicken tatsächlich ein. Selbst Kerle, die so weit gekommen sind und nur noch ein paar Stunden vor sich haben, klappen zusammen.

Ich habe es selbst nie verstanden. Das Verhör war für mich einfach. Ich weiß noch, dass ich dachte: ›Bloß noch ein paar Stunden, und dann hast du's. Setzt das Barett auf und bist einer von den Jungs.‹ Das war das Ziel, das ich mir gesetzt hatte. Das wollte ich sein. Ich wollte mich im Spiegel mit dem berühmten geflügelten Dolch betrachten und mir sagen können: ›Kumpel, du kommst aus der Gosse von Peckham und bist jetzt einer der besten Soldaten, die je auf Erden marschiert sind. Gut gemacht!‹ Und egal wie sehr ich durch die Mangel gedreht werde, das wird mir nichts und niemand mehr nehmen.

Doch das Problem bei manchen Kerlen ist, dass sie anfangen, es für echt zu halten. Sie fangen an zu glauben, dass es etwas *bedeutet*.

Wenn du durchgefroren, nass, müde und hungrig bist, mit verbundenen Augen und Handschellen und beschallt mit weißem Rauschen in einem elenden Drecksloch, das nach Fledermäusen, Ratten und Katzenpisse stinkt, irgendwo im Nirgendwo hockst, dann kann es leicht passieren, dass dein Kopf dir Streiche zu spielen beginnt. Sehr leicht beschleicht dich dann der Gedanke, dass sie es auf dich abgesehen haben. Dass sie dich umzubringen versuchen. Dass sie nicht wollen, dass du bestehst. Dass es nie aufhören wird und dass es keinen Ausweg gibt.

Aber so ist es überhaupt nicht. Sie wollen nur sehen, ob du gut genug bist. Und wenn du anfängst, so zu denken – dass es etwas bedeutet, dass es um *dich* geht, dass es nie ein Ende haben wird –, dann, ganz offen gesagt, bist du es auch nicht.

Scheiß auf Lärm und Pisse und Stress – da kannte ich Nachtclubs in Hereford, die schlimmer waren!«

## NEUE WEGE GEHEN

Mit Andys Doku über die letzten paar Stunden der SAS-Auswahl, die in einer einzigartigen und unglaublichen Erzählung Epikur, Kierkegaard und Jesus unter einem metaphorischen Dach vereint, haben wir die Hälfte unserer historischen und philosophischen Ausgrabung der Kernprinzipien und -werte der Psychologie des guten Psychopathen bewältigt.

Doch bevor wir vom Mantra zur Methode fortschreiten, müssen wir uns mit einem zweiten Triumvirat philosophischer Größen befassen, deren Denken die hochgespannte existentialistische Hängebrücke zwischen den *Prinzipien* eines guten Psychopathen und deren *Praxis* umreißt: Jean-Paul Sartre, Albert Camus und Friedrich Nietzsche.

Das Essen kommt, und wir langen zu. Für mich: Filet vom Heringskönig, leicht gegrillt.

Für Andy: Burger, verbrannt.

»Weißt du, das wird dir wahrscheinlich nicht gefallen«, sage ich, als das Ketchup einen Looping über den Burger macht und an einem verborgenen Ort irgendwo rechts von unserem glänzenden Conran-Designertisch landet, »aber ich sehe in dir einen Anhänger von Sartre und Camus. Während der letzten Tage des SAS-Auswahlverfahrens jedenfalls.«

Andy hört es nicht – so beschäftigt, wie er ist, die Fehlfunktion der Saucenflasche zu beheben.

Sartre, ein Pariser, der Mitte des 20. Jahrhunderts auf der Höhe seiner philosophischen Leistungsfähigkeit war, ist berühmt für seine Behauptung in Bezug auf den Menschen: »Die Existenz geht der Essenz voraus.« Oder, um es einfacher auszudrücken: Wir werden nicht zu einem bestimmten Zweck geboren, deshalb steht es uns frei, alles zu werden, was wir werden wollen. Wir haben die Freiheit, unser eigenes Schicksal zu bestimmen.

Zur Illustration benutzt Sartre das Beispiel eines Brieföffners. Es ist undenkbar, so sagt er, dass ein Brieföffner ohne die vorausgehende Absicht eines Handwerkers, einen solchen herzustellen, existieren könnte. Mit anderen Worten, um einen Brieföffner statt etwa eines Tranchiermessers oder eines Stanleymessers anzufertigen, muss der Handwerker genau wissen, wozu er dienen soll. Dazu, Papier zu schneiden. Nicht Stoff oder Fleisch.

Doch Menschen, so folgerte Sartre, sind anders als Brieföffner. Als überzeugter Atheist behauptete er, der menschlichen Gestalt liege kein Masterplan – kein vorgestellter Zweck – zugrunde und in jedem Einzelnen von uns stecke ein einzigartiges Potential.

»Es bedeutet, dass der Mensch erst existiert, auf sich trifft, in die Welt eintritt, und sich erst dann definiert«, erklärte er. »Der Mensch ist nichts anderes als das, wozu er sich macht.«

»Ein bisschen wie Ketchup also!«, bemerkt Andy.

Ich gehe nicht darauf ein und träufle etwas Spargelvelouté über meinen gegrillten Fisch.

»Was auch immer«, sage ich. »Aber wichtig ist: Worüber Sartre vor einem halben Jahrhundert in den Kaffeehäusern der Rive gauche nachdachte, ist genau dasselbe, worüber *du* nachgedacht hast, als du gefesselt und geknebelt auf dem Boden irgendeiner Heuscheune in den Brecon Beacons lagst!«

Die Flasche furzt, und ein dicker Klacks Tomatenketchup landet klatsch-flatsch in der Mitte seines Burgers.

»Perfekt«, sagt Andy.

## DER CLARK KENT IN UNS ALLEN

Sartres Philosophie mit ihrem Schwerpunkt auf Freiheit und Möglichkeit, auf dem Durchbrechen einer vorherbestimmten natürlichen Ordnung, gilt als zutiefst befreiend. Doch er schiebt gleich hinterher, dass wir, was die Reichweite unserer persönlichen Leistung angeht, gewisse Grenzen akzeptieren müssen.

Wenn Sie nicht mit der VO2max, der Laktatschwelle und dem Verhältnis von schnellen zu langsamen Muskelfasern eines, sagen wir, Usain Bolt gesegnet sind, dann werden Sie nie zu … Usain Bolt!

Ganz ähnlich verhält es sich mit dem SAS-Auswahlverfahren, wie uns Andy erzählt hat: Wenn Sie nicht über die dafür erforderlichen angeborenen physiologischen Fähigkeiten verfügen, werden Sie nie das berühmte sandfarbene Barett aufsetzen, egal wie fit Sie sind.

Andererseits jedoch wirken auf die möglichen Entscheidungen, die *innerhalb* unserer Bandbreite an realistischen Optionen liegen, oft mächtige gesellschaftliche Kräfte ein, die weit außerhalb unserer Kontrolle liegen: uralte psychologische Strahlströme, die im Lauf der Zeit die geschmeidigen neuronalen Wälder unserer Gehirne zweckdienlich modelliert haben.

Über Millionen Jahre einer komplexen biologischen Entwicklung bearbeiteten diese vernichtenden Passatwinde – Versagensangst, soziale Normen, Unsicherheit und Ähnliches – wie Erosionskräfte die Landschaft unserer Entscheidungsbildung und stutzten sie zu Nutzwäldern der Konvention und Konformität zurecht: eine psychische Malaise, die das Gleichnis von den anvertrauten Talenten treffend einfängt.

Friedrich Nietzsche, ein Philosoph des späten 19. Jahrhunderts, schrieb über ein ähnliches Thema. Doch für Nietzsche – wie Sartre ebenfalls Atheist – lagen die Beschränkungen für das menschliche Potential nicht in Sitten und Normen wie Tradition und Erwartung, sondern in den herrschenden christlichen Werten seiner Zeit.

Nietzsche wetterte gegen das Christentum, weil es das Leben zur bloßen Lockerungsübung für das unendlich viel lohnendere »Leben nach dem Tode« entwertete – weil es propagierte, dem im Hier und Jetzt scheinbar Wichtigen den Rücken zu kehren und sich bereitzuhalten für eine ewige, ätherische, erhebendere Existenzebene. Damit, so Nietzsche, dränge uns das Christentum im Grunde dazu, uns dem Leben selbst zu »entfreunden« – eine selbstgefällige und überall einengende Philosophie, die uns als Spezies zu untergraben drohe. Stattdessen rief er auf zu einer »Umwertung aller Werte« – einer umfassenden Prüfung sämtlicher Dinge, die wir gewohnheitsmäßig für »gut« halten.

Waren sie wirklich gut? Oder waren sie bei nüchterner Betrachtung nicht vielmehr äußere Verhaltenskodizes, die uns einfach nur hemmen?

Ist das Ausharren an einem langweiligen Arbeitsplatz, in einer von Gewalt geprägten Beziehung oder in einer belasteten Freundschaft aus Pflichtgefühl wirklich richtig? Sind die sogenannten »fleischlichen Sünden« eigentlich wirklich Sünden? Ist das »Hinhalten der anderen Wange« eine legitime Strategie, nach der man sein Leben ausrichten sollte?

Die Wissenschaft, erkläre ich Andy, hat auf diese letzte Frage eine Antwort gefunden.

Und sie lautet *nein*!

Die Wissenschaft hat festgestellt, dass man viel weiter kommt, wenn man zu netten Leuten nett ist und zu nicht netten Leuten nicht.

»Also erben die Sanftmütigen keineswegs die Erde«, meint er. »Sie gucken in die Röhre!«

Ich genieße den letzten meiner Trüffelravioli.

»Der Mensch ist ein Seil, geknüpft zwischen Tier und Übermensch«, behauptete Nietzsche in *Zarathustra*, »ein Seil über dem Abgrunde, ein gefährliches Auf-dem-Wege, ein gefährliches Zurückblicken, ein gefährliches Schaudern und Stehenbleiben.«

Kierkegaard hätte dem zugestimmt.

Um zu sein, was wir *können*, statt was wir *sollten*, müssen wir dem Sturm trotzen. In unserem Bestreben, zu unserem ganz eigenen Clark Kent zu werden, müssen wir den Taumel der Freiheit überwinden.

## DIE ILLUSION DES SINNS

Ich bezweifle, dass Albert Camus etwas über Auswahlverfahren für Elitesoldaten wusste – obwohl er im Zweiten Weltkrieg für die französische Résistance arbeitete und eine Untergrundzeitung herausgab. Doch hätte ihn sein unbezähmbarer revolutionärer Geist in die Reihen der militärischen Kämpfer statt in die Brutstätte des anarchistischen und kommunistischen Aktivismus gezogen – in Algerien in den 1930er und dann in Paris in den 1940er und 1950er Jahren –, dann könnte ich mir vorstellen, dass er sich dabei ausgezeichnet hätte.

Wie Sartre und Nietzsche faszinierte ihn die zutiefst befreiende Sinnlosigkeit der Existenz.

»Angesichts dieser Nacht voller Zeichen und Sterne«, hebt Meursault, die Hauptfigur in Camus' 1942 erschienenem Roman

*Der Fremde* an, »wurde ich zum ersten Mal empfänglich für die zärtliche Gleichgültigkeit der Welt.«

»Ich weiß, was er meint«, sagt Andy. »Ich habe das durch die Gitterstäbe einer irakischen Gefängniszelle gemacht. Fühlt sich toll an.«

Für Meursault und Camus – und Andy – ist der himmlische Vorratsschrank leer.

Doch anders als für Sartre und Nietzsche war für Camus die Illusion des Sinns keine von Schuldgefühlen umwaberte Benebelung, die der Apathie eines moralischen oder religiösen Katers entsprang. Sie war eher psychologischer Natur.

Unter Psychologen und Neurowissenschaftlern ist seit langem unumstritten, dass jeder von uns mit einem Sinndetektor im Gehirn ausgestattet ist. Wir sind rationale, denkende Wesen, und wir suchen in allem nach Mustern.

Manchmal sind solche Muster vorhanden. Sie sind Bestandteil des Geflechts einer objektiven, kohärenten Realität. Die Symmetrie einer Schneeflocke beispielsweise. Oder die »Augen« auf den Flügeln eines Schmetterlings. Doch manchmal sind diese Muster *nicht* vorhanden, und unser Gehirn füllt die Lücken aus. Es zieht voreilige Schlüsse, um sich den Anstrich von Nützlichkeit zu geben – eine der fälligen Steuern auf den evolutionären Rekordzufallsgewinn, den wir Bewusstsein nennen. (Die umseitige Schwafeltabelle gibt Ihnen eine Vorstellung davon, wie das funktioniert.)

Doch Camus ging einen Schritt weiter – und erweiterte das Argument über die kognitive Stratosphäre des Kopfrechnens hinaus und tief hinein in das Reich des philosophischen Weltraums. Für Camus war die Wahrheit absurd und brutal einfach.

Nichts hatte irgendwo irgendeinen Sinn.

Das heißt, nirgendwo außer in dem Raum zwischen unseren Ohren.

Natürlich *scheinen* viele Dinge sinnvoll, räumte Camus ein – mit Bedeutung aufgepumpt von unserem mustersuchenden, sinnsüchtigen Bewusstsein. Doch die Realität ist ganz anders. Es gibt weder Vers noch Vernunft irgendwo im Universum. Oder, wenn wir schon dabei sind, das Universum selbst.

| Die Schwafeltabelle | | | |
|---|---|---|---|
| | I | II | III |
| 0 | integrierte | Management | Optionen |
| 1 | heuristische | überwachte | Mobilität |
| 2 | systematisierte | Organisations | Fähigkeit |
| 3 | parallele | reziproke | Flexibilität |
| 4 | funktionale | digitale | Programmierung |
| 5 | reaktive | logistische | Szenarien |
| 6 | optionale | Übergangs | Zeitphase |
| 7 | synchronisierte | Inkremental | Projektion |
| 8 | kompatible | 3.-Generations | Hardware |
| 9 | futuristische | Politik | Kontingenz |

**Die Macht des Schwachsinns**
Sie müssen jemanden rasch runtermachen? Dann ziehen Sie schnell die folgende Business-Schwafeltabelle zurate. Sie funktioniert folgendermaßen: Denken Sie sich eine dreistellige Zahl (z. B. *2–6–6*) und wählen Sie dann das jeweils entsprechende Schlagwort aus den Spalten *I*, *II* und *III* (so ergibt *2–6–6*: »systematisierte Übergangszeitphase«). Im Handumdrehen haben Sie einen sinnvollen Satz in Geschäftssprech, der Ihren Chef tief beeindrucken und Ihre Arbeitskollegen völlig aus dem Konzept bringen wird. Das ist so leicht wie *1–2–3* … oder »heuristische Organisationsflexibilität«!

## ROCK AND ROLL

Camus kam 1960 mit 46 Jahren bei einem Verkehrsunfall ums Leben. Er hatte seine Zugfahrkarte nach Paris zerrissen und war in das Auto eines Freundes gestiegen. Nicht dass er sich so etwas zu Herzen genommen hätte. Das Leben hatte es nach Camus' Ansicht auf niemanden abgesehen, das war ihm egal. Das Leben wollte nur sehen – wie es Andy oben ausgedrückt hat –, ob du gut genug bist. Nicht nötig, es persönlich zu nehmen.

Der SAS hat sogar einen Auswahltest entwickelt, der auf Camus' Gedanken über die Sinnlosigkeit beruht. Oder um genauer zu sein, vermutlich auf seinen Gedanken über den *Sinn*.

»Während des ersten Monats der Auswahl besteht das Leben darin, die Brecon Beacons und die Black Mountains in Wales mit einem Rucksack auf dem Rücken rauf- und runterzuklettern«, erzählt mir Andy. »Der wiegt zwischen 16 und 25 Kilo, und die Distanz kann alles zwischen 15 bis 62 Kilometer betragen. Aber um es interessanter zu machen, kennst du die Zeitobergrenze nicht, also wie schnell du von A nach B kommen musst.

Dafür gibt es zwei Gründe: Erstens bedeutet es, dass du bei der Aufgabe im Ungewissen bleibst, was sie psychologisch viel schwieriger macht. Und zweitens, falls irgendwelche olympiareifen Rennschweine es in Rekordzeit über diese Berge schaffen und sich was darauf einbilden, haben die Trainer die Möglichkeit, sie einem weiteren kleinen Test zu unterziehen, um zu sehen, ob sie genauso viel geistiges Durchhaltevermögen wie körperliche Ausdauer haben.«

Der Test besteht darin, in dem Rucksack Steine einen Hügel hochzuschleppen ... sie dann wieder runterzutragen ... sie dann wieder hochzuschleppen ... sie dann wieder runterzutragen ... ad infinitum. Bis der Ausbilder ihnen befiehlt aufzuhören.

Genau dieses Schicksal widerfuhr dem griechischen König Sisyphos in Camus' Essay *Der Mythos von Sisyphos*. Sisyphos fiel bei den Göttern in Ungnade und wurde in die Unterwelt verbannt. Dort musste er bis in alle Ewigkeit einen Felsblock einen Abhang emporrollen und dann zusehen, wie der Stein, kaum oben angekommen, wieder hinunterrollte.

Keine angenehme Vorstellung!

»Das war ein Scheißspiel«, gesteht Andy rückblickend ein. »Es gibt nichts Schlimmeres als eine Aufgabe, die sinnlos ist und dich auch noch körperlich so schlaucht, dass du kotzen könntest. Vor allem wenn du nicht weißt, wann das aufhört. Etliche von den Jungs haben dabei hingeschmissen. Apropos: Sollen wir die Rechnung verlangen?«

Sinn ist wie Sauerstoff für die Psyche. Ohne ihn schwinden wir dahin und gehen ein. Aber nicht wir alle, wie es scheint. Den Männern, die das SAS-Auswahlverfahren überstehen, ist die Fähigkeit:

- Dinge an sich abprallen zu lassen,
- Dinge nicht persönlich zu nehmen,
- nicht über Vergangenes nachzugrübeln,
- nicht zu viel über die Gegenwart nachzudenken,
- sich nicht übermäßig um die Zukunft zu sorgen,

zur zweiten Natur geworden.

Wie es bei ihrem Arbeitsgebiet auch sein muss.

Dazu noch einmal Andy: »Ich weiß noch, wie der Ausbilder, bald nachdem wir das Abzeichen erhalten hatten, zu ein paar von uns sagte: ›Das Geheimnis des Erfolgs ist: Trainiert, als ob es alles gälte, wenn es nichts gilt – dann könnt ihr kämpfen, als ob es nichts gälte, wenn es alles gilt.‹ Und er hatte recht. Das fasst die Regimentsmentalität so ziemlich zusammen. Fasst eigentlich jede Siegermentalität zusammen.«

»Hört sich an wie die Eierkopfversion von *Wer wagt, gewinnt*«, stichle ich.

Er lacht. »Genau«, sagt er, »und du musst es ja wissen!«

## GUTER PSYCHOPATH ZUM MITNEHMEN

Der Philosophietrip ist vorbei – unsere Besichtigungstour zu ein paar der beliebteren Ausflugsziele zu Ende. Wir sind mit ein paar

Ratschlägen von Andy aus dem Bahnhof gefahren – dass dieser Leitfaden *Der (gute) Psychopath in dir* nicht *nur* als Handbuch für Erfolg, sondern als umfassende Lebensphilosophie gesehen werden sollte – und sind zu einer Suche danach aufgebrochen, was er denn noch sei.

Aus welchen Wurzeln – klassischen und modernen, moralischen und psychologischen – entsprang die Lebensweise des guten Psychopathen? Welche Leitlinien stehen hinter seiner nüchternen Einstellung?

Wieder im Bahnhof angekommen, scheint es, als seien wir im Kreis gefahren. Wir sind bei einer Lebensphilosophie aufgebrochen und haben unsere Reise mit einer Erfolgsmaxime der Special Forces beendet.

Irgendwo unterwegs – über Epikur, Jesus, Kierkegaard, Sartre, Nietzsche und Camus – muss beides durcheinandergeraten sein.

Doch was packen wir als Souvenirs ein? Was können wir aus dem ideologischen Andenkenladen mitnehmen?

Das Erste von Bedeutung, das wir von Epikur und Kierkegaard übernehmen können, besteht darin, dass versteckt hinter dem Erfolg, eingebettet in das Genom der Leistung, ein Mutantenparadoxon lauert. Einerseits streben wir, wie Epikur bemerkte, von Natur aus lieber nach dem Positiven statt dem Negativen. Wir besitzen eine Vorliebe für angenehme Erfahrungen gegenüber weniger angenehmen. Andererseits jedoch bleibt uns, wenn wir das Gewünschte kriegen wollen – wenn wir Lust empfinden und Schmerz vermeiden möchten –, keine andere Wahl, als uns diesem Schmerz frontal zu stellen. Wir müssen aus unserem Wohlfühlbereich heraustreten. Wir müssen den »Taumel der Freiheit«, von dem Kierkegaard so beredt sprach, überwinden und den Sprung ins Unbekannte wagen. Wir müssen den Mut aufbringen, Risiken einzugehen. Risiken auf *uns* zu nehmen. Damit wir das Beste aus unseren Talenten machen, statt sie unter einem Berg von Ausflüchten zu begraben.

»Um unsere Mischpultanalogie noch mal aufzugreifen«, bemerkt Andy, während er nach der Rechnung greift und mir einen vielsagenden Blick zuwirft, »musst du sicherstellen, dass dein Furchtlosigkeitsknopf drehbar bleibt …«

Doch es gibt noch mehr Regler, die beweglich sein müssen. Die Sartre'sche Besessenheit von der Entfaltung alles dessen, was in uns steckt, vom Durchtrennen der Fesseln der Konvention und vom Aufstieg zum Herrn unseres Schicksals verlangt, dass wir auch ein wenig an unserem Skrupellosigkeitsregler herumspielen.

Ähnlich folgt aus der Idee Nietzsches, dass einige der klassischen, üblicherweise als gut geltenden Tugenden in Wirklichkeit psychologische Hemmnisse für unsere volle Entfaltung darstellen, dass wir unsere Gewissens- und Empathieregler neu einstellen sollten. Nicht bis zu dem Punkt, dass wir anderen in unserer Umgebung schaden. Aber mit Sicherheit bis zu dem Punkt, wo der Pegel niedrig genug wird, dass wir *uns selbst* nicht schaden – nicht aktiv unsere eigenen Interessen und Lebensziele gefährden.

Schließlich schwebt geistergleich die Hand von Camus über unseren Fokussiertheitsreglern.

Es geschieht im Leben nur allzu oft, dass unsere ständige Beschäftigung mit Sinnfragen:

- Was ist für *mich* drin?
- Was ist für *die anderen* drin?
- Was könnte ich *verlieren*?
- Was habe ich zu *gewinnen*?

… nach und nach dem Leben selbst in die Quere kommt! Wir verfangen uns so sehr in den Folgen unseres Handelns, dass wir bald schlechter handeln.

Da wird etwas *wichtig*.

Da bekommt etwas *Bedeutung*.

Und noch bevor wir es recht wissen, fällen wir nicht nur Entscheidungen. Wir fällen Entscheidungen über das Fällen dieser verdammten Entscheidungen!

»Jeder kann über eine einen Meter breite Planke laufen, wenn sie einen Meter über dem Boden ist«, sagt Andy und reicht mir meinen Mantel. »Aber 1000 Meter über dem Boden? Das ist was anderes. Aber warum nur? Es ist doch immer noch eine ein Meter breite Planke, nicht wahr?«

Der Grund ist natürlich, dass wir uns bei 1000 Metern nicht mehr nur auf die Planke konzentrieren. Wahrscheinlich konzentrieren wir uns nicht im Geringsten auf die Planke! Sondern auf alles *außer* der Planke. Wir nehmen in den Fokus, was sich beiderseits von ihr befindet …

Nichts!

Alles!

Alles *und* Nichts! Und genau das ist es. Wir nehmen alles und nichts in den Fokus, statt einfach einen Fuß vor den anderen zu setzen. Statt zu g-e-h-e-n. Statt einfach zum anderen Ende der Planke zu gelangen.

Ergebnis: Wir erstarren.

Wir zögern.

Wir zaudern.

Und wenn man sich 1000 Meter über dem Boden befindet und keinen Spielraum für Fehler hat, kann eine solche Unschlüssigkeit tödlich sein.

Nochmals Andy: »Der Grund, weshalb Flugzeuge nicht vom Himmel fallen, ist einfach. Von den Prinzipien der Aerodynamik mal abgesehen, läuft es darauf hinaus, dass sie sich einfach zu schnell bewegen.«

Absolut richtig. Würden sie mitten im Flug plötzlich ein Bewusstsein entwickeln und routinemäßig darüber nachdenken, würden sämtliche Fluglinien auf der Welt pleitegehen.

Dasselbe gilt für uns und Planken. Und für uns und das *Leben*.

Wenn Sie sich auf das konzentrieren, was Sie unmittelbar vor Augen haben, und nicht auf das zu Ihren Seiten, dann haben Sie eine viel größere Chance, es über den Abgrund zu schaffen. Den Abgrund, der, wie Nietzsche sagte, das Tier vom Übermenschen trennt.

Natürlich ist das leichter gesagt als getan. Doch auf den folgenden Seiten werden wir Sie auf den Weg bringen. Wir werden Ihnen helfen, sich aus Ihrer Hornbrillen-, Krawatte-und-Anzug- und Fassonschnitt-Persönlichkeit herauszuschälen, so dass die entschlossene, furchtlose und erfolgreiche Persönlichkeit eines guten Psychopathen darunter zum Vorschein kommt.

Unser Programm des guten Psychopathen wird Sie verwandeln: von einem, der sich auf der linken Seite herumdrückt, in einen dynamischen, zielstrebigen Leistungsmenschen, der die rechte ausreizt:

| **erfolglose Persönlichkeitszüge** | **Persönlichkeitszüge des guten Psychopathen** |
|---|---|
| macht Ausflüchte | liefert |
| beschuldigt andere | übernimmt Verantwortung |
| will es anderen recht machen | bleibt sich selbst treu |
| kneift | tut, was getan werden muss |
| nimmt stillschweigend hin | trägt es mit Fassung |
| reitet auf Vergangenem herum | zieht rasch weiter |
| schiebt es auf | erledigt es |
| denkt zu viel nach | kommt zum Punkt |
| nimmt es persönlich | nimmt die Sache in die Hand |
| macht sich zu viele Sorgen über das große Ganze | konzentriert sich auf die vorliegende Aufgabe |

Worin also bestehen die Prinzipien des Programms? Und was bringen sie *Ihnen*?

## DIE GLORREICHEN SIEBEN

All das verrät Ihnen der folgende Sieben-Punkte-Aktionsplan – eine psychologische Blaupause nicht nur für Erfolg, sondern für ein reicheres, glücklicheres, befriedigenderes Leben ganz allgemein. Diese sieben Siegermerkmale des guten Psychopathen werden Ihnen helfen, Ihre Ziele zu erreichen – nicht nur am Arbeitsplatz, sondern in allen Bereichen Ihres Lebens.

Sie werden Ihnen dabei helfen:

- diese Stelle zu kriegen
- diesen Geschäftsabschluss zu kriegen
- diesen Kerl oder dieses Mädchen zu kriegen
- diese Gehaltserhöhung zu kriegen
- diese Chance zu kriegen

… hinter der/dem Sie schon immer her waren, die Sie aber nie haben einsacken können.

Sie werden Ihnen zudem Seelenfrieden bringen. Denn je mehr Sie Ihr Leben in den Griff kriegen, desto klarer wird Ihnen etwas Erstaunliches dämmern: Sehr vieles von dem, was Sie *früher* immer getan haben, haben Sie für *andere* getan!

Sie taten es:

- um Ihren Chef zu beeindrucken,
- damit Ihre Kollegen Sie sympathisch finden (nachdem Sie den Chef beeindruckt hatten!),
- um den häuslichen Frieden zu wahren,
- weil Sie es einem Kumpel schuldig waren,
- um bei dem Mädchen an der Bushaltestelle Eindruck zu schinden. (Kürzlich eine alte Dame plattgefahren?)

Jesus sagte einmal: »Was ihr wollt, dass euch die Leute tun sollen, das tut ihnen auch.« Ein schöner Gedanke!

Respektlosigkeit gegenüber anderen steht *nicht* auf dem Programm des guten Psychopathen. Aber genauso wichtig ist es, *sich selbst* gegenüber nicht respektlos zu sein. Wir möchten also diese ehrwürdige und ehrenwerte Aussage abändern wie folgt:

»Was ihr wollt, dass die Leute sich selbst tun sollen, das tut euch selbst auch.«

Und hier sind die Prinzipien, um das in die Tat umzusetzen. Die folgenden sieben Kapitel stellen sie nacheinander in den Mittelpunkt.

Viel Glück beim Überwinden des Taumels der Freiheit!

Viel Glück beim Entlarven Ihres eigenen positiv-psychopathischen Übermenschen!

### 1. Tun Sie es einfach!

*Psychopathen gehen es an.* Die Forschung zeigt, dass Aufschieben wertvolle geistige Ressourcen verbraucht. Wenn Psychopathen etwas wollen, gehen sie einfach drauf los. Ihnen kommt es vor allem auf das an, was für sie rausspringt, und sie halten sich nicht mit langen Überlegungen auf. Sie tun's einfach!

### 2. Machen Sie den Sack zu

*Psychopathen wissen, wie man gewinnt.* Diese Fähigkeit »einzuschalten«, wenn es wirklich drauf ankommt, ist ein Wesenszug, der sowohl unter Psychopathen als auch Spitzensportlern verbreitet vorkommt. Einer Studie zufolge lernten Psychopathen, wenn man sie für Erfolg belohnte, viel schneller, als wenn sie für Fehler bestraft wurden. Sie spielen um den Sieg!

### 3. Seien Sie Ihr eigener Herr

*Psychopathen glauben unglaublich stark an sich selbst.* Man kann es nicht immerzu allen Menschen recht machen, weshalb

Psychopathen keinen Sinn darin sehen, gegen sich selbst zu stimmen. Die meisten von uns scheuen sich davor, sich aus dem Fenster zu lehnen, doch Psychopathen ist es schnuppe, was die Leute denken. Sie haben keine Angst, ihre Meinung zu vertreten.

### 4. Werden Sie zu einem Träger des schwarzen Gürtels der Beeinflussung

*Psychopathen studieren Menschen.* Sie sind geradezu geniale psychologische Codeknacker, denn sich in die Psyche ihrer Opfer zu versetzen, wie jedes Raubtier es tut, verschafft ihnen einen klaren Vorteil. Einer der geschicktesten Serienbetrüger der Welt sagte einmal: »Ich kann in deinem Gehirn lesen wie in einem Streckenplan der U-Bahn. Es durchmischen wie ein Spiel Karten.«

### 5. Tragen Sie es mit Fassung

*Psychopathen ziehen weiter.* Sie fokussieren sich auf das, worin sie gut sind, und tun es – sie vermeiden gefühlsmäßige Katererscheinungen. Sie quälen sich nicht und bereuen nichts. Forschungen haben ergeben, dass psychopathische Verhandler in simulierten Geschäftssituationen mehr Geld verdienen als andere, weil es sie weit weniger wurmt, wenn sie unfair abgezockt werden. Wie das Zen-Sprichwort sagt: »Lass los – oder du wirst weggeschleppt.«

### 6. Leben Sie im gegenwärtigen Augenblick

*Psychopathen sind konzentriert, wenn es drauf ankommt.* Ob Sie es glauben oder nicht, die Fähigkeit, »im Hier und Jetzt zu leben«, ist etwas, das Psychopathen und buddhistische Mönche gemeinsam haben. Sie ist zudem eine weitere Eigenschaft, die sie mit Spitzensportlern teilen. Wenn Sie das nächste Mal in ein Vorstellungsgespräch gehen, dann denken Sie an das Zitat des Athleten Michael Johnson: Druck ist nichts anderes als der Schatten einer großen Chance.

### 7. Entkoppeln Sie Verhalten und Gefühl

*Psychopathen werden nicht von Gefühlen beherrscht.* Vielmehr gehen sie auf Distanz und operieren die Gefühle geradezu chirurgisch aus der Situation heraus. Wenn Sie wegen einer schwierigen Situation in Stress geraten, fragen Sie sich: Was täte ich, wenn ich nicht so empfände? Was täte ich, wenn es mir scheißegal wäre, was andere denken? Was täte ich, wenn es einfach keine Rolle spielte?

## KAPITEL 4

# TUN SIE ES EINFACH

*Warten Sie nicht. Es wird nie der richtige Zeitpunkt sein.*

Napoleon Hill

## DRÄNGENDE FRAGE

»Jeder kennt die Geschichte von dem kleinen Jungen, der falschen Alarm schlug. Doch sehr wenige haben von dem klassischen Psychologie-Experiment gehört, das diese berühmte Volkssage angeregt hat. Soll ich dir davon erzählen?«

»Nur zu«, sagt Andy und wirft ein kaputtes Vergaserteil in eine bereits überquellende Mülltonne. »Ich bin ganz Ohr.«

Wir befinden uns in seiner Werkstatt, und er zerlegt seine neueste Erwerbung – eine Moto Guzzi V7 Racer.

»Okay«, sage ich. »Pass auf. Stell dir vor, es stünden 20 Telefonzellen in einer Reihe nebeneinander. Ich führe dich in eine dieser Zellen und schließe die Tür. Vor dir, wo normalerweise das Telefon hängt, befindet sich ein großer roter Knopf. Unterhalb des Knopfes hängen die folgenden Anweisungen:

Sie müssen zehn Minuten in dieser Telefonzelle bleiben, ohne auf den Knopf zu drücken. In den anderen Zellen befinden sich 19 Menschen in derselben Lage wie Sie.
Wenn nach Ablauf der zehn Minuten keiner den Knopf gedrückt hat, erhält jeder 10 000 Euro.
Falls jedoch vor Ablauf der zehn Minuten einer den Knopf drückt,

ist das Experiment sofort beendet – und die Person, die den Knopf gedrückt hat, erhält 2500 Euro. Alle anderen gehen leer aus.

Die Zeit läuft, wenn der Knopf aufleuchtet.

Danke für Ihre Teilnahme an dieser Studie.

Plötzlich, während du noch versuchst, die Details des Deals zu kapieren, leuchtet der Knopf auf. Was tust du?«

Andy blickt auf, das Gesicht ölverschmiert.

»Ich würde den Knopf drücken«, sagt er.

»Was?«, frage ich ungläubig. »Nein, würdest du nicht!«

Er reibt sich die Nase mit seinen schmierfettschwarzen Händen und schneidet eine Grimmasse, als ob ich verrückt wäre. Eine komische Szene. Er sieht aus wie das schwarze Schaf des Kindergartens beim Fingerfarbenmalen.

»Natürlich würde ich«, beharrt er. »Ich würde den Scheißknopf drücken. Warum sollte ich denn nicht?«

Ich bin wie vom Donner gerührt.

Dieses teuflische Experiment ist bekannt als Wolfs Dilemma – aus naheliegenden Gründen. Diese Spielart des Gefangenendilemmas öffnet ein aufschlussreiches Fenster auf die angespannte, bewegte und oft stürmische Beziehung zwischen unserem *Denken* und unserem *Fühlen*.

Zwischen Logik und Emotion.

Zwischen Hirn und Herz.

Die meisten Menschen würden, vor diese Frage gestellt, sagen, dass sie nichts täten. Sie würden »mitspielen« und die vollen zehn Minuten durchhalten. Und warum auch nicht? Wenn alle dasselbe denken und »zusammenhalten«, dann geht jeder Spieler um zehn Riesen reicher nach Hause.

Doch natürlich ist die Frage, die Andy offensichtlich in den Sinn kam: *Werden* alle dasselbe denken? Was, wenn einer der anderen 19 Spieler beschließt, dem Forscher ein paar hunderttausend Mäuse zu sparen und den Knopf zu drücken? Oder wenn einer argwöhnt, alle anderen würden sich gegen ihn verbünden, und beschließt, ihn selbst zu drücken, um sie mit ihren eigenen Waffen zu schlagen? Oder wenn einer einfach aus Versehen auf den Knopf drückt?

Denkt man in diese Richtung – die Richtung, die Andy sofort einschlug –, schleichen sich Zweifel ein.

Wie hoch stehen die Chancen, dass einer der anderen 19 Spieler:

- ausflippt,
- Probleme hat oder
- schlicht und einfach egoistisch ist und den Knopf drückt?

Die Wahrscheinlichkeit ist ziemlich groß.

Wie groß ist darüber hinaus die Wahrscheinlichkeit, dass einer der anderen 19 Spieler nicht genau dieselben Überlegungen anstellt? Und den Knopf drückt!

Und besteht angesichts des Umstands, dass der Gedanke Ihnen schon gekommen ist, nicht die Chance, dass einer der anderen Spieler ebendies gerade jetzt denkt? Und gleich jetzt den Knopf drückt?

Wenn Sie all dies gegeneinander abwägen, gelangen Sie zu einem verblüffenden Schluss. Dem Schluss, zu dem Andy gelangte. Obwohl Ihr *Herz* Ihnen vielleicht befiehlt, die vollen zehn Minuten durchzuhalten, sich zusammenzunehmen, Ihren Mitkonkurrenten zu vertrauen und etwas Glauben an die Menschheit aufzubringen, besteht das kalte, klinische, *logische* Verhalten darin, den Knopf zu drücken, sobald er aufleuchtet.

Die anderen sind vielleicht wütend auf Sie. Na und? Sie gehen mit 2500 Euro in der Tasche heim. Und die mit leeren Händen. Sie würden genauso empfinden, wären Sie an ihrer Stelle. Sind Sie aber nicht. Sie sind schlau. Sie haben das Gefühl hinter sich gelassen und die richtige Strategie bestimmt. Oder zumindest hätten Sie das, wären Sie ein Psychopath wie Andy!

## BIS SPÄTER

Es gibt viele Wege, Erfolg im Leben zu vermeiden. Doch wenn es Ihnen wirklich ernst damit ist, versuchen Sie es am besten mit Aufschieben.

Prokrastination, wie wir Psychologen dieses Verhalten nennen, lässt sich definieren als »Aufschieben von geplanten oder angesetzten Tätigkeiten zugunsten von Tätigkeiten mit geringerer Wichtigkeit«. Und mit dem Aufkommen der modernen Informationstechnik – Angry Birds, Xbox, Facebook und Twitter – ist Prokrastination stetig auf dem Vormarsch. Ende der 1970er Jahre schätzten sich etwa fünf Prozent der Bevölkerung als chronische Aufschieber ein; heute dagegen bewegt sich diese Zahl um 25 Prozent.

Gute Psychopathen wie Andy gehören eindeutig nicht dazu.

Tatsache ist: Es mag Ihnen vielleicht vorübergehend Erleichterung verschaffen, doch immer wenn Sie etwas vor sich herschieben, sabotieren Sie sich selbst. Sie legen sich selbst Steine in den Weg. Sie treffen Entscheidungen, die Ihre Leistung behindern, statt sie zu fördern.

Prokrastination kostet jährlich Profite in Millionenhöhe, verringert die persönliche Effizienz, macht Teamarbeit zunichte, weil es *Ihre* Pflichten anderen aufbürdet, die sich dann ärgern, wirkt sich negativ auf die Gesundheit aus (Studien zufolge weisen Studenten, die chronisch aufschieben, ein schwächeres Immunsystem auf und berichten häufiger von Erkältungs- und grippeähnlichen Symptomen als solche, die nicht an Aufschieberitis leiden). Und sie beeinträchtigt alle Bereiche Ihres Lebens. Unten finden Sie eine Liste einiger der häufigsten Dinge, die Menschen vor sich herschieben. Kommt Ihnen etwas davon bekannt vor? Falls ja, können Sie den Fragebogen am Ende dieses Kapitels ausfüllen; dann sehen Sie, wie schwer es Sie erwischt hat.* (Andy hatte einen Punktwert von null).

1. Zum Arzt gehen.
2. Mit Angehörigen und Freunden telefonieren.
3. Rechnungen bezahlen.
4. E-Mails beantworten.
5. Eine Diät machen.
6. Rechtzeitig losfahren.
7. Sport machen.
8. Die Wahrheit sagen.
9. Sich entschuldigen.
10. »Ich liebe dich« sagen.
11. Sich selbständig machen.
12. Sich eine neue Stelle suchen.
13. Wäsche waschen.
14. Geschirr spülen.
15. Um einen Gefallen bitten.
16. Das Rauchen aufgeben.
17. Heiraten.
18. Lebensmittel einkaufen.
19. Den Müll rausbringen.
20. Eine Beziehung beenden.

---

* Am Ende der folgenden sechs Kapitel finden Sie immer einen kleinen Test, der ein allgemeines Maß der jeweils besprochenen Persönlichkeitseigenschaft liefert. Wenn Sie herausfinden möchten, inwieweit Sie über das entsprechende der sieben Siegermerkmale verfügen, brauchen Sie nur den zugehörigen Fragebogen auszufüllen und Ihren Punktwert mit der beigefügten Auswertung zu vergleichen.

Natürlich schieben wir alle irgendwann einmal etwas auf die lange Bank. Wir alle neigen dazu, den Weg des geringsten Widerstands zu gehen und die dicken Brocken auf später zu verschieben. Und überdies scheint das völlig natürlich zu sein.

Während Andy sich daranmacht, mit einer dreckigen alten Zahnbürste an Zündkerzen herumzuschrubben, erzähle ich ihm von einer kürzlich durchgeführten Studie. Die Teilnehmer bekamen eine Liste von 24 Filmen vorgelegt und sollten drei Entscheidungen treffen:

- welchen sie *jetzt gleich* sehen wollten,
- welchen sie in *zwei Tagen* sehen wollten und
- welchen sie *zwei Tage danach* sehen wollten.

Die Filme gehörten verschiedenen Kategorien an. Manche waren heiter wie *Schlaflos in Seattle* oder *Mrs. Doubtfire*. Manche waren etwas anspruchsvoller, etwa *Schindlers Liste* oder *Das Piano*. Mit anderen Worten, die Teilnehmer erhielten die Wahl zwischen unterhaltsamen, oberflächlichen Filmen und solchen, die gehaltvoll und gewichtig waren. Filmen, die man sich ohne Mühe reinziehen konnte, und Filmen, die mehr Konzentration und innere Beteiligung vom Zuschauer verlangten.

»Was glaubst du, worauf die Leute aus waren?«

Das weckt Andys Aufmerksamkeit, und er unterbricht seine Schrubberei für einen Moment.

»Wie nicht anders zu erwarten«, fange ich an, »hatten sich die meisten *Schindlers Liste* als einen der drei Filme ausgesucht. Ich meine, er gilt schließlich weithin als einer der besten jemals gedrehten Filme. Doch jetzt kommt der Clou: Obwohl er einer der besten je gedrehten Filme ist, schaffte er es bei den meisten nicht auf den ersten Platz ihrer Liste. Vielmehr wählten die Leute meist Unterhaltungs- oder Actionstreifen für ihre erste Sitzung; nur 44 Prozent suchten sich zuerst etwas Anspruchsvolleres aus.«

»Und warum das?«, fragt er.

»Ganz einfach. Vom schwereren Stoff glaubt man, dass er mehr Konzentration und Mühe erfordert, und deshalb wurde er auf die lange Bank geschoben. Was die späteren Termine angeht, so wählten die Leute zu 63 Prozent ernstere Filme für den zweiten Termin und zu 71 Prozent für den dritten.

Und als die Forscher das Experiment leicht abgewandelt wiederholten – diesmal erfuhren die Teilnehmer, dass sie die drei ausgewählten Filme hintereinander anschauen mussten –, wurde *Schindlers Liste* mit dreizehnfach geringerer Wahrscheinlichkeit gewählt.«

»Okay, okay«, sagte Andy. »Reg dich nicht so auf – du fällst ja gleich in Ohnmacht. Das ist das Problem mit euch Eierköpfen. Sobald Zahlen ins Spiel kommen, fangt ihr an zu hyperventilieren.«

»Zugegeben«, räume ich ein. »Aber das ist doch interessant, nicht wahr? Selbst wenn wir etwas tun, was uns Spaß macht – wie Filme gucken –, schieben wir schwierigere, anspruchsvollere Tätigkeiten – auch wenn sie toll sein könnten – oft zugunsten von solchen auf, die uns diesen Instantkick verschaffen.«

Natürlich ist es eine Sache, die Aufschieberei zu erkennen, wenn sie uns begegnet. Eine andere ist es, ihre Gründe zu verstehen oder die Faktoren, die diese Angewohnheit bessern oder verschlimmern. Die Wissenschaft liefert jedoch gerade erste Antworten. Und es ist Zeit, sie sich anzusehen.

Nein, nicht später. Jetzt. Sie können das nicht länger aufschieben!

## DREI AUFSCHIEBERTYPEN

Fragt man Menschen, *warum* genau sie den Knopf in Wolfs Dilemma nicht sofort drücken würden, *warum* sie die Chance,

2500 Euro zu gewinnen, nicht ergreifen, nennen sie in der Regel zwei verschiedene Gründe.

- Ich bräuchte mehr Zeit, um das Für und Wider abzuwägen.
- Ich würde mir Gedanken machen, wie das in den Augen der anderen Spieler aussähe.

Beide haben ihre Berechtigung. Wir bleiben am liebsten in unserem Wohlfühlbereich. Unser Gehirn wirft seine kleine Furcht-Kaffeemaschine an, holt seine kleinen Furcht-Pralinen hervor und flüstert zwischen unseren Ohren: »Jetzt ist nicht die richtige Zeit. Du kannst das machen, keine Frage. Aber nur um sicherzugehen, ist es wahrscheinlich besser zu warten. Nimm dir eine Tasse Keine-Eile-Kaffee und ein Perfekter-Moment-Cremehütchen und beobachte, wie die Dinge sich entwickeln.«

Was dabei herauskommt, ist ganz einfach: Höchstwahrscheinlich stehen Sie am Ende mit leeren Händen da.

In diesen beiden Gründen spiegeln sich im Grunde drei verschiedene Typen von Aufschiebern wider. Und selbstredend drei verschiedene Arten des Aufschiebens:

- *Grübler*, die sich nicht entscheiden können.
  Motivation: Keine Entscheidung zu treffen entbindet sie von der Verantwortung für das Ergebnis.
- *Vermeider*, die Versagensangst (und in manchen Fällen Erfolgsangst) vermeiden.
  Motivation: Sie sorgen sich, was die anderen von ihnen denken, und möchten lieber, dass die anderen ihnen einen Mangel an Anstrengung statt an Fähigkeiten unterstellen.
- *Perfektionisten*, die mit keiner ihrer Leistungen zufrieden sind, wenn sie nicht zu 100 Prozent fehlerfrei ist.
  Motivation: Sie tun lieber gar nichts, als sich der Aussicht zu stellen, ihren eigenen strengen Maßstäben genügen zu müssen.

Alle drei Aufschiebertypen tischen sich selbst saftige, faustdicke Lügen auf:

- Morgen ist mir bestimmt eher danach, aktiv zu werden. (Ist ihnen nicht!)
- Ich arbeite am besten unter Druck. (Tun sie nicht!)
- Das ist nicht wichtig. (Ist es!)

Aber warum?

Wenn wir tief in uns drin wissen, was wir vorhaben – und in 99 von 100 Fällen wissen wir es –, was läuft da ab? Genauer gesagt: Was können wir dagegen *machen*?

## DAS GEHIRN ALS REGIERUNG

Um diese Fragen zu beantworten, müssen wir uns zunächst ein bisschen in die Neuroanatomie vertiefen. Keine Sorge, das tut überhaupt nicht weh.

Ich möchte Ihnen zwei wichtige Hirnstrukturen vorstellen:

- die Amygdala und
- den präfrontalen Cortex (PFC)

Die Amygdala (auch Mandelkern genannt) bildet einen Teil des limbischen Systems – einer Gruppe von entwicklungsgeschichtlich sehr alten Hirnstrukturen, die mit vielen unserer Gefühle und Antriebe zu tun haben, insbesondere mit den Gefühlen – wie etwa Angst, Wut und Lust –, die vorrangig mit dem Überleben zu tun haben.

Wenn Sie sich Ihr Gehirn als Ihre persönliche »Regierung« vorstellen, dann ist die Amygdala so etwas wie das Ministerbüro des Ministeriums für Emotionen. Sie bildet den Teil des Gehirns, in dem die großen, schnellen Entscheidungen fallen, beispielsweise Kampf oder Flucht. Sie ist alt, tief verwurzelt in der Evolutionsgeschichte und übt höllisch viel Macht aus.

»Wie ein Oberst also«, bemerkt Andy.

Sie hat die Macht, ein Veto gegen normale, alltägliche Entscheidungsprozesse einzulegen – ein Disziplinarverfahren anzuordnen –, wenn sie glaubt, dass das in unserem Interesse liegt.

Was es häufig tut.

Doch wie jedes mächtige Kollektiv ist die Amygdala offen für Korruption und nimmt manchmal Schmiergelder von weniger dringenden und hilfreichen Motivationen an, die dann unser Verhalten beeinflussen.

»*Genau* wie ein Oberst also«, wirft Andy ein.

Solche Momente treten ein, wenn wir:

- weglaufen, statt zu kämpfen,
- träumen, statt zu handeln,
- die Glotze einschalten, statt den Bericht zu schreiben.

Der präfrontale Cortex dagegen ist der offizielle Sitz des Ministeriums für rationales Denken. Dieser Teil unseres Gehirns sagt uns, dass wir arbeiten sollten: dass wir den Fernseher ausschalten und uns endlich an den Schreibtisch setzen sollten.

Im Vergleich zur Amygdala und zum limbischen System ist er relativ jung und verantwortlich für die erhöhte Selbstkontrolle, die uns von unseren frühen Vorfahren und dem Rest des Tierreichs unterscheidet.

Er macht es uns möglich:

- zu planen,
- verschiedene Vorgehensweisen gegeneinander abzuwägen *und*
- es zu unterlassen, auf spontane Impulse zu reagieren und Dinge zu tun, die wir später wahrscheinlich bereuen.

Er ist der Eckpfeiler von Klugheit und Willenskraft.

Wenn wir nun der Aufschieberitis nachgeben, fühlt sich das häufig so an, als liefe in unserem Kopf ein Streit ab. Ein Streit zwischen unserer »guten«, rationalen Seite und unserer »bösen«, emotionalen. Und das ist so, weil es so ist!

Genauer gesagt, streiten sich unser logischer, gewissenhafter, vorausschauender PFC und unsere emotionale, hedonistische Hitze-des-Gefechts-Amygdala.

»Aber warum gewinnt dann offenbar in neun von zehn Fällen immer die emotionale Seite des Gehirns?«, fragt Andy.

Das ist eine gute Frage. Und sie hängt unmittelbar mit unserer angeborenen Reaktion auf beunruhigende oder bedrohliche Reize zusammen – der oben erwähnten Kampf-oder-Flucht-Reaktion. Immer wenn wir auf etwas stoßen, das uns Angst einjagt – wenn wir etwa die Badezimmertür öffnen und es starrt uns eine aufgerichtete, stinksaure Königskobra entgegen –, was passiert dann als Nächstes? Wir *erstarren*. Unser Herz schlägt schneller. Unsere Handflächen werden feucht. Und wir bekommen einen Tunnelblick.

Wir vergessen alles, was uns in diesem Moment im Kopf herumgegangen sein mag. Der rationale, Entscheidungen fällende Teil unseres Gehirns, der PFC, schaltet sich quasi ab, während das Ministerium für Emotionen (in diesem Fall in Zusammenarbeit mit einem eigens eingerichteten Kobra-Ausschuss) rasch einen Plan zur sofortigen Aktion entwirft:

*Schlag die Tür zu!*

Aber nicht nur stinksaure Königskobras sorgen für diese zeitweilige Flugverbotszone über der Entscheidungsinfrastruktur unseres Gehirns. Dasselbe passiert bei *allem*, was wir bedrohlich finden: bei Höhe, geschlossenen Räumen, der/dem Traumfrau/typ aus der Buchhaltung, dem Job *in* der Buchhaltung …

»Dem Brief vom Finanzamt *wegen* des Jobs in der Buchhaltung!«, wirft Andy ein.

»Weiß ich jetzt nicht!«, gebe ich wie aus der Pistole geschossen zurück.

Wir erleben so etwas wie eine niedrig dosierte Angst, unsere Amygdala übernimmt vom PFC, und wir schlagen dem, was auch immer uns Angst einjagt, die Tür vor der Nase zu.

Morgen ist es weg, sagen wir uns.

Morgen geht es uns besser, sagen wir uns.

Machen wir was anderes, sagen wir uns.

## OHNE FLEISS – SCHLIMMER ALS KEIN PREIS

Wie erwähnt, gibt es eine Reihe von Gründen, warum uns Aufschieben nicht guttut – und nicht der unwichtigste davon ist, dass es als langfristige Strategie erwiesenermaßen verfehlt ist.

So ergab beispielsweise eine Studie mit College-Studenten, dass chronische Aufschieber bei einem Endnotenwert von 2,9 auf einer Skala von 4 möglichen Punkten landeten, während diejenigen, die sehr wenig aufschoben, durchschnittlich 3,6 erreichten.

Doch wie Andy zwischen zwei Zündkerzen betont, ist Trödeln nicht nur auf lange Sicht fatal, sondern auch kurzfristig.

»Du schadest dir letztlich mehr, von verschenkten Chancen mal abgesehen, wenn du etwas *nicht* tust, als wenn du es tust«, bemerkte er.

Was stimmt. Die Forschung hat Folgendes nachgewiesen:

- Menschen, die Ewigkeiten brauchen, um in ein ungeheiztes Schwimmbecken zu steigen, erfahren stärkeres körperliches Unbehagen als solche, die »es hinter sich bringen« und einfach reinspringen.
- Die Vorstellung, jemandem telefonisch eine schlechte Nachricht zu überbringen, ist schlimmer als die, es real zu tun.
- Hin-und-her-Überlegen verbraucht wertvolle geistige Ressour-

cen. So wurden in einem Experiment Frauen gezwungen, schwierige Entscheidungen zwischen Hochzeitsgeschenken für Freundinnen zu fällen. Danach gaben sie bei einem Standardlabortest der Willenskraft (die Hand in einen Eimer mit eiskaltem Wasser halten) viel schneller auf als Frauen, die keine so schwierige Wahl hatten treffen müssen.

Doch es gibt eine Gruppe von Menschen, die niemals etwas aufschieben: Psychopathen!

Ganz im Gegenteil. Wenn Psychopathen etwas wollen, gehen sie schnurstracks drauf los – nur einer der Vorteile einer schwächlichen Amygdala. Psychopathen empfinden schlicht weniger Angst als wir anderen. Was bedeutet, dass sie nicht nur nicht fürchten zu versagen, sondern dass das rationale, logische Cockpit ihres Gehirns weniger gefährdet ist, in die Fänge der Schwarzweißextremisten der Emotion zu geraten.

Natürlich bringt dies Psychopathen häufig in die Bredouille. Wenn kein Emotionsminister eine Terrainsondierung oder nötigenfalls einen strategischen Rückzug befiehlt, machen sie sich oft des *Gegenteils* von Aufschieben schuldig.

Sie kämpfen, statt wegzulaufen.

Sie handeln, statt zu träumen.

Doch das sind selbstverständlich die *bösen* Psychopathen. Die *guten* Psychopathen wie Andy sind anders.

Statt festzuhängen und dauerhaft auf Maximum zu stehen, ist der Furchtlosigkeitsregler am Mischpult des guten Psychopathen sehr beweglich und lässt sich je nach den Umständen einstellen. Und einer der Umstände, unter denen der Regler hochgefahren wird, tritt ein, wenn es drauf ankommt und Action angesagt ist.

Wenn Sie sich also das nächste Mal dabei ertappen, dass Sie eine Arbeit oder eine Bewerbung vor sich herschieben oder sich nicht trauen, Ihre/n Angebetete/n zum Essen einzuladen, dann:

- Lassen Sie Ihren inneren Psychopathen von der Leine.
- Geben Sie Ihrer Motivation Starthilfe.
- Denken Sie darüber nach, wie Sie denken, *und*
- fragen Sie sich …

Schweigen.

»Fragen Sie sich was?«, schnauzt der ölverschmierte Schrauber hinter einem Fass mit Gottweißwas hervor.

»Sag du es mir!«, gebe ich zurück.

»Also gut«, sagt er. »Seit wann muss mir denn danach zumute sein, etwas zu tun, um es zu tun?!?«

Ich muss zugeben – der Schrauber ist ziemlich gut!

Wenn Sie dann also die gesuchte Antwort haben – *Sie müssen nicht warten, bis Ihnen danach zumute ist, es zu tun!* –, blättern Sie weiter zu den Übungen auf den nächsten Seiten und setzen Sie sie in die Praxis um. Sie werden Ihnen helfen, die Ärmel aufzukrempeln und die anstehende Aufgabe anzupacken.

## SINNESWANDEL

Eine Diskussion mit Andy über Prokrastination ist wie ein Gespräch mit Charlie Manson über einen Pensionsplan. Er kapiert einfach nicht, worum es geht.

»Ein Morgen gibt es in der Mentalität des Regiments nicht«, erklärt er und reicht mir eine Tasse Tee, die aus einem Teil Twinings Darjeeling und neun Teilen Castrol GTX Motoröl besteht. »Weil es diese merkwürdige Angewohnheit hat, nie aufzutauchen. Wenn du was zu sagen hast, sagst du es. Wenn du was zu tun hast, tust du es. Jeder kennt den Satz ›Besser spät als nie‹. Im Regiment kann ›spät‹ und ›nie‹ manchmal dasselbe bedeuten. Tee okay?«

Ich nicke mit zusammengebissenen Zähnen. Würde der Schmodder in meiner Tasse am Ärmelkanal angespült werden, Greenpeace würde ein ganzes Geschwader losschicken.

Und Andy redet nicht nur vom Schlachtfeld. Dieselben Sekundenbruchteilsentscheidungen, die es während Kampfhandlungen zu fällen gilt, stellen sich auch im SAS-Training immer wieder. Eine Gelegenheit, die Andy noch besonders lebhaft in Erinnerung steht, war sein allererster Fallschirmsprung aus großer Höhe mit manuellem Öffnen des Schirms in niedriger Höhe in voller Montur. (Merkwürdig, das hätte sich *mir* auch ins Gedächtnis gegraben!)

Er schildert sein Erlebnis:

> Ich saß in der Hercules C130 und schaute auf den Höhenmesser an meinem Handgelenk: 20 000 Fuß – sechs Kilometer über der Erde. Nur noch 2400 Fuß höher, bis ich aus der Heckklappe von diesem Ding springen sollte – mein erstes Mal aus solcher Höhe.
>
> Diesen Sprung absolvierten zwei Vier-Mann-Kommandos mit je einer Fallschirmlast an Material. Als Teil eines Kommandos mussten wir gemeinsam frei fallen; dabei trugen wir unsere gesamte Ausrüstung mit einem Gewicht von über 60 Kilo. Außerdem mussten wir unserer Last mit zusätzlichem Material folgen, die ihren eigenen freien Fall mit uns machen würde und an einem eigenen Lastenfallschirm hing.
>
> Die Sauerstoffleitung, die uns am Leben erhielt, verlief in der Mitte des Flugzeugs. In unseren eigenen Flaschen war eine gewisse Menge Gas, doch das brauchten wir nach dem Absprung. Also hingen wir stattdessen so lange an der zentralen Leitung, die uns mit der Hauptversorgung des Flugzeugs verband.
>
> Wir waren in voller Montur. Unsere Rucksäcke waren zwischen unseren Beinen festgeschnallt, bereit, sich an unseren Arsch zu hängen, wenn wir sprangen, und unsere Waffen waren auf der linken Seite des Fallschirms befestigt, den wir bereits auf dem Rücken trugen. Die Helme und die an der Leitung hängenden Atemschläuche der Sauerstoffmasken sahen aus wie irgendwas aus *Star Wars*.

Das war für uns alle ein ganz wichtiger Test, denn wir durchliefen gerade die militärische Freifallerausbildung und wollten diesen Sprung nicht vermasseln. Zweck der Übung war, dass alle Mann samt Ausrüstung zur richtigen Zeit am richtigen Ort landeten, damit alles Nötige für welche Operation auch immer bereitstand.

Bis jetzt machte ich mir keine Sorgen. Alles, was wir gleich tun würden, etwa uns mit Sauerstoff zu versorgen, hatten wir drillmäßig gelernt und geübt. Ohne Sauerstoff konnten wir nicht atmen – sobald du 12 000 Fuß erreichst, ist nicht mehr genug von dem Zeug da, um dich am Leben zu halten.

Alle machten Trockenübungen, taten so, als würden sie den Griff ziehen, der den Hauptschirm öffnet, und dann nach oben schauen und zusehen, wie sich ein großer Wäschesack über ihnen aufbläht. Für den Fall, dass die Wäscheleine nicht da war, gingen sie auch Plan B durch: den Hauptschirm mittels des Kappenschnelltrennschlosses abwerfen und die Reißleine des Reserveschirms zu ziehen.

Mir leuchtete der Sinn von Trockenübungen nur Minuten vor dem Sprung nicht ein. Immer wenn wir mit Ausrüstung oder nachts sprangen, war ein AOD, ein Öffnungsautomat, am Fallschirm befestigt. Der reagierte auf den Luftdruck. Bei 3000 Fuß schaltete er sich automatisch ein; wenn du also ins Trudeln kamst, in der Luft mit jemandem zusammenpralltest, das Bewusstsein verlorst oder dir den Zieharm brachst, dann öffnete er zumindest den Schirm. Es kursierten fürchterliche Geschichten von Leuten, die ins Trudeln geraten waren, insbesondere mit schwerer Montur. Wenn die Ausrüstung nicht richtig oder ausbalanciert gepackt ist und du springst und ein Windstoß erfasst sie, dann macht sie, was sie will. Und dann steckst du wirklich in der Scheiße – denn sie macht weiter ihr eigenes Ding, nur immer schneller.

Ich kann dir sagen, da gab es ein paar Jungs, denen flatterten gehörig die Nerven. Entweder das, oder sie wollten den Ausbildern zeigen, dass sie ihre Lektion gelernt hatten. Sie reckten den

Daumen hoch wie in *Top Gun*. Sie hätten sicherheitshalber auch gleich noch ein paarmal salutieren können.

Ich würde springen, damit hatte ich keine Probleme. Aber ich wollte es einfach nicht versauen. Ich wollte nicht derjenige sein, der nicht neben der Fallschirmlast landete.

Ich machte also bei den Trockenübungen mit und die Ausbilder glücklich, weil ich ihnen zeigte, dass ich das, was sie uns beigebracht hatten, praktisch anwandte. Aber ehrlich gesagt, wenn es mir bis jetzt noch nicht in Fleisch und Blut übergegangen gewesen wäre, hätte ich es nie gerafft.

Es dauerte nicht lange, und mit einem lauten Jaulen der elektrischen Winde senkte sich die Heckladeluke der C130. Das einfallende grelle Tageslicht zwang uns zu blinzeln. Es war, als ob uns plötzlich Gott anschreien würde. Ich dachte jetzt eigentlich kaum noch etwas. Ich ging einfach nur das eingedrillte Verhalten am Schirm durch, wie man es mir bei den Trockenübungen beigebracht hatte. Ich hatte keine Kontrolle über irgendjemanden sonst und mit Sicherheit nicht über die Fallschirmlast. Nichts sonst spielte eine Rolle. Ich würde einfach nur springen und mit aller verdammten Kraft versuchen, nur einen Steinwurf von der Last entfernt zu landen.

Ich warf einen Blick auf den Höhenmesser an meinem Arm – 22 000 Fuß –, als wir den Befehl erhielten, unsere Ausrüstung einzuklinken. Alle Befehle waren wegen des Krachs und der Sauerstoffmasken auf große Tafeln gedruckt. Ich schob den Rucksack hinter mich und befestigte ihn mit Haken an meinem Gurtzeug. Wir warteten jetzt auf den Befehl, zur Heckklappe zu gehen. Als er kam, hängten wir den Atemschlauch von der Hauptleitung ab und an unsere eigenen Flaschen.

Einige Jungs zeigten noch immer den *Top-Gun*-Daumen. Ich wollte jetzt nur noch raus aus dem Flugzeug. Das Gesamtgewicht von Ausrüstung und Montur betrug mehr als 100 Kilo.

Auf Befehl bewegte sich unser Kommando im Gänsemarsch zur

Rampe, von einem Fuß auf den anderen watschelnd, niedergedrückt von dem ganzen Kram. Ich befand mich zur Linken der zusätzlichen Fallschirmlast, ein anderer Kerl rechts davon und ein dritter dahinter. Sie sah aus wie ein dickes, zwei Meter langes Geschoss mit umgeschnalltem Gurtzeug.

Wir schoben sie auf ihren Rollen zur Heckklappe; der Wind blies uns entgegen, als wir uns der Luke näherten. Etwa 15 Zentimeter vom Rand der Klappe entfernt gab es zwei Bremsklötze, die verhinderten, dass die Last hinaus in die Leere fiel. Das Flugzeug begann mit Kurskorrekturen und warf uns herum, während wir halb gebeugt über der Last hingen, um sie in Position zu halten.

Ich blickte wieder auf den Höhenmesser: knapp 25 000 Fuß. Ich hatte nicht einen Blick für den blauen Himmel und die Wolken, die jetzt weit unter uns lagen. Warum auch? Das würde mir nicht helfen, schneller von der Rampe wegzukommen oder mit der Last mitzuhalten.

Das vierte Mitglied des Kommandos stand mit den Zehen am Rand der Rampe. Alle waren über der Last zusammengedrängt, ganz dicht beieinander, denn wir mussten alle gleichzeitig rauskommen, um bei dem Ding zu bleiben.

Wir warteten auf das Zwei-Minuten-Signal, das uns meldete, dass wir in die Endphase eintraten. Selbst durch die Schutzbrille sah ich klar, dass alle auf der Rampe angespannt waren.

Ich konnte nicht verstehen, warum.

Alle wollten den Sprung machen. Alle wollten diesen Teil der Ausbildung bestehen. Wir waren alle bis über die Ohren gedrillt worden. Wo also war das Problem? In meinen Augen hatte man erst dann Grund, nervös zu werden, wenn man Mist baute oder mitten in der Luft eine Fehlfunktion hatte, aus der man nicht rauskam. Dann hielt der Lademeister, der sich auch auf der Rampe befand und die Fallschirmleinen, welche die Bremsklötze in Position hielten, in Händen hatte, zwei Finger hoch, und jeder stieß den Nächsten an und gab das Zeichen weiter.

»Zwei Minuten!«
Ich weiß nicht, ob wir einander durch unsere Sauerstoffmasken und das ohrenbetäubende Brüllen des Windes und der Flugzeugmotoren hindurch hörten. Aber das war egal. Wir waren darauf gedrillt, dafür zu sorgen, dass jeder trotz Nervenflatterns mitkriegte, dass es gleich so weit war.
Alle Augen hingen jetzt an den noch ausgeschalteten Signalampeln zu beiden Seiten der Rampe. Der nächste Stoß:
»Rot an!«
Dann, als das grüne Licht aufleuchtete und der Lademeister die Bremsklötze wegzog:
»Auf Position!«
Wir packten die Last so weit oben wie möglich, um sauber wegzukommen.
»Fertig!«
Jetzt lehnten wir uns zurück, um sie rauszudrücken.
»Los!«
Wir schoben uns über die Rampe, versuchten uns an der Last festzuhalten und so lange wie möglich mit ihr zusammen zu fallen, bevor uns die Strömung davon losriss.
Ich würdigte den Erdboden immer noch keines Blickes. Er war noch volle drei Minuten entfernt, und ich wollte jede Sekunde dieser Zeit dazu nutzen, bei der Last zu bleiben.
Im Grunde kann man sich wegen der ganzen Ausrüstung, die man am Leib hat, in der Luft gar nicht gut bewegen. Dein ganzer Körper fühlt sich so ähnlich an wie ein Arm, den du bei 190 km/h aus dem Autofenster streckst. Du fällst – und kämpfst mit aller Kraft darum, stabil zu bleiben, als Gruppe zusammenzubleiben und die Last einzuholen, die meilenweit unter dir zu sein scheint, während dich dein Rucksack abbremst und in Schieflage drückt.
Ich sah, wie das automatische System des Lastenfallschirms unter mir den Schirm öffnete, zog an meiner Reißleine und begann den Boden mit den Augen abzusuchen. Es herrschte völlige Stille. Es

fühlte sich an, als ob ich im Himmel schwebte. Doch noch bevor ich es registrierte, raste die Erde auf mich zu, und ich kam mit beiden Füßen auf, etwa fünf Meter von der Last entfernt.

Und das war's. Es gab nicht viel zum Drüber-Nachdenken, außer dass ich die Prüfung bestanden hatte.

Dann ging's schnurstracks in ein Fahrzeug, um die halbe Stunde zurück zum Flugplatz und der wartenden C130 zu fahren und noch mal zu springen.

## BEI GRÜN: LOS

**Praktische Tipps**, wie man es erledigt, wie man es hinter sich bringt und wie man es nicht ganz richtig macht …

Einmal erteilte Andy *mir* einen Rat zum Fallschirmspringen. Ich hatte vor mehreren Jahren in Australien einen Sprung gemacht und ihm am Abend davor eine SMS geschickt.

»Halt die Augen offen. Und kneif den Arsch zusammen!«, lautete die Antwort. »Und sieh zu, dass du's richtig rum hinkriegst!«

Zum Glück musste ich an diesem Tag keine Entscheidungen treffen. Der Kerl, an dem ich festgeschnallt war, erledigte das für mich. Doch *wenn* ich dafür zuständig gewesen wäre, wer weiß?

»Ich weiß«, sagte Andy. »Ihr Eierköpfe seid so voll heißer Luft, dass ihr wahrscheinlich nach *oben* gestiegen wärt.«

»Deshalb können wir auch übers Wasser gehen«, kontere ich.

Doch für diejenigen von Ihnen da draußen, die in der Heliumabteilung nicht so gut bestückt sind wie ich und in der Psychopathieabteilung nicht so gut wie Andy, folgen jetzt ein paar Tipps, die Ihnen helfen werden, den Sprung zu wagen. Die Sie raus auf die nervenaufreibende Heckklappe des Lebens locken – und dann rein in den Rausch des Höchstgeschwindigkeitsentscheidens!

»Wir hatten im Regiment so einen Spruch«, sagt Andy, während er aus seinem Overall steigt und es für diesen Tag gut sein lässt. »Verschieb auf morgen, was du nie willst besorgen.«

Eine Haltung, die in den Worten des Rennfahrers James Hunt in dem Film *Rush – Alles für den Sieg* durchschimmert: »Je näher du dem Tod bist, desto lebendiger fühlst du dich und desto lebendiger bist du auch.«

### 1. Stellen Sie sich bildlich vor, was Sie tun wollen

Wenn Sie etwas aufschieben, suchen Sie aktiv nach Ablenkungen, insbesondere solchen, die kaum Engagement von Ihnen fordern (das ist übrigens der Grund, weshalb das E-Mailen erfunden wurde). Ablenkung dient als Methode der emotionalen Selbstregulierung. Sie ist ein Ablenkungsmanöver, um Ihre Versagensangst unter Kontrolle zu halten.

Wollen Sie dem entgegenwirken, dann planen Sie zuerst Ihr Tun – und schließen Sie dann die Augen und *stellen Sie sich vor*, wie Sie es tun. Je präziser, detailreicher und plastischer Ihre Vorstellung, desto besser. Malen Sie sich aus, wie Sie die Aufgabe ausführen, und zwar erfolgreich – ohne Unterbrechungen und nur auf die vorliegende Sache konzentriert.

Dies ist nur eine der Methoden, die Mitglieder des Krisenreaktionsteams des SAS einsetzen, wenn sie Geiselbefreiungsaktionen trainieren.

»Bevor wir das ›Killing House‹* stürmten, gingen wir im Geist die eingeübte Aktion genau durch – den Feind angreifen und die Geiseln in Sicherheit bringen«, berichtet Andy. »Eine Blitz-Knall-Patrone, eine Blendgranate reinwerfen … schnelle Überprüfung des Raums … falls nötig, kurzer Feuerstoß – tap, tap – aus dem Maschinengewehr … Raum gesichert, weiter.«

---

* Ein Gebäude auf dem SAS-Kasernengelände in Hereford, das als Attrappe für Terrorsituationen dient.

Und mit gutem Grund. Es ist wissenschaftlich erwiesen, dass bei der Vorstellung einer Tätigkeit – etwa dem Tennisspielen – im Gehirn genau dieselben Areale in der sensomotorischen Region aktiviert werden, wie wenn wir sie real ausführen würden.

### 2. Zergliedern und analysieren Sie die Aufgabe

Während Sie die Aufgabe im Geist absolvieren, versuchen Sie herauszufinden, was genau Sie daran nicht mögen, was genau Sie zögern lässt, sie überhaupt in Angriff zu nehmen. Sind Sie gewarnt, sind Sie gewappnet.

Und wenn Sie erst einmal das dingfest machen, was hinter Ihrem Vermeidungsverhalten steckt – seien es praktische, lösbare Probleme oder irrationale, unlogische Ängste –, können Sie anfangen, sich hindurchzuarbeiten.

### 3. Richten Sie Ihr Augenmerk auf die Zukunft

Aufgrund ihrer diktatorischen Amygdala neigen Aufschieber dazu, bei unmittelbaren Herausforderungen einzuknicken und das kurzfristige Vergnügen dem langfristigen Gewinn vorzuziehen. Wenn Sie sich also das nächste Mal dabei ertappen, dass Sie etwas Wichtiges aufschieben, dann schieben Sie das Aufschieben einen Moment lang auf, suchen Sie sich eine stille Ecke und stellen Sie sich folgende Frage:

Kommt das *miese* Gefühl, das ich haben werde, wenn ich unter Druck stehe und ranklotzen muss, in irgendeiner Weise dem *tollen* Gefühl gleich, das ich haben werde, wenn ich diese Sache rechtzeitig hinter mich bringe?

Andy brachte das in unvergesslicher Weise auf den Punkt, als wir die gemeinsame Arbeit an diesem Buch aufnahmen: »Nächstes Jahr um diese Zeit werden wir froh sein, dass wir *heute* angefangen haben.«

## 4. Vergeben Sie Ihre Zeit an sich selbst – und widmen Sie sie dann einem bestimmten Verwendungszweck

Arbeit ist für einen Aufschieber ein bisschen wie Kartoffelchips für uns Übrige. Sie lassen sich eine Ewigkeit Zeit, um die Packung zu öffnen. Wenn sie dann angefangen haben, können sie nicht mehr aufhören. Was natürlich der Grund ist, weshalb sie sich vorher so um das Anbrechen der Packung herumdrücken.

Um diesen energieraubenden Teufelskreis zu durchbrechen, sollten Sie Folgendes tun:

Setzen Sie im Voraus eine genau bestimmte Zeitspanne fest – sagen wir eine Stunde –, für die Sie sich in einem Vertrag mit sich selbst zur Arbeit an dem verpflichten, was auch immer Sie erledigen müssen. Und *widmen Sie diese Zeit dann einem bestimmten Zweck*. Das bedeutet, die Tür zu schließen und das »Bitte nicht stören«-Schild dranzuhängen, Telefon, E-Mail, Facebook abzustellen … alles, was nicht *direkt mit dem zu tun hat, was Sie jetzt tun*. Und heben Sie die Ausgangssperre auf, wenn die 60 Minuten um sind. Und zwar *pünktlich*! Nicht nach 59 Minuten. Oder 61 Minuten. Sondern nach *genau* einer Stunde.

Verwandeln Sie in dieser Zeit Ihren Aufmerksamkeitsscheinwerfer von einer Neonröhre in einen Laserstrahl.

## 5. Reduzieren Sie Ihre Zeitansprüche

Was Arbeit betrifft, so ähnelt ein Aufschieber oft einem Preisboxer, der darauf wartet, den einen großen K.-o.-Schlag zu landen – nur dass der nie kommt, und wenn dem Boxer diese schreckliche Wahrheit allmählich dämmert, ist der Kampf vorbei, und er hat gegen einen Gegner, der mehr Treffer gelandet hat, nach Punkten verloren.

Aufschieber warten auf ausgedehnte, störungsfreie Lücken in ihrem Zeitplan, um in die Gänge zu kommen, statt die Ärmel aufzukrempeln und sich mit dem zu arrangieren, was machbar ist.

Jetzt wissen Sie also: Warten Sie nicht mehr darauf, dass sich die perfekte Gelegenheit bietet. Sparen Sie nicht länger auf große Summen Zeit. Hauen Sie stattdessen einen Teil des losen, opportunistischen Kleingelds auf den Kopf, das seit Ewigkeiten tief im Jackenfutter Ihres Gehirns herumklimpert.

Andy erzählte mir einmal, dass er große Teile seiner Bücher keineswegs in einem gemütlichen Lehnstuhl zu Hause oder in einer sonnendurchfluteten Villa an der Algarve geschrieben hat, sondern in Zügen der West Coast Mainline oder in den Imbissbereichen von Autobahntankstellen.

»Ich habe viel Zeit unterwegs verbracht«, sagte er, »und man muss einfach arbeiten, wenn man kann. Aber die Arbeit im Zug oder in einer Cafeteria hat etwas – ich weiß auch nicht –, etwas Verstohlenes. Es ist, als ob man sich selber Zeit klauen würde.« Der Zauber!

Und zum Schluss … ein Wort über Prokrastination und Perfektionismus!

## MACHEN SIE'S FERTIG, NICHT PERFEKT!

Wie schon erwähnt, gehen Aufschieberei und Perfektionismus oft Hand in Hand. Weil der Aufschieber weiß, wie anstrengend es ist, die eigenen, gnadenlos hohen Maßstäbe zu erfüllen, ist er geschlagen, noch bevor er überhaupt gestartet ist – Sie erinnern sich an den Begriff der gelernten Hilflosigkeit im vorigen Kapitel? –, und versucht es deshalb lieber gar nicht erst.

Die Forschung spricht in der Tat dafür, dass Aufschieber sich häufig selbst behindern. Statt das Risiko einzugehen, der Herausforderung nicht gewachsen zu sein, verbündet sich ihr tiefsitzender Mangel an Selbstvertrauen in teuflischer Weise mit einer Walter-Mitty-ähnlichen Phantasie von herausragendem, heroischem Erfolg und macht so berechtigten Erfolg unmöglich.

Für den Aufschieber ist das Schlimmste, was ihm passieren

kann, dass man ihm mangelnde *Fähigkeiten* unterstellt. Er sieht es lieber, wenn man ihm einen Mangel an *Gelegenheiten* unterstellt.

Selbst wenn er es schließlich schafft, sich zu einer Arbeit aufzuraffen, bemüht sich der perfektionistische Prokrastinator, sich diese schwerzumachen. Er wendet so viel Zeit dafür auf, sie »richtig« zu machen, dass andere, wichtigere Aufgaben liegenbleiben. Und so beginnt ein Teufelskreis.

Aufschieber scheinen gänzlich unbeeindruckt vom Gesetz des abnehmenden Ertragszuwachses – erhöht man bei einer beliebigen Aufgabe kontinuierlich den (Arbeits)Einsatz, nimmt der Ertrag nach Erreichen eines bestimmten Niveaus ab – und ackern dessen ungeachtet weiter.

Stellen Sie sich folgende Frage:

Wenn es 20 Minuten dauert, um etwas zu 70 Prozent zu erledigen (das entspricht einem Ertrag von 3,5 Prozent pro Minute), lohnt es sich dann noch, weitere 40 Minuten (für einen Ertrag von 0,75 Prozent pro Minute) aufzuwenden, um es zu 100 Prozent zu erledigen?

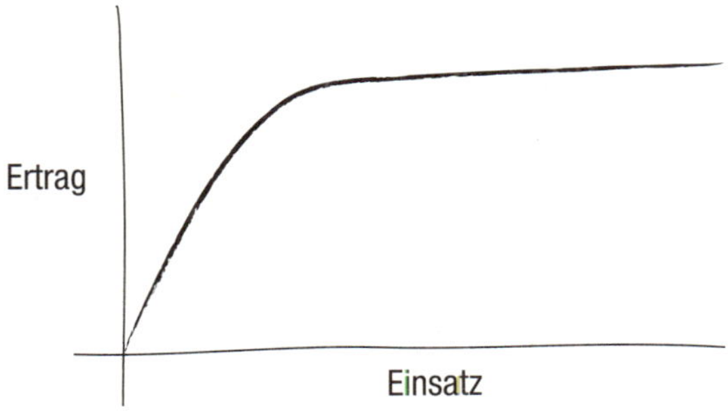


Gesetz vom abnehmenden Ertragszuwachs

Wenn es nicht gerade um Leben und Tod geht, antworten die meisten Menschen mit *nein*. Selbst perfektionistische Prokrastinatoren verneinen die Frage. Doch das ist leichter gesagt als getan. Es zu denken ist nicht dasselbe, wie es zu spüren – und wenn ein perfektionistischer Aufschieber sich in eine Aufgabe verbissen hat, hält das Gefühlszentrum seines Gehirns, seine Amygdala, ihn bei der Stange, bis er endlich überzeugt ist, dass er es nicht besser hinkriegt.

Klingelt's da bei Ihnen? Falls ja, dann gibt es etwas, das Sie dagegen unternehmen können:

Sie können Ihre *fundamentalistischen* Schwarzweißmaßstäbe lockern und anfangen, *gemäßigter*, in abgestuften Grauschattierungen zu denken.

Stellen wir uns beispielsweise vor, Sie sind Student und in Bezug auf Ihre akademische Arbeit ein Perfektionist. In Ihrem Innern hören Sie wahrscheinlich tagtäglich, wenn nicht sogar stündlich, Ihre innere Stimme:

»Wenn ich keine Bestnoten für meine Arbeiten bekomme, bin ich nichts wert.«

Diese innere Stimme ist ein *Gedankentyrann*, der Sie schikaniert und Dinge für sich erledigen lässt, die Sie nicht erledigen wollen.

Welche Lösung gibt es? Dieselbe wie gegenüber jedem Tyrannen: Sie wehren sich!

Ihren Perfektionismus zu überwinden heißt unter anderem, mit dem Umstand zurechtzukommen, dass die Maßstäbe *in Ihrem Kopf* zwar schwarzweiß erscheinen mögen, die *außerhalb*, die im

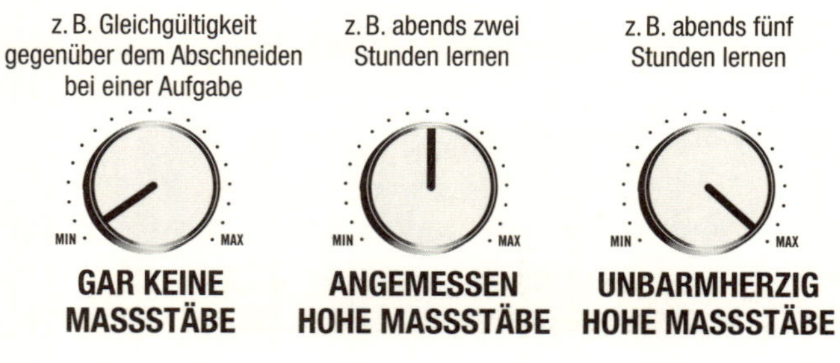

*alltäglichen Leben*, aber im Allgemeinen nicht. Die sind auf einem Spektrum von Grauabstufungen angesiedelt.

Statt nun also allabendlich fünf Stunden zu büffeln, beschränken Sie sich vielleicht auf zwei und planen lieber Zeit für Entspannung ein.

Mit anderen Worten, welche Art Perfektionismus auch immer Ihnen zusetzt, Sie müssen:

1. den Tyrannen identifizieren – »Ich muss alle meine Arbeiten mit Auszeichnung abschließen«;
2. sich in der richtigen Weise selbst gut zureden – »Ich weiß, dass es mich, wenn ich mich gegen den Tyrannen wehre und nach zwei Stunden den Hammer fallen lasse, kurzfristig nervös macht, aber dass es mir auf lange Sicht bessergehen wird«;
3. angemessen handeln – legen Sie nach zwei Stunden die Arbeit beiseite, laden Sie einen Freund zum Abendessen ein und trinken Sie ein Gläschen auf den Nutzen, den es hat, abends nicht stundenlang zu büffeln.
4. Wiederholen Sie das öfter – trotzen Sie der mit Ihrer neugewonnenen Freiheit verbundenen Angst und der Versuchung, in Ihre alte Gewohnheit der Fünf-Stunden-Büffelei zurückzufallen.

Bis Übung *keinen* Meister macht!

Aber das ist noch nicht alles. Sie können sich auch fragen, was denn das Schlimmste ist, was überhaupt passieren kann. Und Sie werden sehen, unsere Ängste sind meistens völlig unbegründet. Wie schon erwähnt, besitzen wir eine fabelhafte Fähigkeit, uns die Dinge weit schlimmer auszumalen, als sie wirklich sind. Und wissen Sie was? Das gilt genauso für das Versagen wie für alles Übrige.

Wenn kognitive Verhaltenstherapeuten über Prokrastination reden, dann betonen sie oft, wie wichtig es sei, »die Peitsche wegzulegen« und

- uns den Luxus zu erlauben, Fehler zu machen,
- uns nicht zu kasteien, wenn wir welche machen, *und*
- nicht zuzulassen, dass die Vorstellung von Perfektion sich mit unserer Vorstellung von uns selbst vermischt (»Wenn ich nicht perfekt bin, bin ich ein Niemand«).

Andy und ich setzen da noch einen drauf. Wir empfehlen, dass Sie ab und zu nicht einfach nur hie und da einen Schönheitsfehler einbauen. Das wäre zu einfach. Nein, wir legen Ihnen vielmehr nahe, sich das Versagen von vorneherein zum Ziel zu setzen.

Warum?

Weil es Ihnen, wenn Sie erst einmal damit anfangen, immer weniger gelingen wird, zu versagen.

Ich erinnere mich an ein Gespräch mit einem bösen Psychopathen in einem Hochsicherheitstrakt. Er erzählte mir von einem Spiel, das er und seine Kumpel immer spielten, als sie noch jünger waren und die Stadt unsicher machten. Sie veranstalteten einen Wettbewerb, wer sich in den Bars die meisten Abfuhren von Mädchen einhandelte. Der Anreiz war ziemlich groß – der »Gewinner« musste beim nächsten Streifzug sämtliche Drinks übernehmen. Nicht schlecht!

Doch können Sie sich denken, was passierte? Je mehr sie sich an Zurückweisungen gewöhnten, desto klarer wurde ihnen, dass ein Laufpass – insgesamt gesehen – im Grunde »Scheiß drauf« bedeutete und dass es umso schwieriger wurde, die Sache durchzuziehen. Und dass es umso leichter wurde, mit einem Mädchen am Arm nach Hause zu gehen!

## FRAGEBOGEN:

# WIE STARK LEIDEN SIE AN AUFSCHIEBERITIS?

Ordnen Sie jeder der folgenden Aussagen einen Punktwert zu und addieren Sie diese. Vergleichen Sie Ihren Wert mit der Auswertung auf der nächsten Seite:

| | | 0 immer | 1 meistens | 2 manchmal | 3 selten |
|---|---|---|---|---|---|
| 1. | Ich enttäusche andere, weil ich meine Versprechen nicht halte. | ❍ | ❍ | ❍ | ❍ |
| 2. | Es fällt mir schwer, neue Projekte in Angriff zu nehmen oder von einem Projekt zu einem anderen zu wechseln. | ❍ | ❍ | ❍ | ❍ |
| 3. | Ich befürchte, Fehler zu machen, noch bevor ich mit einer Aufgabe anfange. | ❍ | ❍ | ❍ | ❍ |
| 4. | Ich erledige leichte Aufgaben zuerst und hebe mir schwierige für später auf. | ❍ | ❍ | ❍ | ❍ |
| 5. | Ich versäume Termine, weil ich mich zu lange mit weniger wichtigen Aufgaben beschäftige. | ❍ | ❍ | ❍ | ❍ |
| 6. | Auf meinem Arbeitsplatz türmt sich ein Haufen Durcheinander. | ❍ | ❍ | ❍ | ❍ |
| 7. | Ich komme zu spät zu Verabredungen. | ❍ | ❍ | ❍ | ❍ |
| 8. | Ich glaube, Träumen ist oft besser als Tun. | ❍ | ❍ | ❍ | ❍ |
| 9. | Ich vermeide Konflikte oder unangenehme Situationen, indem ich etwas anderes tue. | ❍ | ❍ | ❍ | ❍ |
| 10. | Es ist mir lieber, wenn andere glauben, dass ich könnte, wenn ich wollte, als dass ich nicht kann. | ❍ | ❍ | ❍ | ❍ |
| 11. | Es fällt mir schwer, Anfragen von anderen abzulehnen. | ❍ | ❍ | ❍ | ❍ |

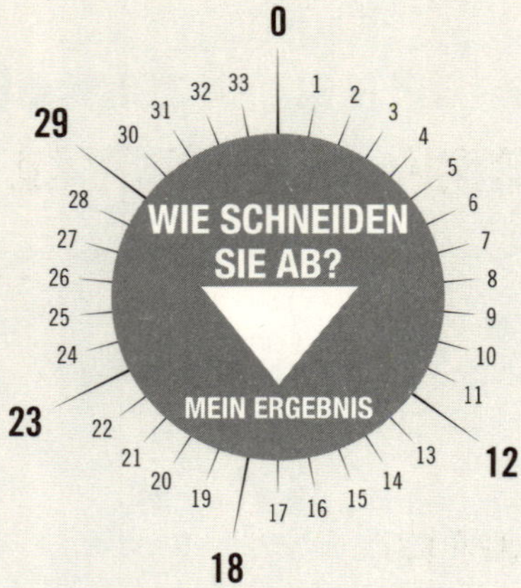


### Auswertung

**0–11** Prokrastination beeinträchtigt Ihre Lebensqualität in beträchtlichem Maß. Bringen Sie das in Ordnung! Jetzt!

**12–17** Sie haben sich bereits selbst in Verdacht – aber gut, Sie werden sich später damit befassen!

**18–22** Verbesserungsfähig – aber Sie können es wahrscheinlich abstellen.

**23–28** Ihnen unterläuft hie und da ein Ausrutscher, aber im Allgemeinen kriegen Sie Ihre Sachen auf die Reihe.

**29–33** Sie sind diszipliniert und erledigen Aufgaben gewöhnlich dann, wenn Sie es müssen.

## KAPITEL 5

# MACHEN SIE DEN SACK ZU

*Was auch immer du bist,*
*sei gut darin.*
Abraham Lincoln

## BEFÖRDERUNGSENTGELT

Ein heißer Sommernachmittag im Londoner West End. Andy und ich sitzen auf der Rückbank eines schwarzen Taxis, unterwegs zum Mittagessen. Hinter uns liegen Filmaufnahmen für *Psychopath's Night* auf Channel 4, und der Dreh hat sich, um es gelinde auszudrücken, als interessant erwiesen. Im Labor hatte ich Andy einem der Goldstandardtests für Psychopathie unterzogen, und er hatte ihn mit Bravour bestanden.

Das Paradigma der *emotionsmodulierten Schreckreaktion* sieht vor, Versuchspersonen mit unvorhersehbaren Attacken von weißem Rauschen, durchsetzt mit übelkeiterregenden Bildern von Verkehrsunfällen, Folter und Tod auf einem Computermonitor zu bombardieren, und dann die Aktivität in der Amygdala zu messen (die, wie Sie aus dem vorigen Kapitel wissen, das Ministerium für Emotionen ist).

Bei den meisten Menschen löst die Amygdala einen Ausnahmezustand aus – die natürliche Reaktion auf bedrohliche Reize. Bei Andy jedoch rührten sich die Anzeigen der Messgeräte kaum. Er hatte den Sturm drastischer und beunruhigender Bilder, dem ich ihn die vergangene halbe Stunde lang ausgesetzt hatte, kaum registriert. Im Labor breitete sich knisternde Spannung aus, als wir in unserem Beobachtungsraum dasaßen und ungläubig zuguckten, während das, was eine Kurve hätte sein sollen, die die tiefliegenden, unerforschten Mineralien seines Gehirns ans Tageslicht bringt, ameisengleich und *horizontal* in Echtzeit über das hypnotische grüne Oszilloskop kroch.

Nach dem Ende des Experiments hatte keiner mehr auch nur den Hauch eines Zweifels. Wir hielten hier das Wahre in Händen. Keine Frage. Die Ergebnisse ließen sich unmöglich vortäuschen. Als wir Andy von all den Kabeln und Sensoren befreiten, beunruhigte ihn eher das, was das Kontaktgel mit seinen Haaren angestellt hatte, als die Augäpfel und Hoden und Gedärme, die er gerade zu Gesicht bekommen hatte.

Auf der Höhe von Trafalgar Square mit all den Touristen, die am Brunnen ihre Urlaubsfotos knipsen, fasse ich einen Entschluss: Falls er zum Mittagessen Leber und Chianti bestellt, bin ich weg!

»Wie läuft denn das Geschäft?«, ruft Andy dem Fahrer durch das Fenstergitter zu. »Jede Menge Leute unterwegs.«

Der Fahrer schüttelt den Kopf. »Leider nein«, sagt er. »Sicher, die Sonne treibt sie alle ins Freie. Aber keiner will bei diesem Wetter ein Taxi nehmen. Sie wollen bloß in den Parks rumsitzen und sich die Birne zuschütten. Ich wollte heute Abend Fußball gucken, aber jetzt muss ich wahrscheinlich arbeiten. Ich muss 200 Pfund am Tag allein für die Miete von diesem Ding hier zusammenkriegen. Dazu kommt noch der Sprit. Wenn's nach mir ginge, könnte es jeden Tag Regen und Schnee geben. Wenn ich mein Quantum erreicht habe, kann ich früh Feierabend machen.«

Wir zahlen und betreten das Restaurant. Obwohl es mit zwei Michelin-Sternen behängt ist, nimmt Andy Fish and Chips und eine Diätcola. Also beschließe ich zu bleiben.

Ich bin froh darüber. Denn beim Cappuccino spricht er einen interessanten Punkt an.

»Dieser Taxifahrer vorhin«, beginnt er. »Vielleicht entgeht mir ja was, aber macht er es nicht genau verkehrt herum?«

»Wie meinst du das?«, frage ich.

»Na ja«, erwidert Andy, »ich an seiner Stelle würde mir an den guten Tagen den Arsch aufreißen und an den schlechten früh Schluss machen. Denk mal drüber nach. Wenn du früh Feierabend machen willst, warum dann an einem Tag, wo du so richtig Kohle scheffelst? Das ist doch verrückt! An einem solchen Tag solltest du doch wohl eher mit Bleifuß fahren und möglichst viel Profit rausholen?

An einem mauen Tag dagegen kannst du ruhig früh aufhören, weil dein Stundenlohn sowieso im Arsch ist und du auch noch Energie für deine nächste Schicht sparst – womit das Däumchendrehen schließlich auch was Gutes hätte.« Er schaut mich fragend an. »Oder bin ich hier ganz auf dem Holzweg?«

Ich lache. »Du hast du vielleicht einen Holzkopf«, erwidere ich. »Aber du könntest da durchaus auf etwas gestoßen sein.«

## NIMM ES ODER LASS ES

Andys Bemerkung beim Mittagessen ging mir nicht aus dem Kopf. Und ziemlich bald ging sie mir auf die Nerven. Ich war nicht sicher, wie viele Taxifahrer es genauso hielten wie der, mit dem wir gefahren waren. Doch etwas sagte mir, dass es ziemlich viele sein könnten. Also begann ich mit einer Erkundungsmission.

In den nächsten Monaten fragte ich jeden Londoner Taxifahrer, mit dem ich fuhr, nach seinen Gewohnheiten. Wie verhielt er sich an einem flauen Tag und wie an einem guten? Ich traute meinen Ohren nicht. Verdammt viele Fahrer, mit denen ich sprach, arbeiteten an schwachen Tagen länger als an guten Tagen.

Aber warum? Das ergab doch überhaupt keinen Sinn. Nicht seit Andy mich darauf aufmerksam gemacht hatte. Andererseits war Andy ein Psychopath. Und trotz ihrer irren Fahrweise sitzen nicht allzu viele Psychopathen hinter dem Lenkrad eines Londoner Taxis. Wäre das so, würden ihre Wocheneinnahmen wahrscheinlich durch die Decke schießen.

Ich möchte Ihnen erklären, was ich meine. Dazu weihe ich Sie in ein kleines Geheimnis ein, das Psychologen jetzt schon seit beträchtlicher Zeit hüten. Wenn *Sie* erst mal darüber Bescheid wissen, wird es Ihre Sichtweise der Dinge ein für alle Mal verändern. Der springende Punkt ist, wie wir Erfolg zahlenmäßig messen.

In den 1970er Jahren führte ein Forscherteam ein geniales Experiment durch. Es trommelte einen Trupp Freiwilliger zusammen und drückte jedem von ihnen zwanzig Pfund in die Hand. Dann wurden die Probanden vor die Wahl gestellt. Sie konnten sich entweder mit dem Geld aus dem Staub machen, oder sie konnten ihren unerwarteten Geldsegen an einem Roulettetisch aufs Spiel setzen und so den Forschern vielleicht noch mehr Geld aus der Tasche ziehen. Was glauben Sie, wie sich die Teilnehmer verhielten?

Bevor Sie antworten, möchte ich Ihnen von einer weiteren Probandengruppe berichten, an die die Forscher herantraten – nur diesmal mit einem leicht veränderten Vorschlag.

Genau wie die erste Gruppe erhielten diese Versuchskaninchen 20 Pfund als Anreiz. Doch es war ein Kniff dabei. Zuerst händigte man den Leuten *50* Pfund aus – und nahm ihnen 30 davon gleich wieder weg, so dass sie einen *Netto*gewinn von 20 einstrichen. Wollten sie ihren Anspruch auf die »verlorenen« 30 Pfund geltend machen, mussten sie sie sich verdienen. Jawohl, Sie erraten es – durch Setzen der 20, die sie schon hatten, beim Roulette. Alternativ konnten sie es natürlich auch gut sein lassen und um 20 Pfund reicher heimgehen.

Was glauben Sie, wie sich *diese* Teilnehmer verhielten?

Wenn Sie glauben, dass viel mehr Probanden aus der ersten Gruppe als aus der zweiten sich bedankten und ihres Weges gingen, dann haben Sie recht. Fast alle von ihnen sagten: »Tschüs!«

Doch aus irgendeinem seltsamen Grund blieben die Probanden

der zweiten Gruppe da. Statt zu erkennen, dass sie 20 Pfund *mehr* hatten als vorher, konnten sie sich offensichtlich nicht von dem Eindruck lösen, sie hätten jetzt 30 *weniger*. Und die versuchten sie zurückzugewinnen.

Genau wie die Taxifahrer an *schlechten* Tagen mehr arbeiteten, um einen *Verlust abzuwenden*, statt an *guten* Tagen ranzuklotzen, um den *Profit zu maximieren*, lag ihnen viel mehr daran, *aus den roten Zahlen zu bleiben*, statt *Geld zu machen*. Und deshalb gingen sie schließlich mit weniger heim.

## DAS POSITIVE AM NEGATIVEN

Die Ergebnisse dieses Experiments schockten die Psychologenzunft. Und wie Sie sich vielleicht denken können, auch die der Wirtschaftswissenschaftler. Es folgten noch viele weitere, doch alle führten zum gleichen Ergebnis: Wir neigen viel stärker dazu, das *Negative* zu vermeiden, als das *Positive* zu suchen.

Und das gilt für alle Bereiche unseres Lebens, nicht nur für den Geldbeutel.

Warum haben Sie neulich abends, als Sie Gelegenheit dazu hatten, dieses tolle Mädchen oder diesen tollen Kerl in der Bar nicht angesprochen? Könnte vielleicht dahinterstecken, dass das Risiko, sich vor Ihren Freunden eine Abfuhr zu holen, schwerer wog als das Prestige, falls Sie die Telefonnummer bekommen hätten?

Warum haben Sie gestern Morgen bei dem Projektstart auf die Frage des Marketingchefs, ob es noch Fragen gebe, nicht die Hand gehoben? Könnte vielleicht dahinterstecken, dass das Risiko, vor dem ganzen Team dumm dazustehen, für Sie kurzfristig schwerer wog als Ihr Unverständnis über die riskant wirkenden Verkaufstabellen?

Warum haben Sie am Dienstagabend auf dem Heimweg von der Arbeit in der U-Bahn nicht versucht, den freien Platz zu ergattern? Könnte vielleicht dahinterstecken, dass Sie, falls der Typ Ihnen gegenüber, der auch begehrliche Blicke darauf geworfen hat, Ihnen zuvorgekommen wäre, noch ein paar Stationen mehr hätten dastehen und sich von der Musik berieseln lassen müssen?

Ich wette, ich liege nicht weit daneben.

Was ist stattdessen passiert? Sie haben die Bar verlassen, ohne jemanden aufzureißen. Schon wieder!

Sie mussten eine Kollegin bitten, Ihnen die Zahlen zu erklären, und die stellte sich fruchtbar an, weil sie sowieso schon eine Million andere Dinge zu tun hatte und jetzt auch noch *Ihnen* Nachhilfe in Verkaufskampagnen geben musste!

Der andere bekam den Platz ganz einfach, weil er darauf zusteuerte und Sie nicht. Obwohl Sie näher dran waren!

Natürlich kennen wir alle Menschen, die mutig sind. Die zupacken. Die lieber mit fliegenden Fahnen untergehen würden, als dazusitzen, Däumchen zu drehen und Bedenken zu tragen. Und meistens scheinen sie auch noch völlig unbeschadet und unschuldig aus allem hervorzugehen. Und während wir sie vielleicht einerseits für ein bisschen verrückt halten, wünschen wir uns doch tief in uns drin, wir hätten ein bisschen was von ihrer Tatkraft.

Einige von uns – wie Andy, auch wenn es mich schmerzt, das zu sagen – waren schon immer »rationaler« als andere.

Aber warum? Gibt es einen grundlegenden Unterschied zwischen diesen superlogischen »Verstandeschirurgen« und uns Normalsterblichen? Mit dem Aufkommen der modernen bildgebenden Verfahren bringen Studien allmählich Licht (buchstäblich!) in die Antwort auf diese Frage.

Und stellen Sie sich vor!

Die ersten Ergebnisse klingen seltsam vertraut.

Diejenigen unter uns, die in Glücksspielsimulationen wie der obigen Soll-ich-bleiben-oder-soll-ich-gehen-Situation mehr Geld gewinnen – die also weggehen, statt zu spielen –, weisen in ihrem

Gehirn ein deutliches biologisches Erkennungszeichen auf. Ihr präfrontaler Cortex (das Amtsgebäude des Ministeriums für logisches Denken) ist personell und materiell viel besser ausgestattet als der PFC derjenigen, die die Kugel rollen lassen.

Mit anderen Worten, diese Leute lassen sich von ihrer Amygdala viel weniger herumkommandieren – sie geben dem Druck des Emotionsausschusses des Gehirns weniger nach – als ihre rational stärker geforderten Pendants.

Bedeutet dies, dass Psychopathen mit ihrem unterbesetzten Emotionsministerium eher »auf Erfolg gepolt sind« als wir Übrigen? Scheren sich Psychopathen weniger darum, dass ihnen Schlimmes widerfahren könnte, und sehen sie eher das Positive im Leben? Ist das der Grund, weshalb Andy plötzlich seinen Finger genau auf die Stelle zu legen wusste, an der anscheinend jeder Londoner Taxifahrer in die Irre ging? Die Forschung spricht dafür.

Bei einem Vergleich der Leistung von Psychopathen und Nicht-Psychopathen in einer einfachen Lernaufgabe beispielsweise – die Probanden sollten so schnell wie möglich eine schlichte Regel verstehen – ergab sich ein riesengroßer Unterschied. Erfolgte eine *Bestrafung* von Fehlern durch einen schmerzhaften Elektroschock, hatten die Psychopathen eine längere Leitung als die Nicht-Psychopathen. Veränderte man jedoch den Anreiz durch eine *Belohnung* bei gutem Abschneiden – sowohl durch finanziellen Gewinn als auch durch das Vermeiden von Schmerzen –, änderte sich das Bild dramatisch. Diesmal begriffen die Psychopathen die Regel schneller.

Dieses Ergebnis läuft auf eine völlige Umkehrung der psychologischen Situation hinaus. Wir mögen ja, wie uns Epikur im dritten Kapitel lehrte, von Natur aus danach trachten, Lust zu erfahren und Schmerz zu vermeiden. Zu gewinnen und nicht zu verlieren. Doch bei näherem Hinsehen läuft es nicht so glatt.

Wenn es drauf ankommt und unser Leben auf dem Spiel steht, passiert etwas ziemlich Merkwürdiges. Dann wird uns Schmerzvermeidung viel wichtiger als Lustgewinn. Wir strengen uns verdammt viel mehr an, eine Niederlage zu vermeiden, als einen Sieg zu erringen.

Außer Sie sind ein Psychopath.

Wenn ein Psychopath etwas aus einer Situation »herausholen« kann, wenn irgendeine Art von Belohnung winkt, dann geht er es an. Zum Teufel mit »sollte haben« und »was wenn«. Leg einfach los!

## WER WAGT, GEWINNT

Heute können Andy und ich nicht mehr in ein Taxi steigen, ohne irgendwann die unsterblichen Worte auszusprechen: »Wie läuft das Geschäft?« Jenes erste Mal verschaffte uns beiden die ernüchternde Einsicht, welche Tragweite ein verborgener Fehler im elementaren menschlichen Denken für das eigene Schicksal im Alltag haben kann. Und dass sich das radikal ändern kann, wenn man ihn sich einfach nur bewusstmacht.

Neugierig geworden, fragte ich Andy, welchen Unterschied dies in seinem Leben bewirkt hatte. In welcher Weise hatte *er* von seiner psychopathischen Fokussierung auf Belohnung profitiert?

Seine Antwort war faszinierend. Hier folgt ein Teil dessen, was er zu sagen hatte:

> 1984 bestand ich das härteste militärische Auswahlverfahren der Welt und gehörte damit zum Special Air Service. Ich fühlte mich sofort zu Hause.
>
> Das »Regiment«, wie man es nennt, war in vielerlei Hinsicht anders als das reguläre oder, wie wir sagten, »grüne« Militär. Du musstest keine Uniform tragen. Du musstest dir die Haare nicht schneiden lassen. Du musstest nicht salutieren. Und du musstest nicht in aller Herrgottsfrühe aufstehen und Paraden mitmachen.

Falls sich das locker anhört – das ist es nicht. Im Gegensatz zur regulären Truppe liegt das Schwergewicht im Regiment auf *Selbst*disziplin. Auf *persönlicher* Verantwortung. Sie gehen davon aus, dass du dort sein *willst*. Und wenn du nicht mit allem, was du haben musst, dort bist, wo du sein musst, dann willst du das offensichtlich nicht.

Damals war der SAS nicht so bekannt wie heute, doch immerhin schon besser bekannt als im Mai 1980, als die B Squadron, eine der vier »Säbel«-Schwadronen, aus denen das Regiment besteht, unter den Augen der internationalen Medien die Geiselnahme in der iranischen Botschaft beendete.

Bevor die Welt vom SAS hörte, hatte er innerhalb des britischen Militärs bereits einen legendären Ruf. Die Soldaten sprachen mit gedämpfter Stimme vom »Regiment«, so als bestünde es nicht aus normalen Soldaten, sondern aus Kämpfern mit irgendwie übermenschlichen Kräften, die den anderen fehlten.

Im Jahr nach der Belagerung der iranischen Botschaft war die Zahl der Bewerber sechsmal höher als in den Jahren zuvor. Alle wollten James Bond sein, sich von Dächern abseilen und in schwarzer Montur durch Fenster schwingen. Nach ein paar Tagen war für die meisten von ihnen Bahnsteig 4 angesagt. Bahnsteig 4 ist die Art des Regiments, zu sagen: »Danke, dass du gekommen bist. Jetzt verpiss dich.« Denn von Bahnsteig 4 gehen im Bahnhof von Hereford die Züge nach London ab. Wenn du da stehst, bist du nicht mehr im Auswahlverfahren.

Und zwar deshalb, weil das Regiment nicht nach James Bonds suchte. Tut es immer noch nicht und wird es nie tun. Wonach das Regiment sucht, sind Leute, die eine Woche lang kalt, nass und hungrig in einem Graben liegen, in eine Tüte scheißen und Tütensuppe fressen und die dann aufspringen und kämpfen, als ob sie gerade Urlaub in Richard Bransons karibischer Eco Lodge für 39 000 Pfund die Nacht gemacht hätten. Das ist eine völlig andere Sorte Mensch.

Das sind Menschen, die von ihrem Metier geradezu besessen sind, die sich auf ein Ziel fokussieren können, egal was passiert, und den Job bis zum Ende durchziehen und die noch eine Meile auf dem Bauch kriechen können, wenn sie bereits auf den Knien liegen.
Ja, natürlich kriegt man als Angehöriger des Regiments all die aufregenden Sachen zu tun. Aber das ist nur ein weiterer Teil des Jobs. Der besteht darin, der beste Spezialeinheitensoldat zu sein, der du nur sein kannst. Selbstdisziplin und persönliche Verantwortung machen die eine Seite der Special-Forces-Gleichung aus. Aufmerksamkeit für Details und Streben nach Spitzenleistung die andere. Es sind alle möglichen Typen erforderlich. Es gibt keine besondere »SAS-Persönlichkeit«. Ich kenne Männer, die sind der Mittelpunkt jeder Party, und ich kenne welche, die haben ungefähr so viel Ausstrahlung wie ein Test-Dummy. Das spielte keine Rolle. Was alle gemeinsam hatten, waren die folgenden vier Dinge:

- Selbstdisziplin,
- persönliche Verantwortung,
- Aufmerksamkeit für Details,
- Streben nach Spitzenleistung.

Als Mitglied des Regiments weißt du, was du zu tun hast. Also tust du es. Du gehst es an. Du ziehst es durch. Du sagst: »Jawohl, her damit!«
Und deshalb fühlte ich mich gleich von Anfang an daheim. Denn diese Philosophie passte haarscharf zu meiner Persönlichkeit. Ich meine: warum auch nicht? Überleg mal. Da hast du das Höhlensystem von Tora Bora in Afghanistan und die Taliban. Du weißt, dass sie da drin sind. Und sie wissen, dass du weißt, dass sie da drin sind!
Es ist stockfinster, also brauchst du ein Nachtsichtgerät. Außerdem bedeutet der begrenzte Platz in den Höhlen und Tunneln, dass der Stoßtrupp sich nur langsam und eingeschränkt bewegen kann.

Du musst bedenken, dass die Taliban, wenn sie nur einen Funken Verstand zwischen den Ohren haben, Explosivvorrichtungen angelegt haben, Stolperdrähte mit Gas oder ähnlichen Scheiß, um dich fertigzumachen. Sie kennen schließlich alle Ecken und Winkel! Na und? Du wirst da reingehen und sie dir vorknöpfen, also kannst du nur dein Bajonett aufschrauben, dich mit Granaten und Munition vollstopfen und es anpacken.
Nahkampf in einem derart beschränkten und finsteren Operationsgebiet bedeutet, dass du die Taliban vor dir hast, noch bevor du es weißt. Die Räumung der Höhlen läuft also auf gute, altmodische Handarbeit hinaus. Du weißt schon, mit Messern, Bajonetten und Zweipfund-Kugelhämmern.
Doch die Jungs sind ganz versessen darauf. Sie können es gar nicht erwarten. Dafür trainieren sie. Stunde um Stunde um Stunde. Das ist dieses gnadenlose Streben nach Bestleistung im Regiment. Diese absolute Fokussierung auf Erfüllung der Aufgabe, egal mit welchen Chancen oder unter welchen Umständen. Dass Menschen umgebracht werden, ist kein Problem. Das Metier, der Beruf ist das, was zählt. Nicht das Töten.
Die Feinde werden Spieler genannt, weil sie genau das sind – welches Spiel auch immer sie gerade spielen.
Nun ist das komischerweise nicht gerade das, was sich jeder unter einem netten Ausflug vorstellen würde. Aber du machst einfach weiter. Warum auch nicht? Dafür wirst du schließlich bezahlt. Wenn dir das nicht gefällt, dann raus mit dir aus dem SAS.
Du trainierst und trainierst und konzentrierst dich auf das Endresultat: den Sieg. Du denkst nie, nie, nie an eine Niederlage. Wer wagt, gewinnt!

## ZIELÜBUNG

**Praktische Tipps** für das Anvisieren, Erreichen und Übertreffen Ihrer Ziele …

Die Erstürmung eines unterirdischen Höhlenkomplexes hinter feindlichen Linien in Afghanistan ist nicht unbedingt etwas, was für die meisten von uns an einem Montagmorgen auf der Tagesordnung steht, wenn wir die Kinder in der Schule abgeliefert haben. Und doch, wenn eine solche Einstellung dazu beitragen kann, die Taliban aus den Hochburgen Kandahar und Helmand zu vertreiben, dann stellen Sie sich mal vor, was Sie in Ihrer nächsten Umgebung damit zuwege bringen könnten!

Um Ihnen das leichter begreiflich zu machen, haben Andy und ich uns zusammengesetzt und genau definiert, was diese Einstellung ausmacht – und es ist uns gelungen, sechs Kernmerkmale ausfindig zu machen, die, richtig eingesetzt, einen enormen Unterschied in Ihrem Leben bewirken werden, wo auch immer Sie leben.

Sie werden Ihnen nicht nur helfen, das zu bekommen, was Sie wollen, sondern auch, die Manöverkritik abzuhalten. War das, was Sie gekriegt haben, wirklich das, was Sie eingangs *wollten*?

### 1. Finden Sie heraus, was Sie wirklich wollen

Das mag trivial klingen, doch Sie würden sich wundern, wie viele Menschen ihre Ziele nicht erreichen, weil sie von vorneherein gar nicht wissen, was das Ziel ist!

Die Quintessenz lautet: Bevor Sie etwas *kriegen*, müssen Sie zunächst etwas *wissen*. Und das ist längst nicht so einfach, wie es sich anhört.

Es gibt zwei Grundelemente für das Erreichen jedes Ziels:

- Machen und
- Denken

In Wirklichkeit jedoch geschieht verdammt viel *Machen*, um die Auswirkungen von trägem oder unangemessenem *Denken ungeschehen* zu machen. Der ehemalige englische Torhüter David James sagte einmal etwas höchst Interessantes zu mir:

> Wenn der Tormann in jeder einzelnen Sekunde der neunzig Minuten an der perfekten Position wäre, bekäme man nie die großartigen, spektakulären, ins Auge springenden Paraden zu sehen, die das Publikum so liebt. Die richtig tollen Torhüter nämlich sind diejenigen, die am häufigsten zur richtigen Zeit an der richtigen Stelle sind. Nicht diejenigen, die sich quer durchs Tor werfen müssen, um mit den Fingerspitzen etwas zu retten, weil sie von vorneherein falsch gestanden haben.

Das stimmt, nicht wahr? Je mehr ein Torhüter sein Gehirn benutzt, je besser er Spielsituationen lesen, die Aktionen gegnerischer Spieler vorausahnen und dementsprechend sein eigenes Stellungsspiel optimal darauf abstimmen kann, desto weniger muss er sich auf herausragende körperliche Fähigkeiten verlassen.

Andy erzählt mir von einem seiner alten Kameraden im Regiment. Tony war ein unechter Schotte, dessen Großmutter in Skye geboren war, der aber selbst im »schottischen Viertel« von Margate aufgewachsen war.

»Im Grunde war das sein Zuhause«, sagt Andy. »Komisch, er konnte sich nie damit abfinden, dass er Engländer war. Wahrscheinlich weil wir uns jedes Mal, wenn er den Tartan rausholte und schnell mal ins Pub ging, in sein Zimmer schlichen und überall Georgskreuze hinklebten!

Jedenfalls redete der gute Tony in einer Tour davon, sich sein Traum-Cottage an einem abgelegenen Meeresarm in den schottischen Highlands zu kaufen. ›Fünf Morgen bei Ebbe und drei Morgen bei Flut‹, sagte er immer. Er hatte Visionen von Silvesterabenden bei Kerzenschein, prasselndem Kaminfeuer, Zigarren,

Whisky, lauter Jungs, die Geschichten aus der guten alten Zeit erzählten ... das ganze Drum und Dran. Schließlich, als er dann austrat, bekam er, was er wollte – kaufte sich genau so ein Cottage wie das, von dem er die ganzen Jahre immer geredet hatte – und brachte es monatelang auf Vordermann. Das Problem war nur, als es fertig war, fand er es furchtbar! Nicht nur das, es war auch für uns alle zu weit weg, um ihn zu besuchen. Wir gingen stattdessen hier in Hereford auf Sauftour!«

»Was passierte dann?«, frage ich.

Andy lacht.

»Schließlich verkaufte er das verdammte Ding und besorgte sich eine Wohnung in Ledbury, wo wir dann wirklich ein paar tolle Abende hatten. An einem davon fragte ich ihn, was es nun mit dieser Cottage-Geschichte auf sich hatte. Und da sagt er: ›Im Nachhinein glaube ich, dass das, hinter dem ich die ganze Zeit *eigentlich* her war, einfach dieses Gemeinschaftsgefühl war. Du weißt schon, mit deinen Kumpels zusammen zu sein. Und das kann ich überall kriegen. Ich muss mich dazu nicht an den verdammten Arsch der Welt verkriechen!‹

Ich konnte ihn gut verstehen. Diesen Fehler begeht man nur zu leicht. Doch wenn er sich einfach hingesetzt und alles durchdacht hätte, bevor er die Makler anrief, wenn sein Hirn – um beim Torhüterbeispiel zu bleiben – es geschafft hätte, seine Beinarbeit richtig hinzukriegen und vorauszuahnen, woher der Cottage-Ball kam, hätte er sich 'ne Menge Mühe ersparen können.

Ich meine, mir ist das selbst schon passiert. Uns *allen* ist das schon passiert. Nehmen wir zum Beispiel meinen ersten richtigen Autokauf. Wenn die meisten Leute Geld für einen protzigen Wagen rauswerfen, dann machen sie es richtig. Sie informieren sich – blättern in den Hochglanzmagazinen, vergleichen Preise und so weiter. Und ich? Neiiiin! Ich ziehe los und kaufe einen nagelneuen Porsche, bloß weil so ein Schleimer vom Verkauf mir auf den Sack geht!«

»Ja, Andy«, erwidere ich. »*Das* haben wir alle schon gemacht.«

»Nein, pass auf: Ich marschierte eines Morgens in den Porsche-Ausstellungsraum, nur um die Zeit totzuschlagen, bis mein Freund aufkreuzt, der mit mir ins Studio gehen wollte. Ich trug meinen Trainingsanzug und Turnschuhe, und die Dame am Empfang dachte eindeutig, ich wollte mir den Laden nur mal ansehen. Sie machte sich nicht mal die Mühe, Hallo zu sagen. Jedenfalls beäuge ich fünf Minuten lang all die glänzenden Wagen, als dieser junge Kerl mit zurückgegeltem Haar und Manschettenknöpfen so groß wie Plasmafernseher sich schließlich von hinter einem Schreibtisch zu Wort meldet. Er kommt nicht rüber, er ruft nur quer durch den Raum: »Kann ich Ihnen helfen?« Das war keine Frage. Eher ein Vorwurf. Ich glaube, der einzige Grund, weshalb er sich rührte, war, weil ich mir an der Kaffeemaschine zu schaffen gemacht hatte. Ich wartete darauf, dass das schicke Teil mit dem Ausspucken des Cappuccinos fertig wurde, und deutete dann auf einen blauen mit Glasschiebedach. ›Ja, können Sie‹, sagte ich. ›Ich nehme den da!‹

Da hättest du ihn sehen sollen! Er sprintete schneller durch den Raum als Usain Bolt. Lieferte das verdammte Ding sogar zu mir nach Hause. Und so kam ich zu einem Porsche 911 Targa mit Allradantrieb.

Im Nachhinein schätze ich, dass dieser Schwachkopf der beste Verkäufer der Welt war. Ich meine, er traf einen wunden Punkt, ohne dass er das überhaupt versucht hätte. Leute, die dich nach deinem Aussehen oder deinem Outfit sofort in eine Schublade stecken, machen mich echt stinksauer.

Ich hatte genau zwei Wochen lang Spaß an dem Wagen. Doch dann begann der Glanz seines dunkelblauen Lacks für mich zu verblassen. Ich konnte unmöglich Bacon-Sandwiches verdrücken und die Lederbezüge ruinieren. Die Polizei hielt mich in den ersten Wochen dreimal an. Und als Krönung des Ganzen verpasste man mir in dem Dorf, in das wir gerade gezogen waren, den Spitznamen Graf Koks, weil, na ja …

Der Gipfel war der Kofferraum. Er war so klein, dass ich tatsächlich an die Porsche-Geschäftsleitung schrieb und fragte, ob sie spezielle Minikoffersets dafür anbieten. Jesus, wenn ich nicht mal einen Koffer da reinkriege, wie sollte ich da verdammt nochmal Leichen transportieren?

Ich behielt den Wagen weniger als ein Jahr und stieß ihn dann ab. Das war ein klassischer Fall von genau dem, wovon du sprichst: *Machen* und nicht *denken*. Ich wollte das Auto gar nicht. Ich wollte es nur dem Verkäufertypen zeigen.

Na ja, ich vermute mal, das wenigstens hatte geklappt!«

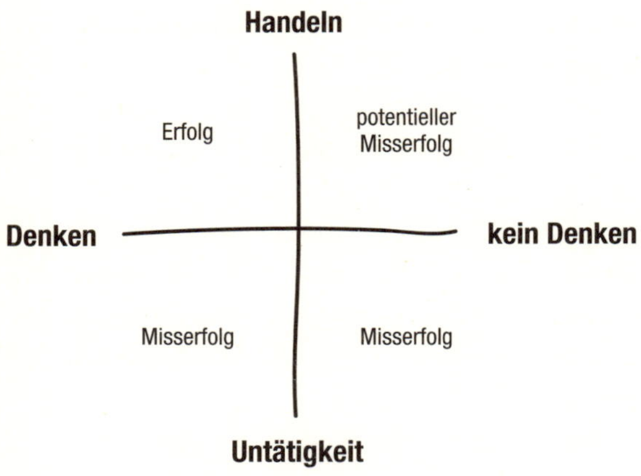


Erfolgreich sein beruht auf einer Kombination von Handeln und Denken.

### 2. Wenn Sie herausgefunden haben, was Sie wirklich wollen … dann verschreiben Sie sich diesem Ziel

Wenn Sie herausgearbeitet haben, was Sie wirklich wollen – wenn Sie die ganzen Selbstgespräche erledigt haben, schonungslos ehrlich sich selbst gegenüber gewesen sind, dann alles noch einmal überprüft haben, nur um ganz sicherzugehen –, dann ist das Nächste, was Sie tun müssen, sich Ihrem Ziel ganz zu verschreiben.

Nein – nicht sich ihm zu verschreiben. Sich ihm *mit Haut und Haaren* zu verschreiben.

Das ist ganz und gar nicht dasselbe.

Sicher, sowohl Standard-Selbstverpflichtung als auch Premium-Selbstverpflichtung tragen dazu bei, dass Ihre Pläne ihr Ziel erreichen. Aber die eine Sorte ist weitaus wirksamer als die andere und sorgt dafür, dass diese Pläne es mit weitaus höherer Wahrscheinlichkeit unbeschadet erreichen.

Worin also besteht der Unterschied zwischen Verpflichtung und *wahrhafter* Verpflichtung?

Nehmen wir drei alltägliche Ziele – Abnehmen, mit dem Rauchen Aufhören und der Beste in Ihrem Metier zu sein.

- Sich zu verpflichten, eine Diät zu machen, heißt, auf das zu achten, was Sie essen.

Sich *wahrhaft* zu verpflichten, eine Diät zu machen, heißt, auf das zu achten, was Sie essen, regelmäßig Sport zu treiben, weniger außer Haus essen zu gehen und keine fettreichen Lebensmittel im Kühlschrank zu haben.

- Sich zu verpflichten, sich das Rauchen abzugewöhnen, heißt, die Zahl der gerauchten Zigaretten im Verlauf von sagen wir einer Woche allmählich zu verringern.

Sich *wahrhaft* zu verpflichten, sich das Rauchen abzugewöhnen, heißt, die Zahl der Zigaretten einzuschränken, ein Nikotinpflaster zu tragen, eine widerwärtige Sammlung alter Zigarettenstummel in einem Glas Wasser auf Ihrem Schreibtisch stehen zu haben und die wichtigsten »Rauchauslöser« zu vermeiden, etwa Ausgehen mit rauchenden Freunden oder Orte, die Sie mit Rauchen assoziieren (z. B. Bars).

- Sich zu verpflichten, der Beste zu sein, heißt, Überstunden zu machen.

Sich *wahrhaft* zu verpflichten, der Beste zu sein, heißt, auf Kosten von allem anderen Überstunden zu machen und darauf gefasst zu sein, viele Jahre lang keinen Ertrag für Ihren Aufwand zu erhalten.

Als der Boxer Sugar Ray Leonard noch zur Schule ging, kam er nicht wie all die anderen Kinder im Schulbus dorthin. Er rannte hinter ihm her. »Die anderen Kinder hielten mich für irre, weil ich bei Regen und Schnee rannte – es war egal«, erzählt er. »Ich tat es, weil ich nicht einfach besser sein wollte als irgendein anderer, ich wollte besser sein als alle anderen.«

Verpflichtung bis zum Irresein kann zu irrem Erfolg führen.

Und nicht nur das, was Sie *tun*, macht den Unterschied zwischen Verpflichtung und wahrhafter Verpflichtung aus. Wie Sie *denken*, ist ebenfalls von Belang. Spitzensportlern und Geschäftsleuten beispielsweise fiele es – wie Angehörigen von Spezialeinheiten – vor einem entscheidenden Wettbewerb oder Geschäftsabschluss nicht einmal im Traum ein, an einen Misserfolg auch nur zu denken.

Warum sollten sie auch – würden sie dann eher gewinnen? Natürlich nicht!

Schon der leiseste Anflug von Zweifel in der Höhe genügt, um weiter unten einen verheerenden Selbstvertrauenserdrutsch auszulösen. Statt also zu denken: »Und wenn jetzt alles in die Hosen geht?«, fragen solche Leute sich: »Was ist nötig für den Sieg?«

Ganz in der Manier des guten Psychopathen fokussieren sie auf die Aussicht von Gewinn statt Verlust. Und es ist dieser einfache Unterschied, der die Ben Ainslies und die Steve Redgraves und den SAS von … na ja, von welchem Gegner auch immer unterscheidet.

Der siebenmalige Snooker-Weltmeister Stephen Hendry wurde einmal gefragt, ob er einen Funken Mitgefühl für seinen Gegenspieler Jimmy White empfinde, der eine knappe Niederlage nach der anderen erlitten hatte. »Ich empfinde keinerlei Mitleid«, antwortete er. »Wenn er der Sache nicht gewachsen ist, dann hat das nichts mit mir zu tun. Sport ist ein erbarmungsloses Geschäft.«

Bei einer anderen Gelegenheit brachte er zum Ausdruck, welche Motivation seinem überirdischen Erfolg zugrunde lag: »Es ist schön, einen Gegner zu schlagen und ihm den Rest zu geben. Darum geht es im Sport, das ist der einzige Grund, zu spielen.«

Im Fond eines Londoner Taxis sind Andy und ich unterwegs zur Royal Society of Medicine. Er möchte die Bibliothek ausprobieren – ach ja, und die Bacon-Sandwiches. Aber nicht, wie er rasch betont, unbedingt in dieser Reihenfolge.

»Der Sohn eines meiner Freunde hat in der Schule gerade mit Rugby angefangen«, berichte ich ihm, weil ich weiß, dass er früher ein bisschen gespielt hat. »Irgendwelche Ratschläge für ihn?«

»Ja«, sagt Andy, ein Auge auf den Taxameter, das andere auf die Straße gerichtet. »Sag ihm, er soll mit vollem Engagement in jedes Tackling gehen. Wenn man voll reingeht, wird man viel seltener verletzt. Rugby ist wie das Leben. Es wird weh tun – dagegen kannst du nichts machen. Das gehört zum Spiel. Aber es macht Spaß. Die Leute, die die meisten Schmerzen zu spüren bekommen, sind die, die sie am heftigsten zu vermeiden suchen.«

Wir steigen an der Wimpole Street aus, und Andy zückt den Geldbeutel. Es gibt für alles ein erstes Mal. Er stupst mich an. »Sollen wir?«, fragt er.

»Wäre doch unhöflich, es nicht zu tun«, erwidere ich.

»He«, legen wir los. »Wie läuft das Geschäft?«

### 3. Machen Sie sich stromlinienförmig

Schwimmer rasieren sich am ganzen Körper. Radfahrer tragen seltsam geformte Helme. Und Sprinter quetschen sich in hautenge Lycraanzüge. Warum? Um auch noch den winzigsten Widerstand zu verringern. Im Spitzensport (wie im Spitzenkriegshandwerk) kann schon der Bruchteil einer Sekunde den Unterschied zwischen Gold und Silber ausmachen, zwischen einem Weltrekord und einem knappen Verfehlen, zwischen einem Platz im Flugzeug zu den Spielen und einem daheim vor dem Fernseher, zwischen einem erfolgreichen Kopfschuss und … dem Verlust Tausender unschuldiger Menschenleben.

Also lassen die Top-Favoriten nichts unversucht. Wenn sie die Bahn, das Becken, die Strecke oder die Botschaft ins Visier nehmen, bringt sie jede ihrer Bewegungen mit maximaler Effizienz der Ziellinie näher.

*Sie müssen es genauso machen!*

Wir empfehlen Ihnen natürlich nicht, sich zu enthaaren oder Lycra zu tragen (es sei denn, Sie möchten das, so wie Andy). Doch wenn Sie sich die bestmögliche Chance verschaffen wollen, Ihre *persönliche* Ziellinie in Goldmedaillenposition zu überqueren, müssen Sie sicherstellen, dass alle Ihre Handlungen so windschnittig wie nur möglich sind – das heißt, dass sie Sie so direkt und schnell wie möglich an Ihr Ziel bringen.

»Ich habe das in der Anfangszeit im Regiment unter anderem dadurch gelernt«, sagt Andy, »dass ich mir angewöhnt habe, mir die Frage zu stellen: Bringt mich das, was ich *jetzt gerade* tue, meinem Ziel wesentlich näher – nämlich der bestmögliche Soldat zu sein? Und weißt du, was passiert ist? Wenn man das macht, stellt man nach einer Weile fest, dass selbst dieser einfache Akt, sich diese Frage täglich mehrmals zu stellen, einen deutlichen Einfluss darauf hat, wie man seine Zeit nutzt.«

Andy hat recht.

Wenn es Ihnen ernst damit ist, auf Ihrem eigenen Podium zu

stehen und Ihre persönliche Nationalhymne zu summen, während der Würdenträger Ihrer Wahl Ihnen eine Medaille um den Hals hängt – oder Ihnen ein sandfarbenes Barett mit einem geflügelten Dolch darauf zuwirft –, warum sollten Sie sich dann mit Sachen abgeben, die Sie diesem Ziel nicht unmittelbar näher bringen? Es ist ganz einfach. Wenn Sie etwas tun, das nicht dazu beiträgt, dass Sie Ihrem Ziel näher kommen – oder noch schlimmer, Sie aktiv daran hindert, es zu erreichen –, dann lesen Sie jetzt, was Sie tun sollten.

Oder vielmehr, was Andy sagt, das Sie tun sollten:

*Lassen Sie den Scheiß!*

Lassen Sie den Scheiß *jetzt sofort*!

Was Andy sagen will – weit wortgewandter, als ich es jemals ausdrücken könnte –, ist, glaube ich, Folgendes: Stellen Sie sich Ihre Handlungen und Verhaltensweisen als die verschiedenen Spieler der Mannschaft »Sie« vor. Wenn einer von ihnen seinen Anteil nicht leistet, müssen Sie ihn auswechseln und einen anderen dazuholen. In der SAS-Sprache müssen Sie ihn aussondern und auf Bahnsteig 4 schicken.

*Heute!*

## 4. Seien Sie ergebnisorientiert

Eine der härtesten Lektionen, die das Leben Sie lehrt, ist folgende: Es spielt keine Rolle, wie schwer Sie arbeiten, wenn Sie nicht *effizient* arbeiten.

Wir alle kennen jemanden, der jede Stunde, die Gott werden lässt, ackert, aber nie etwas auf die Reihe kriegt. Immer scheint er Vollgas zu geben, ist aber dabei offenbar außerstande, ein Endprodukt zu liefern. Also eines ist sicher. Wenn Sie erfolgreich sein wollen, dann sollten keinesfalls *Sie* dieser Jemand sein!

Der englische Fußballtrainer Brian Clough gab einmal in der Halbzeitpause eines wichtigen Spiel ein Interview. Die gegnerische Seite hatte seine Mannschaft an die Wand gespielt, und der Interviewer rieb ihm das auch gleich unter die Nase.

Clough lächelte und wies mit der Hand hinter sich. »Schauen Sie auf die Anzeigetafel, junger Mann«, sagte er.

Sie zeigte 1 zu 0 für Cloughs Team.

Dieser simple Wortwechsel enthält eine tiefe Wahrheit, die über Fußball hinausgeht und sich auf jeden Lebensbereich anwenden lässt. Du kannst den Ball so gekonnt und elegant über den Platz schieben, wie du willst. Aber wenn du ihn nicht in das gegnerische Netz bringst, kannst du genauso gut gleich im Bus bleiben.

Schon mal ein neues Outfit gekauft, sich eine neue Frisur verpassen lassen, benachbarte Plätze beim Betriebsausflug der Firma organisiert … und dann den Kerl oder das Mädchen *nicht* zum Essen eingeladen?

Schon mal monatelang vor acht gekommen, nach fünf gegangen und immer mehr Schnickschnack für den Lebenslauf angesammelt … und dann die Gehaltserhöhung oder die neue Stelle *nicht* bekommen?

Schon mal über Tage, Wochen, sogar Monate Ihr Sprüchlein vorbereitet und dann am Verhandlungstisch die entscheidenden Zugeständnisse *nicht* verlangt?

Natürlich haben wir uns dessen alle in gewissem Maße schuldig gemacht. Das liegt in unserer Natur. Die Psychologen haben sogar einen Begriff dafür – Appetenz-Aversions- oder Annäherungs-Vermeidungs-Konflikt.

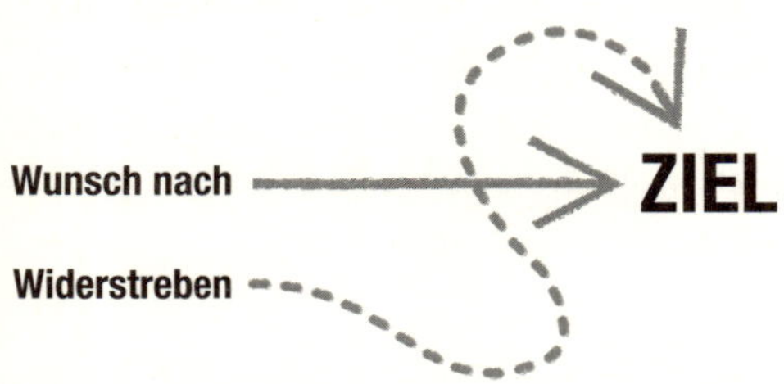


Appetenz-Aversions-Konflikt

Dieser Ausdruck beschreibt die sich steigernde Nervosität, die wir empfinden, wenn ein wichtiges Ziel näher rückt. Ist es noch weit entfernt, können wir es kaum erwarten, bis es so weit ist. Liegt es uns jedoch unmittelbar vor uns, würden wir es gern noch aufschieben.

Es sei denn natürlich, Sie sind ein guter Psychopath.

Dazu noch einmal Andy:

In den 1980er Jahren war ein Typ namens Terry Waite der Sondergesandte des Erzbischofs von Canterbury und bewies ziemliches Geschick in Verhandlungen mit Geiselnehmern und über Gefangenenfreilassung. Also geht Waite 1987 nach Beirut, um mit der islamischen Dschihad-Organisation über die Freilassung einiger westlicher Geiseln zu verhandeln. Um es kurz zu machen, alles geht schief, und Waite wird selbst als Geisel genommen.

Wir überspringen vier Jahre. 1991 wird der SAS zu einer »Schnellschuss-Aktion« losgeschickt. Downing Street weiß, wo Waite gefangen gehalten wird, und wir sollen ihn befreien. Also fliegen wir nach Zypern, von wo uns Hubschrauber nach Beirut bringen sollen. Das war ein einfacher Job, ein Schaufenstereinbruch. Wir rechneten damit, insgesamt nicht mehr als 45 Minuten zur Verfügung zu haben – die Hubschrauber landen, uns zu Waites Gefängnis durchkämpfen, ihn schnappen und dann zu den Helis zurückrennen, die uns wieder über das Mittelmeer zurück nach Zypern befördern würden.

Wenn es länger dauerte, dann wären wir wirklich am Arsch und würden sehr wahrscheinlich neben dem Mann an einen Heizkörper angekettet enden. Ich wenigstens war nicht besonders angetan von dieser Aussicht, denn es war noch kein Jahr her, dass ich in Bagdad vom Heizkörper losgekommen war.

45 Minuten waren also der Plan.

Jedenfalls kommen wir nach Zypern, aber dann heißt es Beeilung und Warten. Wir rennen tagelang immerzu um das Truppenlager rum, damit unsere Fitness nicht flöten geht, und warten auf grünes Licht.

Als es kam, war der Plan, in kugelsicheren Westen in einen Helikopter zu springen, vollgepackt mit Gas- und Rauchgranaten, und loszulegen. Das war ein toller Auftrag, denn er war kurz und heftig. Leider kam es nie dazu. Downing Street gab uns Hunderte Male grünes Licht. Und jedes Mal sprangen wir in unsere Ausrüstung, rannten zum Heli und kletterten dann eine Stunde später oder so wieder raus; die Rotoren liefen aus, und die Aktion war abgeblasen. Dann liefen wir alle eine weitere Runde um die Basis, total stinksauer. Was verdammt nochmal ging da vor in London? Warum blieben die hohen Tiere auf ihren Ärschen hocken und kamen nicht zu Potte? Jedenfalls ging diese Scheiße immer so weiter, bis die Operation schließlich endgültig abgeblasen wurde und wir alle nach Hereford zurückflogen. Da schoben wir natürlich erst recht einen Frust. Aber nicht so sehr wie etwa einen Monat später, als wir im Fernsehen sahen, wie unser Terry freigelassen wurde. Wenn nur diese Geheimverhandlungen nicht hinter unseren Rücken stattgefunden hätten!

Wenn Sie das nächste Mal Andy Murray in Wimbledon zuschauen, dann bedenken Sie: Der Spieler, der ein Tennismatch gewinnt, ist nicht unbedingt der, der die *meisten* Punkte erzielt. Sondern der, der die *entscheidenden* Punkte macht.

Jeder kann gut spielen und aussehen, wenn er zwei Sätze vorn liegt und mit 40–0 führt, auch bei gegnerischem Aufschlag. Aber wie gut können Sie spielen, wenn Sie zwei Sätze im Rückstand sind und bei eigenem Aufschlag Breakpunkt gegen sich haben?

### 5. Denken Sie in Metaphern

Falls Sie sich das fragen: Es ist kein Zufall, dass wir zu Metaphern aus dem Sport gegriffen haben, um das, wovon wir reden, »über die Ziellinie zu bringen«.

Studien zufolge erhöhen sich Ihre Erfolgschancen beträchtlich, wenn Sie ein gutes Sinnbild finden, das *für Sie funktioniert*, und es dazu nutzen, Ihr Ziel und die möglichen Hemmnisse für Ihr Vorwärtskommen *neu zu fassen*.

Wenn Sie beispielsweise auf *Springreiten* stehen, können Sie das Wort »Hemmnisse« durch *Hindernisse* ersetzen, eine chronologische Liste erstellen, worin genau diese *Hürden* bestehen und an welcher Stelle des *Parcours* sie stehen, und dann eines nach dem anderen *überspringen* und dabei darauf achten, dass Sie nichts aus dem *Sattel* wirft.

Wenn Sie kürzlich in mehreren Verhandlungen gegenüber einem Konkurrenten das Nachsehen hatten, könnte es helfen, die Situation als ein *Tauziehen* zu betrachten. Sie haben zwei Möglichkeiten, um zu verhindern, dass Sie *über den Tisch gezogen* werden. Eine ist, härter *hinzulangen* und sich *ins Zeug zu legen*. Die andere, den Bettel *hinzuschmeißen*.

Wenn Sie *Autos* lieben, *Flugzeuge* aber nicht, dann können Sie sich *Turbulenzen* als *Schlaglöcher* in einer Straße vorstellen.

Vor etwa einem Jahr starb unerwartet ein sehr guter Freund von mir. Da das wie ein Blitz aus heiterem Himmel passiert war, war ich ein wenig mitgenommen. Ungefähr eine Woche danach fand ich eine Karte in meinem Briefkasten. Sie war von Andy. Das hatte er geschrieben:

Das Leben ist eine schwierige Operation. Wir sind alle Spezialeinheitenkämpfer und müssen in Sekundenbruchteilen Entscheidungen – große und kleine – treffen, unter extremem Druck, hinter feindlichen Linien, tagtäglich.
Das meiste, was passiert, liegt außerhalb unserer Kontrolle, und wir operieren nach dem Prinzip »Einsicht nur für Berechtigte« – von allen Seiten umringt von Gefahr, Irrsinn, Kummer und Enttäuschung –, während Leuchtspurgeschosse, die über unsere Zukunft entscheiden können, das Firmament über uns erhellen.

So gut wie möglich zu sein ist für jeden dasselbe, wer du auch bist. Du musst leiden, Schmerz erdulden, die Zähne zusammenbeißen, es mit Fassung tragen, lächeln, lachen und durch die Scheiße waten, gebeugt unter deinem ganzen Gepäck, während die Dinge und die Menschen, an denen dir am meisten liegt, gefangen genommen, niedergemäht oder vermisst werden.
Das Leben gibt es nicht mit Sicherungsmechanismus.

Ich habe Ihnen ja gesagt, er ist ein guter Psychopath – und es funktionierte. Ich konnte an dem Buch weiterarbeiten, das wir zusammen schreiben sollten, und wir schafften unseren Termin.

Doch wenn es bei Ihnen nicht funktioniert: kein Problem. Finden Sie heraus, was funktioniert, finden Sie die Analogie, die für Sie am bedeutungsvollsten ist, und versuchen Sie, Ihr Ziel in diesem Format zu rebooten. Versuchen Sie das, was Sie erreichen möchten, buchstäblich in einem anderen Licht zu sehen. Sie werden überrascht sein, wie viel »Stehvermögen« Ihnen das verschafft!

### 6. Wählen Sie den richtigen Zeitpunkt

Für alles gibt es eine Zeit und einen Ort, nicht wahr? Zumindest sagt uns das die alte Binsenweisheit. Doch jetzt verfügen wir über die wissenschaftlichen Erkenntnisse, die sie hieb- und stichfest beweisen.

Die meisten Menschen haben Verstand genug, um zu erkennen, dass der beste Augenblick, die Chefin um Urlaub zu bitten, wahrscheinlich nicht gerade der Tag ist, an dem ihr Labrador überfahren wurde.

»Insbesondere nicht, wenn Sie ihn überfahren haben!«, ergänzt Andy.

Was jedoch viele Leute *nicht* wissen, ist, dass sich jede 24-Stunden-Periode in eine unendliche Zahl von *Zeitfenstern* unterteilen lässt, in denen, abhängig von Ihrem Ziel, jeweils optimale Erfolgsbedingungen herrschen.

Das Beste aus sich herauszuholen heißt, Ihre Bemühungen so zu takten, dass sie mit diesen Zeitfenstern zusammenfallen – welche auch immer offen und für Ihr Ziel bedeutungsvoll sind. Um auf unsere Sportmetaphern zurückzukommen: Es genügt nicht, aufs Tor zu schießen. Sie müssen es zum *richtigen Zeitpunkt* tun.

Hat Ihr Job beispielsweise mit *kritischem Denken* und *Entscheiden* zu tun, dann laufen Sie morgens zur Höchstform auf. Der gesamte Vormittag ist die beste Phase für anhaltende Konzentration, denn Konzentration erfordert Willenskraft, und die Willenskraft ermüdet wie ein Muskel, wenn unsere Leistungsfähigkeit im Lauf des Tages abnimmt und sich immer mehr psychische Milchsäure bildet.

In einer Studie führten die Forscher ihre Probanden in einen Raum, in dem es nach frischgebackenen Keksen duftete. Die Teilnehmer sollten sich an einen Tisch setzen, auf dem eine von zwei kulinarischen Alternativen wartete: ein Teller dieser duftenden Kekse oder eine Schüssel Rettiche. Die Hälfte der Probanden sollten die Kekse, die andere die Rettiche knabbern. Danach bekamen beide Teilnehmergruppen 30 Minuten, um ein gemeines verzwicktes geometrisches Rätsel zu lösen.

Raten Sie mal, welche schneller aufgaben? Genau!

Die Probanden, welche die Rettiche hatten probieren (und somit den appetitlichen Keksen hatten widerstehen) müssen, gaben nach durchschnittlich acht Minuten auf, während die lippenleckenden Kekskauer fast 19 Minuten bei der Stange blieben.

Die Moral der Geschichte? Willenskraft ist eine begrenzte Ressource. Oder wie Andy es ausdrückt: »Wenn du dir die Kekse verkneifst, dann sieh zu, dass du hinterher nichts besonders Dringendes zu tun hast!«

Manchmal steht natürlich mehr auf dem Spiel als sonst. So stellte eine neuere Studie fest, dass Richter, die über Entlassungen auf Bewährung zu entscheiden hatten, in 65 Prozent der Fälle *nach* einer Mahlzeit ein positives Urteil fällten – *davor* jedoch fast nie. Menschen in Machtpositionen, die in der Gesellschaft Einfluss haben und Entscheidungen fällen, wissen dies nur allzu gut.

Wissen Sie beispielsweise, warum Sie Barack Obama ausschließlich in grauen oder blauen Anzügen zu sehen kriegen? Weil die morgendliche Entscheidung, was er anziehen soll, eine Entscheidung ist – eine unter den vielen viel wichtigeren, die er im Lauf des Tages fällen muss –, über die er sich keine Gedanken zu machen braucht. Er will den Kopf so klar wie möglich und seine Energiepegel so hoch wie möglich halten, um seine Leistung bei den dicken Brocken zu maximieren. Und zu diesem Zweck wird er nichts unversucht lassen.

Wussten Sie auch, dass Ablenkungen am Arbeitsplatz ihre große Zeit von zwölf Uhr mittags bis vier Uhr nachmittags haben? Ehrlich gesagt, wir auch nicht! Doch im Licht des eben Gehörten ergibt das Sinn. Insbesondere wenn Sie das Mittagessen ausfallen lassen.

Eine warme Dusche, kurz bevor Sie sich morgens einloggen (oder nach dem Mittagessen), hilft da. Wie sich gezeigt hat, fördert eine leichte Erhöhung der Körpertemperatur sowohl das Arbeitsgedächtnis als auch die Aufmerksamkeit – die beiden wichtigsten Bestandteile von kognitiver Dauerleistung.

»Stecken Sie also unbedingt das Duschgel in Ihre Aktentasche, bevor Sie zur Arbeit gehen«, empfiehlt Andy. »Und außerdem noch ein paar Schokoriegel!«

Ist dagegen *Kreativität* Ihr Ding, dann fällt der Höhepunkt der *Inspiration* meist mit der höchsten *Schläfrigkeit* zusammen – die bei den meisten arbeitenden Erwachsenen gegen 14 Uhr eintritt.

Wenn Ihr Gehirn ermüdet, werden Ihre Denkprozesse diffuser – denken Sie sich einen breiten Lichtkegel im Gegensatz zu einem gebündelten Strahl –, es schweift von einem Gedanken zum anderen und stellt Assoziationen her, auf die ein konzentrierterer Geist vielleicht gar nicht käme.

Und dann gibt es noch E-Mailen. Glauben Sie, dabei ginge es

einfach nur darum, eine Nachricht zu entwerfen und auf »Senden« zu drücken, wann immer Sie gerade einen Moment Zeit haben? Denken Sie noch mal nach!

Studien belegen, dass E-Mailen eine Form von schwarzer Magie ist. Ein einschlägiger wissenschaftlicher Befund ist zum Beispiel, dass der beste Zeitpunkt zum Senden einer *geschäftlichen* Nachricht in einem Zeitraum zwischen 17 und 18 Uhr liegt – der sogenannten Feierabendspitze –, während der die meisten Leute aufräumen und sich auf den Heimweg machen.

Von den in diesem Zeitraum versandten Marketing-Mails werden 26 Prozent statt wie sonst durchschnittlich 17 Prozent geöffnet – allerdings geht aus der folgenden Tabelle hervor, dass die optimale Phase von Branche zu Branche variiert:

| **Branche** | **optimaler Zeitraum** |
|---|---|
| Finanzen | 7–10 Uhr |
| Hotels | 10–11 Uhr |
| Einzelhandel | 10–11 Uhr oder 16–18 Uhr |
| Freizeit | 10–12 Uhr oder 22–23 Uhr |
| Technik | 12–15 Uhr |
| Öko/Energie | 12–15 Uhr |
| Reise | 15 Uhr oder 22–23 Uhr |
| Wohltätigkeit | 16–18 Uhr |
| Marketing | 17–19 Uhr |
| Verlage | 19–20 Uhr |
| Auto | 19–21 Uhr |
| Bildung | 19–21 Uhr |
| Veranstaltungen | 20–21 Uhr |

Die beste Zeit zum Versenden einer E-Mail nach Branchen

Falls Sie unschlüssig sind, hier einige allgemeine Leitlinien:

- Nur vier Prozent *aller* zwischen Mitternacht und sieben Uhr versandten *E-Mails* werden geöffnet.
- *Finanzen* und *Gesundheit* sind zwei wichtige Angelegenheiten, die manchen Menschen schlaflose Nächte bereiten. Um also maximale Aufnahmebereitschaft für Ihre Nachricht zu bekommen, sollten Sie Mails mit Bezug auf diese Probleme *morgens* senden.
- Ein Drittel der zwischen sechs und sieben Uhr gesendeten *Bewerbungs*-E-Mails werden gelesen – 16 Prozent mehr als durchschnittlich. Warum? »Weil das die Zeit ist«, wie Andy ganz richtig bemerkt, »in der viele künftige Arbeitgeber die Logistik des vorausliegenden Tages einschätzen.«
- Knapp ein Viertel der zwischen zehn und elf Uhr verschickten *Hotelangebote* wird geöffnet. Grund? Spaß und Entspannung stehen bei vielen Leuten an erster Stelle, während sie ganz allmählich in ihre Arbeit einsteigen!
- Zwischen Mittag und 15 Uhr – der Spitzenphase für Ablenkungen am Arbeitsplatz, wie Sie sich vielleicht erinnern – tritt eine *Unterbrechung* beim Öffnen von E-Mails auf. Eine Ausnahme bilden umweltbezogene Themen wie Umweltschutz, Nachhaltigkeit, Energie und Technologie. »Haben diese Typen größere Willenskraft?«, fragt sich Andy. Wäre einen Blick wert, schätze ich!
- In der Zeit im Abschnitt von 15 bis 17 Uhr *steigt* die Häufigkeit, mit der E-Mails geöffnet werden, allmählich an – dies gilt insbesondere in Bezug auf die *Reisebranche*. Einschlägige um 15 Uhr versandte Mails werden mit einer Wahrscheinlichkeit von 41 Prozent geöffnet – diese liegt signifikant über dem Durchschnitt.
- Eine *kleinere Steigerung* der Aktivität tritt zwischen 19 und 21 Uhr ein. E-Mails zu Themen, die *sorgfältiges Abwägen* er-

fordern – etwa *Autos*, *Bildung* und *Versicherungen* –, sind zu dieser Zeit am erfolgreichsten, denn die Adressaten können ihnen dann ihre volle Aufmerksamkeit widmen, weil sie nicht durch berufliche Dinge abgelenkt sind.

- Die Häufigkeit, mit der E-Mails geöffnet werden, sinkt nach 21 Uhr dramatisch ab. Auf *Freizeit* und *Reise* bezogene Nachrichten bilden jedoch eine Ausnahme – mehr als ein Drittel werden zwischen 22 und 23 Uhr geöffnet.

»Ich vermute«, sagt Andy recht kleinlaut, »wenn Feierabend ist, suchen wir im Grunde unseres Herzens alle nach kleinen Fluchten.«

## FRAGEBOGEN:
# WIE HOCH IST IHRE RISIKOBEREITSCHAFT?

Ordnen Sie jeder der folgenden Aussagen einen Punktwert zu und addieren Sie alle. Vergleichen Sie Ihren Wert mit der Auswertung am Ende:

| | 0 trifft ganz und gar nicht zu | 1 trifft eher nicht zu | 2 trifft eher zu | 3 trifft voll und ganz zu |
|---|---|---|---|---|
| 1. Ich weiß, was ich will, und scheue mich nicht, es anzugehen. | ❍ | ❍ | ❍ | ❍ |
| 2. Druck bringt das Beste in mir zum Vorschein. | ❍ | ❍ | ❍ | ❍ |
| 3. Von Rückschlägen erhole ich mich rasch. | ❍ | ❍ | ❍ | ❍ |
| 4. Ich kann zugunsten von langfristigem Gewinn auf kurzfristiges Vergnügen verzichten. | ❍ | ❍ | ❍ | ❍ |
| 5. Wenn ich mir etwas vornehme, dann erreiche ich es auch. | ❍ | ❍ | ❍ | ❍ |
| 6. Ich bin lieber ein unbeliebter Gewinner als ein beliebter Verlierer. | ❍ | ❍ | ❍ | ❍ |
| 7. Ich kann mich auf Wichtiges konzentrieren und alles andere ausblenden. | ❍ | ❍ | ❍ | ❍ |
| 8. Wenn mein Erfolg auf Kosten anderer geht – na, und wenn schon? Das ist deren Problem. | ❍ | ❍ | ❍ | ❍ |
| 9. Stehen die Chancen fifty-fifty, gehe ich es an. | ❍ | ❍ | ❍ | ❍ |
| 10. Kritik kratzt mein Selbstvertrauen nicht an. | ❍ | ❍ | ❍ | ❍ |
| 11. Ich bin nicht leicht einzuschüchtern. | ❍ | ❍ | ❍ | ❍ |

## Auswertung

**0–11** Sie haben Probleme, Pflöcke einzurammen, denn da ist kein Pflock! Sie müssen mehr Rückgrat entwickeln und härter werden, und zwar schnell.

**12–17** Niemand würde Sie als den ehrgeizigsten Menschen auf Erden bezeichnen. Sie ziehen leichte Kompromisse hart erkämpften Siegen vor. Sie mögen's eher vom Himmel gesandt als höllenmäßig entschlossen.

**18–22** Sie kommen ganz gut zurecht, wenn Sie auf der Mittelspur dahintuckern. Sie treten ab und zu aufs Gas, wenn Sie müssen, gehen jedoch keine unnötigen Risiken ein.

**23–28** Sie überholen ziemlich oft, beanspruchen aber die Überholspur nicht für sich allein und sind bereit, Platz zu machen, wenn Sie unbedingt müssen.

**29–33** Ein geborener Rennfahrer – die ganze Zeit Bleifuß! Wenn es draufankommt, machen Sie den Sack zu. Was auch passiert.

## KAPITEL 6

# SEIEN SIE IHR EIGENER HERR

*Alles, was mich je aufhielt, glaube ich, war Angst. Doch dann ging ich in die Garderobe und schoss ihr ins Gesicht.*

Lady Gaga

## DER GROSCHEN FÄLLT

Ich werde dieses Kapitel mit einem kleinen Zaubertrick beginnen. Eigentlich funktionieren Zaubertricks auf Papier nicht so besonders gut. Sei's drum. Los geht's.

Vor Ihnen liegen fünf Münzen – ein 50-Cent-Stück, ein 20-Cent-Stück, ein 10-Cent-Stück, ein 5-Cent-Stück und ein Cent.

Ich sage Ihnen nun voraus, welche Sie mir in etwa einer Minute übergeben werden. Ich habe meine Vorhersage sogar schon unten auf Seite 172 niedergeschrieben.

- **Schritt 1:** Ich möchte nun, dass Sie als Erstes *drei* Münzen zu mir schieben. Nehmen wir an, nur zur Demonstration, Sie wählen die 50 Cent, die 20 Cent und den einen Cent – sortieren also die 5 Cent und 10 Cent aus.
  Einverstanden? Gut!
- **Schritt 2:** Als Nächstes sollen Sie *eine* weitere dieser drei Münzen auswählen und weglegen. Nehmen wir an, wieder nur zu Demonstrationszwecken, dass Sie diesmal die 20 Cent aussuchen.

Jetzt haben wir also nur noch zwei Münzen auf dem Tisch.

- **Schritt 3:** Ihr nächster Zug soll sein, dass Sie eine dieser Münzen zu mir schieben. Nehmen wir an, es ist das 50-Cent-Stück. Das bedeutet, dass vor Ihnen nur noch eine Münze liegt – der Cent.
- **Schritt 4:** Nehmen Sie den Cent und händigen Sie ihn mir aus; schauen Sie dann auf Seite 172 nach, ob meine Voraussage richtig war.

Das ist Zauberei, Leute!

## GIB MIR FÜNF

Eigentlich ist es keineswegs Zauberei. Aber das wussten Sie ja schon, nicht wahr? Es ist vielmehr etwas sehr Cleveres aus der Psychologie und nennt sich *Zwangswahlprinzip*. Und ich habe es grade auf Andy angewandt.

»Zwangswahl? Ja, davon hatte ich reichlich in Bagdad!«, sagt er und schaut aus dem Fenster. »Aber ein bisschen anders als das hier. Mach weiter – probieren wir noch eine Runde.«

Andy ist nach Oxford gekommen, um mich im Magdalen College zu besuchen, und wir sitzen in meinem Büro im Calleva Research Centre im New Building. Es heißt »neu«, weil es in den 1730er Jahren erbaut wurde und das College ins späte 15. Jahrhundert zurückreicht. Genau wie ein Teil der Installation.

»Keine Ahnung von Bagdad«, erwidere ich und versuche, Wasser aus dem Hahn in den Kessel zu locken. »Aber Zwangswahl liegt den meisten ›Demonstrationen‹ von Gehirnwäsche zugrunde und hat extreme Durchschlagskraft. Und zwar weil sie, wenn sie gut gemacht ist, dem Gegenstück des Gedankenlesers zu Kohlenmonoxid entspricht: farblos, geruchlos und praktisch nicht zu entdecken. Und dann ist sie ist auch noch extrem einfach.«

Schon seltsam, aber ich habe herausgefunden, dass Sie – wie

Andy – vielleicht noch eine »Runde« möchten. Deshalb habe ich eine zweite Voraussage gemacht, die Sie auf Seite 212 finden.

Nehmen wir an, Sie schieben mir diesmal in Schritt 1 die 50-, die 20- und die 10-Cent-Münze zu – und lassen die 5 Cent und den einen Cent liegen.

Das erleichtert mir sogar die Arbeit, weil es mir einen Schritt erspart!

Denn in Schritt 2 muss ich Sie jetzt nur noch bitten, die drei Münzen weg- und eine der liegen gelassenen Münzen aufzunehmen. Wählen Sie den Cent, bitte ich Sie, ihn zu den anderen drei aussortierten zu legen.

Damit bleibt nur noch die 5-Cent-Münze auf dem Tisch.

Wählen Sie dagegen die 5 Cent aus und lassen den einen liegen, bitte ich Sie einfach gleich, ihn mir zu geben.

Jetzt schauen Sie nach, ob ich mit meiner zweiten Voraussage richtig lag.

Das ist keine Zauberei, Leute. Das ist Psychologie!

## HERR IM EIGENEN HAUS?

In diesem Stadium fragen Sie sich womöglich, wohin uns das führen soll. Warum beginne ich ein Kapitel über den Mut, zu den eigenen Überzeugungen zu stehen, sein eigener Herr zu sein, mit einem Groschenzaubertrick, der im Grunde darauf beruht, dass er jeden Anschein von freiem Willen aus dem Entscheidungsprozess *herausnimmt*? (Was, wie Sie jetzt sicherlich wissen, genau sein Funktionsprinzip ist: Ich beschließe im Voraus, mit welcher Münze Sie aufhören sollen, und gehe dann rückwärts vor, wobei ich das Protokoll entsprechend anpasse.)*

---

* Hätte ich beispielsweise in Versuch 1, Schritt 2 20 Cent vorausgesagt, hätte ich Sie, falls Sie die 20 Cent genommen hätten, um sie »wegzule-

Die Antwort auf diese Frage mag Sie überraschen. Eines der Dinge, die wir alle teilen, ist, dass wir Entscheidungen treffen. Den ganzen Tag lang. Jeden Tag. Da führt kein Weg dran vorbei. Keine Zugeständnisse beim Entscheiden. Für keinen von uns.

Sie mögen *glauben*, dass Sie einen ganzen Tag herumbringen können, ohne eine Entscheidung zu treffen. Aber in Wahrheit haben Sie Tausende gefällt.

In jeder einzelnen Sekunde jedes einzelnen Tages steckt eine Entscheidung:

- Die Entscheidung, in dieser Haltung zu sitzen.
- Die Entscheidung, in jener Haltung zu sitzen.
- Die Entscheidung, sich am Beim zu kratzen.
- Die Entscheidung, sich an der Nase zu kratzen.
- Die Entscheidung, einzuziehen.
- Die Entscheidung, auszuziehen.
- Die Entscheidung, dieses Buch zu kaufen.
- Die Entscheidung, dieses Buch nicht weiterzulesen.

Es stimmt, viele dieser Entscheidungen vollziehen sich unbewusst. Vielleicht merken Sie überhaupt nicht, dass Sie sich irgendwie bemühen, sie zu treffen. Vielleicht spüren Sie gar nicht, dass Sie *beschließen* mussten, sie zu fällen. Aber Sie haben sie dennoch »gemacht«.

Derzeit kommen Wissenschaftler gerade einem sehr interessanten Umstand im Zusammenhang mit unseren Entscheidungsprozessen auf die Spur. Ein Umstand, der sie veranlasst – und uns ver-

---

gen«, gebeten, mir die Münze zu geben, und meine Vorhersage für richtig erklärt. Hätte ich in Versuch 1, Schritt 3 auf die 50 Cent getippt und Sie hätten sie mir zugeschoben, hätte ich das als Beleg dafür aufgefasst, dass Sie sie »ausgewählt« und nicht weggelegt haben.

anlassen sollte –, unsere Lebensweise einmal lange und gründlich unter die Lupe zu nehmen:

*Unser Unbewusstes spielt eine viel größere Rolle in unseren Entscheidungsprozessen, als wir vielleicht glauben.*

Nicht nur wenn es um ganz banale Entscheidungen geht, etwa ob wir die Beine übereinanderschlagen oder einen Schluck Tee trinken oder nicht. Sondern auch wenn es um schwerwiegendere Entscheidungen geht. Etwa ob wir eine Spende für wohltätige Zwecke leisten. Oder ob wir eine Handlung für moralisch richtig oder falsch halten. Selbst wenn es darum geht, wie besorgt oder zuversichtlich uns zumute ist.

»Außerdem«, sage ich zu Andy, als wir die Wasserleitung Wasserleitung sein lassen und lieber den Gemeinschaftsraum für die Lehrkräfte aufsuchen, »sind nur die simpelsten und subtilsten Anstöße nötig, und unsere Handlungsweise ändert sich – Berührungen, die wir in Jahrhunderten unbewussten Kontakts unwissentlich in die Sprache des Alltagslebens übernommen haben.«

So haben Studien beispielsweise ergeben, dass wir

- tatsächlich *»moralisch auf dem hohen Ross sitzen«* – dass wir eine Spendendose bereitwilliger füttern, wenn sie am oberen Ende einer Rolltreppe steht statt am unteren.
- tatsächlich *»unsere Hände in Unschuld waschen«* – dass wir mit sauberen Händen strengere moralische Urteile fällen als mit schmutzigen.
- uns tatsächlich von Angst *»niederdrücken«* lassen – dass wir uns in virtuellen Simulationen von Alltagssituationen viel weniger zuversichtlich fühlen, wenn unsere Höhe ohne unser Wissen um einen Kopf (etwa 25 cm) verkürzt wird.

»Weshalb wir vermutlich sagen, dass wir auf andere ›herabschauen‹«, bemerkt Andy.

Mit anderen Worten, während wir *glauben*, unsere eigenen Beschlüsse zu fällen, wirken in Wahrheit oft Einflüsse auf uns ein, die völlig außerhalb unseres Bewusstseins operieren. Bei einer einfachen Münzwahlaufgabe könnte uns sehr wohl das Zwangswahlprinzip zum Narren halten. Doch das ist nicht mal die halbe Wahrheit.

Haben wir die Münzen erst ausgewählt, könnte dieses Prinzip auch ein Wörtchen dabei mitreden, was wir mit ihnen anstellen.

## AUF LINIE

In den 1950er Jahren führte der amerikanische Sozialpsychologe Solomon Asch ein heute klassisches Experiment durch, das die Auswirkungen des mächtigsten Einflusses überhaupt auf unser Verhalten und unsere Entscheidungen belegte: *das Verhalten und die Entscheidungen anderer.*

Aschs Versuch war unglaublich – und beunruhigend – einfach. Er setzte eine Gruppe von neun Probanden vor eine Leinwand und projizierte darauf eine Reihe von Aufgaben wie die folgende.

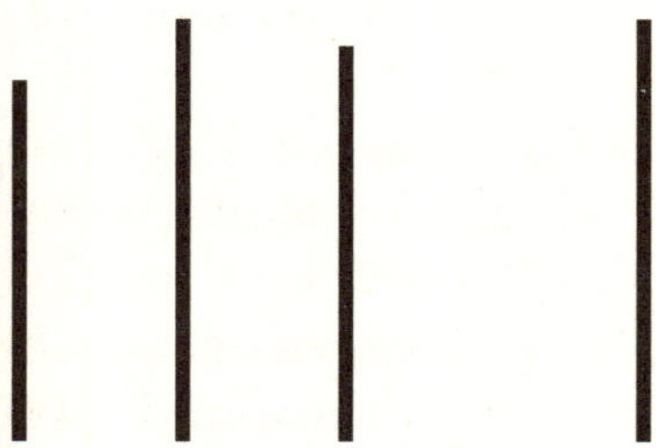


---

*Versuch 1: 1 Cent*

Die Teilnehmer sollten einfach nur ein Urteil abgeben, und zwar laut sagen, welche der drei senkrechten Linien der Teilzeichnung A dieselbe Länge hatte wie die mit B gekennzeichnete.

»Das ist doch Pippifax, oder?«, meint Andy. »Man sollte sich die Augen *und* das Gehirn untersuchen lassen, wenn man das falsch macht. Es sei denn natürlich, das ist wieder einer von deinen Tricks …?«

»Nein, kein Trick«, versichere ich. »Aber weißt du was? Wie sich zeigte, taten mehr als drei Viertel der Probanden zumindest einmal im Verlauf des Experiments genau das. Sie machten es falsch!«

»Warum?«

»Weil«, erkläre ich, »bei genauerem Hinsehen das Experiment nicht ganz so war, wie es schien. Acht der neun Teilnehmer waren in Wirklichkeit ›Eingeweihte‹. Asch hatte sie angewiesen, immer mal wieder eine zuvor festgelegte *falsche* Antwort zu geben. Entscheidend war, dass diese acht Lakaien zuerst antworteten, um den neunten Typen – die *echte* Versuchsperson – unter Anpassungsdruck zu setzen. Was bei 76 Prozent von denen auch funktionierte – und sie setzten sich obendrein noch über das hinweg, was sie mit eigenen Augen sahen, nur um nicht dumm dazustehen.«

Die Quintessenz ist erschreckend. Wir sind so aufs Dazugehören versessen, dass die meisten von uns bereit sind, ihre eigene Meinung wegzuwerfen und die Standpunkte anderer zu recyceln. Wir sind so erpicht darauf, uns nicht ins Abseits zu stellen, dass wir bereit sind, uns mit völlig Fremden gegen uns selbst zu verbünden.

»Und das selbst dann, wenn wir ›wissen‹, dass wir recht haben und sie unrecht«, fügt Andy an.

Die Anziehungskraft der Gruppe ist allem Anschein nach eine der mächtigsten Kräfte im Universum. Nur wenige von uns können sich gegen sie behaupten.

## SICHERHEIT IN ZAHLEN

Es ist nicht schwierig, sich die Macht der Gruppe vor Augen zu führen. Sie brauchen sich nur umzuschauen. Fußballspiele, Popkonzerte, politische Parteien, religiöse Gruppen, Facebook …

»Oxford«, wirft Andy ein, als wir uns einen Kaffee eingießen.

… die Gruppe ist überall.

»Aber warum?«, wundert er sich. »Worin liegt die Faszination?«

»Eigentlich ist die Antwort auf diese Frage wirklich ganz einfach«, erwidere ich. »Unser Gehirn glaubt immer noch, es befinde sich in den Savannen Ostafrikas wie vor zwei Millionen Jahren unserer Evolutionsgeschichte.

Das Gehirn, das wir damals besaßen, ähnelt in vielerlei Hinsicht sehr stark unserem heutigen, und die urtümliche neuronale Infrastruktur, die unser Leben damals beherrschte – das Leitungsnetz der Einfachheit, Existenz und Fortexistenz – schmeißt noch immer den Laden, auch wenn es unter den unendlich viel komplexeren Anforderungen der modernen Gesellschaft knirscht und ächzt.«

»Klingt nach der Wasserleitung in deinem Büro!«

»Jetzt überleg mal. In prähistorischen Zeiten, in der Wildnis der afrikanischen Savanne oder den Weiten der mongolischen Steppe, nahm es gewöhnlich ein böses Ende, wenn man aus der Gruppe ausgestoßen wurde. Bedrohung durch Raubtiere, klimatische Bedingungen und Unterernährung ließen sich in einer Gruppe besser durchstehen als alleine. Heute ist das nicht mehr der Fall. Wir haben die Sozialhilfe, den sozialen Wohnungsbau, das Gesundheitssystem … all das bewahrt uns vor einem gnadenlosen prähistorischen Ableben.«

»Es entspricht im Grunde dem altmodischen Stammessystem, nicht wahr?«, merkt Andy an. »Das Militär ist noch so ein Beispiel. Frag einen x-beliebigen Soldaten, und er wird dir dasselbe sagen. Das Regiment, zu dem er gehört, ist das beste in der ganzen Armee, und sein Bataillon das beste im Regiment. Es ist komisch, zugleich aber auch todernst. Einerseits fördert der Laden die Konkurrenz zwischen den Einheiten. Und das ist auch gut so. Aber andererseits, was noch wichtiger ist, verschafft er dir eine Menge eng verbundener Stämme, die nicht für Königin und Vaterland, sondern für *einander* kämpfen. Weißt du, es ist sogar wissenschaftlich erwiesen, dass Kampfverbände ein umso geringeres Risiko für posttraumatische Belastungsstörungen tragen, je fester sie zusammenhalten.«

»Völlig richtig«, kommentiere ich. »Und der Geist der vergangenen Ausgrenzung steckt immer noch in uns. Überall! Wir stimmen dem zu, was der Chef sagt, obwohl wir wissen, dass es Bockmist ist. Wir verbringen Weihnachten *wieder* bei den Schwiegereltern, obwohl es alle Jahre derselbe Scheiß ist.«

»Wir lassen uns denselben Haarschnitt verpassen wie Harry Styles, auch wenn wir damit bescheuert aussehen?«, hakt Andy nach.

Ich schlürfe meinen Kaffee.

»Jedenfalls«, fahre ich fort, »haben wir eine Heidenangst davor, irgendwie herauszuragen, ein ›Außenseiter‹ zu sein. Und dieses Gefühl sitzt unglaublich tief. Eine Studie beispielsweise wies nach, dass das Gehirn von Afroamerikanern Kränkung registrierte, wenn ihnen kein anderer als eine Ku-Klux-Klan-Gruppe die kalte Schulter zeigte. Einer anderen Untersuchung zufolge schmerzt Menschen die Ablehnung durch eine Gruppe selbst dann, wenn man sie dafür *bezahlt*. Jede Kultur hat ihre eigene Art und Weise des Boykotts: Zeugen Jehovas verstoßen, Katholiken exkommunizieren, Mennoniten meiden, Clubs, Verbindungen und soziale Gruppen schließen aus …

»Und in den Streitkräften ist es die unehrenhafte Entlassung«, weiß Andy. »Bleibt lebenslang an dir hängen.«

»Genau«, stimme ich ihm zu. »Und alles, um die Normen aufrechtzuerhalten. Die Dinge am Laufen zu halten. Einen moralischen Kodex durchzusetzen. Alles, um sicherzustellen, dass alle zusammenhalten. Denn es braucht nur einer aus der Reihe zu tanzen und anzufangen, sein eigenes Ding zu machen …«

»… und überall gehen die Rollläden runter«, ergänzt Andy. »Einer nach dem andern verlässt die Höhle.«

## WIE MAN SICH EINSCHMEICHELT

Wie raffiniert der Konformitätsdruck im Alltag wirken kann, lässt sich einer genialen Studie entnehmen, die das Unmögliche versuchte: Sie wollte Hotelgäste dazu bringen, die Handtücher mehr als einmal zu benutzen.

Die Studie war ganz einfach. Die Forscher legten in mehr als 200 Hotelzimmern fünf unterschiedliche Karten mit einer entsprechenden Bitte aus und addierten die Zahl der Gäste in den Zimmern, die ihr nachkamen.

Die Karten wurden nach dem Zufallsprinzip verteilt, jedes Zimmer erhielt einen von fünf Texten:

- Unterstützen Sie das Hotel beim Energiesparen.
- Machen Sie mit beim Umweltschutz.
- Seien Sie unser Partner beim Umweltschutz.
- Helfen Sie mit, die Ressourcen für künftige Generation zu schonen.
- Die meisten unserer Gäste machen mit beim Umweltschutz. (In einer im Herbst 2003 durchgeführten Studie beteiligten sich 75 Prozent der Gäste an unserem Programm, unsere Ressourcen zu schonen, indem sie ihre Handtücher mehrmals benutzten …)

Welcher Text erzielte Ihrer Meinung nach den größten Erfolg? Wenn Sie auf den letzten tippen, sind Sie nicht allein. 44 Prozent der Gäste, die diese Karte in ihrem Zimmer vorfanden, benutzten ihre Handtücher weiter.

Am wenigsten Wirkung zeigte die erste Karte – die den Nutzen für das Hotel betonte. Weniger als 16 Prozent der Gäste ließen sich davon überzeugen.

Und das ist noch nicht alles. Wurde die erfolgreiche Bitte *personalisiert* wie folgt:

- Die meisten unserer Gäste machen mit beim Umweltschutz. (In einer im Herbst 2003 durchgeführten Studie unterstützten 75 Prozent der Gäste, die in diesem Zimmer (z.B. Nr. 123) wohnten, unser Programm, die Ressourcen zu schonen, und benutzten ihre Handtücher mehrmals …)

… dann stieg der Anteil der Bereitwilligen noch weiter an. Auf fast die Hälfte.

»Ich glaube, wenn man zu irgendwas keinen klaren Standpunkt hat«, meint Andy, »schwimmt man immer mit dem Strom. Man folgt einfach der Herde.«

Was zutrifft. Und was prima ist, wenn die Herde das Richtige tut – etwa hilft, die Umwelt zu schützen. Aber nicht, wenn ihre Motive unklar oder verfehlt oder schädlich sind und keiner es merkt.

»Eines der komischsten Beispiele, die mir je über den Weg gelaufen sind«, erzähle ich Andy, »obwohl es damals überhaupt nicht komisch war, ist mir als Junge passiert.«

Als ich neun oder zehn war, nahm mich mein Vater eines Abends in ein indisches Restaurant mit. Während er bezahlt, wendet er sich zu mir um und sagt:

»Kev, wenn es etwas gibt, das du dir im Leben merken solltest, dann das: Einfluss ausüben hat nichts damit zu tun, dass man Leute dazu kriegt, etwas zu tun, was sie *nicht* wollen. Es geht darum, ihnen einen Grund zu geben, das zu tun, was sie *wollen*. Schau zu und lerne.«

Er nimmt einen Löffel und schlägt damit an sein Glas. Im Raum wird es still. Papa steht auf.

»Ich möchte nur allen danken, dass Sie gekommen sind«, verkündet er. »Ich weiß, dass einige von Ihnen gerade um die Ecke wohnen und einige von Ihnen von etwas weiter weg gekommen sind und dass das sehr anzuerkennen ist ... Ach ja, und es gibt nach dem hier einen kleinen Empfang im King's Arms gegenüber. Es wäre toll, Sie dort zu sehen!«

Dann beginnt er zu klatschen ... wie natürlich alle anderen auch. Sie können sich die Szene vorstellen. Ein Restaurant voller fremder Menschen, die wir noch nie zuvor gesehen haben und die *einander* noch nie gesehen haben und die heftig applaudieren, weil sie nicht wie der ungebetene Gast auf der Party wirken wollen!

Als wir auf die Straße treten, kann ich nicht mehr an mich halten.

»Papa«, frage ich, »wir gehen doch gar nicht in den Pub, oder?«

Er legt seinen Arm um mich.

»Natürlich nicht, Sohn«, lacht er und deutet zurück auf das Restaurant. »Aber weißt du was? Viele von denen da werden es tun – und mein alter Kumpel Malcolm hat ihn grade als Wirt übernommen. Er wird heute Abend wohl ganz schön Kohle machen!«

## VOM KONSENS ZUM NONSENS

Der kleine Kniff meines Vaters in dem indischen Restaurant vor all diesen Jahren könnte durchaus einen warmen Geldregen gebracht haben. Wer weiß, wie viele verblüffte Gäste über die Straße ins King's Arms marschierten, um ihr Glas auf einer nichtexistenten Feier zu erheben? Falls nur halb so viele Leute hinüberliefen wie applaudierten, dann dürfte Malcolm an diesem Abend nicht schlecht gefahren sein.

Doch es gibt andere, gleichermaßen instinktive, aber ungleich schädlichere Weisen, wie unser tiefverwurzelter Herdentrieb uns Geld kosten kann. An erster Stelle steht dabei das gefährliche Phänomen des Gruppendenkens *(groupthink)*. Gruppendenken findet statt, wenn es Gruppen – Komitees, Arbeitsgruppen, Expertenkommissionen, Familien, was auch immer – nicht gelingt, ihre eigenen Ideen kritisch zu bewerten, und zwar aus dem Bedürfnis heraus, möglichst wenig Konflikte aufzurühren.

Wir haben das alle schon erlebt. Das Verkaufsgespräch, von dem alle dachten, dass es auf die richtigen Knöpfe drückte ... das aber letztlich die falschen erwischte. Der Streich, den seinerzeit alle einhellig toll fanden, der aber katastrophal in die Hosen ging.

»Der Einmarsch im Irak 2003?«, schlägt Andy vor. »Es passierte bestimmt viel von dem, wovon du sprichst, nach dem 11. September.«

Vielleicht.

Das Ergebnis ist ein suboptimaler Entscheidungsprozess – manchmal in katastrophalem Maßstab –, und dahinter stecken die Mitglieder welcher Gruppe auch immer, die Zweifel und persönliche Bedenken zugunsten eines reibungslosen, raschen und einstimmigen Konsenses zurückstellen. Die Ursachen dafür sind gut belegt. Die Psychologen haben das Phänomen über Jahre hinweg gründlich untersucht und eine Reihe begünstigender Faktoren ausfindig gemacht, darunter die folgenden:

- eine dominante, charismatische Führungsperson,
- Bombardement mit positiven Hinweisen (insbesondere solchen, die schwer nachzuprüfen oder zu diskutieren sind),
- äußerer Druck, die »Sache zu erledigen«,
- das Entkräften oder aktive Abwürgen abweichender Sichtweisen und Standpunkte.

Keine Gruppe ist immun gegen das lähmende psychologische Nervengas des Gruppendenkens. In manchen Gruppen jedoch kann es sich als weitaus kostspieliger erweisen als in anderen. Investmentbanker, Wertpapieranalytiker, Unternehmenslenker, führende Köpfe der technischen Innovation sowie politische und religiöse Bündnisse haben ein wenig mehr zu verlieren als eine Schar Gäste in einem indischen Restaurant, wenn sie nicht unabhängig denken und stattdessen die vorherrschende Einstellung ihrer Gruppe schützen, bekräftigen oder übertreiben.

»Weißt du, warum Fondsmanager auch nicht besser sind als der Markt?«, fragt unser alter Freund Gordon Gekko in *Wall Street*. »Weil sie Schafe sind. Und Schafe werden geschlachtet ... Ich brauche Jungs, die arm, clever und hungrig sind – und ohne Nerven. Man gewinnt etwas, verliert etwas, aber man kämpft weiter. Und wenn du einen Freund brauchst, kauf dir einen Hund.«

Keine Gefahr, dass *er* sich von der Gruppe schlucken lässt!

Glücklicherweise jedoch – wenn auch vielleicht unglücklicherweise für Mr. Gekko – lässt sich Gruppendenken mit einem simplen Gegenmittel heilen: dem Auftreten einer einsamen Stimme des Widerspruchs in den Reihen. Der Gegenwart eines Advocatus Diaboli.

»Als beispielsweise Asch seine Studie wiederholte«, erzähle ich Andy, während er Robert Robinsons Nobelpreis für Chemie von 1947 vom Kaminsims nimmt, »brauchte nur einer seiner acht Mitverschwörer die eigenen Reihen zu verraten und mit der richtigen Antwort herauszuplatzen, und die Macht des Gruppenzwangs war dahin. Der echte Proband entschied sich jedes Mal richtig.«

Doch im richtigen Leben ist das leichter gesagt als getan. Sich aus dem Fenster zu lehnen, das Risiko einzugehen, dass der Chef oder der Vorsitzende oder der »anerkannte Experte auf diesem Gebiet« einen zusammenstaucht oder ausbuht oder runtermacht, erfordert beträchtliche innere Stärke – wie Ed Snowden und viele andere Whistleblower vor ihm schmerzlich erfahren mussten.

Außerdem könnten Sie sich ja wirklich irren. Und *die* recht haben. In dem Moment wissen Sie das schlichtweg nicht. Alles, was Ihnen Auf- und Antrieb gibt, ist der Mut, den Ihre Überzeugungen Ihnen einflößen.

»Weißt du, die Geheimdienste operieren im Kampf gegen den Terrorismus nach genau diesen Leitlinien«, bemerkt Andy, legt die Nobelpreismedaille wieder sorgsam in ihre Schatulle und stellt sie auf den Kaminsims zurück. »An der Basis ist das ein psychologischer Kampf, kein bewaffneter. Es ist ein Klacks, Leute zu radikalisieren. Sogar die IRA hatte keine Probleme, junge Kerle als Selbstmordattentäter anzuwerben. Doch sowohl politisch als auch taktisch war es dann ein so absolut ungeheuerliches No-go, dass sie sie schließlich doch nicht einsetzte.

Aber die Rekrutierung als solche war einfach. Sie trommelten bloß eine Gruppe Gleichgesinnter in einem Raum zusammen, zeigten ihnen ein bisschen Propagandamaterial, erzählten ihnen was über die Sache, und mit der Zeit verhärteten sich ihre Standpunkte, und sie wurden extremer.

Man kann das überall mit x-beliebigen Leuten machen. Nicht nur mit islamistischen Hardlinern. Klar, ein paar von den Angeworbenen werden nebenrunterfallen, weil sie lieber doch weiterleben wollen. Andere aber nicht, und hast du nicht gesehen, drücken sie sich beim Outdoor-Ausstatter bei den Rucksäcken rum. Allerdings ist es auch einfach, Sand ins Getriebe zu streuen – der Trick liegt nur darin, zu wissen, wo und wann man ihn streut. Wenn man richtigliegt, muss man nur jemanden in die Gruppe, Organisation oder was immer einschleusen, der die Sache oder Propaganda in Frage stellt, und das war's. Das Ganze fällt zusammen wie ein Kartenhaus.«

Man kann in einer Gruppe untergehen. Bis sie ein Leck bekommt.

Andy und ich gehen im Cloister Quadrangle umher, dem alten, innersten Bezirk des Magdalen College. Es ist ein wunderschöner Frühlingsmorgen, und die Sonne lugt über die obere Dachschräge des Glockenturms – dem Hillary Step des Oxbridge-Himalaya. Wir bleiben stehen, und Andy studiert die Wall of Remembrance, auf der die Namen der Magdalen-Absolventen verzeichnet sind, die in den beiden Weltkriegen ums Leben kamen. Einen Augenblick lang wirkt er gedankenverloren.

»Es ist komisch«, sage ich, während seine Augen Spalte um Spalte mustern. »Niemand weiß mit Gewissheit, wo die evolutionären Ursprünge der psychopathischen Persönlichkeit liegen. Oder wie sie die Zeit überdauert hat. Aber an Theorien mangelt es nicht – und ich würde darauf wetten, dass die Fähigkeit, sich unbeliebt zu machen, seinen Hals zu riskieren und, ohne mit der Wimper zu zucken, dem, was andere denken, den Stinkefinger zu zeigen, bestimmt etwas damit zu tun hat.

»Wie das?«, fragt Andy, zurückgekehrt ins Land der Lebenden.

»Na ja«, erwidere ich, »zur Zeit unserer Vorfahren, als sich praktisch jede gemeinsame Entscheidung unmittelbar auf das Überleben auswirkte, konnte Gruppendenken ganze Familien, Sippen und sogar ganze Gemeinschaften völlig von der Erdoberfläche tilgen. Verfügte man über die Mittel, es zu durchbrechen, war das buchstäblich lebensrettend.«

Während wir unseren Weg um den Innenhof fortsetzen, setze ich Andy das genauer auseinander.

»Die vielleicht naheliegendste Theorie zu den Ursprüngen der Psychopathie«, doziere ich, »bezeichne ich als Theorie der *allgemeinen Nachfrage*. Forschungen zufolge haben Personen, die bei psychopathischen Persönlichkeitszügen wie Selbstvertrauen, Charisma, Skrupellosigkeit, Furchtlosigkeit, mentaler Härte und Risikobereitschaft hohe Werte erzielen – mit »James-Bond«-Profil sozusagen –, mehr Sexualpartner als solche mit geringeren einschlägigen Punktwerten.«

»Rein nach dem Gesetz der großen Zahlen«, wirft Andy ein, »kommen psychopathische Gene dann ziemlich weit rum!«

»Das stimmt«, bestätige ich. »Andere Theorien jedoch stützen sich witzigerweise auf die fragwürdigeren Aspekte der Psychopathie. Es ist beispielsweise gerade eine Studie erschienen, die für einen faszinierenden Zusammenhang zwischen Kreativität und Betrug spricht – beides, wenn man so will, Beispiele für regelbrechendes Verhalten, das eine bewundernswert und nützlich für das Team oder die Gruppe, das andere nicht so bewundernswert und schlichtweg gruppenschädlich. Jedenfalls rücken die Studienergebnisse die Vor- und Nachteile unkonventionellen Denkens in ein neues, interessantes Licht. Den Forschern zufolge zeigten die Probanden, die bei einer Problemlöseaufgabe mogelten, nicht nur bessere Leistungen bei einer Anschlussaufgabe, die kreatives Denken verlangte, sondern gaben auch an, sich allgemein weniger an Regeln und Vorschriften gebunden zu fühlen.«

»Schon komisch«, meint Andy. »Schon als Kind habe ich nie geglaubt, dass Regeln für mich gelten würden. Ich beschloss, mich nicht darum zu scheren, aber die anderen *glauben* zu lassen, ich täte es. Was mich betraf, so galten sie für andere Kids, die eine längere Leitung hatten! Aber erzähl weiter. Was kommt unter dem Strich raus? Was sagt dieses Experiment über *mich*?«

»Sagen wir mal so«, beginne ich. »Was es uns zeigt, ist, dass Regelbrecher Regeln brechen. Menschen, die sich über soziale Regeln hinwegsetzen, missachten wahrscheinlich auch Regeln in anderen Bereichen – wie Denken und Problemlösen. Ihnen fallen häufiger kreative Lösungen für Probleme ein, sie sind häufiger Erneuerer, Erfinder, originelle Denker. Zur Zeit unserer Vorfahren waren solche Menschen unschätzbar wertvoll. Wie heute auch. Dass man ihnen vielleicht nicht trauen konnte, war möglicherweise ein Preis, den zu zahlen sich lohnte.«

»Damit ich das richtig verstehe«, sagt Andy, als wir am Eingang zum Addison's Walk stehen bleiben. »Behauptet ihr Forschertypen jetzt, dass Betrügen gut für uns ist?«

»Wenn wir Glück haben«, wechsle ich brüsk das Thema, »bekommen wir hier vielleicht ein paar Hirsche zu Gesicht.«

## LIEBE UND HASS

Die Ergebnisse dieser neuesten Studie liegen auf einer Linie mit meiner persönlichen Vermutung, was die Ursprünge der Psychopathie angeht: dass »es« sich überhaupt nicht entwickelte, sondern dass vielmehr die individuellen Persönlichkeitszüge, die das Psychopathie-Mischpult ausmachen, sich im Lauf der Zeit selbst mit evolutionären Steroiden stärkten und immer nützlicher wurden. Diese Merkmale kamen schließlich eines dunklen Darwin'schen Tages aus purem Zufall in demselben Urmenschen zusammen. Er und seinesgleichen schafften es in den darauffolgenden flüchtigen, grundlegenden, gnadenlosen Jahren, ihren Kopf für eine ausreichend lange – und produktive – Zeitspanne über den Wasserfluten der natürlichen Auslese zu halten, um den genetischen Ball durch alle künftigen Generationen hindurch ins Rollen zu bringen.

»Also gut, das könnte die Sache ein bisschen zu sehr vereinfachen!«, gestehe ich Andy.

Doch mein Hauptargument führt direkt zurück zu unserer Mischpult-Analogie. Zu Kierkegaards Begriff vom »Taumel der Freiheit«. Zu Sartres Traum von unbegrenzten Entfaltungsmöglichkeiten. Und zu Nietzsches flammendem Appell zur Infragestellung des Status quo. Er führt direkt zurück zu dem grundlegenden Unterschied zwischen dem guten und dem bösen Psychopathen.

Seit der grauen Vorzeit unserer Urahnen besteht in jeder Gesellschaft Bedarf an risikobereiten Individuen. Jede Gesellschaft braucht die Skrupellosen. Die Charmanten, die Charismatischen und die Bauernfänger. Und jede Gesellschaft braucht die emotional Robusten.

Das sind die Menschen:

- die *nicht* auf Sympathie angewiesen sind,
- die *nicht* auf ein Dazugehörigkeitsgefühl angewiesen sind,
- die *kein* Bedürfnis nach Bestätigung oder Bekräftigung haben,
- die sich *nicht* scheuen, herrschende Normen in Frage zu stellen.

Denken Sie daran, der Schlüssel zum Erfolg liegt darin, diese Persönlichkeitszüge – wie Andy – sowohl mit Diskretion als auch mit Zurückhaltung zum Tragen zu bringen, und zwar:

- im richtigen *Maß*,
- in der richtigen *Kombination*,
- im richtigen *Kontext*.

Und der Mut, zu Ihren gegen den Strich gebürsteten Überzeugungen zu stehen, Ihr eigener Herr zu sein und Ihr eigenes Ding durchzuziehen, egal was andere von Ihnen halten mögen, bildet da keine Ausnahme.

»Weißt du«, sage ich zu Andy, als wir Addison's Walk in Angriff nehmen, »immer wenn ich jemanden frage: ›Wenn Sie sich für eine halbe Stunde völlig ungestraft in einen Psychopathen verwandeln könnten, was würden Sie dann tun?‹, lässt er sich meistens einem von zwei Lagern zuordnen. Entweder er rattert eine Liste schadenfroher Racheakte an all den Dreckskerlen runter, die ihm über die Jahre auf die Nerven gegangen sind. Oder er antwortet, er würde der Person, der er nie gesagt hat, dass er sie liebt, sagen, dass er sie liebt. Oder so etwas in der Art.

Die entscheidenden Worte dabei sind ›völlig ungestraft‹. Sobald die 30 Minuten um sind, ist alles wieder so, als ob nichts passiert wäre. Keine Reue. Keine Peinlichkeit. Nichts.«

»Was natürlich den Hauptunterschied zwischen uns Psychopathen und euch Übrigen ausmacht«, trifft Andy den Nagel auf den Kopf. »Wir scheren uns verdammt nochmal gar nicht darum, was andere von uns denken.«

Wir gehen am Lieblingsplatz von Oscar Wilde vorüber.

»Ganz deiner Meinung«, fahre ich fort. »Und genau darin liegt meines Erachtens der Reiz des Psychopathen für die meisten Leute. Ich glaube, dass wir uns in einer Welt, in der unser Verhalten immer genauer beobachtet wird – wusstest du, dass in Großbritannien auf je 20 Einwohner eine Überwachungskamera kommt und dass Facebook jetzt fast eine Milliarde User hat? –, mehr denn je danach sehnen, frei von den Fesseln gesellschaftlicher Hemmungen, von der Last unserer eigenen Gehemmtheit zu sein, obwohl wir tief in uns wissen, dass wir wahrscheinlich mit den moralischen und emotionalen Folgen gar nicht fertigwürden, wenn wir es wären. Aber ihr Typen – ihr Psychopathen – könnt es! Und ich glaube, dass wir euch in dieser Hinsicht um eure existentielle Freiheit beneiden. Ihr facht die Flammen unserer fiebrigen libertinistischen Phantasien an.«

»Wir fachen was an?«, fragt Andy.

»Vergiss es«, erwidere ich. »Ich glaube, wenn Freud noch leben würde, würde er uns ›Psychopathenneid‹ bescheinigen!«

## GEH VORAN, HINTERHER ODER AUS DEM WEG

Andy und ich sind denselben Weg zurückgegangen und sitzen auf Oscars Platz. Die Wiese vor uns steht in voller Blüte – ein Zauberteppich aus weißem und gelbem Schleier, der sich seit Wildes Zeit kaum geändert haben dürfte. Wer weiß, welche Oden, welche geheimen goldenen Verse dieser zeitlose kleine Ausblick inspiriert haben mag? Jetzt ist Andy dran:

> Weißt du, ich habe dieses Zögern, in den Ring zu steigen, nie verstanden. Dieses Widerstreben, das Leben an der Gurgel zu packen. Schon als Junge hatte ich nie Probleme mit Entscheidungen. Als ich ungefähr 13 war und mich für Mädchen zu interessieren begann, wurde mir bewusst, dass ich Akne und einen Taillenumfang von 90 Zentimetern hatte. Da musste was passieren.
>
> Weil ich keine Ahnung von gesunder Ernährung hatte (mein Frühstück bestand üblicherweise aus einer Dose Pepsi und einem Mars-Riegel), ging ich zu meinem Hausarzt und fragte ihn. Er gab mir ein Blatt Papier, auf dem stand, ich solle Äpfel und Tomaten und solche Sachen essen. Also tat ich das.
>
> In den Sommerferien verlor ich fast sechseinhalb Kilo und meide Zucker selbst heute noch. Ich traf die Entscheidung, und das war's. Sache erledigt.
>
> Dann waren da die ganzen Gang-Geschichten. Wie die meisten Jungs in unserer Siedlung trieb ich mich mit der einen oder anderen Bande herum. Aber ich war nie der Anführer. Bloß nicht! Ich

wollte nie ein Anführer sein, denn Gangchefs wurden immer in die Mangel genommen – oder noch schlimmer, zu Hackfleisch gemacht –, wenn sie Mist bauten.

Was also brachte das? Einen Scheißdreck! Da hielt ich mich lieber im Hintergrund und sah und hörte zu und beschloss dann für mich, was ich tun wollte, statt mir von irgendeinem strunzdummen Kotzbrocken was sagen zu lassen.

Ich tat nie etwas, was ich nicht wollte. Niemand konnte mich dazu bringen, und wenn sie's versuchten, wünschten sie sich gewöhnlich, sie hätten's gelassen. Ich habe zum Beispiel nie geraucht. Die Bande fing an, als wir neun oder zehn waren. Aber für mich war das nichts, also tat ich es einfach nicht.

Die anderen Jungs stanken nach Tabak, es kostete mehr Geld, als jeder von uns hatte, und in den Treppenhausschächten aufgelesene Stummel zu rauchen brachte es für mich einfach nicht. Wenn das bedeutete, dass ich nicht dazugehörte, dann war es eben so.

Allerdings war es mit diesem Hintergrunddasein vorbei, als ich 16 war und zum Militär ging. Man steckte mich ins Infantry Junior Leaders Battalion und erklärte mir gleich am ersten Tag, dass ich nicht nur lernen würde, als einfacher Infanterist Befehlen zu *gehorchen*, sondern auch, welche zu *erteilen*.

So musste ich wohl oder übel doch noch Bandenchef werden – und all das tun, was damit zusammenhing. Ich würde Entscheidungen fällen müssen, die sich nicht nur auf *mein* Leben, sondern auch auf das von anderen auswirkten. Aber in einem viel tiefgreifenderen Sinn, als ich es je in Peckham getan hätte.

Andererseits, manches ändert sich nie – und genau wie die Jungs in der Gang daheim erfuhr ich bald, dass jeder Junior Leader immer einen besseren Plan als deinen eigenen hatte. Und ob das so war oder nicht – und um ehrlich zu sein, manche hatten einen besseren! –, sie führten sich immer auf wie Louis de Funès und rieben es dir unter die Nase, wenn deiner schiefging.

Ulkigerweise aber zeigten diese Leute in der Planungsphase eines Projekts, wenn Meinungen und Entscheidungen gefragt waren, niemals Flagge. Nein … sie rissen erst hinterher das Maul auf!

»Wie du gesagt hast«, fährt Andy fort, »ist bei den Menschen Versagensangst, dieses automatische Selbstschutzmodul, offenbar eingebaut. Wenn es ans Suchen eines Sündenbocks geht, wollen nicht *sie* ausgedeutet werden.«

»Wie gehst denn *du* an Entscheidungen heran?«, will ich wissen. »Welcher Denkprozess läuft da in *deinem* Kopf ab?«

Andy lehnt sich zurück und starrt hinauf zum komatösen blauen Himmel. Der ist völlig wolkenlos. Er sagt:

Meiner Ansicht nach gibt es zwei Arten, eine Entscheidung zu treffen. Die erste passiert dann, wenn alles ruhig ist und man Zeit hat, mehr über die Situation, in der man entscheidet, in Erfahrung zu bringen. Dann fragt man alle, die von der Entscheidung betroffen sind, nach ihren Meinungen und Ideen. Jeder sollte dazu ermutigt werden, seinen Standpunkt darzulegen. Und jeder sollte dazu ermutigt werden, sich die anderen anzuhören.

Im SAS ist das ein bewährtes System, weil man als Teil eines Vier-Mann-Teams arbeitet und jeder, der an der Durchführung des Plans beteiligt ist, über seine eigenen individuellen Fähigkeiten verfügt und seinen eigenen individuellen Beitrag leistet – also werden alle in das Verfahren einbezogen. Das System ist nützlich, weil letztlich alle am Leben bleiben wollen!

Doch draußen in der realen Welt, wo es nicht immer ums Überleben geht, läuft es, wie ich gemerkt habe, ein bisschen anders. Wie damals im Junior Leaders Battalion hat jeder Erfolg plötzlich viele Väter. Wenn sich der Plan jedoch als große Scheiße erweist und alles in die Hosen geht, schwenken dieselben Leute um und erklären dir: »Ich hab's ja gleich gesagt!«

Soll mir recht sein! Von ihrem Standpunkt aus – vom Standpunkt

des Feiglings aus – ist es eine Win-win-Situation, nicht wahr? Aber *ich* arbeite nicht so. Habe ich nie und werde es nie.
Ich riskiere gerne meinen Hals. Ich höre allen zu, treffe dann meine Entscheidung und bleibe dabei. Ich meine, wenn alles gesagt und getan ist – und wie mal einer gesagt hat, wird viel mehr gesagt als getan! –, ist das Erstellen eines Plan doch kein Hexenwerk mehr, oder? Du kannst doch gar nicht mehr tun, als aufgrund deiner Erfahrung, deiner Ausbildung und deines Wissens die bestmögliche Entscheidung zu fällen.
Alle anderen laufen dann entweder hinter mir her und gehen es an. Oder sie treten beiseite und machen den Weg frei für diejenigen, die vorankommen wollen.
Der zweite Entscheidungsprozess startet, wenn du *auf der Stelle* eine Entscheidung fällen musst. Wenn also die Kacke am Dampfen ist und alle nach einer Sofortlösung für ein Problem suchen.
Früher musste ich binnen Sekunden Entscheidungen auf Leben und Tod fällen – wie bei dem Ziegenhirten im Irak. Manchmal konnte ich auf meine Erfahrung, meine Ausbildung oder mein Wissen zurückgreifen. Und das ist toll. Aber manchmal auch nicht – und das ist auch toll! Wenn etwas getan werden muss, dann muss es getan werden, ganz gleich was du weißt oder nicht weißt. Jede Verzögerung macht die Sache nur schlimmer. Du musst es einfach anpacken und erledigen.
Geh voran, hinterher oder aus dem Weg!«

»So einfach?«, hake ich nach.

Andy schaut mich verständnislos an. »Ja, so einfach«, entgegnet er. »Jeder Plan oder jede Entscheidung, die ich mache, wird auf der Stelle zu meiner Mission. Und nichts anderes zählt mehr außer dieser Mission. Nichts lenkt mich davon ab, weil ich hundertprozentig überzeugt bin, dass die Mission funktionieren wird. Sie beherrscht alles, was in meinem Kopf vorgeht.«

»Aber woher kommt dieses Selbstvertrauen?«, frage ich. »Hast du es schon immer gehabt, oder hast du es dir über die Jahre angeeignet?«

Andy steht auf. »Ich habe es schon immer gehabt«, sagt er. »Ich habe es schon, seit ich denken kann. Schon als Kind wusste ich, dass ich davonkommen würde. Gut, ich würde vielleicht ein bisschen in die Scheiße treten, ich würde vielleicht nur zu 80 Prozent davonkommen. Aber das spielte keine Rolle. Ich wusste einfach, dass ich am Ende davonkommen würde.

Ein Beispiel. Bei der BTZ-Operation wurde, wie du weißt, mein Acht-Mann-Stoßtrupp in der Wüste entdeckt. Als die Iraker in ihren gepanzerten Fahrzeugen gegen uns vorrückten, hatten wir nur unsere Sturmgewehre und eine Einweg-Panzerfaust pro Mann. Wir konnten das Kettenrasseln der Panzerfahrzeuge schon hören, sie würden gleich über die Kante der Anhöhe links von uns kommen. Wir konnten nirgendwohin rennen, uns nirgendwo verstecken – das hatten wir schon überprüft! –, und wir waren mitten in der verdammten Wüste. Wenn wir losrannten, was machte das schon für einen Unterschied? Wir würden bloß außer Atem sterben.

Mir war jetzt kristallklar, dass es, sobald die Panzerfahrzeuge über die Kuppe kamen, mit uns vorbei sein würde. Also war alles, was wir unternahmen, ein Gewinn. Ich musste sofort eine Entscheidung treffen: Was sollte es sein? Sich ergeben? Weglaufen? Kämpfen? Kämpfen! Es musste sein! Ich beschloss, den Irakern ins Auge zu blicken und anzugreifen!«

»Und ist das heute genauso?«, frage ich. »Im Zivilleben? Bist du im Alltag genauso entschlossen wie damals auf dem Schlachtfeld?«

»Aber sicher!«, erwidert Andy. »Als ich aus dem SAS aus- und in die reale Welt eintrat, stellte ich fest, dass im Geschäftsleben exakt dieselben Denkprozesse funktionieren. Ich gebe dir noch ein Beispiel.«

Als die Handys sich zu Smartphones mit all dem abgefahrenen Schnickschnack entwickelten, waren ein Freund und ich überzeugt, dass der Markt für digitale Bücher explodieren würde. Also dachten wir uns einen Plan aus, Bücher für Smartphones aufzubereiten – du weißt schon, die Software und all das anzubieten – und dann alle Verlage und Telefongesellschaften dazu zu bringen, mit uns Verträge abzuschließen. Das wurde meine Mission. Und wenn ein Verlag oder ein Telefonanbieter uns zunächst einmal zurückwies, na und? Ich machte stur weiter mit der Mission, denn ich war mir sicher, dass beide Seiten es schließlich »kapieren« und sich unserer Sicht der Dinge anschließen würden.

Wie sich herausstellte, taten sie es! Ebenso die Supermarktkette Tesco, übrigens einer der größten Buchhändler Großbritanniens. Sie kauften schließlich unsere Firma für mehrere Millionen Pfund und integrierten sie in ihr digitales Empire. Natürlich reden wir hier übers »Gewerbe«. Darüber, sich einzusetzen, um zu leben. Oder, in meinem Fall, *weiter*zuleben!

Aber es ist auch wichtig, *sich für sich selbst einzusetzen*. Ich meine, im Alltagsleben. Wenn du dich immerzu schikanieren lässt, wenn du immerzu machst, was andere wollen, und nicht, was *du* willst, dann wirst du nie erfahren, wer du wirklich bist – und auch niemand sonst. Du bist x-beliebig und niemand. Deine ganze Persönlichkeit ist ein Flickenteppich aus den Persönlichkeiten aller anderen – zusammengehalten von dem Bedürfnis, gemocht zu werden oder dazuzugehören oder *jemand zu sein*.

Doch die Ironie ist: Du wirst nie *jemand* sein, wenn du so lebst. Du bist nur ein Deckname. Du bist nur eine temporäre Datei, die immer wieder auftaucht und verschwindet, in der aber nichts steht.

Andy hat natürlich recht. Und seine Bemerkungen, da bin ich sicher, werden nicht allzu viele von Ihnen da draußen überraschen. Was jedoch sehr wohl überraschen dürfte, ist der Umstand, dass Sie mit ein bisschen mehr Bärbeißigkeit ein bisschen mehr für sich herausschlagen könnten.

Eine neuere Studie mit dem Titel *Werden nette Kerle – und Mädels – wirklich Letzte?* beantwortet diese Frage mit einem dröhnenden, wenn auch ziemlich misstönenden *Ja*!

Angestellte mit unterdurchschnittlichen Werten bei dem Persönlichkeitsmerkmal »Verträglichkeit« verdienen etwa 18 Prozent mehr pro Jahr als solche, die als Sonnenscheinchen am anderen Ende der Skala herumschweben. Frauen, die härter drauf sind, ergeht es zwar etwas schlechter, aber sie rangieren immer noch weiter oben: mit einem fünf Prozent höheren Gehalt.

Einer der Gründe für dieses Gefälle ist, wie Forscher mutmaßen, überraschend einfach. Frauen, die knallhart Position beziehen, sichern sich am Verhandlungstisch häufiger höhere Gehälter. Entweder gleich zu Beginn bei der Einstellung oder später, wenn es um eine Gehaltserhöhung geht.

Doch es gibt weitere, weniger naheliegende Gründe. Taffe Frauen:

- werden stärker respektiert (wenn auch nicht unbedingt gemocht),
- sagen Ihnen ihre Meinung gradeheraus (auch wenn es weh tut),
- treiben sowohl sich selbst als auch ihre Mitarbeiter stärker an.

Kurzum, bei einer taffen Frau weiß man eher, woran man ist. Und das ist in der modernen Geschäftswelt viel wertvoller, als einfach bloß beliebt zu sein.

## MANN UND MAUS

»Apropos Beliebtheit, ich habe da mal eine Story über einen der erfolgreichsten Hedgefonds-Manager der Welt gehört«, erzähle ich Andy, als wir Addison's Walk hinter uns lassen und zum New Building zurückkehren.

Mitten in der Nacht, etwa um drei Uhr, klingelt er seine Sekretärin aus dem Bett.
»Was ist los?«, murmelt sie, noch halb im Schlaf.
»Ich brauche eine Maus«, erwidert er lässig. »Könnten Sie schnell mal eine für mich besorgen?«
Die Frau ist völlig baff.
»Ich möchte ja nicht unhöflich sein«, stammelt sie, »aber wissen Sie eigentlich, wie spät es ist? Ich meine, brauchen Sie wirklich *jetzt* eine? Können Sie nicht warten, bis die Computerleute zur Arbeit kommen?«
Es entsteht ein Moment des Schweigens. Dann ein Moment des Entsetzens, als die schreckliche Erkenntnis dämmert.
»Ich fürchte, Sie verstehen mich nicht«, sagt ihr Boss. »Ich rede nicht von meinem Computer. Mein Computer arbeitet prima. Nein, wenn ich Maus sage, meine ich eine Maus. Sie wissen schon, für meine Katze. Sie langweilt sich.«

Zurück in meinem Zimmer öffnet Andy den Garderobenschrank. Seit ich ihm erzählt habe, dass dies die Bude des Schriftstellers und Literaturwissenschaftlers C. S. Lewis war, als er in den 1920er Jahren hier wohnte, ist er ganz scharf darauf. Doch welche Enttäuschung. Keine erwähnenswerten Löwen oder Hexen. Bloß ein West-Ham-United-Schal. Er nimmt ihn raus. Wirft ihn dann wieder rein.

»Weißt du, deine Geschichte von dem Mann und der Maus überrascht mich kein bisschen«, knurrt er und schließt die Tür zum Zauberreich von Narnia für immer. »Typen wie ihn gibt's in der City viel häufiger, als du vielleicht glaubst. Und weißt du was? Wir hören genau deswegen nicht mehr von ihnen, weil sie *erfolgreich* sind. In dem Augenblick, in dem es den

Bach runtergeht, fallen dann die ganzen Leichen aus den Schränken.«

Ich finde, Andys Argument hat was für sich, und erzähle ihm von einer einschlägigen Übung. Ich veranstaltete sie, um zu demonstrieren, wie bereitwillig wir Skrupellosigkeit verzeihen, wenn sie zu Erfolg führt.

Die Grundidee war recht einfach. Ich händigte einer Gruppe Psychologiestudenten im ersten Jahr die folgende fiktive Beschreibung eines Vorstandsvorsitzenden aus und bat sie, dessen Führungsqualitäten auf einer Skala von 1 bis 10 zu beurteilen:

> Paul Jones ist 38 Jahre alt und Chef einer großen Investmentbank in der City. Er ist ein einzelgängerischer Nonkonformist mit aufbrausendem Temperament und neigt dazu, an Grenzen zu gehen und gelegentlich am Rande des ethisch Vertretbaren zu operieren. Er geht hemmungslos Risiken ein und bleibt unter Druck eiskalt, ist jedoch bekannt dafür, dass er ältere Mitarbeiter bis aufs Blut triezt und sie umgehend feuert, wenn ihre Leistungen nicht mehr seinen eigenen gnadenlosen Maßstäben entsprechen. Letztes Jahr machte die Bank unter seiner Leitung einen Rekordgewinn vor Steuern von acht Milliarden Pfund.

Auf der Grundlage dieser Beschreibung schlug Pauls Durchschnittsbeurteilung mit löblichen 8,3 von 10 Punkten zu Buche. Das ist ein Punkt für jede Milliarde!

Als ich jedoch das Profil einer anderen Studentengruppe vorlegte, stürzte sein Aktienkurs auf winzige 0,6, und das lediglich durch die Veränderung nur eines einzigen bedeutsamen Details:

> Paul Jones ist 38 Jahre alt und Chef einer großen Investmentbank in der City. Er ist ein einzelgängerischer Nonkonformist mit aufbrausendem Temperament und neigt dazu, an Grenzen zu gehen und gelegentlich am Rande des ethisch Vertretbaren zu operieren.

Er geht hemmungslos Risiken ein und bleibt unter Druck eiskalt, ist jedoch bekannt dafür, dass er ältere Mitarbeiter bis aufs Blut triezt und sie umgehend feuert, wenn ihre Leistungen nicht mehr seinen eigenen gnadenlosen Maßstäben entsprechen. Letztes Jahr machte die Bank unter seiner Leitung *einen Rekordverlust vor Steuern von acht Milliarden Pfund.*

»Willst du skrupellos sein, dann sorg dafür, dass es sich auszahlt!«, fasse ich für Andy zusammen.

Er lächelt. »Das ist eine mögliche Sichtweise, schätze ich«, sagt er. »Eine andere könnte aber sein: Wenn du zählen willst, dann sorg dafür, dass du skrupellos bist!«

Ich schnappe mir meine Jacke, und wir gehen durch den Kreuzgang zurück zum Speisesaal. Mittagessen, dann Stechkahn fahren, dann am Fluss was Kühles trinken – das macht den Rest der Tagesordnung aus.

»Darf ich auch mal?«, fragt Andy.

»Am Fluss was trinken?«, frage ich zurück. »Weiß nicht. Das hier sind alles nette Leute.«

»Ich rede nicht von deinen Schnöseln«, knurrt er. »Ich meine Stechkahn fahren!«

Ich lächle. »Ach, *Kahn fahren!* Ja natürlich«, sage ich. »Warum denn nicht? Du wirst sogar viel mehr als nur einmal drankommen. Der gute alte Rücken wird dir zu schaffen machen. Du wirst den ganzen Tag daran denken.«

## SCHNEE VON GESTERN

Als Andy und ich an diesem Kapitel arbeiteten, nahm Carla, eine Freundin von mir, besonderen Anteil daran. Carla ist Sekretärin in einer Londoner Spitzenkanzlei und wirkt – oder sollte ich sagen, wirkte – zumindest nach dem ersten Eindruck wie die personifizierte Arbeitszufriedenheit. Sie war kontaktfreudig, intelligent, humorvoll – all das, was man in Kontaktanzeigen schreibt –, doch kratzte man an der Oberfläche, war das Bild nicht mehr ganz so rosig. Hinter der Maske von kecker Kultiviertheit war Carla erschöpft, niedergeschlagen und gehetzt – und alles nur wegen einer simplen Schwachstelle ihrer Persönlichkeit: Sie konnte nicht Nein sagen. Zu niemanden.

Dieser eine Charakterfehler richtete Carlas Leben zugrunde. Er hatte sie bereits eine Beziehung gekostet (wenn sie vom Büro nach Hause kam, schaltete sie den Computer ein und arbeitete weiter), zumindest eine gute Freundin (sie hatte zwei Monate im Voraus Tickets für einen Auftritt von Bruce Springsteen ergattert und blieb dann im Büro, um die Buchprüfung in der Kanzlei vorzubereiten) und ironischerweise auch eine makellose Personalakte (es begannen sich Fehler einzuschleichen, und sie hatte eine Abmahnung erhalten).

Sie suchte verzweifelt nach etwas – irgendetwas –, um die Flut von Jas einzudämmen.

Konnte es ihr möglicherweise helfen, sich mit ihrem inneren guten Psychopathen anzufreunden?

Andy und ich unterhielten uns lange mit Carla und brüteten schließlich ein Dreimonatsprogramm auf der Grundlage der oben erläuterten Prinzipien aus. Als die drei Monate um waren, unterhielten wir uns erneut mit Carla. Doch diesmal viel kürzer. In dieser kurzen Zeitspanne eines positiv-psychopathischen Trainings war es ihr gelungen, ihr Leben wieder völlig ins Lot zu rücken.

Sie tanzte jetzt nach ihrer eigenen Melodie. Nicht mehr nach der Pfeife aller anderen. Sie hatte eine neue Stelle, einen neuen Freund und ein neues Leben. Doch diesmal eines, über das sie selbst bestimmte. Sie war immer noch dieselbe »alte« Carla: warmherzig, freundlich und kontaktfreudig. Doch das war keine Fassade mehr. Es kam wirklich aus ihrem Inneren.

Ihre innere Psychopathin *genoss* das Neinsagen sogar. Jedes

Mal fühlte es sich an wie ein Schulterklopfen. Carla, der Fußabtreter, war plötzlich Schnee von gestern.

»Es funktioniert auf jeden Fall!«, erklärte sie uns bei unserem zweiten Gespräch. »Es hat wirklich alles verändert. Und wenn es bei mir geklappt hat, dann wird es ganz bestimmt auch bei anderen funktionieren.«

Klingt wie Werbung, nicht wahr? Ist es ja auch! Aber es wird bestimmt nicht lange dauern, bis auch Sie merken, dass sich etwas ändert.

»Und falls nicht«, so Andy, »was soll's? Sie werden ja wohl nicht unbedingt was dagegen tun wollen, oder?«

## BESCHEID STOSSEN HEISST BESCHEID WISSEN

Erinnern Sie sich noch an Tony, den unechten Schotten aus Kapitel 5 – den Typen vom Regiment, der das Cottage in den Highlands kaufte, nur um dann festzustellen, dass er es eigentlich nie gewollt hatte?

Jetzt kommt der Clou. Das Prinzip Nummer 1, das Ihnen zu dem verhilft, was Sie wollen, ist auch das Prinzip Nummer 1, das Ihnen zu vermeiden hilft, was Sie *nicht* wollen.

Machen Sie genau ausfindig, was Sie mit Ihrer Zeit anfangen wollen – denn wenn Sie nicht wissen, *was* Sie damit anfangen wollen, dann wissen Sie auch nicht, was Sie *nicht* damit anfangen wollen!

Mit anderen Worten:

- Bevor Sie Ihr eigener Herr werden können, müssen Sie zunächst einmal wissen, wer dieser Herr (oder, was das betrifft, diese Herrin) überhaupt ist.
- Bevor Sie Ihren eigenen Weg gehen können, müssen Sie zunächst einmal wissen, wohin genau dieser Weg führt.

- Bevor Sie jemandem einen Korb geben, müssen Sie zunächst einmal wissen, dass Sie ihm einen Korb geben *wollen*.

»Eine gute Möglichkeit, den Ball ins Rollen zu bringen«, rät Andy, »besteht darin, in einem Terminkalender festzuhalten, wann Sie Ja sagen, aber Nein meinen. Oder noch besser, wann Sie Nein hätten sagen *sollen*, aber Ja gesagt haben. Auf diese Weise können Sie Auslöser dingfest machen – Gefühle, Situationen, Leute – und sind gewarnt, wenn Sie das nächste Mal in die gleiche Lage geraten. Ich gebe Ihnen Brief und Siegel, dass zwei Dinge passieren werden:

Erstens werden Sie überrascht sein, wie oft Sie das tun.

Zweitens werden Sie, wenn Sie über all Ihre unnötigen Jas Buch führen, ganz automatisch weniger oft Ja sagen.«

## BETRACHTEN SIE DRUCK ALS KOMPLIMENT

»Wenn Leute Sie drängen, etwas zu tun«, empfiehlt Andy, »sollten Sie das als Kompliment betrachten. Es bedeutet, dass sie schätzen, was Sie zu bieten haben – sonst würden sie sich nicht die Mühe machen, Sie unter Druck zu setzen.«

Er hat recht. Und seine Sichtweise – so ungewöhnlich sie auch ist – macht Ihnen ein Verhalten möglich, auf das Sie vielleicht noch nie zuvor gekommen sind. Mit dieser Perspektive können Sie aus einer Position der *Stärke* heraus *kontern*, statt aus einer Position der *Schwäche* heraus zu *reagieren*.

Diese Unterscheidung zwischen *Kontern* und *Reagieren* ist entscheidend dafür, Ihr eigener Herr zu werden.

*Kontern* ist:

- wohlüberlegt
- respekteinflößend
- stärkend

*Reagieren* ist:

- reflexhaft
- defensiv
- anstrengend

Wie wirkt sich dieser Unterschied zwischen *Kontern* und *Reagieren* in Ihrem Umgang mit anderen aus? Er eröffnet Ihnen verschiedene Strategien, die es Ihnen leichter machen, sich selbst treu zu bleiben.

## 1. Er hilft Ihnen, den Schuldtrip zu stoppen

Wenn Sie auf *Anfragen kontern*, statt auf *Menschen* zu *reagieren*, nehmen Sie das Persönliche aus der Interaktion heraus und ziehen eine wichtige Grenzlinie zwischen der *Ablehnung des Ansinnens einer Person* und der *Ablehnung der Person selbst*.

Wie oft haben Sie sich schon dabei ertappt, dass Sie ungefähr Folgendes sagten:

»Also unter gewöhnlichen Umständen nein. Aber weil Sie es sind …«

Oder: »Normalerweise würde ich das nicht machen. Aber weil er ein Freund ist …«

Wenn der Bote zum Teil der Botschaft wird, kann man sich leicht überstimmt fühlen. Dann bekommt man leicht den Eindruck, es stünde plötzlich zwei gegen einen.

»Genau so war es in Nordirland«, sagt Andy. »Wäre ich im irischen Republikanerviertel Bogside aufgewachsen statt in einer Siedlung in Peckham, wäre ich wahrscheinlich einer der Spieler gewesen. Ich weiß, es scheint schwer zu glauben, aber einige von ihnen waren wirklich ganz in Ordnung. Letztlich waren es nicht die Jungs *selbst*, gegen die wir kämpften. Wir bekämpften das, was sie taten. Und genau deshalb nannten wir sie auch ›Spieler‹.

Da war überhaupt nichts Persönliches dabei. Es war rein geschäftsmäßig. Alles war nur ein ›Spiel‹ – wenn auch ein sehr unschönes.«

### 2. Er erlaubt Ihnen, Ihren Korb zu rechtfertigen

Der Forschung zufolge macht der einfache Akt, eine Begründung für Ihr Verhalten anzugeben – auch wenn sie völlig unsinnig ist! –, dieses weit akzeptabler, als wenn Sie gar keinen Grund nennen würden.

In einer berühmten Studie beispielsweise drängelten sich Leute in der Schlange an einem Kopierer vor. Begründeten sie ihr Verhalten nicht, blitzten sie sehr schnell ab. Fragten sie jedoch, ob sie vordürften, weil sie »den Kopierer benutzen« müssten – na klar! –, dann war das in Ordnung. Sie kamen ungeschoren davon!

### 3. Er gibt Ihnen die Möglichkeit, Ihre Weigerung so zu formulieren, dass sie im Interesse der anderen Person (und damit in Ihrem eigenen) liegt

»Stellen Sie sich vor, Ihr Chef will Ihnen einen Auftrag geben, doch Sie stecken schon bis zum Hals in der Arbeit an einer entscheidenden Präsentation für nächste Woche«, erklärt Andy. »Statt Ja zu sagen, nehmen Sie das Beeinflussungsprinzip des gefühlten Eigeninteresses zu Hilfe und sagen Sie etwas wie:

> Ich würde ja sehr gerne helfen, aber ich möchte unbedingt sicherstellen, dass die Präsentation nächste Woche die unserer Konkurrenz um Längen schlägt. Deshalb muss ich meine ganze Energie dafür aufwenden, dass dies auch ganz bestimmt der Fall ist.

Damit haben Sie sich nicht nur zusätzliche Arbeit vom Hals gehalten – Sie sind auch noch im Ansehen Ihres Chefs gestiegen!«

## ARBEITEN SIE AN IHREM GRUNDSELBSTVERTRAUEN

Jeder weiß, was dem Mann passiert ist, der sein Haus auf Sand baute: der erste Sturm ließ das Haus zusammenfallen. Was für Häuser gilt, gilt auch für Menschen. Wenn Sie sich für sich selbst stark machen wollen – und stark *bleiben* wollen –, brauchen Sie ein solides Fundament.

Der Grundstein dieses Fundaments ist *Selbstvertrauen*.

Selbstvertrauen ist deshalb so wesentlich für Ihre Standfestigkeit, weil es das *Selbstwertgefühl* steigert. Menschen mit *hohem* Selbstwertgefühl finden sich *gut* und Menschen mit *niedrigem* Selbstwertgefühl finden sich *mies* – und das Problem am Sich-mies-Finden ist, dass es einen Teufelskreis in Gang setzt.

Wenn *ich* mich nicht gut finde, so denken Leute mit geringem Selbstwertgefühl, warum sollten es dann die anderen tun? Und in dem Bemühen, den anderen trotzdem einen Grund dazu zu geben, setzen sie alle Hebel in Bewegung, um es ihnen recht zu machen.

Aber wie stellen Sie es an, Ihr Selbstvertrauen zu stärken? Wie können Sie diesem Teufelskreis der Verzweiflung an sich selbst ein Ende machen? Da könnte eine Reihe einfacher Tipps helfen.

### 1. Selbstvertrauen ist harte Arbeit

Wortwörtlich, glaubt man Andy. »Selbstsichere Soldaten«, sagt er, »und ich rede hier natürlich nicht nur von Soldaten, sind solche, die ranklotzen. Deshalb ist im Regiment das Selbstvertrauen immer schwindelerregend hoch. Zuerst musst du dir den Arsch aufreißen, um überhaupt reinzukommen. Und dann musst du ihn wieder zusammenkeifen, um drinzubleiben. Gib mir zwei Soldaten mit gleichen Fähigkeiten – einen, der sich mit Leib und Seele in seine Aufgaben stürzt, und einen, der sie nur mechanisch abspult –, und ich sage dir, wer von den beiden selbstsicherer ist.

Selbstvertrauen kommt nicht bloß davon, dass man seine Sache gut gemacht hat. Selbstvertrauen kommt davon, dass man *weiß*, dass man seine Sache gut gemacht hat.«

Aus Andys Beobachtungen ergeben sich wichtige Konsequenzen nicht nur für unseren Umgang mit anderen Menschen, sondern auch für unser Leben allgemein.

Solides Selbstvertrauen erwächst daraus, dass wir:

- uns tagtäglich unseren Pflichten stellen,
- sie umsichtig erfüllen,
- die mit ihnen verbundenen Schwierigkeiten überwinden.

Wenn Sie beispielsweise Künstler – Musiker oder Schauspieler – oder Sportler sind, müssen Sie täglich üben, sonst werden Sie tief in Ihrem Innern spüren, dass Sie »Ihre Talente vergraben«, und Ihr Selbstwertgefühl wird leiden.

Wenn Sie als berufstätige Mutter oder berufstätiger Vater nicht genug Zeit mit Ihren Kindern verbringen, ahnen Sie tief in Ihrem Innern vielleicht ebenfalls, dass Sie dem »nicht gewachsen sind« – und dieses nagende Gefühl, zu versagen, beeinträchtigt das Selbstwertgefühl.

Zugleich ist es natürlich wichtig, nicht auf die Perfektionismusschiene zu geraten, wie wir in Kapitel 4 gesehen haben. Wir alle erleiden mit beeindruckender Regelmäßigkeit Schiffbruch, und uns deswegen die Haare zu raufen, in den Hintern zu beißen oder in Sack und Asche zu gehen wird daran so bald nichts ändern.

Die Lösung liegt darin, das richtige Gleichgewicht zu finden – und es zu halten –, statt wie ein wildgewordener Affe im Auf und Ab des Lebens zwischen dem einen Extrem und dem anderen hin- und herzurasen und auf die Höhen und Tiefen zu *reagieren*.

Im Gleichgewicht finden Sie Kontrolle.

Und in der Kontrolle finden Sie Selbstvertrauen.

Und im Selbstvertrauen finden Sie *sich selbst*.

## 2. Machen Sie nicht bloß – machen Sie auch was *her*!

Wir kennen alle die Redensart: »Er (oder sie) mag ja nach was aussehen, aber ist er auch was?« Die Forschung legt jedoch nahe, dass mehr an der äußeren Erscheinung dran sein könnte, als es scheinen mag. Eine Studie zeigte beispielsweise, dass das zweiminütige Einnehmen einer herrischen Haltung (Beine einen halben Meter auseinander und Hände auf den Hüften) den Testosteronspiegel (das Selbstvertrauenshormon des Körpers) um nicht weniger als 20 Prozent erhöhen kann.

»Wenn Ihnen also das nächste Mal ein schwierige Besprechung bevorsteht«, rät Andy, »schließen Sie die Tür, hängen Sie das ›Bitte nicht stören‹-Schild dran, und ziehen Sie sich ein paar *Wonder Woman*-DVDs rein.«

Doch Ihr Aussehen gibt nicht nur Ihrem eigenen Selbstvertrauen Auftrieb. Es kann auch anderen Selbstvertrauen einflößen.

»Ich kenne einen deutschen Waffenhändler, der einen in den USA hergestellten Anzug, ein Hemd mit Button-down-Kragen und eine dezente Armbanduhr trägt, wenn er in den USA Geschäfte macht«, erzählt mir Andy, »aber Cargohose, dasselbe Hemd und eine dicke, fette Breitling, wenn er in Kabul arbeitet. Wohin er auch fährt, er hat ein Necessaire dabei, damit seine Fingernägel stets makellos sind. Er sagt immer: ›Wenn du aussiehst wie deine

Kunden, erwärmen sie sich für dich, weil ihr Unterbewusstsein ihnen sagt, dass du einer von ihnen bist. Aber grade mal einen Tick schicker angezogen zu sein als sie sagt ihnen, dass ich so bin wie sie, nur ein klein wenig besser. Dann wollen sie ein Stück vom Kuchen abhaben.‹«

Natürlich ist es auch wichtig, während der Besprechung selbst was herzumachen – und alles, was anderen Angst, Bedauern oder Unbehagen vermittelt, sollte gnadenlos aufgespürt und ohne Skrupel von seinem Elend erlöst werden:

- Vermeiden von Blickkontakt,
- Herumzappeln,
- nervöse Tics,
- eine gebeugte, unterwürfige Haltung …

… das alles muss weg.

Finden Sie heraus, womit Sie sich in die Pfanne hauen – und hauen Sie es in die Pfanne! Denn je mehr Sie nach dem aussehen, was Sie sagen, desto mehr sieht es danach aus, dass Sie es ernst meinen.

»Vor ein paar Jahren arbeitete ich an dem Film *Heat* als technischer Berater mit«, berichtet Andy. »Die Hauptrollen spielten Al Pacino und Robert De Niro zusammen mit einem ganzen Arsenal automatischer Waffen; Ort der Handlung war die Innenstadt von LA. Passte alles zusammen. Jedenfalls lernte ich dabei viel von dem Regisseur des Films, Michael Mann. Eines der Dinge, die er mir in einer Anschauungslektion im Produktionsbüro beibrachte, war, wie wichtig Korrektheit in den Details ist. In der Besprechung hatten wir die Accessoires aller Hauptfiguren ausgebreitet – Ringe, Uhren, Krawattennadeln, solche Sachen. Michael checkte die Endauswahl, um sie abzusegnen. Wie sich zeigte, löste einer der Gegenstände – eine Armbanduhr, die im Film höchstens zehn Sekunden lang zu sehen sein würde – eine

Diskussion von einer Stunde Dauer aus. Mir wollte einfach nicht in den Kopf, was der ganze Aufstand sollte. Wer achtete denn schon darauf, ob es eine Rolex oder eine Timex war? Hatte das denn, im Gesamtzusammenhang betrachtet, überhaupt eine Bedeutung?

Da kannst du aber drauf wetten! Es bedeutete alles. Die fragliche Figur hieß Nate und war ein kultivierter Hehler und Mittelsmann, gespielt von Jon Voight. In der Szene, in der die Uhr zu sehen ist, telefoniert er und trinkt dabei ein Glas Champagner. Nun ist dieser Typ aber ultracool. Er würde keinen klobigen, protzigen Klunker tragen, sondern etwas viel Dezenteres – und das wählte Michael denn auch für ihn aus.

Ich habe an diesem Tag eine gewaltige Lektion von Michael Mann gelernt. Und zwar diese: Im Leben klingelt es nicht nur bei den Leute im Oberstübchen, die Bescheid wissen. Sondern bei uns allen. Ob uns das zu dem Zeitpunkt klar ist oder nicht. Ich schätze, aus meinem eigenen Arbeitsgebiet wusste ich das irgendwie sowieso schon – du erinnerst dich, all die kleinen Details, von denen ich dir erzählt habe, wenn man im verdeckten Einsatz ist und sich unter die örtliche Bevölkerung mischt und so weiter. Aber –«

»Aber wenn es *keine* Sache auf Leben und Tod ist, hat dich die Detailgenauigkeit doch überrascht?«, werfe ich ein.

Andy schüttelt den Kopf. »Du kennst Michael Mann nicht, Kevin. Für ihn *ist* das Filmemachen eine Sache auf Leben und Tod! Aber du hast vermutlich schon recht. Jedenfalls wenn du im Kino sitzt und Popcorn isst, während Nate seinen Schampus trinkt, und du ein protziges Trumm von Uhr an seinem Handgelenk siehst, dann schreit dir dein Unterbewusstsein sofort ins Ohr, dass da etwas nicht stimmt. Und nur dieses eine, kleine, scheinbar unbedeutende Detail kann dir den ganzen Spaß an dem Film vermiesen.

Trägt aber Nate eine coole, elegante, schlichte Uhr, ist es uns egal, ob wir wissen, wie teuer sie ist. Oder welche Marke. Wichtig ist vielmehr, dass unser Gehirn meint, dass sie teuer *ist*. Und dass sie cool *ist*. Genau wie Nate. Dann verschafft uns der Film sogar noch mehr Genuss, weil unser Unbewusstes uns auf die Schulter klopft und uns sagt, wie clever wir doch sind, dass wir dieses Detail zu schätzen wissen.«

Sprachlos starre ich Andy an. Hätte ich an dieser Stelle meine Augen einen Augenblick geschlossen, ich hätte geglaubt, es sitze noch ein Psychologe im Boot. Und nicht nur das, sehr zu meinem Verdruss war es ihm obendrein auch noch gelungen, uns den Cherwell hinauf und hinunter zu staken, ohne dass auch nur ein Tropfen Wasser in unser Boot gelangt war.

Als wir in den Schatten des Anlegeplatzes unter der Magdalen Bridge hineingleiten, muss ich gestehen, dass die Versuchung mich schier übermannt. Ein rascher Ruck, und der Schweinehund liegt in den Binsen! Doch sehr zu meinem Bedauern und vielleicht im Gegensatz zu Oscar Wilde gelingt es mir, ihr zu widerstehen.

»Da sind wir aber ganz der Psychologe, nicht wahr?«, murmele ich stattdessen.

»Na, wir brauchen wenigstens einen«, gibt er zurück.

Er macht das Boot fest und springt raus. Mit einem Bein landet er im Wasser. Ich tue so, als hätte ich es nicht gesehen. Aber ich weiß, dass er weiß, dass ich es gesehen habe.

*Uns ist klar, dass das Gesagte ein bisschen viel zu verdauen ist. Während Sie also daran kauen …*

… werden wir Ihnen abschließend einen Erste-Hilfe-Schnellkurs in Selbstsicherheit geben, für den Fall, dass Sie schon morgen Nein sagen müssen!

### 1. Raffen Sie Ihren Mut zusammen

Wenn Sie die Angewohnheit haben, Ja zu sagen oder nichts zu riskieren, dann werden Sie ihr – machen wir uns nichts vor – wie jeder anderen Angewohnheit auch nur sehr schwer den Laufpass geben können.

»Aber wenn Sie sich das einfach nur bewusst machen«, meint Andy dazu, »dann dürfte es ein wenig leichter werden. Wenn Sie wissen, dass Sie ein bisschen Mut aufbringen müssen ... dann ist es erstaunlich, wie oft Sie das schaffen!«

### 2. Denken Sie daran, dass alles relativ ist

Wenn es Ihnen das nächste Mal passiert, dass man Sie dazu drängt, etwas zu tun, das Sie partout nicht wollen, dann denken Sie bei sich: »Es gibt im Leben Menschen, die es genießen, Nein zu sagen!« Finden Sie dann heraus, ob da was dran ist!

»Oder stellen Sie sich einfach vor, Sie gehörten zur Jury einer Castingshow«, schlägt Andy vor. »›Danke, dass du mitgemacht hat, aber diesmal habe ich kein Bild für dich. Viel Glück!‹« Die Reaktion der anderen Seite wird Sie überraschen, denn im Vergleich zu dem, was Sie sich ausgemalt haben, ist sie ein Nichts. Sie müssen sich immer eines vor Augen halten: Im Leben der anderen ist genauso viel los wie in Ihrem eigenen. Sie werden schnell weiterziehen.«

### 3. Fragen Sie sich, was schlimmstenfalls passieren kann

Sie mögen das Gefühl haben, Sie seien ein schlechter Freund, ein mieser Kollege, ein gefühlloser Partner. Aber das ist es auch schon: ein Gefühl. Es wird vorübergehen – rascher, als Sie vielleicht denken. Falls Sie irgendwelche Betretenheit oder Besorgnis empfinden, dann ist das sogar gut. Das ist ein heilsamer, gesunder Schmerz, im Gegensatz zu einem boshaften, gehässigen. Es ist eben mit Schmerz verbunden, sich sein Leben zurückzuerobern.

Was also ist, wenn Ihr Chef oder Ihr Freund oder Ihre Kollegen Unannehmlichkeiten haben, enttäuscht oder überrascht sind, weil Sie ihnen einen Korb gegeben haben?

»Das sind *deren* Gefühle«, sagt Andy. »Und deren Sache. Nicht Ihre. Sie haben es nicht im Geringsten in der Hand, was die anderen denken. Warum sollten Sie sich also wegen ihnen einen Kopf machen? Wenn die das, was Sie sagen, unvernünftig finden, dann ist das ihr Problem. Kommen Sie drüber weg.«

Was also ist, wenn Sie eine Chance verpasst haben? Es gibt andere. Und wieder betont Andy ganz richtig:

»Es geht nicht um Alles oder Nichts. Wenn Sie die Tür vor etwas schließen, das Sie nicht tun wollen, dann öffnen Sie zugleich eine andere für etwas, das Sie tun wollen.«

## 4. Schwenken Sie um auf strategischen Rückzug

Wenn Sie in einem Beeinflussungshinterhalt geraten und zu Ihrem Entsetzen feststellen, dass Ihre Nein-Waffe nicht geladen ist, dann ziehen Sie sich unter einem Vorwand (wie dem, Sie müssten erst in Ihrem Terminkalender nachsehen, oder einem anderen zur Situation passenden Grund) auf eine sichere Position zurück, und schieben Sie rasch die Punkte 1, 2 und 3 ein!

Dann heißt es entsichern und *alle Systeme nein*!

Wenn Sie sich diese entscheidende kleine Atempause verschaffen, leitet das jede Entscheidung, die Sie vielleicht ganz plötzlich treffen müssen, in einen zweckmäßigen emotionalen Bypass um. Dann können Sie wie oben beschrieben das Ansinnen von der Person, die es äußert, chirurgisch abtrennen und seinen sachlichen Gehalt ruhig, rational und unter örtlicher psychologischer Betäubung beurteilen.

## 5. Fangen Sie an zu üben

Heute! Nehmen Sie sich ein paar weiche Ziele vor und beginnen Sie damit; steigern Sie sich dann allmählich. Gehen Sie beispielsweise in ein Geschäft, und wenn die Verkäuferin Sie fragt, ob sie Ihnen helfen kann, sagen Sie: »Nein.« Wenn im Zug jemand fragt, ob Sie etwas dagegen haben, wenn er das Fenster öffnet, sagen Sie: »Ja.« Oder geben Sie, wenn Ihnen im Restaurant das Essen oder der Service nicht zusagt, kein Trinkgeld, oder lassen Sie den Geschäftsführer kommen.

Genau wie jeden anderen Muskel müssen Sie den »Nein«-Muskel fit halten. Andy empfiehlt Training mit unerbetenen Anrufen. »Legen Sie nicht einfach auf«, rät er. »Warum sollten Sie das tun? Sie lassen sich eine kostenlose Trainingseinheit entgehen! Sagen Sie dem Anrufer (oder der Anruferin) direkt, dass Sie kein Interesse haben, welchen Scheiß er Ihnen auch andrehen will, und bleiben Sie dann in der Leitung und hören sich an, was er zu sagen hat. Wenn Sie nicht ganz fit sind und sich etwas aufwärmen müssen, dann ist das genau die richtige Medizin. Und das Telefonat kostet Sie keinen Cent! Ich finde, diese Call Center sollte es auf Rezept geben!«

»Machst du das?«, frage ich, während die Sonne langsam untergeht und das erste Bier des Abends durch unsere Kehlen rinnt. »Sie hinhalten?«

»Nö«, sagt er. »Das macht doch keinen Spaß. Ich frage sie einfach, ob sie Jesus in ihr Leben gelassen haben. In neun von zehn Fällen hörst du als Nächstes das Freizeichen!«

## FRAGEBOGEN:

# IN WELCHEM MASS SIND SIE IHR EIGENER HERR?

Ordnen Sie jeder der folgenden Aussagen einen Punktwert zu und addieren sie alle. Vergleichen Sie Ihren Wert mit der Auswertung am Ende:

| | 0 trifft ganz und gar nicht zu | 1 trifft eher nicht zu | 2 trifft eher zu | 3 trifft voll und ganz zu |
|---|---|---|---|---|
| 1. Wenn jemand etwas tut, das mich ärgert, sage ich ihm das. | ❍ | ❍ | ❍ | ❍ |
| 2. Ich sage gern offen, was ich denke. | ❍ | ❍ | ❍ | ❍ |
| 3. Es macht mir nichts aus, in einer Gruppe eine andere Meinung zu vertreten. | ❍ | ❍ | ❍ | ❍ |
| 4. Ich bin gut darin, mir kreative und neuartige Ideen auszudenken. | ❍ | ❍ | ❍ | ❍ |
| 5. Wenn mir etwas wichtig ist, kämpfe ich dafür. | ❍ | ❍ | ❍ | ❍ |
| 6. Es stört mich nicht, wenn meine Meinung andere kränkt oder aufregt. | ❍ | ❍ | ❍ | ❍ |
| 7. Es ist mir wichtig, dass mich andere mögen. | ❍ | ❍ | ❍ | ❍ |
| 8. Ich bin immun gegen Verkaufsgeschwätz. | ❍ | ❍ | ❍ | ❍ |
| 9. Es fällt mir leicht, mich über schlechten Service zu beschweren. | ❍ | ❍ | ❍ | ❍ |
| 10. Ich mag es, aus der Menge herauszustechen. | ❍ | ❍ | ❍ | ❍ |
| 11. Es ist mir nicht wichtig, immer mit der Mode zu gehen. | ❍ | ❍ | ❍ | ❍ |

**Auswertung**

**0–11** Sie pflegen etwa so viel Individualismus wie ein Ameisenhaufen und halten sich so sehr zurück, dass Sie schon fast rückwärts rutschen. Kein Wunder, dass niemand weiß, wer Sie eigentlich sind. *Sie* wissen es ja selbst nicht!

**12–17** Sie verspüren wenig Lust auf Konflikte und ein starkes Anpassungsbedürfnis. Zeit, mehr hervorzutreten!

**18–22** Sie sind nicht leicht rumzukriegen, ziehen es aber vor, nicht alles über den Haufen zu werfen, wenn Sie es irgendwie verhindern können. Sie sind umgänglich und unkompliziert.

**23–28** Sie können Gleiches mit Gleichem vergelten und lassen sich von niemandem die Butter vom Brot nehmen. Ein psychologischer Straßenkämpfer!

**29–33** Außerhalb ausgefahrener Gleise denken? Was für Gleise?*

* *Versuch 2: 5 Cent.*

## KAPITEL 7

# WERDEN SIE ZU EINEM TRÄGER DES SCHWARZEN GÜRTELS DER BEEINFLUSSUNG

*Sprich nicht lauter. Argumentiere weiser.*

Desmond Tutu

## ANGURTEN, BITTE

»Ich habe mal eine Geschichte über Bono und Sophia Loren gehört«, erzählt Andy. »Sie sitzen im selben Flugzeug, und es gerät in ein Unwetter. Die Loren macht sich fast in die Hose, weil alles so wackelt, und als Krönung schlägt auch noch ein Blitz in das Flugzeug ein. Jetzt dreht sie schier durch ... bis Bono sich zu ihr umdreht und sagt: ›Keine Sorge – da macht nur Gott ein Foto von Ihnen.‹ Das ändert die Situation schlagartig, und sie fängt doch tatsächlich an zu lachen.«

Wir stehen in der Schlange vor dem Check-in-Schalter am Flughafen. Andy geht auf Lesereise nach Belfast, und ich fliege in seinem Schlepptau mit. Ein Typ vor uns hängt am Handy. Wir sind nicht sicher, mit wem er redet, aber nach dem, was er sagt, besteht eine winzige Chance, dass es sein Therapeut sein könnte. Er schwitzt, ist weiß wie ein Laken und murmelt Sachen wie die, dass Start und Landung die Phasen seien, wo am wahrscheinlichsten was schiefgeht. Er ist nicht gerade begeistert, was die nächsten paar Stunden angeht, und hat sich eindeutig informiert. So gründlich, dass er allmählich *mich* nervös macht.

»Erinnert mich an eine Geschichte über Muhammad Ali, die ich mal gehört habe«, sage ich. »Er sitzt im Flugzeug, und als es zur Startbahn rollt, bemerkt die Stewardess plötzlich, dass er nicht angeschnallt ist. Also beugt sie sich zu ihm runter und bittet ihn, seinen Sicherheitsgurt anzulegen. ›Ich bin Superman‹, sagt Ali zu ihr. ›Superman braucht keinen Sicherheitsgurt.‹ Sie zuckt nicht mit der Wimper. ›Superman braucht auch kein Flugzeug!‹, erwidert sie.«

## SPICE GIRLS

Wäre es nicht toll, wenn Einflussnehmen immer so funktionieren würde? Im Nu. Intensiv. Instinktiv.

Aber natürlich läuft es nicht so, stimmt's? Vielmehr ist die Mehrzahl unserer Versuche, andere Menschen zu irgendwelchen Handlungen zu bewegen, in etwa so wirksam wie ein Peeling-Shampoo. Im Alltag ist Einflussnahme häufig eine Sache von Versuch und Irrtum. Von ordentlichem Vorgehen und Verhandeln. Das machen wir genauso oft richtig wie falsch.

Doch ganz klar *gibt* es Momente, in denen Einfluss auf Anhieb funktioniert. Und ganz klar *gibt* es Menschen – psychologische Fassadenkletterer, die imstande sind, die Verteidigungs- und Sicherheitssysteme unseres Gehirns nach Belieben auszutricksen, einzuwickeln und zu bezirzen –, die wirksamer Einfluss zu nehmen wissen als andere:

- die den Chef dazu bringen können, ihnen die erbetene Gehaltserhöhung zu gewähren,
- die die Politesse dazu bringen können, ihnen kein Knöllchen zu verpassen,
- die den Champion dazu bringen können, sich anzuschnallen.

Ist nur eine Handvoll Auserwählter berechtigt, diesen tödlichen schwarzen Gürtel der Beeinflussung zu tragen? Oder können wir das alle – wenn wir das Geheimnis erst gelüftet haben und beherrschen?

Als Sozialpsychologe – »Eierkopf!«, tönt Andy, als sich die Schlange wieder bewegt und wir unsere Taschen mit den Füßen über den Boden schieben – in einer Welt mit unaufhörlich zunehmender Komplexität, in einer Welt, die immer größere Ansprüche an unsere Aufmerksamkeit stellt, war das eine Frage, auf die ich mir sehnlichst eine Antwort wünschte – auch wenn Andy mir an dieser Stelle zuvorgekommen war.

»Natürlich können wir das alle«, lacht er. »Ich gebe dir ein paar Lektionen, wenn du willst.«

Wussten Sie beispielsweise, dass das Gehirn von modernen Stadtbewohnern wie unsereins im Lauf von 24 Stunden mehr Information aufnimmt als das von mittelalterlichen britischen Landbewohnern im Lauf ihres gesamten Lebens?

Wenn wir aus der Masse herausragen wollen, müssen wir uns wichtig machen. Buchstäblich.

Ich werde Ihnen verraten, was *ich* tat. Ich fing an, genau solche Geschichten wie die von Ali und der Stewardess zu sammeln. Ich fing an, ein »Kuriositätenkabinett« des sozialen Einflusses zusammenzutragen – Paradebeispiele für Überzeugungskraft mit dem Wert 10, wenn dieser üblicherweise 3 oder 4 beträgt.

Als ich ungefähr 200 beisammen hatte, unterzog ich sie einer sogenannten »Faktorenanalyse« – einem statistischen Verfahren, mit dem Psychologen wie ich – »Er meint Eierköpfe«, bemerkt Andy zu der jungen Frau hinterm Check-in-Schalter – die wesentlichen Elemente dessen, was auch immer wir untersuchen, aus den Daten extrahieren können.

Ich wollte das Genom dieser militanten Spielart der Beeinflussung sequenzieren. Ihre DNS aufklären. Und mit unwiderstehlicher Konsequenz ergab meine Analyse *fünf Schlüsselelemente*, die, werden sie unisono vereint in der einen überzeugenden Botschaft, nicht nur an die Tür des Erfolgs klopfen, sondern sie förmlich eintreten, sich mit einem schönen kalten Bier aufs Sofa fläzen und den Flachbildschirm anstellen.

Praktischerweise bilden sie auch das schöne englische Akronym SPICE (Gewürz). Und diese SPICE Girls sind:

- Einfachheit
- Gefühltes Eigeninteresse
- Überraschungseffekt
- Selbstvertrauen
- Empathie

Und auf dem Weg nach Belfast sprechen wir gleich jedes dieser Elemente mit Ihnen durch, vor allem ihre zentrale Bedeutung dafür, dass Sie das kriegen, was Sie wollen.

»Ich wette mit Ihnen um einen Zehner, dass Sie uns nicht in die Business Class kriegen!«, flüstert Andy unserem duldsamen Check-in-Mädchen zu.

»Hören Sie nicht auf ihn«, sage ich. »Er ist ein Psychopath. Das sind spitzenmäßige psychologische Codeknacker. Er kann sich in die Emotionsserver Ihres Gehirns hacken, und bevor Sie wissen, wie Ihnen geschieht, tun Sie alles, was er Ihnen sagt!«*

Andy schaut mich an, dann wieder das Mädchen. Er zwinkert ihr zu.

»Doppelter Bluff«, sagt er.

* Wenn Sie wissen wollen, wie überzeugend Sie sind, können Sie den Test am Kapitelende machen.

## EINFACHHEIT

»Ich hab einen Witz für dich auf Lager«, verkünde ich, während wir uns Erdnüsse in den Mund stopfen. Wir sitzen in der Business Class – und Mr. Schlitzohr schaut sehr selbstgefällig drein. Ich habe in meinem Leben ja schon einige Überredungskünstler erlebt, aber dieser Kerl schlägt dem Fass den Boden aus. Ich sage nicht, dass er ein Gauner ist, aber er könnte den Taliban Rasiercreme verkaufen.

Wahrscheinlich hat er das auch schon getan, so wie ich ihn kenne.

Eine Schwester macht die Runde auf der Intensivstation, als ein Mann am Beatmungsgerät sie ruft.

»Schwester!«, flüstert der Mann heiser. »*Are my testicles black?*« (Sind meine Hoden schwarz?)

Die Schwester bekommt Panik. Sie schlägt das Laken zurück und wirft rasch einen Blick darunter, aber glücklicherweise ist alles in Ordnung.

»Nein, Sir«, sagt sie. »Ich habe gerade nachgesehen, und alles ist vollkommen okay. Sie brauchen sich überhaupt keine Sorgen zu machen.«

Es nützt nichts.

»Schwester!«, flüstert der Mann noch eindringlicher. »*Are my testicles black?*«

Jetzt bekommt die Schwester wirklich Panik.

»Sir!«, sagt sie. »Ich habe gerade nachgesehen, und alles ist bestens! Sie brauchen sich wirklich keine Sorgen zu machen. Aber bitte – Zeit kann in der Medizin Leben kosten: Was beunruhigt Sie?«

Mit seiner rechten Hand fasst der Mann die Schwester am Arm und nimmt mit der linken langsam die Sauerstoffmaske ab.

Er zieht die Frau sanft zu sich heran.

»Schwester!«, flüstert er, offenbar mit der letzten Kraft, die seinem Körper verblieben ist.

»*Are my test results back?*« (Sind meine Laborwerte da?)

Unser Gehirn zieht, und zwar bauartbedingt, die *Einfachheit* der Komplexität vor. Und nirgendwo gilt das mehr als in dem brodelnden Hexenkessel, den wir sozialen Einfluss nennen. Doch wie mächtig der Zauber wirklich ist, den die Einfachheit auf den Einflussprozess ausübt, springt nicht immer sofort ins Auge.

Wir erblicken ihr Werk in allen Lebensbereichen ... von der Politik über die Poesie bis zur Rhetorik. Als Präsident Roosevelt ein traditionell isolationistisches Amerika davon überzeugen wollte, Großbritannien in seinen dunkelsten Stunden des Zweiten Weltkriegs zu Hilfe zu eilen, verfertigte er passgenau den allereinfachsten Begriff, um dies zu bewerkstelligten. Er bezeichnete seine Politik als *Leih-und-Pacht-Abkommen*.

Und er beschrieb sie in den einfachsten Worten:

> Angenommen, das Haus meines Nachbarn gerät in Brand und ich habe ein Stück Gartenschlauch ... wenn er meinen Gartenschlauch nehmen und ihn an seinen Wasserhahn anschließen kann, helfe ich ihm dadurch, das Feuer zu löschen ... Ich will vor dieser Aktion nicht zu ihm sagen, »Nachbar, mein Gartenschlauch hat mich 15 $ gekostet; du musst mir 15 $ dafür bezahlen ... Ich will keine 15 $ – ich will meinen Gartenschlauch zurück, wenn das Feuer aus ist.«

Der Rest ist Geschichte.

Als John Keats die erste Strophe seines berühmten Gedichts *La Belle Dame Sans Merci* verfasste, hätte er etwas schreiben können wie:

> Was ist los, bewaffneter alter Soldat,
> Der du mit blassem Gesicht allein herumläufst?

Die strohähnlichen Pflanzen am See haben sich zersetzt
Und es gibt keine Vögel, die singen.

Hat er aber nicht.

Stattdessen holte er seinen Stift heraus und schrieb das folgende Meisterwerk:

Was mag dich plagen, Rittersmann,
Schweifst so allein und fahl umher.
Das Ried verdorrt am See, es singt
Kein Vöglein mehr.

Schön, nicht wahr? Trichtert man dem Gehirn geschickt Wörter in der richtigen Kombination ein, knacken sie einen Safe tief in dessen Tresorraum für reiche und altehrwürdige Gefühle. Und rührt große Poesie nicht genau deswegen unser Herz so unmittelbar, *weil* sie mit so wenig so viel auszudrücken weiß?

Als Winston Churchill im Sommer 1940 seine unsterbliche Rede »Wir werden auf den Stränden kämpfen …« hielt, hätte er sich auch anders ausdrücken können. Statt mit einer der größten je gehaltenen Reden in die Geschichte einzugehen, hätte er eine gewundenere Ausdrucksweise wählen können, etwa: »Die Feindseligkeiten mit unserem Gegner werden an der Küste stattfinden.«

»Haha, jawohl«, lacht Andy. »Jemand hat mir mal eine Geschichte von einem Manager aus der Werbebranche in New York erzählt. Eines Morgens sieht er im Central Park auf dem Weg zur Arbeit einen blinden Bettler. Der Mann hält ein Schild hoch, auf dem zu lesen steht: ›Ich bin blind.‹ Doch seine Schale ist leer. Auf dem Heimweg kommt der Werbefuzzi wieder an dem Blinden vorüber und sieht, dass dessen Schale immer noch leer ist. Also ergreift er das Schild, holt seinen Füller raus und nimmt eine einfache Veränderung vor:

Er schreibt: ›*Es ist Frühling*, und ich bin blind.‹ Ein paar Stunden später schwimmt der Mann im Geld.«

Nett.

Doch nicht nur Anekdoten erhärten, dass Einfachheit bei uns zieht. Die Wissenschaft stößt ins selbe Horn. Forschungen zum psychologischen Prinzip der *kognitiven Flüssigkeit und Flexibilität* beispielsweise – wie leicht oder schwierig ein Objekt, Argument oder Begriff gedanklich zu fassen ist – beweisen eines immer wieder: Je leichter etwas zu verstehen ist, desto vorteilhafter, desto angenehmer, desto überzeugender – allgemein gesagt, desto *positiver* – finden wir es offenbar.

Welcher der beiden folgenden Nahrungszusätze etwa scheint Ihnen gefährlicher: *Hnegripitrom* oder *Magnalroxat*?

Die meisten Befragten sagen *Hnegripitrom.*

Und wie ist es damit? Welches der beiden Rummelplatz-Fahrgeschäfte jagt Ihnen mehr Angst ein: *Chunta* oder *Vaiveahtoishi*?

Die meisten sagen *Vaiveahtoishi.*

Aber wissen Sie was? Alle vier Namen sind frei erfunden. Die meisten Leute schießen sich nur aus dem Grund auf *Hnegripitrom* und *Vaiveahtoishi* ein, weil sich *Magnalroxat* und *Chunta* leichter *aussprechen* und daher leichter *denken* lassen als *Hnegripitrom* und *Vaiveahtoishi.* Und im Allgemeinen setzen wir Einfachheit mit Sicherheit gleich.

Dasselbe Prinzip ist auch auf dem Aktienmarkt am Werk. Einer berühmten, vor mehreren Jahren durchgeführten Studie zufolge machen Sie nach *nur einem Handelstag* wahrscheinlich zehn Prozent mehr Gewinn, wenn Sie in Unternehmen mit aussprechbaren Börsensymbolen (wie GOOG für Google) als in solche mit unaussprechlichen (z.B. RDO) investieren. Sprichst du eine Silbe aus, springt mehr Geld heraus!

Ähnlich führte eine Studie die Eigenschaften eines Produkts in einem leicht bzw. schwer lesbaren Schriftbild auf. Nun raten Sie, was die Forscher herausfanden: Bei einen leicht lesbaren

Schriftbild waren doppelt so viele Leute gewillt, das Produkt zu kaufen.

Was Wunder also, dass Sie jedes Mal, wenn Sie einen Apple-Laden betreten, das Gefühl haben, dass Ihre Sinne mit einem gigantischen kognitiven Feudel blitzblank gewischt werden!

Wenn Sie sich einmal die Entwicklung von praktisch jeder Verbrauchertechnologie ansehen, stellen Sie immer dasselbe Muster fest. Am Anfang brauchen Sie einen IQ in der Dimension des Haarschopfs von Donald Trump, um damit umgehen zu können, und am Schluss sind Sie ein Elektronikfreak, ohne IQ auch nur *buchstabieren* zu können. Und die Ironie daran ist, dass unser forensisches Streben nach dem minimalistischen Ultramodernen in uralten, tief in die Schluchten unseres Gehirns eingeritzten neuronalen Höhlenmalereien schicksalhaft vorgezeichnet ist.

Leicht zu verarbeitende Informationen verschaffen uns einen flüchtigen Schuss Lust.

Betrachten wir beispielsweise leicht zu erfassende Gegenstände, tritt auf unser Gesicht ein mikroskopisch kleines, für das unbewaffnete Auge unsichtbares Lächeln. Diese nicht wahrnehmbaren Veränderungen der Gesichtsmuskelspannung lassen sich mit der Technik der Elektromyographie* messen – und sie treten *nicht* auf, wenn unser Blick auf schwer zu begreifende Objekte fällt. Die Quintessenz ist klar.

Im Zusammenhang mit Websites, Telefonen, Autos, Argumenten – oder eigentlich allem Übrigen – ist die Macht der Einfachheit absolut.

Wie wir in Kapitel 3 von Epikur erfahren haben, ziehen wir von Natur aus die Lust dem Schmerz vor. Und für alles, was uns in dieser Lust schwelgen lässt, rollt unser Gehirn einen breiten chemischen roten Teppich aus.

---

* Mit der Elektromyographie lässt sich die elektrische Aktivität von Nerven und Muskeln beurteilen und messen.

»Aber du hast immer noch nicht erklärt, *warum* unser Gehirn Einfachheit gegenüber Komplexität bevorzugt«, sagt Andy, zieht seine Timberlands aus und stellt seine Sessellehne flacher. »Ich meine, das ganze Eierkopfzeugs ist ja gut und schön, aber für was ist es *gut*? Das Gewehr macht peng. Aber *warum*?«

»Okay«, erwidere ich. »Ist was dran. Aber weißt du was? Unsere Intensivschwester von vorhin hat die Frage eigentlich schon beantwortet. Zeit rettet nicht nur in der Medizin Leben. Sie war auch während unserer Evolutionsgeschichte von entscheidender Bedeutung.«

Ich krame in der Sitztasche vor mir nach Papier – die Spucktüte tut's – und hole einen Kuli raus.

»Mach dir mal keine Sorgen, Kumpel«, sagt Andy. »In der Business kommt jemand und hält dir das Ding. Du brauchst nur den Rufknopf zu drücken.«

»Noch einer von deinen Witzen, und mir kommt's vielleicht wirklich hoch« erwidere ich. »Und jetzt komm du wieder hoch.«

Ich streiche die Tüte glatt und schreibe die folgende Addition darauf. Dann nehme ich die Speisekarte zur Hand und decke die Zahlenliste damit ab.

$$\begin{array}{r} 1000 \\ 40 \\ 1000 \\ 30 \\ 1000 \\ 20 \\ 1000 \\ +10 \\ \hline \end{array}$$

»Also dann«, sage ich. »Auf die Rückseite dieser Tüte habe ich eine ganz einfache Plusrechnung geschrieben. Jetzt werde ich dir die Zahlen Zeile für Zeile zeigen, und du musst sie währenddessen laut addieren. Verstanden?«

Andy schaut skeptisch drein.

»Es würde helfen, wenn du Pfundzeichen davor setzen würdest«, sagt er. »Aber in Ordnung, versuchen wir's.«

»Gut«, sage ich und decke die erste Zahl auf.

»Eintausend«, sagt Andy.

»Du hast eine Glückssträhne«, sage ich und gebe die zweite Zahl frei.

»Eintausendvierzig.«

»Du Genie!«, sage ich und gehe zur dritten.

»Zweitausendvierzig ...«

Einige Sekunden später nennt Andy die Gesamtsumme: *Viertausendeinhundert!*

»Ich glaube es nicht, aber du hast tatsächlich *richtig* gerechnet!«

Andy schaut mich an, als hätte ich nicht alle Tassen im Schrank.

»Was meinst du damit, ich hab richtig gerechnet? Natürlich hab ich richtig gerechnet. Warum sollte ich denn nicht?«

»Weil«, sage ich, »weil bei 99,9 Prozent aller Leute, wenn sie zum vorletzten Schritt kommen – 4090 + 10 –, das Gehirn sofort nach der hübschesten, rundesten, knuddeligsten ganzen Zahl greift, die sie sich vorstellen können. Und sie kommen auf 5000. Sogar Cambridge-Matheprofs rechnen falsch. Aber du ...?«

»Vielleicht könnten sie in Cambridge ein paar mehr Psychopathen brauchen?«, grinst Andy.

Ich bin da nicht so sicher. Ich schiebe die Tüte in die Sitztasche zurück und schnappe mir ein Glas Champagner von der Stewardess, die die Runde macht. Ich habe das Gefühl, es verdient zu haben.

»Jedenfalls«, sage ich und nehme einen Schluck, »um deine Frage zu beantworten, das ist der Grund, warum unser Gehirn Einfachheit liebt. Immer wenn sich unsere prähistorischen Vorfahren einer schwierigen Situation gegenüber sahen – nehmen wir mal an, einem Raubtier –, überlebten in einer solchen Notlage häufiger diejenigen, die auf die richtige Lösung verfielen – sei es Kampf oder Flucht –, und gaben ihre Gene an nachfolgende Generationen weiter. Doch mit noch größerer Wahrscheinlichkeit überlebten diejenigen und gaben ihre Gene weiter, die *am schnellsten* auf die richtige Lösung kamen.

Stell dir beispielsweise vor, du müsstest bei einer Begegnung mit einem Säbelzahntiger die Situation jedes Mal ganz von vorn erfassen: schwarz, orange, gestreift, Fangzähne, geifernd … schleicht sich langsam an mich ran –«

»Was meinst du mit ›jedes Mal‹?«, unterbricht Andy. »Es gäbe kein ›jedes Mal‹. Es gäbe nur das eine Mal.«

»Genau«, bestätige ich. »Das Leben läuft viel zu schnell ab, als dass es anders sein könnte. Also hat unser Gehirn mit den Jahren, den Millionen Jahren unserer Entwicklungsgeschichte gelernt, Abkürzungen zu nehmen – bei Entscheidungsprozessen geistige Faustregeln zu benutzen, gelernte Assoziationen anzuwenden, Millionen und Abermillionen früher gespeicherter Informationshäppchen – weil wir gerade von Säbelzahntigern sprechen – zusammenzufügen, um sie in Reaktionen zu übersetzen.

Erinnerst du dich noch, was dieser Anwalt damals zu mir gesagt hat? Information bewegt sich im Gehirn wie Strom in einem Schaltkreis. Sie nimmt den Weg des geringsten Widerstands. Und je einfacher du argumentieren kannst, je einfacher du deine Sache darstellst, desto schneller und nachhaltiger fließt diese Information.«

»Was schon seltsam ist, nicht wahr?«, meint Andy. »Denn die meisten Leute glauben doch, wenn sie alles aufbauschen, lange Wörter und eine blumige Sprache verwenden, dann würden sie sich intelligenter anhören. Ich meine, darum ging es doch bei dieser Schwachsinnsschwafeltabelle, oder? Doch nach dem, was du sagst, ist es genau andersherum. Je komplizierter man seine Argumentation macht, desto eher prallt man gegen eine geistige Straßensperre in den Köpfen der Leute.

Weißt du, das ist genau das, was man im Regiment lernt für den Fall, dass man gefangen genommen und verhört wird. Sei der ›graue Mann‹. Sei das einfache Opfer der Umstände, das bloß zur falschen Zeit am falschen Ort war. Mach es deinen Wärtern so einfach wie möglich, dich als wertloses Stück Scheiße abzutun. Wenn du den grauen Mann mimen kannst, hebst du dich nicht von der Masse ab.

Selbst bei der Planung von Operationen hat man uns immer gesagt *Keep it Simple, Stupid* (Halte es simpel, Simpel). Ich wende das KISS-Prinzip noch heute an, wenn ich Bücher schreibe, und sogar im Geschäft. Wenn dann mal die Kacke am Dampfen ist, kann mein Hirn glasklar ausarbeiten, was ich tun muss, weil es nicht mit unnützer Information vollgestopft ist.«

Natürlich leiten wir aus dem Prinzip der Einfachheit keinesfalls ab, dass wir simplifizieren sollten. Wir vertreten sogar genau das Gegenteil. Es ist häufig bemerkenswert einfach, die Dinge zu verkomplizieren – und unschätzbar viel schwieriger, sie zu vereinfachen.

Der englische Gelehrte Samuel Johnson prägte das berühmte Bonmot: »Ich habe keine Zeit, Ihnen einen kurzen Brief zu schreiben, so schrieb ich Ihnen stattdessen einen langen.«

Was wir vielmehr sagen wollen, ist Folgendes. In der Einfachheit liegt große Schönheit – und eine solche essentielle, elementare Eleganz ist eine Sexfalle für das Gehirn.

Mathematiker suchen unablässig nach der kürzest möglichen Formel zur Beschreibung eines komplexen Phänomens. Das heißt in ihrer Ausdruckweise »Irreduzibilität«. Wir sollten dasselbe tun, wenn wir Menschen überzeugen wollen.

## GEFÜHLTES EIGENINTERESSE

»He, guck mal«, sagt Andy und stößt mich in die Rippen. »Da ist er – der Inbegriff deiner bösen guten Kerle!«

Wir sind irgendwo im Luftraum zwischen Birmingham und Liverpool, und Andy klickt sich durch die Filmsammlung auf seinem Mac.

Tatsächlich ist da auf dem Bildschirm vor ihm Gordon Gekko zu sehen – gegeltes Haar, Hemd mit weißem Kragen, Hosenträger, Manschettenknöpfe, das volle Programm. Ich beuge mich hinüber und schaue näher hin; Andy nimmt seine Ohrhörer heraus und dreht die Lautstärke auf.

Genau aufs Stichwort – auf die Frage, wann er denn endlich genug habe – sagt er den Satz: »Darum geht es doch gar nicht, Freundchen. Das Ganze ist ein Nullsummenspiel. Was der eine gewinnt, muss der andere verlieren.«

Andy lächelt, bevor er den nächsten Film anklickt. Er hat die Aufmerksamkeitsspanne eines Goldfischs auf Crystal Meth.

»Es ging nur um ihn, ganz klar«, grinst er. »Ihm waren alle scheißegal außer ihm selbst. Solange Geld reinkam, zählte nur das.«

Er liegt natürlich goldrichtig. Für Gekko *ging* es nur um Gekko. Doch anders als Vermögenswerte in der Welt der Hochfinanz ist das nackte Eigeninteresse keine – wie der Mann es wohl ausgedrückt hätte – Nullsummenware. Sicher, manche von uns mögen mehr davon besitzen als andere. Doch wir alle besitzen Anteile an uns selbst – und wie jeder Aktienhändler sind wir scharf darauf, ihren Marktwert steigen zu sehen.

Ich habe einmal eine Geschichte über den französischen König Ludwig XI. gehört. Der glaubte felsenfest an Astrologie und war daher nicht besonders überrascht, als ein Wahrsager ihm ganz richtig prophezeite, dass ein bestimmtes Mitglied seines Hofstaats binnen einer Woche sterben würde.

Da der Herrscher sich jedoch bewusst war, dass ein so mächtiger Hellseher wie dieser eine ernsthafte Bedrohung seiner Autorität darstellte, beschloss er, ihn zu einer Audienz zu rufen – und es so einzurichten, dass er danach von einem hohen Fenstersims in den Tod stürzen würde.

»Ihr behauptet, die Sterne deuten zu können«, wandte sich Ludwig bedeutungsvoll an ihn, »und das Schicksal anderer Menschen zu kennen. So sagt mir also: Welches Schicksal ist *Euch* beschieden? Und wie lange habt Ihr zu leben?«

Der Astrologe dachte einen Augenblick gründlich darüber nach. Dann lächelte er.

»Ich werde den Tod nur drei Tage vor Eurer Majestät finden.«

Also, es fiele uns nicht im Traum ein, Sie in diesem Buch zu hinterhältigen Tricks zu verleiten. Käme nicht in die Tüte, nicht wahr?! Aber *was* wir Ihnen empfehlen, ist Folgendes:

Wenn Sie jemanden zu etwas bewegen wollen und Ihr Ansinnen so verpacken können, dass es so aussieht, als läge es in *seinem* Interesse statt in Ihrem eigenen, dann stehen Ihre Chancen, Ihren Willen durchzusetzen, viel besser als im umgekehrten Fall.

Jemand hat mal eine sehr passende Frage gestellt: Was ist der beste Weg, ein Pferd zu lenken?

Antwort: In die Richtung zu reiten, in die es läuft!

Kommen wir vom *Pferde*lenken zum *Gehirne*lenken. Der beste Weg, jemandes Meinung zu ändern, ist der, dass *er* sie in Ihrem Sinne ändert!

»Als ich *Gehirnflüsterer* schrieb«, erzähle ich Andy, »verbrachte ich einige Zeit mit zwei der weltbekanntesten Trickbetrüger sowohl hier in Großbritannien als auch jenseits des großen Teichs in den USA. Und während des Treffens stellte ich jedem eine Frage: ›Was ist Ihrer Meinung nach der wichtigste Faktor, um jemanden dazu zu bewegen, etwas für einen anderen zu tun?‹

Und weißt du was? Beide gaben mir praktisch wortwörtlich

dieselbe Antwort: 99 Prozent aller Menschen begehen denselben simplen Fehler, was Beeinflussung angeht. 99 Prozent glauben, das grundlegende Geheimnis der Beeinflussung bestünde genau darin: jemanden dazu zu kriegen, etwas für einen anderen zu tun.«

»Nicht zu fassen«, sagt Andy und wischt weiter zu Angry Birds. »Aber ... das ist es nicht, oder? Das grundlegende Geheimnis der Beeinflussung ist, jemanden dazu zu kriegen, etwas für *sich selbst* zu tun.«

Er schaltet seinen Mac aus. »Ich gebe dir ein Beispiel«, sagt er.

Meine Frau hatte eine Freundin, die zu deiner Sorte gehörte. Sie arbeitete an irgendeiner Universität irgendwo im Norden. Jedenfalls war sie nicht nur eine von der Eierkopftruppe, sondern auch von der Grünentruppe und startete eine Kampagne, dass die Leute mit dem Fahrrad oder mit dem Bus statt mit dem Auto zur Arbeit kommen sollten. Sie hängte Plakate auf, verteilte Flugblätter, verschickte E-Mails – was auch immer du willst, sie machte es.

Nichts passierte. Nicht die Bohne änderte sich. Der Parkplatz war genauso gerammelt voll wie zuvor. Eines Abends kam sie zum Essen und erzählte wieder davon. Das Hauptproblem war offenbar, dass ihr Häuptling, der auch ein hohes Tier im Universitätsrat oder so was war, kein Interesse daran hatte und nicht hinter ihr stand und sie unterstützte.

»Warum nicht?«, fragte ich.

Sie sagte: »Er ist ein egoistischer, kleiner Schleimer, und für ihn springt dabei nichts heraus. Er hat andere Igel zu bürsten.«

»Welche?«, fragte ich.

»Geld auftreiben«, erwiderte sie.

Was ihm offenbar im Kopf rumschwirrte – oder vielmehr im Kopf des Kerls über ihm –, war der Umstand, dass die Finanzen der Universität den Bach runtergingen und Geld reinkommen musste. Und zwar schnell!

Aha!, dachte ich. Hier ist also der Angriffspunkt. Der Mistkerl ist knapp bei Kasse.
»Ich habe eine Idee«, sagte ich zu ihr. »Warum sagst du ihm nicht, dir sei ein schlauer kleiner Plan eingefallen, um die Kasse zu füllen? Er wird die Idee klauen, bei der nächsten Ausschusssitzung als seine eigene ausgeben – denn das machen widerliche kleine Schleimer wie er so –, und wenn sie denen gefällt und sie sie absegnen, wird er die Nummer 1 des Monats sein.«
Sie schaut mich an, als hätte ich ihr grade einen Hundehaufen in die Hand gedrückt.
»Warum zum Teufel sollte ich dafür sorgen, dass *der* gut dasteht?«, ruft sie aus. »Ich hab dir doch grade erzählt, dass er mich nicht unterstützt. Warum in aller Welt sollte ich *ihm* helfen?«
»Weil«, erwidere ich, »wenn alles nach Plan läuft, du genau das kriegen wirst, was du willst. Deine geniale Idee zur Geldbeschaffung ist nämlich, die Parkgebühren drastisch zu erhöhen. Gemeinderäte machen das ständig – das ist die einfache Lösung.«
Jedenfalls, um es kurz zu machen, als wir sie ungefähr sechs Monate später wiedersehen, strahlt sie über das ganze Gesicht.
»Wie steht's mit der Kampagne?«, frage ich.
»Könnte nicht besser laufen«, sagt sie. »Der Senat hat eine 100-prozentige Erhöhung der Jahresparkgebühr beschlossen, und seitdem radeln alle oder nehmen den Bus zum Campus!«
»Wetten, dass dein Chef ziemlich blöd dasteht!«, sage ich.
»Ja«, meint sie, »und ob!«

»Ulkigerweise habe ich diesen Trick in meiner Nordirlandzeit gelernt, Kevin. Wenn du einen Informanten zu irgendwas kriegen willst, dann finde raus, was weiter oben in der Kommandokette wichtig ist, und nutze das aus. Die Leute wollen immer bei denen über ihnen Eindruck schinden – auch wenn die sie ausnutzen!

Wenn du deinen Chef rumkriegen willst, dann finde raus, was für *seinen* Chef wichtig ist, und packe das drauf, was *du* willst.«

Andy hat recht. Der beste Weg, ein Pferd zu lenken, ist tatsächlich, in die Richtung zu reiten, in die es sowieso läuft. Doch wenn es um Beeinflussung geht, ist es doch noch ein kleines bisschen raffinierter. Wenn es um Beeinflussung geht, besteht der Trick darin, dem Pferd den Eindruck zu vermitteln, dass gar keiner im Sattel sitzt.

## ÜBERRASCHUNGSEFFEKT

Andy und ich stehen im Flughafen von Belfast am Gepäckband. Wie üblich ruckelt das Ding schon Gott weiß wie lange vor sich hin, und immer noch keine Spur von unseren Taschen.

Ein Trupp Jungs ist zu einem Junggesellenabschied hier. Sie tragen speziell bedruckte T-Shirts, grüne Lockenperücken, einen lebensgroßen Pappkameraden – vermutlich den Bräutigam – und die obligatorische aufblasbare Puppe. Ihr Gepäck kommt sofort, und sie ziehen brüllend vor Lachen davon in die Nacht von Belfast. Murphys Gesetz.

»He«, sagt Andy und tippt mir auf den Arm. »Kennst du die Story schon? Ein junger Kerl hat fast alle Vorbereitungen für seine bevorstehende Hochzeit erledigt. Alles läuft glatt, bis auf das etwas knifflige Problem, dass seine Braut eine rattenscharfe jüngere Schwester hat. Eines Tages ist er mit ihr allein im Haus, und sie rückt ihm auf dem Sofa immer näher auf die Pelle. Schließlich macht sie ihm den Vorschlag, doch ein paar Stunden nach oben zu gehen, bevor der große Tag kommt.

Jedenfalls kriegt der junge Mann ordentlich Muffensausen, überlegt rasch, was er tun soll, und stürmt dann aus dem Haus in den Vorgarten, wo ihn überraschend ein Empfangskomitee aus seiner Braut, seinen künftigen Schwiegereltern und der gesamten Sippe erwartet.

Alle brechen in frenetischen Beifall aus, seine Braut drückt ihm einen dicken Kuss auf die Wange, und sein Schwiegervater in spe erklärt öffentlich, dass er sich freue, ihm die Hand seiner Tochter zu geben, da er sich als Mann von Ehre erwiesen habe. Und die Moral von der Geschichte?«

»Weiß nicht«, sage ich. »Man weiß nie, was kommt.«

»Lass die Kondome immer im Auto!«

Der Überraschungseffekt spielt im Prozess der Einflussnahme eine Doppelrolle. Einerseits bildet er die Grundlage von fast allem, was wir komisch finden. Unser Gehirn liebt es, auf dem falschen Fuß erwischt zu werden, den Teppich der Erwartung plötzlich unter den Füßen weggezogen zu bekommen. Und wenn das im richtigen Zusammenhang geschieht, lachen wir.

Doch neben der humoristischen Wirkung hat der Überraschungseffekt eine weitere psychoaktive Eigenschaft, nämlich die Ablenkung. Ungewöhnliche, überraschende oder unerwartete Ereignisse versetzen unser Gehirn jäh in eine »mikrohypnotische Trance«, in der unsere normalen neuronalen Sicherheitssysteme in Verwirrung geraten und unsere gesamte kognitive Überwachungsausrüstung ausgeschaltet wird. Und in solchen Momenten sind wir am leichtesten zu beeinflussen.

Betrachten wir diese beiden Eigenschaften des Überraschungseffekts oder der Inkongruenz, wie wir Psychologen sagen, einmal nacheinander: Humor und Ablenkung.

### Humor

Schon gut, es hat keinen Sinn, um den heißen Brei herumzureden. Im Lauf der Jahre sind buchstäblich Hunderte Bücher über Beeinflussung geschrieben worden (und ich rechne mein eigenes natürlich dazu – Sie bekommen es in jeder guten Buchhandlung!). Doch die eine große Quintessenz, die Sie sich vor allen anderen in diesem Kapitel hinter die Ohren schreiben sollten, lautet, wie Andy immer sagt:

»Einfluss ist kein Hexenwerk!«

Und jetzt kommt, ebenfalls in Andys Formulierung, die erste Lektion aus der positiv-psychopathischen Schule des absolut Offensichtlichen:

»Wenn du jemanden dazu bringen willst, etwas Bestimmtes zu tun, und du schaffst es, dass er sich dabei *gut* fühlt und nicht schlecht, dann hast du eine verdammt viel bessere Chance, das zu kriegen, was du willst, als wenn es andersrum ist.«

»Als ich *Gehirnflüsterer* schrieb«, erzähle ich Andy, »führte ich Interviews mit ein paar New Yorker Verkehrspolizisten. Ich fragte sie, ob ihnen im Lauf der Jahre irgendein Fahrer jemals etwas so Beeindruckendes aufgetischt habe, dass sie ihm einen Strafzettel ersparten. Da erzählte mir einer von einem Kerl, den er gestoppt hatte, weil er zu schnell fuhr.

> »Wussten Sie, dass Sie 80 in einer 50er-Zone gefahren sind?«, fragte er ihn.
>
> »Klar«, sagte der Typ. »Bin ich.«
>
> Der Bulle war völlig verblüfft.
>
> »Warum zum Teufel haben Sie dann nicht gleich angehalten, als Sie mich gesehen haben?«, fragte er.
>
> Wie aus der Pistole geschossen antwortete der Mann:
>
> »Herr Wachtmeister, vor drei Wochen ist meine Frau mit einem von euch abgehauen, und als ich Ihr Blaulicht in meinem Rückspiegel sah, hab ich gedacht, Sie würden sie zurückbringen!«

Der Mann kam ungeschoren davon! Und der Grund dafür ist recht einfach: Er hatte dem Beamten so ziemlich alles gegeben, was er ihm unter diesen Umständen geben *konnte*. Er spendierte ihm einen Wohlfühlfaktor. Er zauberte ein Lächeln auf sein Gesicht.

Und das Gesetz der Gegenseitigkeit oder Reziprozität – ein sehr mächtiges Gesetz des sozialen Einflusses – hatte in dem Polizisten das Bedürfnis geweckt, dasselbe zu tun, das Bedürfnis, sich zu revanchieren. Und so gab er dem Autofahrer so ziemlich alles, was *er* ihm unter diesen Umständen geben konnte. Er erließ ihm den Strafzettel.

## Ablenkung

Doch wie erwähnt, steckt im Überraschungseffekt mehr als nur Humor – mehr als nur ein Wohlfühlfaktor. Er hat noch eine weitere psychoaktive Eigenschaft – nämlich, dass er Ablenkung bewirkt.

Ungewöhnliche Ereignisse oder neuartige Situationen leiten unser Gehirn in einen autosuggestiven Zustand, in dem wir zwar fähig sind, Information *aufzunehmen*, aber nicht unbedingt, sie bewusst zu *verarbeiten*. Und in solchen Momenten sind wir Leuten, die Einfluss auf uns nehmen möchten, auf Gedeih und Verderb ausgeliefert.

»Vor mehreren Jahren«, erzähle ich Andy, während uns ein nahezu leeres Gepäckband weiter zum Narren hält, »führte einer meiner Kollegen eine lustige Studie darüber durch, wie sich Inkongruenz, Ablenkung und Mikrohypnose im Beeinflussungsprozess bezahlt machen – und zwar in der wahrscheinlich gnadenlosesten Einflussnahme, die man kennt – und ich sage mit gutem Grund »man« –, denn seine Studie befasste sich mit Anmache.«

»Ah ja«, sagt Andy und späht in den Anlieferungsschacht. »Er wollte also wissen, natürlich rein im Interesse des wissenschaftlichen Fortschritts, ob Anbaggersprüche funktionieren, nicht wahr?«

Es fällt mir schwer, eine ernste Miene zu bewahren.

»Ja, schon«, grinse ich. »Ich meine, wenn sie's *nicht* tun, warum zum Teufel geben wir uns dann mit den verdammten Dingern ab, oder?«

Andy geht vom Förderband weg und hinüber zu einem der Gepäckausgabemonitore. Misstrauisch blinzelt er zu ihm hinauf.

»Ich frage mich allmählich, warum wir uns mit *diesem* verdammten Ding abgeben!«, murmelt er und marschiert auf und ab.

»Jedenfalls«, fahre ich fort, »ging er vor wie folgt: Erstens zog er eine Zufallsstichprobe von Anmachsprüchen aus dem Internet. Zweitens trommelte er eine Gruppe Studenten zusammen. Drittens teilte er die Anbaggersprüche gleichmäßig auf diese Studenten auf. Und schließlich ließ er sie in ein paar Bars frei, und zwar mit der ausdrücklichen Anweisung, jeden der Sprüche fünfmal auszuprobieren und ihm dann über die Ergebnisse Bericht zu erstatten. Er wollte natürlich herausfinden, ob einer der Sprüche idiotensicher war – ob einer bei allen fünf Versuchen wirken würde.«

»Und was kam raus?«, fragt Andy, nun plötzlich interessiert.

»Etwa sechs Monate später«, erzähle ich weiter, »als sich der Staub gelegt hatte und die Studenten ihm die Daten brachten, stellte sich heraus, dass nur *einer* dieser Sprüche idiotensicher war; nur *einer* funktionierte in fünf von fünf Fällen.«

»Und welcher?«, will Andy wissen.

»Sag ich dir nicht«, erwidere ich.

Er rückt ein wenig näher heran.

»Okay«, gebe ich nach. »Aber nur, weil du mich unter Druck setzt. Du machst Folgendes: Du gehst zu einem Mädchen in einer Bar hin und sagst zu ihr: ›Meine Freunde haben gewettet, dass ich mich nicht traue, das attraktivste Mädchen hier in ein Gespräch zu verwickeln. Wie wäre es also, wenn ich ein paar Drinks bestelle und wir ihr Geld auf den Kopf hauen?‹«

Andy wirkt nicht überzeugt. »Bist du sicher?«, brummt er.

»Ich geb's zu, das hört sich bei Tageslicht besehen nicht so toll an, nicht wahr? Aber jetzt kommt der Clou. Der Spruch funktioniert nur, wenn man unmittelbar danach ein Kompliment anfügt. Das kann was x-Beliebiges sein: ›Du hast eine hübsche Frisur‹, ›Mir gefallen deine Schuhe‹, ›Du trägst ein tolles Kleid‹ – irgendwas, solange es nur ein Kompliment ist.«

»Jetzt fängt du aber *wirklich* an, mich zu verarschen«, sagt Andy. »Jetzt betrittst du Spiritisten-Terrain.«

»Ich weiß«, bestätige ich. »Hört sich seltsam an, nicht wahr? Aber wenn du mal die ziemlich elementare Psychologie, die hier am Werk ist, verstanden hast, dann fügt sich sehr bald alles zusammen. Was hier passiert, ist Folgendes:

Diese Von-hinten-durch-die-Brust-ins-Auge-Strategie setzt die spontane Reaktion der Frau auf die Begegnung mit einem Aufreißer in einer Bar – nämlich Argwohn und Vorsicht – komplett außer Gefecht. Und während sie noch verzweifelt versucht, die Bedingungen dieses verrückten, komplizierten Deals zu begreifen, schlüpft das Kompliment unter ihrem Radar durch, duckt sich ungesehen unter dem Nato-Draht ihres Bewusstseins durch und taucht unentdeckt in das emotionale Belohnungszentrum ihres Gehirns ein.

Das Ergebnis? Wenn sie aus ihrer mikrohypnotischen Trance aufgewacht ist, bleibt ein Restgefühl von Wohlbefinden. Und sie wird etwas bereitwilliger auf deine Einladung zu einem Drink eingehen!«

Es ist immer noch keine Spur von unserem Gepäck zu sehen. Also hole ich meinen Laptop raus, um Andy aus erster Hand zu demonstrieren, wovon ich rede – der Macht der Inkongruenz, unseren normalerweise klar gegliederten Denkprozessen einen Knüppel zwischen die Beine zu werfen.

»O nein«, murmelt er. »Du gehst doch nicht etwa in den Weißkittelmodus, oder?«

»Psst!«, zische ich und lege den Finger an meine Lippen. »Das ist ein Labor, Kumpel. Still sein!«

Ich finde die gesuchte Datei und öffne sie. Auf dem Bildschirm vor uns poppt das zugehörige Display auf.

»Vor dir siehst du eine Reihe von Quadraten«, deklamiere ich. »In jedem dieser Quadrate steht an verschiedenen Stellen ein Wort. Ich möchte, dass du reihenweise von links oben nach rechts unten vorgehst und dabei so schnell wie möglich laut aussprichst, an welcher Stelle jedes Wort erscheint, okay? Es steht entweder links, rechts, oben oder unten.«

Andy nickt.

»Um das noch mal deutlich zu machen, du *liest* das Wort nicht, du *gibst nur seine Position an*. Verstanden?«

Er nickt erneut. »Ja, Doktor.«

»Gut, fangen wir an …«

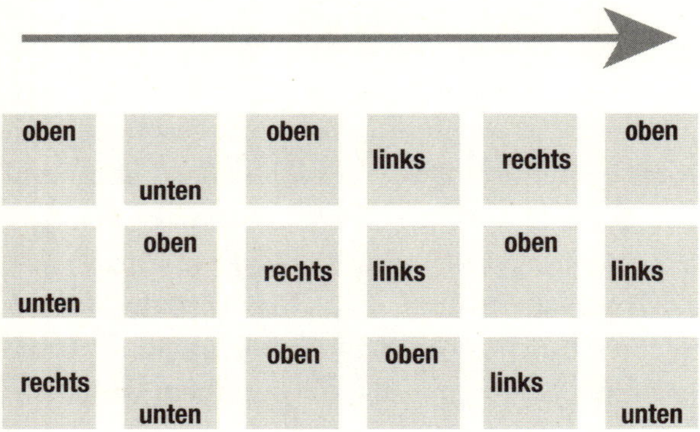


Andy rattert die Liste herunter. Zwölf Sekunden.

»Wie ging das?«, frage ich.

»Ein Klacks«, sagt er.

Ich nehme den Laptop zurück, drehe ihn zu mir und drücke auf die Leertaste. Ein weiteres Display leuchtet auf dem Schirm auf.

»Okay«, sage ich und reiche ihm das Gerät. »Jetzt wo du's draufhast, möchte ich, dass du mit dieser nächsten Wortgruppe noch mal genau dasselbe machst, ja? Denk dran, lies sie nicht, sag mir nur, wo sie in den Kästchen stehen. Klar so weit?«

»Hab's begriffen«, sagt Andy. Und legt wieder los.

17 Sekunden später sieht die Sache ganz anders aus.

»Verdammte Scheiße!«, flucht er. »Kommt mir vor, als wäre ich tagelang auf Sauftour gewesen! Irre! Was ist denn auf einmal los?«

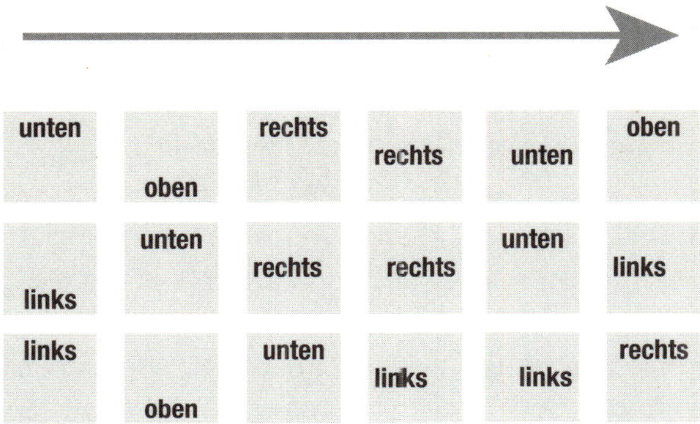


Ich lache.

»Ich will dir was sagen, Kumpel«, erwidere ich. »Du hast keine Ahnung, wie gut du in diesem Test gerade abgeschnitten hast! Die meisten Leute fahren diese zweite Liste nach Strich und Faden an die Wand – manche brauchen mehr als eine Minute länger. Manche schaffen sie nicht einmal bis zum Ende! Ein Unterschied von fünf Sekunden ist so gut wie nichts. Aber genau das, was ich bei einem wie dir erwartet habe.«

»Was meinst du mit ›einem wie mir‹?«, fragt Andy.

»Einem Psychopathen«, antworte ich. »Es geht um die Fokussiertheit. Der Grund für die Zeitverzögerung – wie du jetzt nur zu gut weißt – liegt darin, dass bei der zweiten Liste die *bewusste* Anweisung, die *Position* der Wörter *anzugeben*, sich mit der *unbewussten* Erwartung, sie einfach zu *lesen*, ins Gehege kommt: ein Gefecht, das durch die *Inkongruenz* zwischen den Wörtern und ihrer Position noch verschärft wird. Plötzlich stimmen deine *Erwartungen* und deine *Erfahrungen* nicht mehr überein – und dein Gehirn verheddert und verknotet sich.

Aber dieser – wie wir sagen – *Interferenzeffekt* zwischen zwei miteinander konkurrierenden Impulsen, nämlich dem natürlichen Drang zum Aussprechen der Wörter und meiner entgegengesetzten Anweisung an dich, sie *nicht* auszusprechen, sondern ihre Position anzugeben, tritt nicht nur beim Lesen auf. Er ist praktisch überall am Werk. Beispielsweise immer dann, wenn wir uns in einer unbekannten Umgebung aufhalten. Oder, wie bei dem Anbaggerspruch, von Unerwartetem überrascht werden.

Für Sekundenbruchteile klinkt sich unser Gehirn aus der aktuellen Situation aus – es schaut noch mal hin – und konzentriert sich stattdessen darauf, ob es die Fakten richtig erfasst hat. Mit anderen Worten, unser Gehirn *blinzelt*.

Dieser Schaltvorgang mag nur Millisekunden in Anspruch nehmen, doch selbst ein so kurzes Abwenden von dem, was grade Sache ist, bewirkt einen Riesenunterschied. Erstens löst es etwas aus, das in der Zunft als *kognitives Reframing* (wörtlich: Umdeutung) der aktuellen Ereignisse bekannt ist. Es fügt eine winzige Trennung zwischen uns und unserer prompten Reaktion ein – ein psychologisches Lokalanästhetikum, wenn du so willst –, die uns zur Neubewertung dessen veranlasst, was auch immer wir gerade im Blickfeld haben.

Zweitens erzeugt es ein verschwindend kurzes Zeitfenster der kognitiven Verwirrung, durch das eine ankommende Information – etwa ein Kompliment – ungeprüft und unbehindert in die verborgensten Winkel unseres Gehirns schlüpfen kann.«

»Also ungefähr wie eine psychologische Blendgranate?«, vermutet Andy.

»Ja«, sage ich. »Genau.«

Er nickt. »Also dieser Interferenzeffekt zwischen Erwartung und Realität, von dem du geredet hast«, fragt er, »kriegt man den auch in Flughäfen?«

»Überall«, erwidere ich.

»Dachte ich mir«, höhnt er. »Denn die ganze Zeit, die wir hier rumstehen und auf unsere Taschen warten und über verdammte Anmachsprüche reden, stehen sie da drüben an der Säule!«

## SELBSTVERTRAUEN

»Queen Street«, sagt Andy mit breitem Belfaster Akzent.

Wir geben dem Taxifahrer unser Gepäck, und er verstaut es im Kofferraum.

»In irgend 'ner netten Gegend gewesen?«, fragt der.

»Kandahar«, sagt Andy. »Ist 'ne Abwechslung, für ein paar Tage wegzukommen und Ruhe und Frieden zu haben.«

Wir tauschen Blicke.

»Wie läuft das Geschäft?«

Die Rolle von Selbstvertrauen im Beeinflussungsprozess liegt im Englischen auf der Hand: Die Bezeichnung für einen Trickbetrüger oder Hochstapler lautet »*confidence artist* (oder *man*)« oder kurz »*con artist*«. Das Selbstvertrauen ist also namengebend. In der Tat braucht ein Schwindler zur Ausübung seines Gewerbes eine gehörige Portion davon. Im Alltag jedoch ist die Rolle des Selbstvertrauens bei der Einflussnahme vielleicht ein wenig hintergründiger, als es zunächst scheinen mag.

Sicher, einerseits ist es wichtig, dass Sie als der Einflussnehmende dafür sorgen, dass Ihre Rezipienten – die Person oder Personen, die Sie zu überzeugen trachten – *Ihnen* vertrauen. Mit anderen Worten, dass Sie *Glaubwürdigkeit* vermitteln.*

Andererseits jedoch ist es genauso wichtig, dass Sie als Einflussausübender dafür sorgen, dass Ihre Zielpersonen *sich selbst* vertrauen, dass sie darauf vertrauen, dass sie den Beeinflussungsprozess genauso beeinflussen wie Sie, dass sie darauf vertrauen, dass sie aus ihrem eigenen freien Willen heraus Entscheidungen fällen.

---

* Aus diesem Grund tragen übrigens medizinische Fachleute bei Fernsehinterviews weiße Kittel und treten Analysten vor einem Hintergrund aus Aktiennotierungen und Computermonitoren auf.

Denn – das wissen alle Eltern! – je mehr sich eine Person zu einer Entscheidung gedrängt oder eingeschüchtert oder gezwungen fühlt, desto mehr Widerstand müssen Sie als Beeinflusser überwinden.

### Glaubwürdigkeit

Stellen wir den *Kontroll*aspekt des Selbstvertrauens für einen Moment beiseite und befassen wir uns mit dem Gesichtspunkt der *Glaubwürdigkeit*.

Die Geschichte, die wir jetzt erzählen, rückt unsere emotionale Intelligenz nicht gerade in das allerbeste Licht. Doch sie ist ein so glänzendes Beispiel für die Verwandlungskraft des puren Selbstvertrauens, dass sie sehr schwer wegzulassen ist. (Auch wenn wir zugeben müssen, dass wir es erwogen haben!)

Vor ein paar Jahren beschlossen Andy und ich und unsere unvergleichlich viel besseren Hälften eines sonnigen Nachmittags, in den lieblichen Cotswolds ein ländliches Picknick zu veranstalten. Nach einer stundenlangen Wanderung querfeldein gelangten wir in einen Waldgürtel, und mitten darin befand sich ein überaus gepflegter Rasenplatz. Es gab einen Teich in der Mitte und eine Bank. Und auf der Bank saßen und picknickten ein nettes junges Paar mit einem Baby.

»Das sieht doch nach einem guten Platz aus«, verkündet Andy fröhlich. »Und da, wenn wir uns durch diese Lücke im Zaun quetschen, können wir abkürzen.«

Wir klettern alle vier durch die Lücke und laufen mit federnden Schritten auf die Wiese. Als wir an den beiden auf der Bank vorüberkommen, blicken sie auf und nicken. Wir nicken zurück.

Wir breiten unsere Decke aus, öffnen unseren Korb und verspeisen die nächste Dreiviertelstunde lang Gurkensandwiches im herrlichen Sonnenschein von Oxfordshire. Wir gucken in den dekorativen kleinen Bachlauf, der durch den Miniatursteingarten plätschert. Wir schauen uns die Blumen an. Und meine

Frau hat später noch den Einfall, ein paar für zu Hause zu pflücken.

»Phantastisch!«, ruft Andy aus, als er den Gasgrill anwirft. »Ich werde mich mal an das Huhn machen.«

Als wir schließlich wieder aufbrechen, bittet uns das Paar auf der Bank zu sich.

»Entschuldigen Sie«, sagt die Frau recht zögerlich. »Ich möchte nicht unhöflich sein, aber würde es Ihnen etwas ausmachen, mir zu sagen, wie Sie hier reingekommen sind?«

»Hier *rein*?«, fragt Andy. »*Wo* rein?«

Ich übernehme.

»Klar doch«, sage ich und deute leichthin auf den Wald. »Auf demselben Weg wie Sie, schätze ich. Die Lücke im Zaun?«

Der Mann und die Frau tauschen nervöse Blicke. Dann setzt die Frau ihre Salatschüssel ab und hebt ruhig das Baby hoch.

»Äh, nein«, sagt der Mann. »Eigentlich ist das unser Garten.«

Ganz langsam, als seien wir gerade in eine Al-Kaida-Zelle hineingeplatzt, legen Andy und ich unser Picknickzubehör nieder und drehen uns um. Jetzt erhasche ich durch ein paar Bäume im Hintergrund plötzlich einen Blick auf ein Haus. Und ein Auto. Und eine Wäscheleine voller Wäsche.

»Wir wollten nichts sagen«, fährt der Mann fort, »weil wir dachten, Sie seien die Besitzer von dem«, er lächelt und nickt selbstgefällig hinter sich, »Ferienhäuschen?«

»Ich hab es gesehen!«, sagt Andy.

»Wir sind grade erst hergezogen«, sagt die Frau, »und in dem Papierkram zu dem Haus stand, dass die Besitzer manchmal vorbeischauen, um, Sie wissen schon, hin und wieder nach dem Rechten zu sehen.«

»Genau«, sage ich. »Jedenfalls nett, Sie kennengelernt zu haben. Wir, äh, werden dann mal wieder gehen.«

Mit einem idiotischem Grinsen gehen wir vier Richtung Dickicht zurück. Wir winken, als wir den Zaun erreichen.

»Hübscher Platz für ein Picknick!«, raunt Andys Gebieterin, als ihr T-Shirt an einem Ast hängen bleibt.

Es ist schrecklich, in unbehaglichem Schweigen vor sich hinzutrotten!

## Kontrolle

Andy und ich hegen nicht den Hauch eines Zweifels, dass wir uns an diesem Tag, na ja … fast nicht in die Nesseln gesetzt haben! Es war pures, *unangebrachtes* Selbstvertrauen, das uns diesen pittoresken Picknickplatz einbrachte. Doch wie wir schon sagten, es gehört mehr zu Selbstvertrauen – sogar zu unangebrachtem Selbstvertrauen –, als Glaubwürdigkeit zu vermitteln.

Sicher, einerseits ist es wichtig, dass Sie als der Beeinflussende dafür sorgen, dass Ihre Rezipienten – die Person oder Personen, die Sie zu überzeugen trachten – *Ihnen* vertrauen. Andererseits jedoch ist es genauso wichtig, wenn nicht sogar wichtiger, dass Sie als der Einflussausübende dafür sorgen, dass Ihre Zielpersonen *sich selbst* vertrauen, dass Sie so weit wie irgend möglich die *Illusion* verbreiten, dass sie den Beeinflussungsprozess genauso beeinflussen wie Sie, dass sie aus ihrem eigenen freien Willen heraus Entscheidungen fällen.

Denn, Leute, wie Andy ganz richtig betont: »Der beste Weg, jemanden auf seine Seite zu bringen, ist der, ihn möglichst bald davon zu überzeugen, dass es gar keine Seiten gibt!«

»Es gibt eine tolle Geschichte über Winston Churchill, die genau das beweist«, erzähle ich ihm, während das Taxi vor unserem Hotel vorfährt.

> Am Ende eines Staatsbanketts für Würdenträger des Commonwealth in London sieht Churchill, wie ein anderer Gast einen kostbaren silbernen Salzstreuer vom Tisch verschwinden lässt.
> Er ist hin- und hergerissen zwischen dem Wunsch, einen peinlichen Zwischenfall zu vermeiden, und dem gleich starken und

entgegengesetzten, den Lump nicht davonkommen zu lassen. Was soll Churchill also tun?

Er macht Folgendes: Er greift sich den zugehörigen Pfefferstreuer, steckt ihn ebenfalls ein, nähert sich seinem kriminellen »Kollegen«, zieht das Objekt aus der Tasche, stellt es vor ihn auf den Tisch und flüstert ihm verschwörerisch ins Ohr:

»Ich glaube, wir werden beobachtet. Besser, wir stellen die Dinger zurück …«

»Problem gelöst – einfach, elegant und ohne weiteres Trara.«

»Spitze!«, sagt Andy anerkennend.

»Eigentlich ist das nur eines der Talente«, fahre ich fort, »wenn man es überhaupt ein Talent nennen kann, das die geschicktesten Trickbetrüger der Welt unsereinem voraushaben. Sie sind herausragende Vertreter der Kunst, uns *glauben* zu machen, wir würden selbst entscheiden, während in Wirklichkeit sie hinter den Kulissen die Fäden der Entscheidungsfindung ziehen wie geniale psychologische Marionettenspieler.«

Einer dieser Betrüger, mit dem ich ein ausführliches Interview führte, hatte sogar einen eigenen Begriff dafür. Er nannte es den »Heiß-hier-drin«-Effekt.

Überlegen Sie mal. Es gibt zwei Wege, jemanden dazu zu bewegen, ein Fenster zu öffnen. Sie können einfach geradeheraus fragen: »Würden Sie bitte das Fenster öffnen?« Oder Sie können den indirekten Weg wählen: »Puh! Heiß hier drin, nicht wahr?«

In neun von zehn Fällen wird in diesem letzteren Szenario Ihr Gegenüber aufstehen und das Fenster öffnen – *und glauben, es sei seine eigene Idee gewesen.*

Und an diesem Punkt wird es gefährlich. Denn die Forschung zeigt, dass wir, sobald wir einmal etwas *freiwillig* für jemanden getan haben – und das entscheidende Wort ist hier *freiwillig* –, viel bereitwilliger auf weitere Bitten eingehen. Wir gleiten heimlich und unwissentlich in ihren Machtbereich.

»Genau dasselbe Prinzip der Gedankenkontrolle liegt der Zauberei zugrunde«, erkläre ich Andy, »und zwar in der Anwendung der Technik, die ich dir damals mit den Münzen gezeigt habe: ›Zwangswahl‹.

Und es ist wahrscheinlich kein Zufall, dass einer der Trickbetrüger, mit denen ich rumhing, früher mal ein ziemlich versierter Zauberkünstler war. Ich sag dir, wenn du mit unserem James abgerechnet hast, werde ich es dir zeigen!«

Während Andy und der Chauffeur Tipps zum schnellsten Weg vom Flughafen in die Innenstadt austauschen, fahre ich meinen Laptop wieder hoch. Als sie ihr Tête-à-Tête beendet haben, rufe ich sie beide zu mir.

»Also«, sage ich, »Andy, ich möchte, dass du dir als Erstes eine *ungerade* Zahl zwischen eins und zehn ausdenkst. Sage mir nicht welche, behalte sie einfach nur im Kopf. Okay?«

Andy nickt.

»Und von *Ihnen* möchte ich«, wende ich mich an den Taxifahrer, »dass Sie an eine *gerade* Zahl zwischen eins und zehn denken. Verstanden?«

Er nickt ebenfalls.

»Gut«, sage ich. »Jetzt wird Folgendes passieren: Auf dem Computerbildschirm vor uns werden nacheinander mehrere Wörter erscheinen, und ihr sollt euch das Wort oder Wortpaar merken, das zu der Zahl gehört, die ihr im Kopf habt. Klar so weit?«

Beide nicken.

»Na denn«, sage ich. »Fangen wir an …«

Ich drücke die Leertaste, und die folgende Liste erscheint Wort für Wort auf dem Schirm. Ist schon ein komischer Anblick, wie die beiden sich so über den Computer auf der Motorhaube des Taxis beugen. Normalerweise mache ich das in einem hellen, warmen Labor in Oxford. Nicht auf einem zugigen Hotelparkplatz mitten in Belfast.

1. Edelmetall
2. Wolle
3. Besteck
4. Goldfarben
5. Hochglanzpoliert
6. Knäuel
7. Scharf
8. Katzenspielzeug
9. Küchengerät
10. Rund

»Gut«, sage ich, als keine Wörter mehr erscheinen und der Bildschirm leer bleibt. »Ihr beide solltet euch jetzt ein Wort oder einen Ausdruck gemerkt haben. Richtig?«

»Jau«, tönt es unisono.

»Prima«, erwidere ich. »Jetzt werde ich euch, wieder einzeln, noch eine Liste von Ausdrücken vorsetzen, und ihr sollt euch diesmal denjenigen merken, der eurer Meinung nach am besten zu dem passt, den ihr schon im Kopf habt. Einverstanden?«

Sie murmeln beide zustimmend, und ich drücke erneut die Leertaste. Weiteres Flimmern:

- Blauer Filzstift
- Penny-Briefmarke
- Tranchiermesser
- Gelbes Garnknäuel
- Echtes Ölgemälde
- Alter Filzhut
- Südseeinsel
- Western-Postkutsche
- Antike Uhr
- Porzellankaffeetasse

»Gut«, sage ich, als die Liste endet. »Habt ihr jetzt beide einen Begriff im Kopf?«

Sie blicken zuerst einander und dann mich an.

»Ja«, nicken sie.

»Okay«, erwidere ich. »Mit Hilfe meiner teuflischen Gedankenlesekräfte werde ich euch jetzt beweisen, dass ihr zwar vielleicht glaubt, eure eigenen Gedankenprozesse selbst zu lenken, dass sie aber manchmal von überlegenen psychologischen Kräften manipuliert werden können. Mit anderen Worten, bei dieser Gelegenheit –«

»Mach voran!«, bellt Andy. »Es fängt an zu regnen!«

»Äh, sorry«, sage ich. »Andy – du denkst jetzt an ein *Tranchiermesser.* Und Sie« – ich wende mich dem Taxifahrer zu – »denken an ein *gelbes Garnknäuel.*«

»Herrgott nochmal«, flucht Andy. »Jetzt hab ich aber die Nase voll davon!«

Er wirft sich seine Tasche über die Schulter und marschiert auf das Hotel zu. Ich klappe den Laptop zu und folge ihm.

»Fahren Sie nächstes Mal über Nutt's Corner und nicht die Antrim Road!«, ruft Andy dem Taxifahrer noch zu. »Dann kriegen Sie vielleicht ein Trinkgeld.«

Wir checken ein, machen uns frisch und treffen uns 20 Minuten später unten in der Bar wieder.

»Weißt du«, sagt Andy, »ich habe es vorhin aus naheliegenden Gründen nicht erwähnt, aber damals in den alten Zeiten ging ohne Selbstvertrauen gar nichts. Wenn man undercover arbeitet, braucht man genügend Selbstvertrauen, um die Leute zu überzeugen, dass man der ist, der zu sein man behauptet, und nicht der, von dem sie vermuten, dass man es sein könnte. Als ich während des Nordirlandkonflikts in Derry war, hatte ich den Auftrag, Informationen über terroristische *Active Service Units* oder ASUs, kleine bewaffnete Zellen der IRA, zu sammeln: über ihre Waffen, Verstecke und Sympathisantenkreise – solche Dinge, damit wir

Angriffen zuvorkommen, Verhaftungen vornehmen und Leben retten konnten.

Es dauerte sechs Monate, bis ich mich wirklich ›eingebettet‹ fühlte. Also, ab da war ich wirklich ein Einheimischer. Ich rasierte mich nicht vor Freitagabend. Ich trug Jeans vom Markt und billige Turnschuhe. Und ich machte einfache, blöde Sachen, etwa immer da über die Straße zu gehen, wo ein Schülerlotse oder eine Schülerlotsin stand.

Mir ging's um Kontinuität – du weiß schon, ein Lächeln, ein Nicken, manchmal ein Hallo, egal was. Was ich wollte, war Kontakt zu Menschen, die normalen, alltäglichen Vorkommnisse, die jeder sah. Ich musste mich in der Stadt bewegen wie ein Einheimischer und der graue Mann sein, von dem ich dir schon erzählt habe, einer, der keinen zweiten Blick wert ist.

Ich meine, der Grund, weshalb Leute wie ich überhaupt in diese Undercover-Gruppe ›gebeten‹ wurden, war ja, weil wir in Gegenden wie Peckham aufgewachsen waren – und ein Innenstadtviertel ist ein Innenstadtviertel, egal wo. Wir fühlten uns in einer solchen Umgebung zu Hause. Ich gebe dir ein Beispiel. Der Bezirk Bogside in Derry war und ist immer noch eine Hochburg der irischen Republikaner. Wenn du als Außenstehender das Selbstvertrauen aufbringen willst, auch nur einen Fuß hineinzusetzen, dann muss dein Kopf völlig ausgefüllt sein von einem Grund für deine Anwesenheit dort. Wenn du den nicht im Kopf spürst, siehst du auch nicht so aus, als würdest du ihn körperlich spüren. Und dann spüren die Leute um dich herum, dass etwas nicht stimmt.

Es ist fast wie *method acting* – und zwar so sehr, dass ich nach einer Weile die Gründe, die ich mir ausdachte, wirklich selber zu glauben begann. Ich gab immer vor, einen Kumpel zu besuchen oder manchmal, ohne bestimmten Grund, einen Schwager. Die Welt um mich hatte keine Ahnung, wer ich war. Und daran musst du dich festhalten. Sie dachten nicht: ›Ach guck mal – da geht ein Undercoveragent der Special Forces.‹

Sie dachten nur: ›Wer zum Teufel ist das? Ist er von Shantello oder Creggan [republikanische Viertel] rübergekommen? Oder kommt er aus einem der protestantischen Viertel von der anderen Seite des Flusses und will jemanden umlegen?‹

Wenn du dir selbst vertraust, brauchst du nur Sekunden, um sie zu bluffen und ihnen das Gefühl zu vermitteln, dass du einer von ihnen bist. Ein rasches *Was guckst du?* wirkte in aller Regel. Manchmal musste man nicht mal den Mund aufmachen – ein Blick genügte.

Das war die allgemeine Haltung, die ich am liebsten ausstrahlte. Einer von der Sippe. Auf diese Weise hatte – wie sie daheim in Peckham immer sagten – ›jeder was davon‹. *Sie* fühlten sich sicher, und *ich* konnte mit dem weitermachen, was auch immer ich vorhatte.«

Wir trinken aus und steuern das Restaurant an, um einen Bissen zu uns zu nehmen.

»Übrigens«, sagt Andy, als wir uns setzen. »Dieser Gedankenlesetrick, den du vorhin abgezogen hast. Wie hast du das gemacht?«

»Haha! Ich wusste, dass du dir's nicht würdest verkneifen können. Es ist eigentlich ganz einfach.

Die ungeraden Zahlen in der ersten Liste – nicht dass dir das aufgefallen wäre – haben alle mit etwas Glänzendem, Spitzem zu tun: Edelmetall, Besteck, hochglanzpoliert, scharf, Küchengerät. Du hast eines *davon* ausgewählt. Die geraden Zahl gehörten zu einem anderen Thema, einem gestrickten, knuddeligen: Wolle, goldfarben, Knäuel, Katzenspielzeug, rund. Und der Taxifahrer hat sich eines *davon* ausgesucht.

Wenn wir jetzt zur zweiten Liste kommen – aus der ihr den Ausdruck wählen solltet, der am besten zum ersten passte, den ihr ausgesucht habt – na, da gab es nur zwei, die wirklich in Frage kamen: Tranchiermesser bei dir und gelbes Garnknäuel bei ihm.

Keiner von den anderen – Südseeinsel, Postkutsche, antike

Uhr – hatte irgendeine Verbindung mit scharf und spitz oder gestrickt und knuddelig. Also wurdet ihr beide, ohne es zu merken, zu den Entscheidungen, die ihr getroffen habt, *gezwungen* – daher wie gesagt der Name der Technik: ›Zwangswahl‹.

Ihr mögt den Eindruck gehabt haben, ihr hättet selbst entschieden. Aber als der geniale Mentalist, der ich bin, war ich euch immer einen Schritt voraus.«

Andy schüttelt den Kopf.

»Mach schon!«, dränglе ich. »Gib's zu! Echt cool, oder?«

Er kratzt sich am Hals.

»Nicht übel«, sagt er. »Für einen Eierkopf.«

## EMPATHIE

Es sollte nicht allzu sehr überraschen, dass Empathie der letzte Bestandteil unserer Würzmischung SPICE ist.

Die vorigen vier Elemente – Einfachheit, gefühltes Eigeninteresse, Überraschungseffekt und Selbstvertrauen – rollen alle einen roten Teppich für das Gehirn aus, verschaffen uns in irgendeiner Weise ein gutes Gefühl. Und Empathie tut das wohl in noch größerem Maße als alle anderen vier zusammen.

Empathie lässt sich aus unterschiedlichen Blickwinkeln beschreiben. Hier jedoch teilen wir die Definition in drei Aspekte auf. Empathie ist die Fähigkeit:

- eine Person zu *verstehen*,
- eine *Bindung* zu einer Person herzustellen,
- die Sprache einer anderen Person zu *sprechen*.

Oder, um eine Analogie aus der Nachrichtentechnik zu verwenden, Empathie ist die Fähigkeit, sich auf die emotionale Wellenlänge einer anderen Person einzustellen und die eigene Botschaft auf dieser Frequenz zu senden statt in einem allgemeineren psychologischen Frequenzband.

So erhielten die Verkäufer in einer Studie, die in einem Call-Center durchgeführt wurde, die Wahl zwischen Headsets fürs linke oder fürs rechte Ohr. Wie die Ergebnisse zeigten, erzielten die Verkäufer, die sich für Headsets für das rechte Ohr entschieden, höhere Umsätze – möglicherweise weil sie einen von Natur aus eher »intuitiven/emotionalen« Zugang zu den Kunden wählten als einen »logischen/intellektuellen«.*

Je geschickter Sie in psychologischer Kommunikation sind, desto erfolgreicher werden Sie Menschen zu bestimmten Handlungen bewegen können.

»Einer der Jungs im Regiment hatte ein kleines Problem mit seinem Temperament«, erzählt mir Andy, als wir unsere Spaghetti Bolognese essen. Die Küche hatte schon zu, aber zum Glück gelang es dem Koch, in irgendeinem Topf noch etwas davon aufzutreiben.

»Es war nach und nach schlimmer geworden, angefangen damit, dass er Dinge zerschlug und sich in Kneipen rumprügelte, bis hin zu Gewalttätigkeiten zu Hause – du weißt schon, dass er seine Frau verdrosch und so. Es kam so weit, dass er zum letzten Mal verwarnt worden war und etwas geschehen musste. Er hatte verschiedene Leute aufgesucht, einen Aggressionsbewältigungskurs in der Stadt mitgemacht, und man empfahl ihm Meditation. Das kam nicht besonders gut an. Ich glaube, er nahm den Raum auseinander, als er das hörte. Meditation war was für linsenfressende Sandalenträger. Nichts für einen abgebrühten SAS-Kämpfer.

---

* Genau wie unsere Augen mit der jeweils entgegengesetzten Gehirnhälfte verbunden sind (rechtes Auge – linke Hemisphäre / linkes Auge – rechte Hemisphäre), tritt diese Lateralisation auch für auditorische Reize auf. Herkömmlichen Vorstellungen der Hemisphärenspezialisierung zufolge arbeitet die linke Gehirnhälfte logisch, analytisch und rational, die rechte hingegen intuitiv, emotional und ganzheitlich.

Dann unterhielt sich eines Tages einer der anderen Jungs, der schwer auf Karate stand, im Pub mit ihm und ließ nebenbei fallen, dass es auf den höheren Ebenen des Kampfsports immer weniger um das Körperliche gehe; der Schwerpunkt liege viel eher darauf, Körper und Geist miteinander in Einklang zu bringen, als auf der Technik. In diesem Zusammenhang erwähnte er Meditation.

Und da machte es klick. Plötzlich war Meditation etwas, das zu ihm passte. Das auf seiner Wellenlänge lag. Er nahm an einem Kurs teil und entwickelte echtes Interesse daran. Danach blickte er nie wieder zurück.«

Dieser Bursche im Pub war ein cleveres Kerlchen. Wer weiß schon, ob er wusste, was er tat? Vielleicht ja, vielleicht nein. Doch eines hatte er in diesem Kneipengespräch jedenfalls geschafft – diesem ganzen Meditations»dings« mit einem Handstreich ein neues Image zu verpassen.

Durch Neuverpacken – oder, um den Fachausdruck zu benutzen, *Reframing* – holte er die Meditation aus dem, wie wir Psychologen sagen, *Ablehnungsbereich* (der von »Nein!« beherrschten Entscheidungszone) seines Kumpels heraus und hinein in seinen *Akzeptanzbereich* (der von »Ja!« beherrschten Entscheidungszone).

Und die Ampel sprang von Rot auf Grün.

Ablehnungs- und Akzeptanzbereich

Die Kunst, ein Etikett zu prägen oder einen Kontext zu knüpfen, ist wirklich schwarze Magie!

Es ist unglaublich, wie viel mehr Sie mit einer einfachen Redewendung erreichen können, welche Durchschlagskraft Ihre Botschaft zu entwickeln vermag, wenn Sie Ihren Einfluss-Drehknopf auf *persönliche* statt auf *allgemeine* Frequenzen einstellen.

Der amerikanische Florist Max Schling schaltete einst eine geniale Anzeige in der *New York Times*. Sie war komplett in Kurzschrift abgefasst, und Tausende neugieriger Geschäftsleute rissen sie heraus und gaben sie ihrer Sekretärin mit der Bitte um Übersetzung.

Wie sich erwies, richtete sich die Anzeige (natürlich ohne dass die Geschäftsleute es wussten) … ja, Sie haben's erraten … an die Sekretärinnen selbst. Sie lautete: »Wenn Sie das nächste Mal Blumen für die Frau vom Chef besorgen, denken Sie an Schling's Blumengeschäft.«

Wir alle verstehen manche Sprachen besser als andere. Wo Schling Steno verwendete, setzen andere Überzeugungskünstler Metaphern ein. Stellen Sie sich vor, ich wäre Ihr Chef und wollte, dass Sie Überstunden für eine eilige Präsentation machen. Stellen Sie sich zudem vor, ich wüsste (gute Chefs machen ihre Hausaufgaben!), dass Sie für den London-Marathon trainieren.

Sende ich mein Ansinnen auf einer *allgemeinen Einflussfrequenz*, könnte sie in etwa so lauten:

> Ich habe mich gefragt, ob Sie heute Abend nach der Arbeit vielleicht noch ein paar Stunden länger dableiben könnten, um an der Fertigstellung der Präsentation mitzuarbeiten.

Und meine Chancen stünden vielleicht fifty-fifty.

Sende ich meine Botschaft aber auf einer *persönlichen Einflussfrequenz*, würde sie sich etwas anders anhören:

Ich weiß, dass die Strecke jetzt gerade schwierig ist, aber ich habe mich gefragt, ob Sie wohl das Durchhaltevermögen haben, sich durchzubeißen und heute Abend noch eine Runde mehr einzulegen, um die Präsentation über die Ziellinie zu bringen.

Und meine Chancen würden erheblich steigen.

Die Macht der Metapher beschränkt sich, wie wir im vorigen Kapitel sahen, nicht nur darauf, uns selbst zu überzeugen. Man kann mit ihrer Hilfe andere Menschen beeinflussen.

»Weißt du, wenn du undercover arbeitest, setzt du 'ne Menge solcher Fähigkeiten ein«, sagt Andy und schaufelt sich seine letzten Spaghetti in den Mund.

Ich blicke von meinem eigenen Teller auf, und was ich sehe, ist kein hübscher Anblick. Er hat so viel Sauce im Gesicht, dass er aussieht wie das Ergebnis eines Unfalls mit Selbstbräuner.

»Ich erzähl dir mal ein Beispiel«, sagt er:

Die Bogside, von der ich dir schon erzählt habe, ist ein Labyrinth aus zwei- und dreistöckigen Wohnblocks, verbunden durch dunkle Gassen. Manche Gassen münden in andere. Einige enden einfach blind. Der Architekt, wenn es einen gegeben hat, muss auf LSD gewesen sein und mit Jenga-Steinen gespielt haben, als er das entwarf.

Aber weißt du was? Manche Dinge ändern sich nie. Genau wie in dem Viertel in London, in dem ich aufgewachsen bin, gab es einen Spar-Laden, rannten Kinder durch die Gegend, deren Mütter ihnen hinterherschrien, sie sollten jetzt verdammt nochmal zum Essen reinkommen, und hingen Gruppen von Jungs rum und tranken, rauchten und machten viel zu viel Radau.

Der einzige echte Unterschied zwischen einem Viertel in Derry und einem in London war, dass diese Kerle in Derry sich im Krieg befanden. Bei diesen Jungs gab es kein Gangstergehabe, keine Gesten mit der Hand als imaginärer Waffe. Sie hatten Sprengstoff, Maschinengewehre und Granatwerfer und konnten dich verdammt real kaltmachen.

Jedenfalls hielt ich mich eines Abends in der Bogside auf und suchte nach einigen Spielern, die gerade ein paar Sturmgewehre in das Viertel gebracht hatten. Geplant war, dass ihre Scharfschützen später eine britische Armeepatrouille außer Gefecht setzen sollten. Kinder kickten schreiend und kreischend einen Fußball durch die Pfützen. Räudige Hunde lungerten in den Türeingängen herum. Die wenigen Straßenlampen, die noch funktionierten, flackerten auf.

Als ich an dem Spar-Laden vorüberkam – ein alter Frachtcontainer mit schweren Vorhängeschlössern an der Tür –, unterbrachen die Kinder ihr Fußballspiel und starrten zu mir. Das war nicht ungewöhnlich. Schon fünf- oder sechsjährige Kinder wurden als Spitzel angeheuert – um ein Frühwarnsignal zu geben, falls sich dem Viertel ein potentielles Problem nähern sollte.

Es störte mich nicht. Warum auch? Schließlich war ich unterwegs zu einem Kumpel, nicht wahr? Deshalb war ich hier. Ich ging meinen üblichen Gewohnheiten nach und starrte zurück. *Was glotzt ihr denn so?*

Ich hatte keine Ahnung, wie spät es war. Man trägt keine Uhr, damit keiner an dich rankommen und dich nach der Zeit fragen kann. Mit nacktem Handgelenk kannst du einfach weitergehen und ihn loswerden.

Jetzt schauten mir auch Erwachsene nach. Sie wussten alle, dass die Waffen gerade in Stellung gebracht wurden, und in ein oder zwei Küchen wurden Gesichter gegen die beschlagenen Scheiben gedrückt.

Ich drehte mich um und starrte zurück. *Was glotzt ihr denn so? Geht zurück und kocht euren Kohl!*

Jedenfalls waren in diesem Moment zwei männliche Stimmen hinter mir zu hören. Aber ich wandte mich nicht nach ihnen um. Wozu auch? Ich ging einfach weiter. Wenn sie mich herausforderten, würde ich mich ihnen stellen. Mein Akzent war bei kurzen Äußerungen ganz passabel. Aber warum *sollten* sie mich herausfordern? Mein Kumpel wohnte in diesem Viertel, und ich war früher schon oft hier gewesen. Also konnten sie sich einfach verpissen.

In meinem Schritt war kein Zögern. Darauf achtete ich. Wie gesagt, ich hatte jedes Recht, hier zu sein. Ich wusste, wohin ich ging. Ich bog nach links in die nächste Gasse ein, um zu sehen, ob sie mir weiter folgten.

Scheiße, eine Sackgasse!

Jetzt konnte ich mich auf keinen Fall einfach umdrehen und wieder rauskommen. Wie natürlich hätte *das* wohl ausgesehen? Ich meine, wenn du weißt, wohin du gehst, weißt du, wohin du gehst. Du würdest dich nicht plötzlich verlaufen.

Die murmelnden Stimmen hielten am Eingang der Gasse an. Klar, die Ärsche überprüften mich, was ja nicht überraschend war. Alles was in diesem Teil der Welt unbekannt war und sich bewegte, galt als Bedrohung. Die Mauer am Ende der Gasse kam rasch näher, und als ich sie erreichte, hielt ich an. Überraschung, Überraschung, der Boden war übersät mit Hundekacke, alten Coladosen und einer verkokelten Matratze.

Ich konnte die Stimmen hinter mir immer noch miteinander tuscheln hören und mir leicht vorstellen, was sie sagten. »Was zum Teufel macht der da hinten?« Dann konnte ich hören, wie Fenster aufgingen und andere in den Chor einstimmten.

Ich öffnete den Reißverschluss meiner Jeans und tat so, als würde ich pinkeln. Aber das passierte nicht. Wie lange dauert es, eine Stange Wasser ins Eck zu stellen? Hinter mir ging's rund, aber ich konnte mich ja schlecht umdrehen und nachsehen, nicht wahr? Hätte ich das getan, wäre es wirklich abgegangen.

Eins war sicher. Sie hatten nicht vor, mir in die Sackgasse nachzugehen. Viel zu riskant. Da wussten sie ja nicht, was passieren würde. Doch das half mir nicht, mit meiner Wut auf mich selbst fertigzuwerden. Es ist schwer zu erklären, wenn man es nicht selbst erlebt hat, Kevin. Aber es hat was damit zu tun, dass man Mist gebaut hat und keine Kontrolle mehr hat.

Jedenfalls vergingen 30 Sekunden. Ich wippte ein paar Mal auf den Fußballen, um imaginäre Tropfen abzuschütteln, zog den Reißverschluss zu und drehte mich um. Die Kerle waren weg. Es war unheimlich. Ich ging aus der Gasse raus, und es war, als ob nie etwas passiert wäre. Die einzigen Menschen in Sichtweite waren Kinder auf rostigen, alten Fahrrädern.

Ich bog nach links ab und machte mit der Aufgabe weiter, während die Kinder mit Dosen nach den Hunden warfen und die Kohlkocher mich beäugten.

Aber jetzt war nicht der Zeitpunkt, sie anzuscheißen. Jetzt war der Zeitpunkt, sie anzulächeln, verlegen zu sein, weil man unter ihren Küchenfenstern gepinkelt hatte. Ich meine, das war ja schließlich nicht besonders nett, oder? Also tat ich genau das. Ich zuckte die Achseln, grinste sie betreten an und ging meines Weges.

Und verdammt nochmal, gehörte nicht eines der Gesichter, die auf mich herunterschauten, dem alten Schülerlotsen von der Strabane Road, dem ich immer zunickte, wenn ich vorbeiging?!

Weißt du was, Kumpel? Du hast recht. Letzten Endes, ganz egal woher du kommst, wie du aussiehst oder wie viel Hausaufgaben du machst, zählt nur die Fähigkeit, dass du mit den Leuten zurechtkommst. Dass du einen Draht zu ihnen findest. Dass du dich einfügst. Ich meine, wenn du *das* nicht kannst, wird dir niemand auch nur *irgendetwas* erzählen!

Und du musst auch fähig sein, Leute zu verstehen, einzuschätzen, wie sie sich fühlen mögen, zu erraten, was sie vielleicht denken. Das richtige Wort – oder das richtige Pinkeln! – zur richtigen Zeit kann unter Umständen Hunderte Leben retten, während das falsche Wort zur falschen Zeit dich womöglich dein eigenes kosten kann.

Ans Ende des Kapitels haben Andy und ich ein paar hilfreiche Hinweise gestellt, mit denen Sie in *allen* Bereichen Ihres Lebens für gut Wetter sorgen können – nicht nur, falls Sie zufällig mal undercover in einem verrufenen Innenstadtviertel herumspazieren.

Doch was er über das »Lesen« von Menschen sagt, macht mich neugierig – und bevor wir uns aufs Ohr hauen, werfe ich den Laptop ein letztes Mal an und unterziehe ihn noch einem kleinen Test.

Es handelt sich um den »Reading the Mind in the Eyes«-Test oder kurz Eyes-Test des Cambridge-Psychologen Simon Baron-Cohen. Anhand dieses Tests lässt sich beurteilen, wie gut wir die Stimmungen anderer Menschen aus begrenzter Information erschließen können. Die Probanden sehen nur die Augenpartie einer Person und sollen herausfinden, welches Gefühl sie zum Ausdruck bringt.

Wenn er gut ist, kriegt er mindestens drei von fünf raus, denke ich, während ich ihm die folgenden Bilder zeige:

**verspielt, tröstend, irritiert, gelangweilt**

**schockiert, phantasierend, ungeduldig, wachsam**

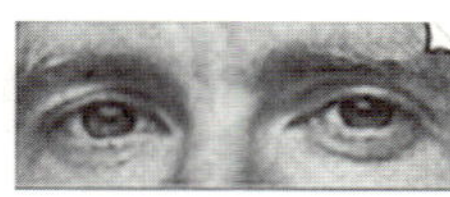

**erschrocken, amüsiert, bereuend, flirtend**

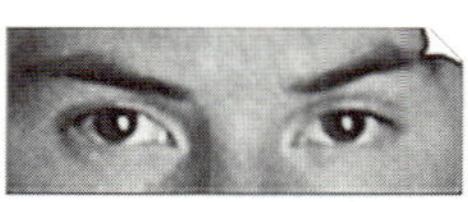

**zufrieden, entschuldigend, herausfordernd, neugierig**

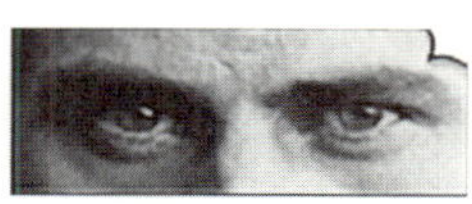

**scherzend, fordernd, amüsiert, entspannt**

Er schafft alle fünf. (Lösung auf Seite 261)

»Ich bin beeindruckt!«, sage ich. »Noch mal fünf?«

Er steht auf und schlendert zu seinem Zimmer.

»Ich würde mir eine Lektion von Muhammad Ali zu Herzen nehmen, wenn ich du wäre, Kumpel«, ruft er über die Schulter zurück. »Steig aus, wenn du hinten liegst!«

## TIPPS VOM GUTEN PSYCHOPATHEN

Wie man einer unbekannten Person die Befangenheit nimmt und sofort einen guten Draht zu ihr findet:

### 1. Lächeln Sie

Lächeln ist ansteckend. Schwedische Forscher zeigten Testpersonen unterschwellig Bilder von lächelnden und zornigen Gesichtern und registrierten die Aktivität in ihren Gesichtsmuskeln. Obwohl die Probanden nicht wussten, was sie sahen, aktivierten die lächelnden Gesichter den *Musculus zygomaticus major* oder großen Jochbeinmuskel (einen der »Lachmuskeln«), die zornigen Gesichter den *Musculus corrugator supercilii* (der die Augenbraue beim Stirnrunzeln nach innen/unten zieht).

### 2. Stellen Sie Blickkontakt her

Jeder Autofahrer weiß, dass er eher in den fließenden Verkehr hineingelassen wird, wenn er mit einem herannahenden Fahrer Blickkontakt herstellt. Die Forschung zeigt, dass Blickkontakt für nicht weniger als 55 Prozent der Informationsübertragung in einem Gespräch verantwortlich sein kann – der Rest ist aufgeteilt zwischen »nonverbal-auditorischem« Inhalt (z. B. Intonation) mit 38 Prozent und »formalem« verbalen Inhalt mit lediglich sieben Prozent.

### 3. Machen Sie der Person ein Kompliment

Komplimente sind wie Viagra für das Gehirn. Positive Bestätigung gibt uns nicht nur ein gutes Gefühl, sondern kann auch ganz zwanglos ein Gespräch in Gang bringen. Aber das Kompliment sollte unbedingt ehrlich sein. Falsche Schmeichelei ist ungefähr so willkommen wie ein Hundehaufen in einem Swimmingpool – und genauso leicht zu entdecken.

### 4. Sprechen Sie die Person mit Namen an

Spitzenverkäufer und -politiker haben ein Händchen für »Instant-Intimität«. Doch eine fremde Person nach ihrem Namen zu fragen und ihn dann zu gebrauchen kann jedem von uns einen Vorsprung verschaffen. Namen machen eine Begegnung persönlicher, und unsere Gesprächspartner fühlen sich wertgeschätzt. Wenn Sie eine Person um einen Gefallen bitten, tut sie Ihnen diesen Studien zufolge eher, wenn Sie Ihre Bitte mit namentlichem Ansprechen einleiten.

### 5. Seien Sie heiter

»Ich bin extra obdachlos geworden, damit ich das hier verkaufen kann!«, sprach mich einmal ein Verkäufer der britischen Straßenzeitung *The Big Issue* an. Ich erwarb auf der Stelle ein Exemplar. Humor entwaffnet postwendend – weshalb »Sinn für Humor« in 80 Prozent aller Kontaktanzeigen auftaucht. Sie brauchen nicht zur Ulknudel zu werden, aber Sie sollten auch nicht auf Förmlichkeit bestehen. Eine prima Methode, einen guten Draht zu finden, ist, sich locker zu machen.

### 6. Bieten Sie der Person ein Heißgetränk an

Haben Sie sich schon mal gefragt, warum Immobilienmakler es kaum erwarten können, die Kaffeemaschine anzuschmeißen? Dank eines Psychologenteams kennen wir jetzt die Antwort. Forscher in den USA brachten ihre Probanden mit einem Trick dazu, ein heißes oder kaltes Getränk zu halten, bevor sie einschätzten, wie »warm« oder »kalt« eine fremde Person war. Raten Sie mal! Die Probanden mit dem Heißgetränk in der Hand beurteilten die Person als warmherziger und großzügiger als diejenigen mit dem kalten Getränk.

### 7. Spiegeln Sie

Forscher in den Niederlanden baten Studenten um ihre Meinung zu einer Reihe von Werbeanzeigen. Ohne dass die Studenten es ahnten, ahmte ein Mitglied der Wissenschaftlergruppe die Hälfte von ihnen nach, während sie sprachen, spiegelte also in etwa ihre Körperhaltung und ihre Arm- und Beinposition, wobei der Forscher sorgfältig darauf achtete, es nicht zu offensichtlich zu tun. Minuten später ließ er vorgeblich aus Versehen sechs Stifte auf den Boden fallen. Raten Sie mal, welche Studenten *dreimal* häufiger die Stifte aufzuheben halfen – richtig, diejenigen, die nachgeahmt worden waren!

### 8. Berühren Sie die Person

Studien haben ergeben, dass Kellnerinnen, die ihre Gäste während des Essens ein paarmal am Arm berühren, wesentlich mehr Trinkgeld erhalten als solche, die Körperkontakt vermeiden. Berührung regt die Produktion des »Liebes«hormons Oxytocin an – wichtig nicht nur beim Anknüpfen von Liebes-, sondern auch von Freundschaftsbanden. Aber übertreiben Sie es nicht. Zu viel Berührung ist einfach nur widerlich!

### 9. Suchen Sie nach Gemeinsamkeiten

Anfang der 1970er sprach eine Forschergruppe in den USA auf einem Universitätsgelände Studenten an und bat sie, für zehn Cent einen Anruf zu tätigen. Manche Forscher sahen aus wie die Studenten – sie trugen Hippieklamotten und langes Haar –, andere hingegen waren »spießig« gekleidet. Wie sich zeigte, hatten die »Hippie«-Forscher eine Erfolgsrate von zwei Drittel, während die »Spießer« in weniger als 50 Prozent der Versuche Glück hatten. Kleider machen Leute – das Äußere zählt. Und am meisten zählt dasjenige, das unserem eigenen am nächsten kommt. Was glauben Sie wohl, warum der Kerl, der Ihnen letzte Woche das Auto verkauft hat, sich so dafür interessierte, woher Sie kommen? Zufall, dass sein Freund zufällig auch dort wohnt? Und was ist mit dem Typen im Elektrogeschäft, der Ihnen den Trockner verkauft hat? Der, der Sie dazu gebracht hat, über Fußball zu reden, und der auch Bayern-Fan ist …?

---

Wie sind Sie zurechtgekommen? Richtig: verspielt, phantasierend, bereuend, herausfordernd, fordernd.

## FRAGEBOGEN:
# WIE VIEL ÜBERZEUGUNGSKRAFT BESITZEN SIE?

Ordnen Sie jeder der folgenden Aussagen einen Punktwert zu und addieren Sie alle. Vergleichen Sie Ihren Wert mit der Auswertung am Ende:

| | | **0 trifft ganz und gar nicht zu** | **1 trifft eher nicht zu** | **2 trifft eher zu** | **3 trifft voll und ganz zu** |
|---|---|---|---|---|---|
| 1. | Ich kann Menschen gut durchschauen und herausfinden, wie sie ticken. | ❍ | ❍ | ❍ | ❍ |
| 2. | Ich habe keine Probleme, einen Raum voller mir unbekannter Menschen zu betreten und mich unter sie zu mischen. | ❍ | ❍ | ❍ | ❍ |
| 3. | Ich bin geschickt darin, mich aus der Bredouille zu ziehen. | ❍ | ❍ | ❍ | ❍ |
| 4. | Ich bin gut darin, Schnäppchen und Rabatte auszuhandeln. | ❍ | ❍ | ❍ | ❍ |
| 5. | Mir fällt es nicht schwer, Dinge aus dem Blickwinkel eines anderen zu betrachten. | ❍ | ❍ | ❍ | ❍ |
| 6. | Manche sagen, ich hätte eine starke oder unwiderstehliche Ausstrahlung. | ❍ | ❍ | ❍ | ❍ |
| 7. | Auf einer Party oder Versammlung stecke ich oft mitten in vielen verschiedenen Gesprächen. | ❍ | ❍ | ❍ | ❍ |
| 8. | Ich glaube, ich hätte gute Chancen, einen Menschen, der sich aus dem Fenster stürzen will, davon abzubringen. | ❍ | ❍ | ❍ | ❍ |
| 9. | Ich bin ein guter Witzeerzähler. | ❍ | ❍ | ❍ | ❍ |
| 10. | Menschen sind Wachs in meinen Händen. | ❍ | ❍ | ❍ | ❍ |
| 11. | Ich kann sehr gut überzeugende und stichhaltige Argumente ins Feld führen, wenn ich meinen Standpunkt verteidige. | ❍ | ❍ | ❍ | ❍ |

## Auswertung

**0–11** Sie könnten nicht einmal einem Höhlenmenschen Feuer verkaufen! Doch jetzt, wo Sie das Geheimnis kennen, ist es Zeit, mit dem Üben anzufangen.

**12–17** Sie würden das mit dem Feuer wahrscheinlich schaffen, hätten aber Probleme mit der Garantie. Eindeutig Raum für Verbesserung.

**18–22** Mal gewinnen Sie, mal verlieren Sie. Auf jedes Mal, wo Sie's hinkriegen, kommt eines, wo Sie's vermasseln. Sie müssen Ihr Spiel verbessern, wenn Sie in die Profiliga aufsteigen wollen!

**23–28** Sie wissen definitiv, wie man sich in die Köpfe anderer einschleicht. Sie haben eine recht gute Trefferquote bei den Zielen, die Sie erreichen möchten – und beweisen dabei mehr Verstand als Glück.

**29–33** Sie sagen: »Springt!« Die anderen fragen: »Wie hoch?«

# KAPITEL 8

# TRAGEN SIE ES MIT FASSUNG

*Was andere Leute über mich sagen,*
*geht mich nichts an.*
Michael J. Fox

## AM BALL

Die Straße zum Haus des englischen Fußballtorwarts David James ist lang und gewunden, und sie endet auf einer Anhöhe im ländlichen Hertfordshire. In der Auffahrt wird man begrüßt von einem lebensgroßen bunten Fiberglasochsen, der aussieht wie eine Hardcore-Punk-Version seiner Cousins aus Beton in der nahe gelegenen 1960er-Jahre-Stadt Milton Keynes.

»Er hat sich einmal unentschuldigt von der Truppe entfernt«, erzählt mir David, »während ich weg war. Dann wurde er an der M38 gesichtet. Ich fuhr hin und lud ihn auf. Er ist berühmt!«

Wir schlendern in die Küche, und David setzt den Wasserkessel auf. Ich habe den Fußballer seit sechs Monaten nicht mehr gesehen, seit er sich verpflichtet hat, das Tor auf einem urzeitlichen Felsbrocken im Nördlichen Eismeer, genannt Island, zu hüten. Er wirkt fit. So fit wie in seiner Glanzzeit, als er in Liverpool – und England – die Nummer eins war.

»Kauf dir einen billigen weißen Anzug, und du hättest 1981 auf der Yacht von Duran Duran sein können«, lautet sein Urteil über meinen neuen Haarschnitt.

»Nur Milch, danke, David.«

Ich werfe einen prüfenden Blick auf *sein* Haar, das sich im Lauf der Jahre öfter verändert hat als bei einer Drag Queen mit multipler Persönlichkeitsstörung. Wenn ich mich nicht irre, ist da ein Hauch von Tolle zu erahnen.

Ich bin mit einer Filmcrew gekommen, die im Wohnzimmer aufbaut. Wir drehen einen Beitrag über Psychopathen, und David hat sich zu einem Interview bereiterklärt.

Vor einigen Wochen schrieb er in seiner Kolumne im *Guardian* einen unheimlich faszinierenden Artikel, der sich in weiten Teilen auf mein Buch bezog. »Psychopathen suchen das schönste Spiel heim – und ich könnte einer von ihnen sein« lautete der verführerisch düstere Titel, und er ließ sich darin über den Nutzen von psychopathischen Persönlichkeitszügen im Spitzensport aus.

Ich bin jetzt wegen der *wahren* Geschichte hier! Und ich werde nicht enttäuscht. Im Verlauf des Vormittags erfahre ich etwas sehr Interessantes. Torhüter gelten in der Fußballergemeinschaft traditionell als etwas verrückt. Sie sind die Antwort der schönsten Nebensache der Welt auf Schlagzeuger: ganz allein, ganz hinten, die letzte Verteidigungslinie. Doch während es bei Schlagzeugern eigentlich keinen bestimmten Grund gibt, weshalb sie bekloppt sein sollten, gibt es bei Keepern, so scheint es, durchaus einen.

Sie müssen lange Spielphasen allein »am anderen Ende« zubringen, abgeschnitten vom Spiel und ihren Mannschaftskameraden. Doch andererseits müssen sie in der Lage sein, quasi auf Knopfdruck von ihrem Fokus auf das entfernte Geschehen in den Aktionsmodus zu wechseln (das ähnelt übrigens, wie Andy betont, der für Sonderkommando-Soldaten unerlässlichen Fähigkeit, blitzschnell von einer »Herz und Hirn«-Denkweise auf »Konflikt« umzuschalten – und wieder zurück –, wenn sie sich im Auslandseinsatz unter Einheimischen bewegen).

Sie müssen sich einem heranrennenden Stürmer in den Weg werfen, sich aktiv der Gefahr aussetzen, einen Tritt abzubekommen. Für wie viele evolutionäre Schutzmechanismen ist *das* ein Schlag ins Gesicht?

Dazu nochmals Andy: »Das Erste, was man lernt, wenn man im Regiment die edle Kunst des Straßenkampfs beigebracht bekommt, ist, dass man unter keinen Umständen zu Boden gehen darf. Da kann zwar keiner einen anständigen Schlag landen, aber jeder kann treten.«

Und als ob das noch nicht schlimm genug wäre, Torhüter müssen sich auch durch die Luft werfen, um ein ballistisches Geschoss anzufangen, das je nach Schütze Geschwindigkeiten von 100 km/h und mehr erreichen kann. (Kugeln, bemerkt Andy, fliegen erheblich schneller – aber die sollen ja im Allgemeinen auch *nicht* abgefangen werden.)

Es gibt jedoch einen Unterschied, der Torhüter vor allen anderen Protagonisten auf dem Platz auszeichnet: ihre Fähigkeit, Beleidigungen zu ertragen. Über so lange Zeitspannen so nahe am Publikum im Tor zu stehen bietet, wie David es mit typischem Understatement ausdrückt, reichlich Gelegenheit zu ›gutmütigem Spott‹.

»Ja«, erwidere ich, »das kann ich mir vorstellen.«

»Man gewöhnt sich daran«, lächelt er ironisch. »Muss man. Wenn du nicht damit umgehen kannst, verarscht zu werden, dann lautet mein Rat: Werde nicht Torwart. Ja, du kriegst all das übliche Zeug ab, über deine Herkunft, dein Aussehen, wem sie's besorgen wollen. Aber letzten Endes muss man sich einfach denken: Wenn nicht ich hier stünde, würden sie einen anderen mit genau demselben Scheiß überschütten. Der Kerl gegenüber kriegt genau dasselbe ab wie du. Das ist nichts Persönliches. Wenn du anfängst nachzudenken, kannst du deine Handschuhe auch gleich an den Nagel hängen.

Du trägst es einfach mit Fassung. Und manches davon ist eigentlich auch ganz lustig. Ich erinnere mich an einen Vorfall mit Tim Howard, dem Keeper von Everton, der das Tourette-Syndrom hat. Als er losspurtete, um den Abschlag auszuführen, machte die Menge ›Ooooooh‹, du weißt schon, anschwellend wie ein Crescendo. Als er ihn dann trat, brüllten sie alle los: ›Scheiße, Schweinehund, Dreckskerl, Wichser!‹

Eine andere Sache passierte dem Tormann der Rangers, Andy Goram. Als bekannt wurde, dass er unter Schizophrenie leidet, kam ein Sprechchor auf: ›Es gibt nur zwei Andy Gorams.‹ Wie gesagt, man muss es einfach an sich abprallen lassen. Mach dir keine Gedanken darüber. Denn wenn deine Gedanken *dabei* sind, sind sie nicht beim Spiel. Und du bist buchstäblich nicht am Ball!«

## JEMAND ZU HAUSE?

Ich erwähne das, weil Andy und ich auf der Tribüne an der Edgar Street sitzen und Hereford United bei einem Spiel zuschauen, das entfernte Ähnlichkeit mit Fußball hat. Das Zuschauen tut schon fast weh. In der ersten halben Stunde haben sich die Bulls wacker geschlagen und schienen im Vorteil. Doch dann wurde einer aus der Mannschaft zum ungünstigsten Zeitpunkt Opfer eines Angriffs, und statt die Sache dem Schiedsrichter zu überlassen, beschloss er ein paar verrückte Sekunden lang, sie selbst in die Hand zu nehmen. Er ging in die Offensive, auf den anderen los, und hatte Glück, dass er auf dem Platz bleiben durfte. Seitdem ist der Wurm drin.

»Ich kann's einfach nicht verstehen«, murmelt Andy durch ein Bacon-Sandwich, das deutlich fetter ist als die Siegchancen von Hereford. Das Schwein, das es einmal war, muss so viel Masse gehabt haben, dass es das Licht krümmte. »Das ist der Wahnsinn. Wahrscheinlich haben sich diese beiden Spieler zum ersten Mal zu Gesicht bekommen. Und nach den 90 Minuten werden sie sich vermutlich nie wiedersehen. Sie sitzen in verschiedenen Bussen, die in verschiedene Richtungen fahren.

Warum also rastet der so aus? Erstens könnte es ja möglich

sein, dass es nicht absichtlich passiert ist. Und zweitens, selbst wenn doch, warum dem anderen die Genugtuung geben und ihm zeigen, dass er dir zugesetzt hat? Die geringste Reaktion, und du verpasst dem, was er getan hat, doch nur den Stempel ›genehmigt‹, zeigst ihm, dass es angekommen ist.

Kriegt ein Boxer im Ring einen rechten Haken ab, dann ist das Letzte, was er tut, seinem Gegner zu signalisieren, dass es ein guter Schlag war. Stattdessen grinst er ihn an. Also warum ist das hier anders? Reiß dich zusammen, lächle und spiel weiter. Das muss doch besser sein, als 'ne Schwalbe hinzulegen und dann den anderen anzublaffen, seine Mutter sei eine alte Schlampe oder so. Wenn du auf dem Platz stehst, solltest du doch auf eine gelegentliche Sonderbehandlung gefasst sein.«

Andy und David liegen beide auf dem Ende des psychopathischen Spektrums, das man als geschäftsmäßig bezeichnen könnte.

Doch beide sind *gute Psychopathen*.

Sie haben die Einstellungen auf ihrem jeweiligen psychopathischen Mischpult dazu genutzt, nicht nur ihre Talente und ihre Laufbahn zu fördern, sondern auch das Leben anderer. In dieser Hinsicht ist ihre Einstellung zum Umgang mit dem Mist, den das Leben uns manchmal vor die Füße kippt, ziemlich typisch.

Während unsereinem wohl der Kragen platzen würde, wenn man uns persönlich beleidigt, ungerecht behandelt oder unsere Träume zunichtemacht, verfügen Psychopathen über eine doch recht wünschenswerte Fähigkeit – sofern sie sie in Anspruch nehmen wollen* –, nämlich die, sich überhaupt nicht drum zu scheren.

---

* Böse Psychopathen drücken oft auf unsere Tränendrüsen, indem sie so tun, als seien sie niedergeschlagen oder würden stiefmütterlich behandelt. Damit wollen sie uns so manipulieren, dass wir Mitleid mit ihnen empfinden, uns auf ihre Seite schlagen und tun, was sie wollen. Doch die empirischen Befunde sprechen überwiegend dafür, dass diese Gefühle

Sie haben etwas von einem unverwüstlichen Stehaufmännchen und sehen das Leben als schonungslosen Kampf. Dadurch wirken sie einerseits manchmal zu sehr gelassen, als dass es noch gut für sie wäre, verfügen aber andererseits über eine enorm nützliche Einstellung.

»Ich komme mit Führungskräften aus allen Lebensbereichen zusammen, einschließlich Politikern, Unternehmenschefs und vielen aus der Unterhaltungsbranche«, erklärt mir Andy. »Mit der überwiegenden Mehrheit macht die Zusammenarbeit richtig Spaß: Sie sind intelligent und offen für neue Ideen. Ich schätze, deshalb sind sie auch so gut.

Doch ein paar davon hatten definitiv Scheuklappen auf und vorgefasste Ansichten darüber, wer ich ihrer Meinung nach war und was ich ihrer Meinung nach zu tun oder zu lassen hätte. Ein CEO, mit dem ich ins Geschäft kommen wollte, bezeichnete mich gegenüber seinen Vorstandskollegen als einen ›Straßenhändler‹ und erklärte ihnen, das sei der Grund, weshalb er keine Geschäftsbeziehung mit mir anknüpfen wolle. Hat mir das was ausgemacht? Einen Scheiß!

Zunächst einmal habe ich es nicht in der Hand, was jemand von mir denkt. Und übrigens – eine solche Einstellung lässt sich zu meinen Vorteil nutzen. Es ist nämlich ganz leicht, das Nötige hinter dem Rücken solcher Leute zu tun, ohne dass sie es mitkriegen. Oder noch besser, sie in dem Glauben zu lassen, es sei von Anfang an ihre Idee gewesen!«

Betrachten wir beispielsweise die folgenden drei im Alltag recht häufigen Szenarien:

---

tatsächlich nur Schauspielerei sind. *Böse Psychopathen* instrumentalisieren auch Wut in ähnlicher Weise – um uns einzuschüchtern, statt uns durch Überredung auf Kurs zu bringen.

- Sie stehen an einer roten Ampel, und neben Ihnen hält ein Kerl an, der sein Autofenster runterkurbelt und drohend seine Faust schüttelt, weil er glaubt, Sie hätten ihn im Kreisel da hinten geschnitten.
- Sie ersuchen um eine Beförderung in der Überzeugung, sie verdient zu haben. Doch Ihr Chef übergeht Sie zugunsten einer Person, mit der Sie nicht gut auskommen.
- Eine gute Freundin kann nicht zu Ihrer Party kommen, weil sie krank ist. Später jedoch erfahren Sie, dass sie in Wahrheit zu einer anderen Party gegangen ist.

Typische Reaktionen auf diese drei Situationen sind etwa folgende:

- Sie kurbeln Ihr eigenes Fenster runter und geraten in einen heftigen Streit mit dem Fahrer des anderen Wagens.
- Sie kochen innerlich vor Wut und Verbitterung und verhalten sich, bewusst oder unbewusst, am Arbeitsplatz passiv-aggressiv – schwächen Ihren frisch beförderten Kollegen, indem Sie ihm die in seiner neuen Position benötigte moralische und fachliche Unterstützung vorenthalten.
- Sie schneiden Ihre Freundin – rufen sie nicht zurück, beantworten ihre E-Mails oder Facebook-Nachrichten nicht und reden hinter ihrem Rücken schlecht über sie.

Nun sind alle diese Reaktionen vollkommen verständlich. Der Territorialinstinkt, den wir von unseren entwicklungsgeschichtlich weit entfernten Vettern geerbt haben, macht sich nicht nur bemerkbar, wenn es um *physische* Herrschaftsbereiche geht – Landesgrenzen, Palisadenzäune und Serviertische beispielsweise. Er kommt auch zum Vorschein, wenn wir glauben, etwas dringe in unsere *psychologischen* Hoheitsgewässer ein.

»Studien haben gezeigt«, erkläre ich Andy, »dass die Hirnareale, die im Scanner aufleuchten, wenn wir *körperlichen* Schmerz empfinden – der dorsale anteriore cinguläre Cortex und die anteriore Insula –, auch bei *seelischem* Schmerz aktiviert werden, etwa wenn uns eine Gruppe ausschließt oder der Partner uns verlässt. Im übertragenen Sinn vor den Kopf gestoßen zu werden kann also genauso wehtun wie im buchstäblichen.«

Gleichzeitig jedoch ist eines der wichtigsten evolutionären Alleinstellungsmerkmale des modernen menschlichen Gehirns seine Anpassungsfähigkeit – die todschicke, neue, hochentwickelte kognitive Mall, die wir in Kapitel 4 besucht haben, genannt präfrontaler Cortex, hat uns mit der Fähigkeit ausgestattet, Sandsäcke der Vernunft gegen die uralten Flutwellen der Emotion aufzustapeln.

Vor diesem Hintergrund möchten wir Sie nun fragen: Wenn Sie Ihre Reaktion auf die dargestellten Szenarien *wählen* könnten – kühl, ruhig und gelassen –, würden Sie sich dann für die drei aufgeführten entscheiden?

Oder würden Sie sich nach besseren Alternativen umschauen?

- Würden Sie, wenn Sie die Option hätten, sich einen Schlagabtausch mit dem anderen Fahrer liefern und dann schimpfend einen Kavalierstart hinlegen, mit dem Sie Ihre Reifen skalpieren? Oder würden Sie ihm ins Gesicht sehen, lächeln und wegschauen … und wenn dann die Ampel auf Grün springt, ganz gemächlich losfahren, als hätten Sie ihn nicht einmal bemerkt?
- Würden Sie, wenn es nach Ihnen ginge, sowohl Ihre eigene Leistung als auch die Ihres Teams gefährden, weil Sie bei der Arbeit Ihrem Groll nachgeben? Oder würden Sie sich reinknien und Ihrem Chef und Ihren Kollegen zeigen, dass Sie die Zurückweisung mit Fassung tragen können, und bei sich denken: »Das nächste Mal bin ich dran«?
- Würden Sie, wenn Sie eine freie Entscheidung treffen könnten, Ihre Freundin wirklich ins Abseits stellen? Oder würden Sie im

Zweifelsfall zugunsten der Angeklagten entscheiden – auf der anderen Party war vielleicht ein Typ, hinter dem sie schon seit Urzeiten her ist, und sie wollte Sie nicht durch eine Absage kränken?

Nun stellen Sie sich mal vor! Wir haben Ihnen was zu sagen! Die Wahl, die Option, die Entscheidung liegt *ganz und gar* bei Ihnen!

Sie glauben uns nicht? Okay, aber bei *wem* denn dann? Etwa dem durchgeknallten Autofahrer? Ihrem kurzsichtigen Chef? Ihrer fehlgeleiteten Freundin?

Wollen Sie diesen Leuten wirklich die Schlüssel zu Ihren Gefühlen in die Hand drücken und zulassen, dass sie sich in dem freien Zimmer breitmachen und darin übernachten, wann immer sie gerade vorbeikommen? Oder werden Sie nächstes Mal das »Belegt«-Schild raushängen?

Denn jedes Mal, wenn Sie eine der folgenden Verhaltensweisen zeigen:

- nachtragend sein
- einen Groll hegen
- in Selbstmitleid baden
- beleidigt sein
- glauben, dass es jemand auf Sie abgesehen hat
- schmollen
- übelnehmen
- sich etwas zu Herzen nehmen
- versuchen sich zu rächen
- die Opferrolle übernehmen
- anderen die Schuld daran geben, dass Sie sich mies fühlen

… tun Sie genau das. Sie vermieten Ihre Gefühle an Mieter, die bloß Kleinholz daraus machen werden.

Damit nicht genug – wenn Sie zulassen, dass andere Ihnen unter die Haut gehen, dann setzen Sie sich selbst der Gefahr aus, dass Ihnen Geschäfte, Freunde und alle möglichen Gelegenheiten durch die Lappen gehen. Sie erlauben anderen Menschen, im Film Ihres Lebens Regie zu führen.

Alles, was Sie tun müssen, ist, es *nicht persönlich zu nehmen.*

Alles, was Sie tun müssen, ist zu rufen: *Schnitt!* Und das ist leichter getan als gesagt!

## DIE KRAFT DER ENTSCHEIDUNG

Wie man es nun anstellt, das »Belegt«-Schild rauszuhängen, ist eigentlich kein großes Geheimnis. Es beginnt, wie die meisten lebensverändernden Offenbarungen, mit einer einzigen, einfachen Frage.

Wenn Sie das nächste Mal vor einer brandgefährlichen Situation stehen, dann gehen Sie nicht ohne Plan hinein.

»So sucht im Krieg der siegreiche Stratege nur dann den Kampf, wenn der Sieg bereits errungen ist, wogegen jener, der zum Untergang verurteilt ist, zuerst kämpft und danach den Sieg sucht«, doziert Andy, als wir vom Fußballplatz weggehen und überlegen, was wir als Nächstes tun. »Sunzi: *Die Kunst des Krieges.*«

Nach der heutigen Vorstellung, denke ich bei mir, sollte diesen Satz mal jemand in die Umkleide von Hereford United schreiben.

Wenn Sie also das nächste Mal fürchten, betrogen zu werden, arbeiten Sie die folgende Routine ab:

1. Nehmen Sie die Feuergefahr-Schilder zur Kenntnis.
2. Spüren Sie die Hitze.
3. Treten Sie einen Schritt zurück.
4. Machen Sie sich klar, dass Ihnen heiß werden wird, wenn Sie zu dicht dranbleiben.

5. Machen Sie sich klar, dass Sie sich *verbrennen* werden, wenn Sie *zu lange* zu dicht dranbleiben.

Und dann fragen Sie sich selbst:

- Was täte ich, wenn ich das nicht persönlich nähme?
- Was täte ich, wenn ich die Hitze *nicht* spüren würde?

Allein schon sich diese Fragen zu stellen bewirkt zweierlei:

1. Sie schlägt zeitweise eine Brandschneise zwischen Ihnen und der Situation, die Ihnen Zeit sowohl zum *Nachdenken* als auch zum *Spüren* verschafft.
2. Sie nimmt den anderen Protagonisten die *Kontrolle* über die Situation aus der Hand und legt sie in *Ihre*, weil sie Ihnen eine *Wahl* gibt. Sie sind entweder *da* und öffnen die Tür. Oder Sie sind *weg*, und die Tür bleibt verschlossen.

*Da* oder *weg*. Ganz einfach.

Eine Wahl zu haben oder *sich bewusst zu sein*, dass man eine Wahl hat, macht den Unterschied. Mehr brauchen Sie nicht.

»Im Regiment ist das eine der grundlegenden Techniken, mit denen man lernt, Verhören und Folter zu widerstehen«, sagt Andy, als wir der Menge nach Süden folgen, wo, wie er mir erzählt, sich früher der alte Viehmarkt befand – und wo bald Herefords Antwort auf das Westfield London Shopping Centre entstehen soll. »Du kannst noch so ein guter Schütze sein: Wenn du kein Ziel hast, triffst du auch nicht!

Die oberste Priorität bei einer Gefangennahme ist also, dich *geistig* nicht brechen zu lassen. Sie mögen dir *körperlich* antun können, was sie wollen – darüber hast du keine Kontrolle. Worüber du jedoch Kontrolle *hast*, ist, was sie deinem Geist antun. Wie du sagst, du hast eine Wahl.«

»Du kannst die Dreckskerle entweder reinlassen oder draußen halten?«, vermute ich.

»Ja, schon«, sagt Andy. »Aber wenn du Dreckskerle in ihnen siehst, hast du die Türklinke schon gedrückt. Sieh sie besser als Spieler, wie ich es dir von Nordirland erzählt habe. Betrachte es als Spiel, das beide Seiten gewinnen wollen. Auf diese Weise ist nichts Persönliches dabei.« Er fährt fort:

Während meiner Zeit in Bagdad waren die Offiziere, die mich verhörten und folterten, ziemlich genauso eingestellt wie ich. Einer von ihnen sagte sogar zu mir, als er eine Zange rausholte: »Ich weiß, dass es dein Job ist, uns nicht zu sagen, was wir wissen wollen. Aber mein Job ist es, dich zum Reden zu bringen. Also fange ich jetzt an.«

Na schön. War in Ordnung für mich. Und um ehrlich zu sein, auf doof zu machen ist mir schon immer sehr leichtgefallen, also entschied ich mich dafür und verriet ihnen nichts!

Die Geheimpolizei andererseits, an die ich später weitergereicht wurde, ging mir *echt* auf die Nerven. Die machten nicht bloß ihren Job. Die hatten definitiv einen Scheißspaß daran. Doch selbst da hatte ich noch ein kleines Ass im Ärmel, um mir einzureden, dass ich auf der Gewinnerseite war – dass ich immer noch die Kontrolle hatte. Ich konzentrierte mich darauf, dass sie mich noch nicht umgebracht hatten.

In meinen Augen war ich, solange ich atmete, immer noch obenauf. Ganz einfach.

Während der Verhöre selbst dachte ich natürlich an nichts, weil ich keine Kontrolle über die Situation hatte außer, nichts zu sagen. Aber ich setzte mein »Immer noch atmen, immer noch siegen«-Mantra während der Zeit in der Zelle ein. Vor allem, wenn die Wachen reinkamen, um die üblichen Prügel auszuteilen.

Ich konzentrierte mich dann auf mein Mantra, rollte mich zusammen, um den Schaden so gering wie möglich zu halten, und nahm es einfach hin. Es hatte keinen Sinn, sich zu wehren, weil dann bloß noch mehr von ihnen in die Zelle drängten und mitmachten. Wenn ich nach den Prügeln noch atmete, war ich immer noch auf der Gewinnerstraße!

Noch besser fühlte ich mich, wenn ich Arme und Beine bewegte und merkte, dass nichts gebrochen war. Wenn ich atmete und noch kriechen konnte – das war wirklich ein tolles Gefühl! Das war kein Gewinnen, das war Sieg auf der ganzen Linie!

Aber zugleich wusste ich auch, dass dieselben Wachen, die mich windelweich prügelten, sich auch in meine Retter verwandeln konnten, wenn es mir gelang, eine Verbindung zu ihnen herzustellen – wenn ich sie irgendwie dazu kriegen konnte, mich als Menschen zu sehen statt als den Mistkerl, der ihre Kumpel umgebracht hatte. Also versuchte ich immer, wenn mir einer Essen oder Wasser brachte, Blickkontakt herzustellen und ihm zu danken. Nicht bittend und bettelnd. Sondern so natürlich wie irgend möglich.

Ich siegte!

Ich klagte auch nie über meine Verletzungen. Aber wieder war mir stets klar, dass, sollte mich je einer auffordern, ihm meine Wunden zu zeigen, ich eine Verbindung herstellte.

Komm rein!

Natürlich war diese Verbindungssuche ein mühsamer Kampf, weil sie die Wachen ständig austauschten, damit keine Beziehung entstand. Aber das spielte keine Rolle. Nur ein wenig Blickkontakt zu bekommen, wie kurz auch immer, genügte mir, um zu wissen, dass ich eine gewisse Kontrolle über die Situation hatte. Dass ich noch immer im Spiel war.

## DICKERES FELL = DICKERE BRIEFTASCHE

Andys Bild von Spielen und Spielern erinnert mich an eine Studie, die eine Forschergruppe vor mehreren Jahren in Japan durchführte. In einer als *Ultimatumspiel* bezeichneten Versuchsanordnung ließ das Team Psychopathen und Nicht-Psychopathen gegeneinander antreten. Mit diesem einfachen Verfahren lässt sich unser Verhalten bei finanziellen Entscheidungen prüfen.

Es nehmen immer zwei Spieler an dem Spiel teil, und es läuft ab wie folgt:

Spieler 1 erhält eine Geldsumme und muss entscheiden, wie sie zwischen ihm selbst und Spieler 2 aufgeteilt werden soll.

Spieler 2 muss dann entscheiden, ob er die Entscheidung von Spieler 1 akzeptiert oder nicht.

Ist Spieler 2 mit dem Angebot von Spieler 1 zufrieden und beschließt, es anzunehmen, wird das Geld entsprechend aufgeteilt.

Ist jedoch – und jetzt wird es interessant – Spieler 2 *nicht* zufrieden und weist das Angebot von Spieler 1 zurück, dann gehen beide Spieler leer aus. Keiner von ihnen bekommt etwas.

Wenn Sie sich das folgende Diagramm anschauen, wird Ihnen eine ziemlich offensichtliche Eigenschaft des Ultimatumspiels ins Auge springen.

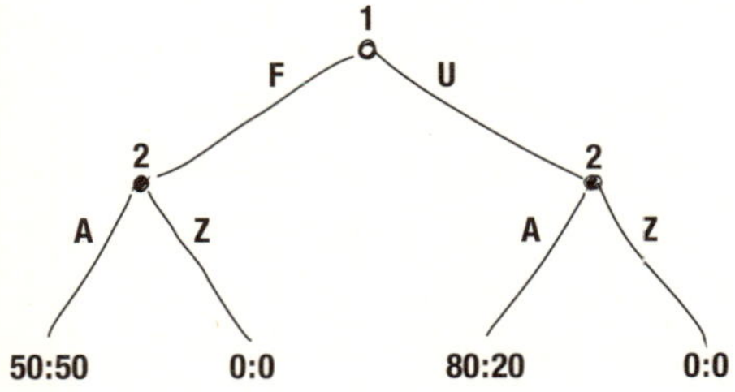


Das Ultimatumspiel
(1 = Spieler 1, 2 = Spieler 2, F = fair, U = unfair, A = akzeptieren, Z = zurückweisen)

Spieler 1 kann entweder ein Ehrenmann oder ein harter Hund sein. Im ersten Fall bietet er 50:50 an. Im zweiten 80:20.

»Angesichts der Spielregeln«, erkläre ich Andy, »wäre er natürlich verrückt, 80:20 anzubieten. Oder auch schon 70:30.«

Den Ergebnissen zufolge holen sich die meisten Angebote, wenn sie in diese Größenordnung kommen, eine Abfuhr. Das, so scheint es, ist der Punkt, wo es anfängt, persönlich zu werden. Außer wenn Sie mit einem Psychopathen spielen!

Die Psychopathen akzeptierten nicht nur häufiger unfaire Angebote als ihre nicht-psychopathischen Pendants – und gingen daher mit mehr Geld aus dem Spiel –, sondern physiologische Messungen des Hautwiderstands (ein Standardmaß für Stress, das auf geringfügigen Schwankungen der Schweißproduktion beruht) ergaben auch, dass es sie »tief drinnen« weit weniger als die Nicht-Psychopathen störte, von ihren knauserigen Spielpartnern übervorteilt zu werden.

Die Psychopathen konnte es gar nicht kümmern, ob die von ihren Partnern unterbreiteten Angebote fair waren oder nicht. Und sie konnte es auch nicht kümmern, wie viel ihre Partner auf ihre Kosten einsteckten. Sie fokussierten sich ausschließlich darauf, wie viel *sie* bekamen.

Und das war verdammt viel mehr, als sie bekommen hätten, hätten sie beschlossen, die Sache persönlich zu nehmen und abzulehnen.

## FRECHHEIT SIEGT

»Weißt du, es könnte sein, dass ich mich irre«, sagt Andy, als wir nach links in die Umgehungsstraße einbiegen und die Newmarket Street entlangmarschieren (offensichtlich ist es der Aufmerksamkeit von Trivial-Pursuit-Quizmastern nicht entgangen, dass Hereford die einzige englische Stadt ist, in der es eine Umgehungsstraße im Zentrum gibt). »Ich meine, du bist der Eierkopf und all das, aber was du gerade beschrieben hast, hört sich so ähnlich an wie das Experiment mit dem Roulettetisch, von dem du mir erzählt hast – du weißt schon, das, wo die Leute zwanzig Mäuse bekamen, aber mehr darauf achteten, was sie verlieren als was sie gewinnen konnten. Gibt's da Zusammenhänge?

Genauso die Lernaufgabe, bei der die Psychopathen schlechter abschnitten als normale Menschen, sobald Fehler mit Elektroschocks bestraft wurden, aber besser, wenn sie Geld für richtige Lösungen bekamen.

Mir scheint, dass es hier darauf hinausläuft, dass Psychopathen, wenn es etwas zu holen gibt, einfach besser darin sind, zum Punkt zu kommen und den Sack zuzumachen. Und Dinge persönlich zu nehmen, sich Dinge zu Herzen zu nehmen ist bloß dasselbe in Grün. Man sieht das zum Beispiel bei den Trainings in Verhör-Situationen. Für Kampfverbände mit hohen Risiko einer Gefangennahme wie den SAS geht es dabei nicht darum zu prüfen, ob einer zusammenklappt und Informationen rausgibt, wenn er zusammengeschlagen wird – obwohl man natürlich schon ein bisschen was abbekommt, denn letzten Endes muss man damit umgehen können, wenn die Kacke *wirklich* am Dampfen ist. Es geht eher um die mentale Seite.

Ja, das Training ist hart. Weil es das sein muss. Davonlaufen ist nicht. Aber das Komische ist, manche der Kandidaten sind auf der körperlichen Ebene echt gut, aber wenn es verbal zur Sache geht, fallen sie um. Beispielsweise brachen manche Kerle zusammen und verloren den Durchblick, als eine Frau sie verhörte und zu ihnen sagte, sie hätten einen kleinen Schwanz. Ich hatte das –«

»Was, einen kleinen Schwanz?«, frage ich dazwischen.

Andy lächelt. »Nein«, fährt er fort, »jemand, der das zu mir sagte! Aber als ich mit dem weiblichen ›bösen Typen‹ an der Reihe war, dachte ich bloß: Na und? Lass sie doch weiterkeifen, damit sie's loswird. Ich meine, das sind doch bloß Worte, nicht wahr? Sie bedeuten gar nichts. Halt den Mund, und du kommst durch. Außerdem, wenn der Schnee einen halben Meter hoch liegt und du nackt in einer ungeheizten Betonzelle stehst, dann hat jeder einen kleinen!«

Andy hat recht damit, dass Psychopathen den Sack besser zumachen können, wenn es drauf ankommt. Wir haben das in Kapitel 5 gesehen. Und den Zusammenhang, den er zwischen dem Ultimatumspiel und der Roulettetischstudie herstellt, besteht ebenfalls.

Psychopathen neigen dazu, in den positiven Aspekten zu schwelgen und sich die negativen zu verkneifen – selbst wenn zu den negativen persönliche Beleidigungen und persönliches Unglück gehören. In manchen Fällen können die Dinge natürlich unbestreitbar aus dem Ruder laufen. Die Glas-halb-voll/halb-leer-Diät ist dann so sehr aus dem Gleichgewicht geraten, dass das, was ansonsten vielleicht eine »normale« emotionale Verarbeitung wäre, völlig in die Binsen geht.

In solchen Situationen empfinden Psychopathen nicht so sehr Mitleid mit sich selbst, sondern sie sind sich selbst eher gleichgültig. Ihre Mischpultregler haben die Schwelle des Optimums durchbrochen und sind fest eingerastet im roten Bereich.

Ein einschlägiger Fall ist George Appel. Appel wurde 1928 in New York wegen Polizistenmordes zum Tode verurteilt. Seine letzten Worte, als er auf dem elektrischen Stuhl saß? »Meine Herren, Sie werden jetzt gleich einen gebratenen Appel sehen.«

Bewundernswert unter den gegebenen Umständen, möglicherweise. Aber gesund? Ich glaube nicht.

Auf der anderen Seite haben wir da meinen Vater.

»Als er älter wurde«, erzähle ich Andy, »lief es nicht mehr so toll für ihn. Sein letzter Stand auf dem Marktplatz des Lebens war ziemlich wackelig. Eigentlich ganz wörtlich. Er bekam Parkinson und verwandelte sich von einem Mann, der einen Koffer schneller packen konnte, als Usain Bolt die 100 Meter lief, in einen, der nicht einmal seine Steuererklärung ohne Hilfe ausfüllen konnte.

Aber er lief gelegentlich immer noch zu großer Form auf. Ich weiß noch, dass ich ihn einmal zum örtlichen Amtsgericht begleitete, weil er eine Rechnung nicht bezahlt hatte. Sie war von Essen auf Rädern. Jedenfalls rollt mein alter Herr an – buchstäblich, nämlich im Rollstuhl – und verzichtet sofort auf sein Recht auf juristische Vertretung; er will sich unbedingt selbst verteidigen.

›Sind Sie sicher, dass das klug ist, Mr. Dutton?‹, fragt einer der Richter. ›Ein Mann in Ihrer Verfassung?‹

Mein Vater schaut ihm direkt ins Gesicht. ›Ich will Ihnen mal was sagen‹, fängt er an und zittert dabei von Kopf bis Fuß. ›Ich war schon öfter in Gerichtssälen, als Sie warme Mahlzeiten hatten!‹

Das löste einen Beifallssturm aus. Sogar der Typ von Essen auf Rädern – der in seinem Leben schon ein paar warme Mahlzeiten geliefert hatte – sah die komische Seite.

Mein Vater kam schließlich mit Ratenzahlungen davon.«

Andy lacht.

»Erinnert mich an was«, sagt er und zieht sein Handy raus, um eine E-Mail zu suchen, während wir eine gefühlte Ewigkeit lang an der Widemarsh Street auf Grün warten. »Ganz schön dreist! Als wir damals vor ein paar Jahren das Vermittlungsportal für Exmilitärangehörige ForceSelect ins Leben riefen, führten wir ein paar Vorstellungsgespräche. Du weißt schon, Verwaltung und solchen Kram. Jedenfalls lehnten wir einen Typen ab und bekamen dann das von ihm. Wir konnten es kaum glauben. Als wir es lasen, haben wir uns fast in die Hosen gemacht vor Lachen.«

Andy reicht mir das Telefon, und ich scrolle das Schreiben durch. Als ich es gelesen habe, kann auch ich es kaum glauben!

Sehr geehrter Herr,
danke für Ihre Mitteilung vom 30. Mai. Nach sorgfältigem Abwägen muss ich Sie zu meinem Bedauern davon in Kenntnis setzen, dass ich mich außerstande sehe, Ihre Absage, mir eine Stelle in Ihrem Unternehmen anzubieten, zu akzeptieren.

Dieses Jahr konnte ich mich besonders glücklich schätzen, eine ungewöhnlich hohe Zahl von Ablehnungsschreiben erhalten zu haben. Ich hoffe, dass Sie verstehen, dass es mir bei einem derart vielfältigen und vielversprechenden Kandidatenfeld unmöglich ist, alle Absagen zu akzeptieren.

Daher finde ich, dass trotz der herausragenden Qualifikationen und Vorerfahrungen von ForceSelect bei der Ablehnung von Bewerbern Ihre Absage zu diesem Zeitpunkt nicht in meine Bewerbungsstrategie passt.

Daher hege ich die Absicht, das Arbeitsverhältnis mit Ihrem Unternehmen in der zweiten Juniwoche, unmittelbar im Anschluss an mein Abschlussexamen an der Universität, anzutreten.

Ich freue mich auf unser Wiedersehen.

Viel Erfolg bei der Ablehnung künftiger Bewerber.

Mit freundlichen Grüßen

»Ich hoffe, ihr habt es euch noch mal überlegt«, sage ich und gebe ihm das Telefon zurück.

»Haben wir«, erwidert er und lacht. »Wir boten ihm eine Stelle an. Erwies sich als guter Bursche. Ging übrigens schließlich zur Armee. Der wird eines Tages General!«

Und die Moral von der Geschichte? Nehmen Sie es nicht persönlich. Denn was immer es auch ist, es könnte von vorneherein gar nicht auf Sie gemünzt gewesen sein!

## PLEITEN, PECH UND PETZEN

Wir stehen vor dem Saxty's – Weinstube, Restaurant und Nachtclub unweit vom Stadtzentrum. Andy schaut mich an.

»Was meinst du?«, fragt er. »Probieren wir's?«

Ich betrachte den Laden. Scheint ganz okay zu sein, macht mich aber nicht an.

»Nein«, sage ich. »Das hier bringt's nicht für mich.«

Andy lächelt.

»Nein, für mich ist das auch nichts«, sagt er. »Zu laut. Doch damals in den guten alten Zeiten tat er's noch. Ich und meine Kumpel brachten hier an den Wochenenden immer viel zu viel Geld und Zeit durch. Mit unseren gebügelten Hemden, dicken Armbanduhren und nicht einem Haar außer Reih und Glied standen wir mit einer Flasche Corona in der Hand in Gruppen zusammen und versuchten die Frauen mit unserer Supercoolness zu beeindrucken. Gegen Morgen war das Hemd fleckig wie ein Malerkittel, und mindestens eine der klobigen Uhren war verschwunden.«

Wir gehen zügig weiter in die Innenstadt von Hereford. Ein Großteil der Fußballfans hat sich jetzt zerstreut, aber wir sind in einen neuen Schwarm eingetaucht: Käufer. Es ist kurz nach fünf, und die Straßenlaternen beginnen ihre Schicht – diese zwielichtige Zeit der Umstellung am Samstag, in der die Läden sich allmählich leeren und die Pubs sich füllen.

»Weißt du«, fängt Andy an, als wir etwas nach links in die Bond Street und dann nach rechts in die West Street einbiegen, »ich wette, dass es viele Leute überraschen wird, dass Psychopathen so gut im Wegstecken sind. Ich meine, mich hat das nicht überrascht – ich bin es gewöhnt. Aber ich glaube, viele Leute denken wahrscheinlich, Psychopathen würden ausrasten, wenn andere ihnen übel mitspielen.

Und um ehrlich zu sein, ich hatte solche Anwandlungen. Aber es ist komisch. Ich habe mich immer im Griff. Ich meine, versteh' mich nicht falsch. Ich wollte auch schon immer gewinnen – ob in der Armee oder im Geschäftsleben oder sogar im Alltag ... bei so blöden Sachen wie Versteigerungen, nicht zu spät kommen, nicht der Letzte sein. Auf *keinen Fall* der Letzte sein. Ich wollte immer mein Bestes tun – du weißt schon, das Beste aus mir herausholen –, und dazu musst du immer Ausschau nach Gelegenheiten halten.

Aber andererseits musst du auch nach Leuten Ausschau halten, die schon ihr Messer für dich gewetzt haben, nach Situationen, in denen andere auf deine Kosten Kohle machen wollen. Wie es so schön heißt, man kann durch ein Schulterklopfen auch die Stelle suchen, an der man zustechen muss.

In neun von zehn Fällen kriege ich, was ich will, und ziehe weiter. Es ist nicht persönlich, es ist rein geschäftlich. Doch in den seltenen Fällen, wo doch einmal einer die Nase vorn hat, schüttle ich einfach alles ab und ziehe weiter. Wieder nehme ich es nicht persönlich. So läuft es eben. Du bist auf dem Spielfeld, da musst du drauf gefasst sein, dass ab und zu mal ein Angriff durchgeht.«

»Ich bin mir nicht sicher, wie sehr du dich in diesem Porsche-Verkaufsraum im Griff hattest«, sage ich. »Ich glaube, diese Schmalzlocke hinter der Ladenkasse wusste genau, was sie tat.«

Andy lacht. »Ja, echt wahr!«, gibt er zu.

Trotzdem ist an dem, was er sagt, etwas dran. Wenn es um Psychopathen geht, denken die meisten Leute an geistesgestörte, messerschwingende Irre, die sogar ein Pferd, das sie abwirft, sofort abmurksen würden. Nicht an unerschütterliche Mittel-zum-Zweck-Pragmatiker, die sich den Staub abklopfen und sofort wieder in den Sattel steigen würden. Und dennoch trifft das zu.

Sicher – wie wir in Kapitel 5 gesehen haben: Psychopathen wissen ganz bestimmt, wie man den Sack zumacht, wenn's drauf ankommt. Sicher, sie sind nicht zimperlich, harte Bandagen einzusetzen, wenn sie müssen. Wenn sie erwarten, dass dabei für sie etwas herausspringt. Und in diesem Sinn *sind* sie aggressiver als wir Übrigen. Aber sie sind auch resilienter.

Und wenn sich die Bandagen im übertragenen Sinn an der anderen Faust befinden, dann verbuchen sie das – wie Andy gerade erklärt hat – auch eher als Erfahrung.

»Hast du schon mal vom Gefangenendilemma gehört?«, frage ich ihn.

Er wirft mir einen Blick von der Seite zu. »Willst du mich verarschen?«, fragt er zurück.

»Eben im Licht dieses Kaffeehausfensters hast du aber ein ziemlich zugeknöpftes Gesicht gemacht.«

»Ja, Mist, dass es so gerammelt voll ist«, sagt er und späht durch das beschlagene Glas. »Ich wollte dich zu Rühreiern und Speck auf Toast einladen.« Er schüttelt den Kopf, tritt einen Schritt zurück und blickt suchend in den Raum.

»Weißt du«, sagt er, »damals trafen wir uns samstag- und sonntagmorgens hier alle zum Frühstück, um unsere Malerkittelflecken aus der vergangenen Nacht zu vergleichen. Und die Uhr zurückzugeben, wem auch immer wir sie geklaut hatten! All die armen Teufel, die nirgendwo sonst hingehen konnten, kamen hierher, um sich vollzustopfen ... mit Rührei und Toast.«

»Du meine Güte, ich fühle mich geehrt«, sage ich.

Als wir kehrtmachen und zurück zur Broad Street laufen, erkläre ich Andy das Gefangenendilemma – einen Test, mit dem Psychologen Skrupellosigkeit und Aggressivität messen. Die Einzelheiten fasst die folgende Tabelle zusammen.

| | **Ihr Partner gesteht nicht** | **Ihr Partner gesteht** |
|---|---|---|
| **Sie gestehen nicht** | Partner bekommt 1 Jahr<br>Sie bekommen 1 Jahr | Partner bekommt 10 Jahre<br>Sie gehen straffrei aus |
| **Sie gestehen** | Partner geht straffrei aus<br>Sie bekommen 10 Jahre | Partner bekommt 5 Jahre<br>Sie bekommen 5 Jahre |

Das Gefangenendilemma

»Es funktioniert so«, fange ich an. »Ein Polizist fasst zwei bewaffnete Räuber und schafft sie zum Verhör auf die Wache. Er nimmt sich jeden von ihnen einzeln vor. Wie sich zeigt, hat er nicht genügend Beweise für eine Anklage. Also beschließt er, sie dazu zu bringen, sich gegenseitig zu verpfeifen.

Er erzählt jedem der beiden Banditen dasselbe: Wenn er ein Geständnis ablegt, bringt das seinen *Partner* für zehn Jahre hinter Gitter, er selbst jedoch kommt frei. Aber – und das ist der Haken – er sagt ihm auch, dass er *seinem Partner* denselben Deal anbieten wird.«

Andy bleibt stehen wie angewurzelt. *Das* interessiert ihn jetzt wirklich.

»Was ist, wenn beide gestehen?«, fragt er. »Was passiert dann?«

»Wenn beide singen«, antworte ich, »fahren sie beide für *fünf* Jahre ein.«

»Und wenn keiner gesteht?«

Ich lächle.

»Wenn keiner von beiden gesteht«, sage ich, »kriegen sie beide *ein* Jahr wegen Besitz von Diebesgut.«

Andy schaut mich an, als hätte ich nicht mehr alle Tassen im Schrank.

»Na, das ist ja einfach«, sagt er. »Du gestehst.«

Wir setzen uns wieder in Bewegung.

»Aber warte mal eine Sekunde«, sage ich. »Wenn dein Partner genauso denkt wie du und auch gesteht, geht ihr beide für fünf Jahre in den Knast. Wäre es nicht am besten, den Mund zu halten und zu hoffen, dass er dasselbe tut? Dann kriegt ihr beide jeder nur ein Jahr.«

Andy schüttelt den Kopf. »Hör mal« sagt er:

> Vergiss deinen Partner. Wenn du es rein von deinem eigenen Standpunkt aus betrachtest, kommst du immer besser weg, wenn du singst.
> Nehmen wir mal an, dein Partner beschließt, den Mund zu halten, Okay? Welche Optionen gibt es? Du gehst entweder für ein Jahr hinter Gitter, wenn du dasselbe tust, oder du bist frei, wenn du alleine die Hand hebst.

Nehmen wir jetzt an, dein Partner beschließt, *seinen* Mund aufzumachen. Dieselbe Geschichte. Wenn du beschließt, nicht einzuknicken, sitzt du für zehn Jahre. Aber wenn du auspackst, kommst du mit fünfen davon.

Da brauche ich gar nicht zu überlegen. Lass die Gefühle mal weg und rechne, und die logische Lösung ist ein Geständnis. In jedem Fall.

Wie gesagt, du kommst vielleicht sogar ungeschoren davon, wenn der andere Kerl den Mund hält. Aber zugleich können dir *schlimmstenfalls* fünf Jahre blühen – verglichen mit zehn, wenn du selbst den Mund hältst.

Nein, ich finde Vorsicht immer besser als Nachsicht. Ich ginge einfach davon aus, dass ich im besten Fall gar keinen, im schlechtesten fünf Jahre Knast bekäme. Und wenn der andere Kerl zehn Jahre kassiert, weil er das nicht schnallt, dann ist das sein Problem. Verdammtes Pech für ihn.

## JEMAND LUST AUF GOLF?

Da Andy ein guter Psychopath ist, wundert mich seine Einschätzung der Situation überhaupt nicht.

Ersetzt man Haftjahre durch Punkte (davonkommen = maximale Punktezahl, 10 Jahre = minimale Punktezahl etc.) und überträgt das Gefangenendilemma ganz real ins Psychologielabor – gewöhnlich spielen zwei Personen mehrmals gegeneinander, und am Ende werden die Punkte addiert –, ist Andys Reaktionsprofil typisch für Psychopathen. Allgemein gesprochen lassen sie sich weniger von dem Bedürfnis, zu kooperieren und »mitzumachen«, aus der Fassung bringen als unsereins.

Aber das ist nicht alles. Wenn wir die Folgen eines »Geständnisses« – oder vielmehr einer ganzen Reihe von Geständnissen – ausbaden müssen, neigen die meisten von uns dazu, selber zu gestehen. Wir fahren unsere Krallen aus: teilweise aus Gründen der Selbsterhaltung, aber teilweise auch aus Bosheit. Die *Strategie* fällt hinten runter, und der *Stolz* übernimmt.

Bei Psychopathen ist das nicht der Fall. Psychopathen behalten häufiger als wir Übrigen den Gewinn im Auge und nehmen es *nicht* persönlich – tun es mit einem Achselzucken ab, wenn man ihnen übel mitspielt, und halten sich an einen vorgefassten Plan.

»Weißt du, vor ein paar Jahren ließ ein Schweizer Forscherteam mit dem Gefangenendilemma kriminelle Psychopathen – böse Psychopathen – gegen Spitzenfinanzhändler antreten«, erzähle ich Andy. »Was meinst du, was passiert ist?«

»Die Psychopathen landeten vorne?«, vermutet er.

»Genau«, bestätige ich. »Und weiß du, warum? Weil die Händler viel egoistischer waren und viel mehr Risiken eingingen. Anders als die Psychopathen konnten sie ihre Reaktionen nicht *kontrollieren*. Sie verhielten sich viel stärker reaktiv und viel weniger überlegt. Und das trieb sie in den Untergang. Statt nüchtern und geschäftsmäßig vorzugehen und sich auf das Endergebnis – die Maximierung des *eigenen* Profits – zu konzentrieren, ließen sich die Händler von dem Drang überwältigen, lediglich mehr einzusacken als ihre Kollegen.«

»Sag es nicht!«, hakt Andy ein. »Und sie steckten so viel Zeit und Energie in den Versuch, die anderen abzuzocken, dass ihre eigene Leistung darunter litt?«

»Auf den Punkt gebracht«, erwidere ich. »Die Trader nahmen es persönlich, während die Psychopathen es rein geschäftlich sahen.«

Er schüttelt den Kopf.

»Weißt du, ich war mal im Vorstand einer Firma, in der genau dieses Problem in echt auftrat«, erzählt er. »Das Unternehmen sollte verkauft werden – was offensichtlich alle toll fanden –, aber einige der Vorstandsmitglieder rümpften bald die Nase über ihren Gewinnanteil im Vergleich zu dem anderer. Statt einfach nur darauf zu achten, wie viel für *sie* bei dem Geschäft heraussprang, stellten sie sich auf den Standpunkt, dass manche im Vorstand keinen so großen Anteil vom Profit verdienten, weil sie nicht hart genug dafür gearbeitet hätten.

Es war verrückt. Ich meine, es hätte sowieso niemand was machen können. Die Gewinnverteilung war festgelegt durch die Anzahl der Anteile, die jeder von uns besaß. Aber das hinderte manche nicht daran, zu meckern und nach Schlupflöchern im Mandat zu suchen.

Eines allerdings war sicher. Als schließlich alle ausgezahlt wurden, war mir klar, wer sich mehr über das Geld freuen würde – die Leute, die mit dem zufrieden waren, was sie bekamen! Geld und Ego – *keine* gute Kombination!«

Natürlich braucht man nicht in der Finanzbranche zu sein, um die Moral von der Geschichte zu begreifen. Das Grundprinzip zieht sich durch alle Lebensbereiche:

- Wir versteifen uns so sehr darauf, den Streit zu gewinnen, zu beweisen, dass die andere Person unrecht hat und wir recht, dass wir »den Wald vor lauter Bäumen nicht mehr sehen« und schließlich alles Mögliche von uns geben, was wir gar nicht so meinen.
- Politische Parteien verstricken sich so sehr in schmutzige Tricks gegen den Gegner, dass sie beim Wähler nicht mehr für ihre eigene Politik werben – und ihn in vielen Fällen sogar vor den Kopf stoßen.
- Auf dem Fußballplatz sehen Spieler die rote Karte für sinnlose Vergeltungsfouls und verringern so die Siegchancen ihrer Mannschaft.

Kurzum: Wir werden so versessen aufs Gewinnen, dass wir vergessen, was wir wollen!

»Ich werde nie vergessen, wie ich einmal zwei Jungs in einem

Laden darüber streiten sah, wer die letzte Flasche Cola kriegen sollte«, erzähle ich Andy, als wir an einem Geldautomaten anhalten, damit ich mir Bargeld ziehen kann – eine Vorsichtsmaßnahme, falls ihm danach ist, heute Abend groß zu feiern und sich Zwiebelringe als Beilage zu den unvermeidlichen Fish and Chips zu bestellen. »Sie konnten sich nicht darauf einigen, sie zu teilen, deshalb machte schließlich Mutti der Sache ein Ende, und keiner bekam sie. Und weißt du was? Es stellte sich heraus, dass einer von ihnen die Cola wollte, weil er Durst hatte, und der andere, weil er die Punkte auf dem Etikett sammelte!«

Andy lacht. »Gefällt mir!«, sagt er. »Und das verwächst sich nie, nicht wahr? Die beiden hätten nur etwas Abstand nehmen und weniger aufs Gewinnen versessen sein müssen, dann hätten sie beide bekommen, was sie wollten.«

Ich nehme mein Geld, und wir steuern auf die Kathedrale zu. Nieselregen setzt ein, und der gespenstisch goldene Turm sieht aus, als stünde er an der Seidenstraße. Doch nach ein paar Sekunden merke ich, dass Andy *immer* noch lacht. Kein gutes Zeichen, glauben Sie mir.

»Was?«, frage ich und taste nach meiner Brieftasche, meiner Uhr, nach allem.

»Nichts«, erwidert er. »Es ist einfach nur komisch, das ist alles, wie wir da hinten angehalten und Geld geholt haben.«

Ich nicke. »Also, wenn das so verdammt komisch ist, dann können wir ja wieder zurücklaufen, und *du* holst welches!«

Das macht es nur schlimmer.

»Ich saß mal eines Abends mit einem Kumpel in seinem VW Golf«, sagt er, als er sich endlich wieder eingekriegt hat, »und wir sahen, wie ein Bursche von der D Squadron Geld aus diesem Automaten zog. Rechts von ihm, verborgen um die Ecke, standen zwei Typen in Skimasken und beobachteten ihn. Wir dachten, es könnte gleich gefährlich werden, weil es vor einer Woche oder so einen Mordanschlag auf einen Mann gegeben hatte, als er mit seinen Kindern an der Straße auf den Schulbus wartete. Wir wollten nicht sofort was gegen die Skimasken unternehmen, weil wir sie auf frischer Tat ertappen wollten. Also warteten wir an der Kreuzung auf den richtigen Augenblick.

Es war sehr seltsam, sich in der eigenen Heimatstadt auf das Töten von Menschen gefasst zu machen, aber bitte schön! Jedenfalls stellte sich heraus, dass es bloß zwei Jugendliche waren, die herumgammelten. Sie warteten darauf, dass ein paar von ihren Freunden vorbeikamen, um sie zu erschrecken. Lustig! Sie erfuhren nie, dass sie um ein Haar von einem VW Golf plattgemacht worden wären.«

## FEUER UNTERM PONY

Weiter oben in diesem Kapitel haben wir angesprochen, was wir in bestimmten Situationen tun können, um ruhig, besonnen und aus einer Position der *Stärke* und *Kontrolle* heraus zu reagieren statt emotional, irrational und aus einem psychologischen System heraus, an dessen Reglern andere herumdrehen. Anders gesagt, wie wir uns ganz praktisch in unserem Umgang und in unseren Auseinandersetzungen mit anderen eher wie die Psychopathen und weniger wie die Finanzhändler verhalten können.

Lektion Nummer 1 lautet – wie Sie vielleicht noch von unserem Vergleich mit einem Feuer her wissen –, einen Schritt zurückzutreten, die zunehmende Hitze zu spüren und sich die folgenden Fragen zu stellen:

- Was täte ich, wenn ich das nicht persönlich nähme?
- Was täte ich, wenn ich die Hitze *nicht* spüren würde?

Schon der einfache Akt, sich selbst zu befragen, bewirkt einen enormen Unterschied für unseren Umgang mit belasteten und explosiven Begegnungen, denn er verschafft uns einige wertvolle Sekunden Präfrontaler-Cortex-Zeit, um eine brandgefährliche Situation aus sicherer Entfernung *neu zu bewerten* und dann informiert und aufgeklärt und mit einem schlüssigen Aktionsplan wieder in die Auseinandersetzung hineinzugehen.

Andy betont: »Den Rat, bis zehn zu zählen, gibt es nicht umsonst schon seit einer Ewigkeit.«

Doch die Frage zu stellen ist nur der erste Schritt. Wenn Sie sie gestellt und Platz für die Neubewertung geschaffen haben, müssen Sie den zweiten Schritt angehen … die Neubewertung. Und das schnell, denn die Zeit ist äußerst begrenzt.

Es dauert unter Umständen nur einen Sekundenbruchteil, bis in der physikalischen Welt ein Feuer um sich greift, aber das ist noch gar nichts im Vergleich dazu, wie schnell es durch unser Gehirn fegen kann. Genau wie reale Feuerwehrleute haben wir alle Hände voll zu tun. Wir müssen drei getrennte Urteile in ein ganz kurzes Zeitfenster hineinquetschen.

Was wir ermitteln müssen, ist:

- die Art des *Zündfunkens*, der das Feuer ausgelöst hat (was ein anderer zu uns gesagt oder mit uns gemacht hat),
- die Art des *Rohmaterials*, von dem sich das Feuer nährt (unsere besondere Interpretation des Gesagten oder Getanen),
- die Art des *Sauerstoffs*, der das Feuer unterhält (wir wollen das Gesicht nicht verlieren; wir wollen nicht respektlos behandelt werden; wir wollen nicht, dass die andere Person uns »übers Ohr haut«, etc.).

Jedes Feuer, ob ein psychisches oder ein physikalisches, braucht zu seiner Entstehung alle drei Elemente: *Funke*, *Rohmaterial* und *Sauerstoff*. Löschen Sie eines davon, und Sie machen sich feuerfest!

## ANPASSUNG AN VERLUSTE

Für die Bekämpfung *äußerer* Brände gilt dasselbe wie für die Bekämpfung *innerer*: Je mehr Sie an Übung und Erfahrung gewinnen, desto besser werden Sie. Das setzt voraus, dass Sie gute praktische Kenntnisse nicht nur über das Löschen von Feuern erwerben, sondern auch darüber, wie sie ausbrechen und was sie unterhält.

Vorbeugen ist besser als Heilen – und wenn es um die Art von Bränden geht, die unser Gehirn erfassen können, dann ist der wichtigste Brandbeschleuniger ein *Verlust*.

- Verlust des Gesichts
- Verlust von Ansehen
- Verlust von Status
- Verlust von Respekt

Weiter oben in diesem Kapitel haben wir erfahren, dass sich der Territorialinstinkt, den wir mit einem Großteil des Tierreichs gemein haben, beim Menschen genauso sehr auf das *psychische* wie auf das *physische* Territorium bezieht. Genau wie das physische Revier das Prestige beispielsweise eines Wolfs oder eines Rotkehlchens erhöht, kann das psychische Revier unser Ansehen steigern, und immer wenn wir glauben, andere verletzten dieses Territorium – unsere Rechte, Privilegien oder Aspekte unseres Seins und Daseins –, reagieren wir genauso wie ein Wolf oder ein Rotkehlchen, wenn diese einen anderen Wolf oder ein anderes Rotkehlchen über ihr »Gebiet« stolzieren sehen. Wir gehen sofort auf den Frechling los und versuchen, ihn zu verscheuchen!

Es ist einem Wolf oder Rotkehlchen unmöglich, die Anwesenheit eines Rivalen in seinem Revier nicht persönlich zu nehmen, und für uns ist es zumindest schwierig – aber nicht unmöglich. Wenn jemand uns verleumdet oder beleidigt oder nicht ernst nimmt, können wir uns des Gefühls nicht erwehren, dass wir etwas verlieren, dass uns dieser jemand etwas wegnimmt, dass er in unseren hart erkämpften, hochgeschätzten persönlichen Raum einbricht.

Unser Empfinden und Verhalten steht unter der Befehlsgewalt unserer entwicklungsgeschichtlichen Vergangenheit, nicht unserer kulturellen Gegenwart, und unser zwischenmenschliches Verhalten kennzeichnet unsere Spezies genauso sehr wie die komplexe Sprache und der aufrechte Gang. Aber das menschliche Gehirn unterscheidet sich stark von dem eines Wolfs oder eines Rotkehlchens. Und wie wir gesehen haben, sorgt derselbe Apparat, der uns anfällig macht für psychologische Gebietsstreitigkeiten, auch dafür, dass wir uns davon fernhalten können, um stattdessen nach einer diplomatischen Lösung zu suchen und unsere Truppen andere Schlachten schlagen zu lassen.

Nun also wollen wir die Hitze des Reviergefechts dämpfen und die Schatten des psychologischen Verlusts vertreiben. Dazu legen wir nacheinander die drei oben umrissenen Elemente der Brandentstehung frei … beginnend mit der Ausbruchsursache, dem Funken.

## DER FUNKE

### 1. Es liegt nicht an Ihnen – es liegt an denen!

»Es gibt zwei Sorten von Menschen auf der Welt«, konstatiert Andy, als wir von der Broad Street in die King Street einbiegen. »Solche, die grob sind, und solche, die es nicht sind. Und weißt du was?«

»Was?«, frage ich.

»Die Grobiane lassen sich in zwei weitere Kategorien unterteilen: die, die ein Problem mit dir haben, und die, die keins haben.«

Er hat recht (siehe Diagramm).

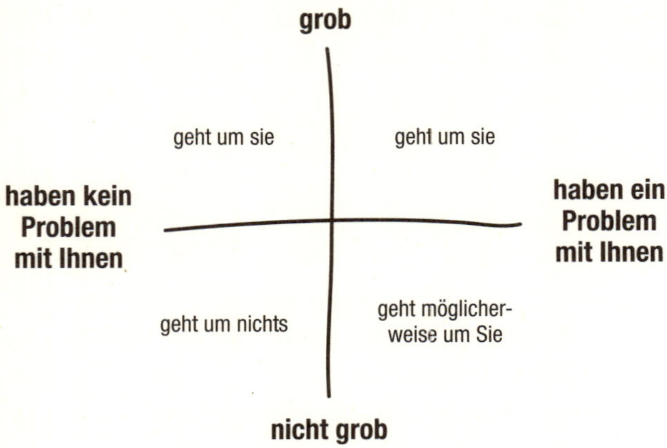


Das mag jetzt vielleicht ein bisschen einfach gestrickt wirken, und genau das ist es auch. Aber wenn man die Dinge auf diese simple binäre Formel herunterbricht, gelangt man zu einer Schlussfolgerung, die auf den ersten Blick nicht so offensichtlich ist, wie es vielleicht scheint. Nämlich diese:

Wenn jemand, aus welchem Grund auch immer, Sie beleidigt, beschimpft oder manipuliert, dann liegt das nicht an *Ihnen*, sondern an *demjenigen*.

Es geht um *deren* Angelegenheiten, nicht *Ihre*.

Es geht um *deren* Probleme, nicht *Ihre*.

Es liegt an *deren* Persönlichkeit, nicht an *Ihrer*.

Der Umstand allerdings, dass Sie *glauben*, es ginge um *Sie* und nicht um *die* – der *hat* natürlich mit *Ihnen* zu tun!

Eleanor Roosevelt hat einmal gesagt: »Niemand kann Sie ohne Ihre Zustimmung dazu bringen, sich unterlegen zu fühlen.« Aber das ist in Ordnung, denn es gibt etwas, das Sie dagegen unternehmen können. Wenn das nächste Mal jemand etwas in Ihren Augen Unfaires zu Ihnen sagt oder mit Ihnen macht, dann schlagen Sie nicht alle Vorsicht in den Wind und stürzen sich in die Flammen. Halten Sie vielmehr inne, treten Sie zurück und gehen Sie dann in Ruhe die folgende Fragenliste durch.

Wie beim Erlernen jeder neuen Fertigkeit benötigen Sie anfangs Zeit und Disziplin. Doch je besser Sie den Bogen raus haben, desto leichter und schneller geht es, bis Sie es schließlich ganz automatisch machen.

Fragen Sie sich:

- Hat die Person *mit Absicht* gehandelt? Woher weiß ich das? Kann ich mir da in irgendeiner Weise sicher sein?
- *Warum* glaube ich, dass ihr Verhalten unfair war? Würden *andere* es auch als unfair betrachten?
- Welchen *Standpunkt* hatte die andere Person? Kann ich das irgendwie herausfinden?
- Wie würde die andere Person ihre Handlungen *rechtfertigen*?
- Wäre ich an ihrer Stelle gewesen, wie wäre *ich* mit der Situation umgegangen?
- Welchen *Beweis* habe ich zur Untermauerung meiner Ansicht? Wie kann ich ihn überprüfen?

Anhand der Antworten auf diese Fragen können Sie Ihren *Attributionsstil* beurteilen, wie wir Psychologen sagen, und überprüfen, ob Sie sich des sogenannten *fundamentalen Attributionsfehlers* schuldig machen oder nicht – ein verbreiteter Irrtum, den wir alle begehen, wenn wir hinter dem Verhalten anderer uns gegenüber fälschlicherweise *Absicht* wittern. Insbesondere, wenn es sich als *mies* erweist!

Ihr Attributionsstil beschreibt, wie Sie über das, was Ihnen im Leben widerfährt, denken. Sowohl negative als auch positive Erfahrungen lassen sich nach zwei psychologischen Dimensionen beurteilen:

- *Kontrollüberzeugung* – Sie sehen entweder eine innere Ursache für ein Geschehen (d.h., jemand ist persönlich dafür verantwortlich, das nennt man *internale* Kontrollüberzeugung) oder eine äußere (d. h., es ist bedingt durch situative Faktoren; das ist die *externale* Kontrollüberzeugung).*

- *Globalität* – Sie betrachten das Geschehnis entweder nur als Einzelfall (*spezifisch*) oder als Muster für alles Kommende (*global*).

Stellen Sie sich beispielsweise vor, Sie hätten über Wochen an einem Angebot gefeilt und gerade sei es abgeschmettert worden. Aufgrund dieser beiden Dimensionen ergeben sich vier verschiedene Möglichkeiten, wie Sie sich diesen Tiefschlag erklären können:

| | **internal** | **external** |
|---|---|---|
| **spezifisch** | Mein Angebot gefiel ihnen diesmal nicht. | Der Ausschuss folgte Anweisungen des Vorstands, diesmal Aufträge nach bestimmten Kriterien zu vergeben. |
| **global** | Sie haben ein Problem mit *mir.* | Von jetzt an ist der Ausschuss daran gebunden, Angebote von einer bestimmten Gruppe von Auftragnehmern einzuholen. |

Attributionsstil

Sollten Sie jetzt Pessimist sein oder depressiv oder einfach nur dünnhäutig, dann haben Sie bei negativen Ereignissen wie diesem wahrscheinlich einen globalen/internalen Attributionsstil (Feld unten links) – und nehmen die Ablehnung viel eher *persönlich*.

Dagegen besteht die gesündere Methode des *guten Psychopathen* darin, eins hoch in das *spezifische/internale* Feld zu gehen – »neues Spiel, neues Glück« – und weiterzuziehen.

* Um herauszufinden, zu welcher Sorte Sie gehören, können Sie unseren Fragebogen zum Attributionsstil am Ende des Kapitels ausfüllen.

Das schließt natürlich nicht aus, dass *äußere* Faktoren bei der Entscheidung eine Rolle *spielten*, dass dem Auswahlausschuss z. B. hinter den Kulissen die Hände gebunden *waren*. Ohne konkreten *Beweis* können Sie das einfach nicht wissen. Fehlen aber solche Beweise, dann verändern Sie Ihren Attributionsstil am besten dadurch, dass Sie Ihre *Annahmen* – die Mannschaft, die wir rausschicken, wenn wir keine Beweise haben! – gnadenlos in Frage stellen und testen, ob sie einer genauen Überprüfung standhalten. Und je öfter Sie das machen, desto gewiefter werden Sie als Selbstinquisitor, und desto häufiger stellen Sie fest, dass viele Spieler, die auf dem Spielfeld rumlaufen, die Umkleide nie hätten verlassen dürfen.

Aber das ist nicht leicht. Wie Andy betont, erfordert diese einfache Handlung im Grunde alle drei zentralen psychologischen Faktoren, die für die Aufnahme in den SAS nötig sind:

Sie erfordert Disziplin.

Sie erfordert Ausdauer.

Und sie erfordert Mut.

Und wissen Sie, warum? Weil es viel leichter ist, *Ihren* Fehler den Fehlern *anderer Leute* zuzuschreiben (»Sie haben mich auf dem Kieker«) als *selbst Verantwortung* dafür zu übernehmen (»Meine Präsentation war nicht gut genug«).

Halten Sie durch – es wird sich lohnen. Sich mit einem Lächeln abzuwenden, wenn das Leben Ihnen den Stinkefinger zeigt – und es sich *wirklich* am Arsch vorbeigehen zu lassen –, bekommt Ihnen weitaus besser, als wenn Sie Ihre Zeit und Kraft mit Selbstmitleid vergeuden.

»Ich meine, Ihren Konkurrenten tun Sie nicht leid«, sagt Andy. »Warum zum Teufel also *Sie* sich dann *selbst*?«

## 2. Sorgen Sie für einen erfolgreichen Start

Das ständig steigende Tempo des modernen Lebens stellt jeden von uns vor eine einfache Gleichung. Wir geben uns entweder mit *mehr* Menschen ab und legen uns Allüren zu. Oder wir geben uns mit *weniger* Menschen ab und konzentrieren uns auf das Wesentliche.

Viele Menschen entscheiden sich für Letzteres. Das ist insbesondere im Zusammenhang mit E-Mails der Fall. Wenn Sie dazu neigen, Dinge persönlich zu nehmen, ist es also vielleicht nicht die allerbeste Idee, den Tag ausgerechnet mit dem Aufruf Ihres Browsers zu beginnen.

Fangen Sie besser mit etwas an, bei dem Sie sich wohlfühlen – etwas, das Ihnen Bestätigung gibt und das Gefühl von Kontrolle vermittelt und Ihnen den Rücken stärkt.

»Arbeit beispielsweise«, schlägt Andy vor.

Wenn Sie jeden Tag mit einer soliden Grundlage beginnen, dann gibt dieser Auftakt den Ton für seinen weiteren Verlauf vor. Womöglich steigern Sie sogar Ihre Leistung!

## DAS ROHMATERIAL

### 3. Friss oder stirb

»Weißt du was, Kevin?«, fragt Andy, als wir zu einem kühlen Blonden in den Spread Eagle gehen. »Es ist eine grundlegende Tatsache des Lebens, dass manche Menschen dich mögen und manche dich nicht ausstehen können. Na und? Da draußen springen Leute rum, die sogar Mutter Teresa für eine blöde Kuh halten. Das ist das Wahrscheinlichkeitsgesetz, und damit musst du eben zurechtkommen.

Je schneller du dich an den Gedanken gewöhnst, dass nicht für alle eitel Sonnenschein aus deinem Hinterteil strahlt – und dass für manche das, was aus deinem Arsch kommen *sollte*, aus deinem Mund kommt –, desto besser.«

Einverstanden, sage ich zu ihm, während ich ein weiteres Mal mehr unsere Getränke bezahle. Und was wichtiger ist, es ist keine große Sache. Ich meine, *Sie* denken doch auch so über *andere*, nicht wahr?

Weil wir gerade beim Thema sind, sollten Sie sich vielleicht noch etwas hinter die Ohren schreiben. Sie mögen noch so sehr den heimlichen – oder auch nicht so heimlichen – Wunsch hegen, die Gedanken anderer Leute zu kontrollieren, Sie können es nicht. Menschen haben die Freiheit, zu denken und zu sagen, was ihnen gefällt. Und wenn *Ihnen* das nicht gefällt – Pech gehabt. So ist es eben. Daran können Sie nichts drehen.

Woran Sie dagegen etwas drehen *können*, ist Ihre Reaktionsweise auf diese Leute. Zunächst einmal können Sie weniger Zeit mit ihnen verbringen. Oder Sie können beschließen, das »Belegt«-Schild rauszuhängen, wenn sie anklopfen. Wie heißt es bei Twitter über nervende Nutzer? »Trolle nicht füttern!«

Konzentrieren Sie sich auf das, was *Sie* tun können, statt auf das, was die andere Person tut oder sagt, und der Umgang mit ihr wird Ihnen viel leichter fallen.

»Reich ihr nicht mal den kleinen Finger – das wäre ein vergeudeter Finger!«, sagt Andy. »Gib ihr *nichts*!«

## 4. Die Welt dreht sich nicht um Sie

Wie gerade festgestellt, mögen manche Menschen Sie nicht. Doch sehr viel mehr Menschen mögen Sie zwar, haben aber schlicht keine *Zeit* für Sie. Jedenfalls nicht so viel, wie Sie sich vielleicht wünschen.

Heutzutage produziert sich jeder, um die Aufmerksamkeit der anderen zu erlangen, und deshalb wird allen oft nur kurze Zeit auf der Bühne zugestanden. Wenn Sie also das nächste Mal glauben, jemand habe Sie beiseitegeschoben, kaltgestellt oder um die in Ihren Augen verdiente Chance gebracht, dann denken Sie daran: Bringen Sie Ihre *Attributionen* in Ordnung.

Es könnte nicht an *denen* liegen. Es könnte einfach an den *Umständen* liegen. Sie sind vielleicht einfach nur … beschäftigt!

## 5. Setzen Sie nicht alles auf eine Karte

»Einer der Jungs vom Regiment hat mir mal was erzählt, das ihm vor ein paar Jahren in Indien passiert ist«, sagt Andy, als wir uns zu einer ruhigen Ecke durchkämpfen.

> Er ist bei 38 Grad Hitze seit ein paar Stunden auf den Beinen, da stößt er auf einen Eisverkäufer, der an einer abgelegenen Schotterpiste neben seinem Karren sitzt. Er möchte kein Eis, nur etwas zu trinken – er ist fast am Verdursten –, also geht er hin und fragt nach einer Flasche Wasser.
>
> Doch der Verkäufer erwidert, er habe gerade wegen Mittagspause geschlossen und werde erst in einer Stunde wieder öffnen.
>
> »Aber ich möchte doch nur eine Flasche Wasser«, sagt der Bursche.
>
> Der Verkäufer gibt nicht nach.
>
> »Kommen Sie in einer Stunde wieder«, sagt er.
>
> Ihm bleibt nichts anderes übrig, als am Straßenrand zu sitzen und die Zeit totzuschlagen, meilenweit von allem und jedem entfernt. Also tut er das eben. Er hockt sich ungefähr fünf Meter von dem Verkäufer entfernt in den Staub, und da sitzen die beiden nun bescheuert herum und starren sich an. 58 Minuten später kommt der Bursche endlich wieder auf die Füße und versucht sein Glück erneut. Doch der Verkäufer will immer noch nichts davon wissen und zeigt auf seiner Uhr, dass noch zwei Minuten bleiben.
>
> Jedenfalls steht der Verkäufer auf die Minute genau auf und stellt sich hinter seinen Karren. Er hat geöffnet! Verständlicherweise rastet der Junge vom Regiment jetzt aus.
>
> »Wasser!«, brüllt er, während der Verkäufer ein Eis am Stiel aus der Hülle pellt.
>
> »Tut mir leid«, erwidert er. »Ausverkauft.«

Wenn man es im Fernsehen sieht, ist es lustig. Aber wenn man sein Bier in echt rausprustet, nicht. »Du machst wohl Witze!«, japse ich hustend und spuckend, als ob ich gerade einem Waterboarding mit Guiness unterzogen worden wäre. »Da hat er dich doch bestimmt auf den Arm genommen.«

Andy schüttelt den Kopf. »Nö!«, sagt er. »Ganz ehrlich. Er war nicht der Typ, mit dem man rumblödelt.«

»Ja«, erwidere ich. »Ich wette, der Eisverkäufer hat das auch gemerkt!«

Doch so schwer Andys Geschichte auch zu glauben ist, sie klingt tatsächlich durchaus glaubhaft. Manchmal, wenn uns die Hände gebunden sind, bleibt uns keine Wahl, als alles auf eine Karte zu setzen. Und das ist auch in Ordnung.

Aber häufig ist es nicht so ... und wir tun es trotzdem. Überlegen Sie mal. Wie oft haben Sie sich schon etwas gesagt wie das Folgende? Und nicht nur sich selbst, sondern auch jedem, der zuhörte:

- Wenn ich *diesen* Studienplatz an *dieser* Universität nicht kriege, welches Sinn hat es dann noch?
- Entweder *dieser* Job oder *gar kein* Job.
- Sie ist die *Einzige*!
- Er ist der *Einzige*!

Komplexe Entscheidungen auf dualistische Schwarzweißalternativen zu reduzieren, wenn es dafür nicht den geringsten Grund gibt, ist etwas, das wir Menschen besonders gut können – und daher ist es kein Wunder, dass uns besonders dann der Kragen platzt, wenn unsere Alles-oder-nichts-Bemühungen zu nichts führen.

Meistens jedoch *haben* Sie, anders als Andys Kumpel beim indischen Eiskrem-Wallah, Optionen.

Statt sich nur an der einen Universität zu bewerben, können Sie es an mehreren versuchen.

Statt sich auf den einen Job festzulegen, können Sie sich für mehrere bewerben.

Statt nur das eine Mädchen/den einen Kerl anzumachen – na ja, andere Eltern haben auch schöne Töchter/Söhne.

Indem Sie sich mehrere Optionen offenhalten und Ihre Einsätze strategisch verteilen, verringern Sie das Risiko und drehen die emotionale Gasflamme runter. Wenn es ein Nullsummenspiel ist und die Null in *Ihrer* Hälfte des Spielfelds landet, dann werden Sie es wohl kaum dabei belassen wollen!

### 6. Rücken Sie die Dinge ins richtige Verhältnis

Weil wir gerade von Einsätzen, Risiken und Nullsummenspielen reden – ein Pokerspieler der internationalen Spitzenklasse hat mir mal folgenden Rat gegeben: Wenn du müde oder hungrig bist oder es dir nicht erlauben kannst, deinen Einsatz zu verlieren, dann setz dich erst gar nicht an den Tisch.

Was für den Pokertisch gilt, gilt auch für den Verhandlungstisch. Manchmal braucht man Willenskraft, um nicht gekränkt zu sein, und wie wir in Kapitel 5 gesehen haben, ist Willenskraft ein Muskel, der wie jeder andere Muskel auch für seine Arbeit Energie benötigt. Wenn Sie nicht gegessen oder geschlafen haben oder einfach um jeden Preis »gewinnen« müssen, dann ist das Risiko, dass Sie hinter objektiven, legitimen Herausforderungen persönliche Motive sehen, beträchtlich erhöht.

Das ist eine ganz einfache Beobachtung – die aber untermauert wird von beachtlichen Forschungsergebnissen auf dem Gebiet der Konfliktlösung. Das Dual-Concern-Modell des Verhandlungskonzepts beispielsweise zeigt sehr genau, welche Gefahren entstehen, wenn man zu sehr seinen eigenen Interessen verhaftet bleibt und grundlos die aller anderen sträflich vernachlässigt (siehe Diagramm).

Schauen Sie auf die Ecke des Quadranten unten rechts – Situationen, in denen einer Person viel an ihrem *eigenen* Ergebnis liegt, an dem aller anderen jedoch wenig –, und Sie werden feststellen, dass die unkontrollierten Flammen des nackten Selbstinteresses

Das Dual-Concern-Modell der Konfliktlösung

alles auf ihrem Weg verschlingen. Hier treiben sich die *bösen Psychopathen* herum.

Gehen Sie jedoch ein Stockwerk höher, wo das Bemühen sowohl dem eigenen Vorteil als auch dem der anderen gilt, und Sie erhalten Anschauungsunterricht in Brandbekämpfung: in Problemlösen, fundierter Diskussion und rationalem Argumentieren. Hier finden Sie die *guten Psychopathen* wie Andy.

Sie können entweder den Kopf *verlieren*. Oder ihn *gebrauchen*. Die Entscheidung liegt bei *Ihnen*. Aber wenn wir jetzt am Pokertisch säßen, dann wüssten wir, wofür *wir* uns entscheiden würden.

## 7. Passen Sie auf, was Sie sagen

»Jetzt bin ich dran mit einer Geschichte«, sage ich zu Andy, als wir das Bier getrunken haben und uns zur Tür durchdrängeln. Wir wollen zum Orange Tree, etwas weiter die King Street runter, und Steak essen. Wenn nicht Zeichen und Wunder geschehen, dann war mein Besuch am Geldautomaten doch eine gute Idee.

Ich lege los:

Als ich vor ein paar Jahren *Gehirnflüsterer* schrieb, sammelte ich Beispiele für das, was ich »extreme Beeinflussung« nenne. Du weißt schon, Situationen auf Messers Schneide, in denen jemand etwas sagt oder tut, das die Lage völlig verändert. Was jetzt kommt, war so eine.

Eine 80-jährige Frau ist nach einem Sturz ins Krankenhaus eingeliefert worden und wird auf der orthopädischen Station versorgt, während alles für eine stationäre Pflege in die Wege geleitet wird. Es ist eine schwierige Zeit für ihre Tochter und ihren Schwiegersohn, die bei ihr am Bett sitzen, und die Belastung macht sich allmählich bemerkbar. Als der Stationsarzt bei seiner Abendvisite nach der Frau sieht, beginnen sie gerade über die verschiedenen zur Verfügung stehenden Möglichkeiten zu streiten. Bald wird es persönlich.

»Warum redest du ständig so von oben herab mit mir?«, schreit der Schwiegersohn. »Du behandelst mich dauernd wie ein kleines Kind. Es ist, als ob ich nicht mehr selbständig denken oder handeln könnte. Bin ich denn ein Fünfjähriger oder was?«

In dem Augenblick unterbricht das Geräusch eines Piepsers die Feindseligkeiten. Er gehört einem der Assistenzärzte im Schlepptau des Stationsarztes. Der schaltet das Piepsen ab, studiert das Display und wendet sich an den Kerl.

»Das war Ihre Mutter«, sagt er trocken. »Sie möchte wissen, wann sie Ihnen die Wärmflasche ins Bett legen soll.«

Diesmal ist es Andy, der sich fast in die Hose macht.

Doch so haarsträubend diese Geschichte in gewisser Hinsicht auch sein mag, in einer anderen offenbart sie eine harte, einfache Wahrheit. Tatsache ist Folgendes: Wenn Sie Ihrer Neigung, Dinge persönlich zu nehmen, einen Riegel vorschieben wollen, dann können Sie das unter anderem dadurch bewerkstelligen, dass Sie der Neigung anderer Leute einen Riegel vorschieben, Dinge zu Ihnen zu sagen, die Sie persönlich nehmen *sollen*!

Und um *das* zu bewerkstelligen, müssen Sie aufpassen, was *Sie* zu den *anderen* sagen.

Zum Glück schnallte der Bursche aus dem obigen Beispiel die Pointe – was er ja auch sollte –, und der Streit war wie weggeblasen. Hätte der Assistenzarzt aber sozial weniger geschickt agiert ... hätte er womöglich am Ende selbst ein Krankenbett benötigt.

»Was ich hier draußen in der realen Welt wirklich erstaunlich finde«, sagt Andy, »ist, wenn die Leute sich über irgendwas so richtig aufregen und mit dem Finger auf dich zeigen, um ihren Standpunkt klarzumachen. Da, wo ich herkomme, wurde so eine Geste sofort als Angriff betrachtet, und das konnte sehr schnell in Gewalt ausarten. Ich meine, warum sonst sollte jemand auf einen deuten?

Damals in meiner Zeit im Regiment wurde so einer sofort zurechtgestutzt. Ich habe das sogar zwischen Busenfreunden erlebt. ›Du hast das Maul zu weit aufgerissen, deshalb musste ich dir eins draufgeben.‹ Und der Bursche, der die Abreibung bekommen hatte, stimmte gewöhnlich zu. ›Geht in Ordnung.‹

Deshalb wird in meiner früheren Welt alles mit großer Ruhe und Umsicht gemacht. Man zeigt nicht mit dem Finger auf einen anderen. Außer natürlich, du bist wirklich auf Streit aus. Selbst wenn du wirklich jemanden in guter alter Militärmanier zur Sau machst, zeigst du trotzdem nicht mit dem Finger auf ihn. Die Handfläche bleibt offen und die Finger geschlossen.

Ungediente (eine der harmloseren Bezeichnungen im Militär für Zivilisten) verstehen das gewöhnlich nicht, weil sie meistens mit Worten streiten. Es wird selten etwas körperlich ausgetragen. Aber in einer ganz und gar körperlichen Welt wie dem Regiment ist das, was du sagst und wie du es sagst, ganz extrem wichtig für deine Gesundheit.«

»Die nächste Runde Bier geht auf dich«, sage ich und versetze ihm einen Stoß gegen die Brust.

»Gut«, sagt er. »Aber mach das noch einmal, und du trinkst es durch einen Strohhalm.«

## DER SAUERSTOFF

### 8. Rücken Sie Ihre Geschichte gerade – für Sie selbst

Wir alle haben unsere persönlichen Geschichten, die wir uns selbst *über* uns selbst *erzählen*, damit wir uns *mögen*. Ein unsicherer, misstrauischer Ehemann beispielsweise sieht sich selbst vielleicht als den »Beschützer« seiner Frau. In den Augen eines Nach-mir-die-Sintflut-Schürzenjägers ist sein Verhalten »das Leben in vollen Zügen genießen«. Eine untergründige Versagensangst wird psychologisch umgemünzt zu »zart besaitet sein«.

Wie auch immer unsere Erzählung aussieht, es besteht die Wahrscheinlichkeit, dass sie nicht ganz und gar stimmt. Und wenn wir ganz ehrlich mit uns selbst sind, *wissen* wir meist auch, dass sie nicht so ganz stimmt.

Wenn uns nun jemand zu einer Abänderung unseres Drehbuchs zu zwingen droht, wenn er etwas sagt oder tut, das zufällig die ganz tief in uns nagenden Zweifel an uns selbst anbohrt, wenn er – mit einer Geste, einer Bemerkung oder manchmal nur mit einem Blick – einen Zipfel der Steppdecke erwischt, unter der wir diese Zweifel halten … dann klammern wir uns daran, als ginge es um unser Leben.

Manchmal nehmen wir etwas persönlich, weil es stimmt!

Ich habe eine Freundin aus Kindertagen, deren Eltern ihre Liebe immer an Bedingungen geknüpft hatten. Sie zeigten ihrer Tochter nur dann echte Zuneigung, wenn sie etwas Gutes tat oder sie zum Lachen brachte. Heute ist meine Freundin verheiratet und hat selber Kinder. Doch im Erwachsenenleben hat sich diese Erziehung »unter Vorbehalt« als zweischneidiges Schwert erwiesen. Wie sich zeigte, war sie sowohl ein Segen als auch ein Fluch.

Einerseits ist meine Freundin aufgrund jahrelangen fleißigen Übens der Mittelpunkt jeder Party. Sie besitzt eine fast schon übernatürliche Gabe, zu erspüren, was die Leute hören wollen, und dann eben das zu ihnen zu sagen – und genauso geschickt kann sie auf Fremde zugehen und ihnen die Befangenheit nehmen.

Andererseits dagegen hat ihr Ausnahmetalent für sofortigen Kontakt eine Kehrseite. Es verbirgt ein Bedürfnis – eines, das bis in ihre Kindheit zurückreicht –, das Bedürfnis, die »spezielle« Freundin von allen zu sein, die Vertrauensperson, wenn niemand sonst vertrauenswürdig ist, die Person, die sich »auch mal was herausnehmen« kann, weil das eben zur Freundschaft mit ihr »gehört«. Sie rangiert »auf einer anderen Ebene«.

Was meistens in Ordnung ist, weil sie tatsächlich ein sehr warmherziger Mensch ist. Und man gern mit ihr zusammen ist. Aber nicht dann, wenn andere es ihr nicht abkaufen. Wenn sie sich zurückziehen beispielsweise. Oder Dinge anders sehen. Oder wenn sie sie *nicht* ins Vertrauen ziehen. Dann verwandelt sich das Lachen leider in Tränen. Dann kommen die Angst, der Schmerz und die Einsamkeit der Kindheit wieder hoch, und sie fühlt sich wieder im Stich gelassen. Die geringste Zurückweisung wird tausendfach vergrößert. Aus Gründen, die leider ebenso traurig wie durchschaubar sind.

Nicht meine Freundin, wie sie *heute* ist, fühlt sich da abgelehnt, sondern das ausgeschlossene kleine Mädchen, das selbst jetzt noch, viele Jahre nach dem Hinscheiden von Mami und Papi, von ihnen hören möchte, dass sie es lieben.

Falls Sie sich in meiner Freundin wiedererkennen, stehen Sie nicht alleine da. Die Geister der Kindheit treiben in jedem von uns ihr Unwesen, legen uns rein und erschrecken uns, so dass wir Dinge sagen und tun, die wir besser sein ließen. Wir alle haben unsere »Knöpfe« – und es gibt Menschen, die gerne draufdrücken. Manchmal mit voller Absicht. Aber meistens, ohne es zu wissen.

Deshalb kommt jetzt, worauf es ankommt: Wenn Sie ein bisschen reibungsloser durchs Leben kommen wollen, wenn Sie nicht mehr nach jedem bellenden Hund mit Steinen schmeißen wollen, wie unser alter Freund Churchill es auf so unvergessliche Weise ausdrückte, dann ist der erste Schritt ganz einfach: Fangen Sie an, Ihre Hausaufgaben zu machen. Werden Sie zu Ihrem persönlichen Geisterjäger!

Finden Sie heraus, welche traurigen, gequälten Gespenster längst vergessen in den geheimen Treppenhäusern *Ihres* Gehirns lauern. Finden Sie heraus, was *Ihre* Knöpfe drückt.

Das kann zum einen, wie bei meiner Freundin, eine Äußerung oder Handlung sein, die Ihre persönliche Geschichte in Frage stellt. Oder auch etwas »Offensichtlicheres« wie etwa Ihr Gewicht. Oder Ihre Nase. Oder »dumm« sein. Etwas, für das Sie in der Schule gehänselt wurden …

Was auch immer es ist, wenn Sie sich dieser Knöpfe erst einmal bewusst sind, wenn Sie um diese Gespenster wissen, dann fällt es Ihnen viel leichter, mit ihnen fertigzuwerden, wenn etwa ein Gespräch sie aufscheucht.

Wussten Sie, dass das Licht des Polarsterns, wenn wir in einer klaren Nacht zu ihm hinaufschauen, 680 Jahre alt ist? Als es zu seiner kosmischen Reise zur Erde aufbrach, mussten wir uns noch mit dem Schwarzen Tod herumschlagen. Der Stern ist so weit weg, dass sein Licht so lange brauchte, um hierher zu gelangen. Dasselbe gilt für viele unserer Gefühle. Sie gehören zu einer anderen Zeit. Sie sind das Licht von Sternen, die vor langer Zeit ausgebrannt sind.

## 9. Kommunizieren Sie

»Stevie Wonder hat also seinen ersten Gig in Tokio, und es ist gerammelt voll«, erzähle ich Andy auf dem Weg zum Orange Tree. »Um das Eis zu brechen, fragt er das Publikum, ob jemand einen bestimmten Titel hören möchte. Ein kleiner alter Mann in der ersten Reihe springt auf und schreit so laut er kann: ›*Play a jazz chord! Play a jazz chord!*‹ (Spielen Sie einen Jazz-Akkord!)

Erstaunt, dass dieser kleine Kerl über die Einflüsse des Jazz in seiner langen und bewegten Karriere Bescheid weiß, stimmt Stevie eine E-Moll-Tonleiter an und spielt dann etwa zehn Minuten lang eine anspruchsvolle Jazzmelodie.

Danach bricht ein frenetischer Beifallssturm los. Doch der kleine Mann springt wieder auf und ruft: ›*No, no, play a jazz chord! Play a jazz chord!*‹

Stevie ist ein bisschen angesäuert. Doch als der Profi, der er ist, stürzt er sich sofort in eine Jazzimprovisation über den B-Moll-Akkord und bringt den Saal zum Kochen. Wie zuvor rast das Publikum. Aber als er geendet hat, springt der alte Mann erneut auf. ›*No, no, play a jazz chord! Play a jazz chord!*‹

Jetzt ernsthaft genervt, dass dieser kleine Kerl offenbar seine technische Virtuosität nicht zu würdigen weiß, greift Stevie nach dem Mikro. ›Okay, du Klugscheißer‹, ruft er. ›Du kommst jetzt hier rauf und spielst selbst!‹

Der alte Mann klettert auf die Bühne, nimmt das Mikro und beginnt zu singen: ›*A jazz chord … to say … I love you …*‹.«

Andy verlangt die Speisekarte.

»Die T-Bones sind gut«, sagt er.

Ich lache. Perfektes Timing.

Einer der häufigsten Gründe, warum uns etwas trifft – und die Pointe des Witzes! –, beruht auf *Fehlkommunikation*. Wir missverstehen, was eine andere Person ausdrücken oder tun möchte, sind enttäuscht und ziehen voreilige Schlüsse.

Wenn sich also das nächste Mal etwas merkwürdig, unpassend oder ganz einfach dumm anhört, dann versinken Sie nicht ins Grübeln und brüten darüber, was das nun alles wohl bedeuten mag. Bemühen Sie sich stattdessen um Klärung. Fragen Sie die andere Person, ruhig und ohne Abwehrhaltung, was sie damit andeuten will. Denn wahrscheinlich will sie gar nichts andeuten.

## 10. Machen Sie sich nicht zum Opfer der Opferrolle

Wie stellt man es an, dass sich Leute, die sich nie zuvor begegnet sind, nicht ausstehen können? Ganz einfach. Teilen Sie sie willkürlich in zwei Gruppen (die rote Gruppe gegen die blaue, die Bayern gegen die Dortmunder ... es ist egal, wie Sie sie nennen), und geben Sie jeder Gruppe Zeit, sich zu beschnuppern.

Im Handumdrehen wird jeder die Mitglieder der eigenen Gruppe bevorzugen und denen der anderen feindselig gesinnt sein. Unser Bedürfnis nach Anschluss ist dermaßen fest in uns verdrahtet, dass selbst solche *Minimalgruppen* uns Loyalität abnötigen können.

Heute, mit dem Aufstieg der sozialen Netzwerke, schießen Minimalgruppen natürlich wie Pilze aus dem Boden – und unsere höchst reaktionsfreudigen Gruppenloyalitätsknöpfe werden ständig gedrückt. Oft ist der psychologische Klebstoff, der solche Gruppen zusammenhält, ein Groll, eine – individuelle oder kollektive – Erbitterung, Abneigung oder Antipathie gegen etwas Bestimmtes.

Manchmal bieten solche Gruppen ihren Mitgliedern selbstverständlich ein unschätzbar wertvolles Unterstützungsnetzwerk. Manchmal aber auch nicht. Dann sind sie nicht viel mehr als ein professionelles Lästerforum für diejenigen, denen die Opferrolle eine bequeme und lebenslange Berufung ist. (Es ist in der Tat eine Streitfrage, ob es einen Zusammenhang gibt zwischen der zunehmenden Tendenz in der modernen Gesellschaft, Dinge persönlich zu nehmen, und der noch nie da gewesenen, durch das Internet eröffneten Möglichkeit, uns aus unseren Ressentiments eine »Identität« zu zimmern.)

Fazit? Wenn Sie *weiterhin* Dinge persönlich nehmen wollen, dann schließen Sie sich einer *Gruppe* an, die diese persönlich nimmt.

### 11. Klopfen Sie sich selbst auf die Schulter

Nehmen Sie sich jeden Tag fünf Minuten, um sich vor Augen zu führen, dass manche Menschen Sie wirklich mögen, Ihnen Zeit schenken und auf Ihrer Seite stehen.

»Aber verwandeln Sie sich dabei nicht in einen nur noch nabelschauenden Narzissten«, mahnt Andy.

Wir haben fünf Minuten gesagt und nicht fünf Stunden!

### 12. Versetzen Sie sich in die Lage der anderen Person

Ein Arzt und ein Anwalt besuchen zusammen eine Cocktailparty. Da wendet sich ein Mann an den Arzt und bittet ihn um Rat wegen seines Magengeschwürs. Der Arzt murmelt ein paar allgemeine Worte aus dem üblichen medizinischen Standardrepertoire, und als der Mann gegangen ist, wendet er sich an den Anwalt und sagt: »Wissen Sie was? Ich weiß nie, wie ich mit solchen Situationen umgehen soll, wo ich in der Öffentlichkeit um Rat gefragt werde. Halten Sie es für richtig, unter solchen Umständen eine Rechnung zu stellen?«

Der Anwalt nickt begeistert. »Auf jeden Fall!«, sagt er. »Ich halte das für absolut richtig.«

Am Tag darauf beherzigt der Arzt den Rat und schickt dem Mann mit dem Magengeschwür eine Rechnung. Und der Anwalt schickt eine an den Arzt.

»Ja, ja, ich weiß schon«, sagt Andy und bemüht sich, der erste Mann in der Geschichte der menschlichen Leistungen zu werden, dem es gelingt, Wasser aus einer Flasche zu gießen, ohne vorher den Verschluss abzudrehen, »der typische Winkeladvokat! Was erwartest du denn? Aber wenigstens ist der besser als dein armseliger Stevie-Wonder-Witz. Der war echt Scheiße!«

Na schön. Zugegeben. Aber darüber hinaus enthält diese kleine Pointe eine grundlegende Wahrheit über unseren Umgang mit anderen – eine Wahrheit, die wir als Kinder entdecken und die wir immer wieder aufs Neue lernen.

Wenn Ihnen das nächste Mal jemand etwas sagt oder antut, das Sie für unfair halten, dann gehen Sie nicht gleich an die Decke. Treten Sie stattdessen einen Schritt zurück und fragen Sie sich:

- Ist das Handeln dieser Person nicht eigentlich berechtigt?
- Würde ich an ihrer Stelle nicht dasselbe tun?

Möglicherweise täten Sie's! Nur weil uns etwas zufällig nicht passt, bedeutet das nicht automatisch, dass es unfair ist. Es bedeutet nur, dass es uns zufällig nicht passt. *Na und?*

»Weißt du«, sagt Andy – der Verschluss ist jetzt ab, das Wasser unfallfrei eingegossen – »in diplomatischen Kreisen gibt es eine Technik, die heißt ›tödliche Umarmung‹. Im Wesentlichen bedeutet das, den Feind durch Nettigkeit außer Gefecht zu setzen. Nehmen wir an, die Yankees gingen zu Kim Jong Un nach Nordkorea und sagten: ›Vergessen wir die ganzen Sanktionen. Wir sehen das Problem, das Sie mit uns haben, und wir wollen etwas dagegen unternehmen. Fangen wir also noch mal von vorne an. Reden wir. Eröffnen wir eine Botschaft in Pjöngjang. Importieren wir was von euren Waren und verkaufen wir euch welche von unseren: Apple Macs, Big Macs, …‹

Er würde glauben, ihn tritt ein Pferd! All die Leute, die um den Block herum nach Green Cards anstehen und sich den Bauch mit McFlurries vollstopfen?«

Teuflisch. Brutal. Genial.

Sie sehen, sich in die Lage der anderen Person zu versetzen hat verborgene Vorteile. So erkennen Sie nicht nur besser, woher sie kommt. So können Sie auch Umleitungen und Straßensperren einrichten. Doch für beides müssen Sie die Dinge durch *deren* Augen sehen und nicht durch Ihre eigenen. Sie müssen sich in deren Lage versetzen – und es *dann* persönlich nehmen!

## FRAGEBOGEN:

# WIE DICKFELLIG SIND SIE?

Ordnen Sie jeder der folgenden Aussagen einen Punktwert zu und addieren Sie alle. Vergleichen Sie Ihren Wert mit der Auswertung am Ende:

| | 0 trifft voll und ganz zu | 1 trifft eher zu | 2 trifft eher nicht zu | 3 trifft ganz und gar nicht zu |
|---|---|---|---|---|
| 1. Ich bin nachtragend. | ❍ | ❍ | ❍ | ❍ |
| 2. Ich neige dazu, Dinge in den falschen Hals zu kriegen. | ❍ | ❍ | ❍ | ❍ |
| 3. Es ist mir sehr wichtig, wie andere mich sehen. | ❍ | ❍ | ❍ | ❍ |
| 4. Wenn jemand etwas Schlechtes über mich sagt, fällt es mir schwer, es aus dem Kopf zu kriegen. | ❍ | ❍ | ❍ | ❍ |
| 5. Es fällt mir schwer, Dinge aus dem Blickwinkel einer anderen Person zu sehen. | ❍ | ❍ | ❍ | ❍ |
| 6. Ich mache mir Sorgen, dass andere hinter meinem Rücken über mich reden. | ❍ | ❍ | ❍ | ❍ |
| 7. Ich neige dazu, viel »in Dinge hineinzulesen«. | ❍ | ❍ | ❍ | ❍ |
| 8. Ich werde reizbar, wenn ich meinen Willen nicht kriege. | ❍ | ❍ | ❍ | ❍ |
| 9. Meine Freundschaften und Beziehungen sind häufig schwierig oder stürmisch. | ❍ | ❍ | ❍ | ❍ |
| 10. Ich interpretiere Versehen als Absicht. | ❍ | ❍ | ❍ | ❍ |
| 11. Wenn meinem Chef ein von mir vorbereitetes Angebot oder eine Präsentation nicht gefällt, fällt er ein Urteil über mich persönlich. | ❍ | ❍ | ❍ | ❍ |

## Auswertung

**0–11** Sie sind so dünnhäutig, dass Miley Cyrus neben Ihnen wirkt wie aus Kryptonit. Wir vermuten mal, dass Ihnen das nicht gefällt …?

**12–17** Sie sind eindeutig ein bisschen empfindlich. Manchmal kriegen Sie nicht einfach etwas in den falschen Hals. Sie haben den falschen Hals.

**18–22** Sie entscheiden im Zweifelsfall in aller Regel zugunsten eines Menschen, haben gelegentlich aber Ihre »Anwandlungen«. Genug ist schließlich genug, oder?

**23–28** Es braucht schon einiges, um Ihre Knöpfe zu drücken. Sie fühlen sich recht wohl in Ihrer Haut, und wenn andere ein Problem mit Ihnen haben, was soll's? Das ist *deren* Problem.

**29–33** Wir könnten Ihr Ego mit einem Vorschlaghammer bearbeiten, und es würde trotzdem nicht zerbrechen. Sie sind nicht zu beleidigen!

## FRAGEBOGEN:

# TEST IHRES ATTRIBUTIONSSTILS

Die folgenden zehn Aussagen beschreiben verschiedene Sichtweisen von Alltagsereignissen. Markieren Sie auf der Skala Ihre Zustimmung oder Ablehnung.

| | | 1 trifft ganz und gar nicht zu | 2 trifft eher nicht zu | 3 trifft eher zu | 4 trifft voll und ganz zu |
|---|---|---|---|---|---|
| 1. | Wenn ich am Arbeitsplatz eine Aufgabe gut erfülle oder eine Prüfung glänzend bestehe, dann deshalb, weil sie leicht war. | ❍ | ❍ | ❍ | ❍ |
| 2. | Wenn ich durch eine Prüfung falle, kann ich es das nächste Mal besser machen, wenn ich mehr lerne. | ❍ | ❍ | ❍ | ❍ |
| 3. | Der richtige Ort, die richtige Zeit, das ist das Erfolgsrezept. | ❍ | ❍ | ❍ | ❍ |
| 4. | Die Teilnahme an politischen Großkundgebungen ist normalerweise ineffektiv; das interessiert doch keinen. | ❍ | ❍ | ❍ | ❍ |
| 5. | Intelligenz ist genetisch bedingt – da kann man nicht viel machen. | ❍ | ❍ | ❍ | ❍ |
| 6. | Ich schreibe meinen Erfolg eher meinen Fähigkeiten zu als dem Zufall. | ❍ | ❍ | ❍ | ❍ |
| 7. | Was die Leute von einem denken, ist ihre Sache – daran kann man eigentlich nichts ändern. | ❍ | ❍ | ❍ | ❍ |
| 8. | Wenn man krank wird, wird man krank – dagegen kann man nicht viel tun | ❍ | ❍ | ❍ | ❍ |
| 9. | Dem Schicksal kann man kein Schnippchen schlagen. | ❍ | ❍ | ❍ | ❍ |
| 10. | Wenn es die wahre Liebe für mich gibt, dann wird sie mich finden – das steht in den Sternen geschrieben. | ❍ | ❍ | ❍ | ❍ |

## Auswertung

Drehen Sie bei den Aussagen 2 und 6 den Punktwert um, so dass 1 = 4 und 2 = 3 ist etc. Addieren Sie dann Ihre Punktzahlen für alle zehn Aussagen.

**Punktzahlen von 15 oder weniger** weisen im Allgemeinen auf einen *internalen* Attributionsstil hin – Sie übernehmen persönliche Verantwortung für Ihre Handlungen und glauben, dass »das Leben ist, was man daraus macht«.

**Punktzahlen über 25** sprechen für einen *externalen* Attributionsstil – Sie glauben an Schicksal, Zufall und abgekartetes Spiel.

**Punktzahlen von 15 bis 25** sprechen für eine Mischung aus beidem.

## KAPITEL 9

# LEBEN SIE IM GEGENWÄRTIGEN AUGENBLICK

*Reue ist unprofessionell.*

M

## HÄNGEPARTIE

Ein überführter Mörder wird zum Tode verurteilt, und der Richter eröffnet ihm, dass man ihn an einem Werktag der folgenden Woche um 12 Uhr mittags hängen wird. Die Sache hat jedoch im wahrsten Sinne des Wortes einen Haken. Wie der Richter dem Mann erklärt, habe sein Opfer den tödlichen Angriff keinesfalls voraussehen können, weshalb seine Strafe das Schicksal des Getöteten widerspiegeln solle. Mit anderen Worten, sie solle ihn völlig überraschend treffen. Er werde, so der Richter abschließend, das Datum seiner Hinrichtung erst erfahren, wenn der Henker an dem vereinbarten Tag mittags an seine Zellentür klopfe.

Der Delinquent wird abgeführt. Bei der Rückkehr in seine Zelle sagt man ihm, dass er einen Besucher empfangen darf. In seiner Verzweiflung beschließt er, seinen ältesten Freund zu sich zu bitten, der, wie es der Zufall will, Philosoph ist. Der Philosoph hört sich also an, was sein Freund zu sagen hat, und als dieser schließlich geendet hat, springt er plötzlich auf.

»Aber du hast ja gar nichts zu befürchten!«, ruft er aus und reißt die Arme in die Höhe. »Du bist aus dem Schneider! Wenn der Richter die Wahrheit gesagt hat, dann können sie dich gar nicht hinrichten!«

Der Todeskandidat ist gelinde gesagt verwirrt. »Wie meinst du das?«, fragt er.

»Na, ganz einfach«, erklärt der Philosoph. »Spielen wir es Schritt für Schritt durch. Sie können dich nicht am Freitag hängen, denn wenn sie dich bis Donnerstag nicht gehängt haben, dann *muss* es am Freitag sein, und das wäre doch keine Überraschung, nicht wahr?«

»Nein, vermutlich nicht«, stottert der Gefangene.

»Was bedeutet«, fährt der Philosoph fort, »dass sie dich nach derselben Logik auch nicht am Donnerstag hängen können. Überleg doch mal. Wenn der Freitag bereits außer Frage steht und sie es bis Mittwochabend nicht getan haben, dann *muss* die Hinrichtung am Donnerstag stattfinden. Also würde sie wiederum nicht überraschend kommen.«

Dem Gefangenen geht langsam ein Licht auf.

»Moment mal«, sinniert er. »Das bedeutet, dass sie mich am Mittwoch auch nicht hängen können, weil –«

»Das stimmt«, unterbricht ihn der Philosoph. »Wenn Donnerstag bereits abgehakt ist, dann wäre es, wenn du am Dienstagabend noch gesund und munter bist, keine Überraschung.«

Der Gefangene ist außer sich vor Freude. Er umarmt den Philosophen, und dieser wird weggeführt.

»Getränke gehen am Freitagabend auf mich!«, ruft ihm der Gefangene nach.

»Du hast es kapiert!«, erwidert der Philosoph.

Doch der Delinquent schafft es nie an den Tresen.

Dieses »Henker-Paradoxon«, auch Paradoxon der unerwarteten Hinrichtung genannt, ist in Philosophenkreisen ein Favorit. Bei dem ihm zugrunde liegenden verzwickten Gedankengang schlägt die Logik Purzelbäume. In Psychologenkreisen dagegen ist es nahezu unbekannt – ein seltsamer blinder Fleck, verbirgt sich doch hinter seinen abwegigen Voraussagen eine tiefe und überraschende Wahrheit über die Welt, in der wir leben.

Wenn Sie in der Gegenwart bleiben und »das Leben einfach geschehen« lassen – statt über die Vergangenheit zu grübeln oder vor der Zukunft zu zittern –, dann machen Sie sich viel weniger anfällig für die bösen kleinen Überraschungen, mit denen es uns zuweilen beglückt – im Fall des Gefangenen der Tod.

Schauen Sie sich die folgenden aktuellen Zahlen zu Depressionen und Angst an:

- Weltweit erkrankt einer von vier Menschen im Verlauf seines Lebens an einer Depression.
- In Deutschland gehen etwa zwölf Prozent aller Fehltage auf depressive Erkrankungen zurück, in Großbritannien circa 15.
- Die geschätzten volkswirtschaftlichen Kosten depressionsbedingter Probleme betragen in Deutschland jährlich insgesamt bis zu 22 Milliarden Euro. Das sind mehr als 500 Euro pro Arbeitnehmer. In Großbritannien betragen die Gesamtkosten Schätzungen zufolge 105 Milliarden Pfund jährlich.
- In den USA leiden 40 Millionen Erwachsene über 18 Jahren (18 Prozent der US-Bevölkerung) an Angststörungen.
- Eine von der Anxiety and Depression Association of America in Auftrag gegebenen Studie zufolge (»Die wirtschaftliche Belastung durch Angststörungen«) kosten Angststörungen die USA mehr als 42 Milliarden Dollar jährlich, fast ein Drittel des Gesamtaufwands des Landes für psychische Störungen in Höhe von 148 Milliarden Dollar.

Die Quintessenz lässt sich auf eine einfache Formel bringen: Reue über die Vergangenheit oder Angst vor der Zukunft tun keinem von uns einen Gefallen.* Sie können die besten Pläne, Träume

* Damit soll in keiner Weise bestritten werden, dass Depressionen und Ängste in vielen Fällen behandlungsbedürftige Krankheiten sind. Hier beziehen wir uns auf subklinische Ausprägungen dieser Erkrankungen.

und Absichten der Welt haben. Aber wenn Sie, aus welchen Gründen auch immer, nicht über das Selbstvertrauen oder die Motivation verfügen, sie in die Tat umzusetzen, dann können Sie sie gleich vergessen.

Sie wollen beispielsweise Ihre Firma zu großer Bedeutung führen. Oder Ihren Chef um eine jährliche Gehaltserhöhung bitten. Oder Sie sehnen sich womöglich nach einer neuen Beziehung. Und wenn das so ist – schön und gut.

*Aber …*

Wenn Sie sich vor öffentlichen Markteinführungen nach Art eines Steve Jobs fürchten … Wenn Ihnen bei dem Gedanken, das Büro Ihres Chefs zu betreten, der kalte Schweiß ausbricht … Wenn Sie nach einer gescheiterten Beziehung immer noch Probleme haben, anderen Menschen zu vertrauen …

… dann – seien wir ehrlich – werden Sie alle Hände voll zu tun kriegen.

Als Dickens in *Ein Weihnachtslied* Scrooge von den Geistern der vergangenen, diesjährigen und zukünftigen Weihnacht heimsuchen ließ, tat er das nicht zufällig. Der meisterliche Geschichtenerzähler und gleichermaßen meisterliche Psychologe entschied sich ganz bewusst für ein Gespenstertrio, das uns alle einen Heidenschreck einjagt. Nur dass das mittlere der drei uns keineswegs erschrecken müsste. Der »Geist« der Gegenwart kann sogar unser Freund sein.

## EIN LEBENSKREIS SCHLIESST SICH

»Wie fandest du die E-Mail, die ich dir geschickt habe?«, fragt Andy, als wir den Kofferraum seines Wagens beladen. »Gut, nicht?«

Der Morgen graut, und unsere wertvolle Fracht besteht aus Surfbrettern. Ich bin runter nach Cornwall gekommen, um Unterricht beim »weltbesten Fachmann« zu nehmen. Aber es ist nicht der, den ich erwartet habe. Oder vielmehr *ist* es der, den ich erwartet habe … ein Straßenhändlerjunge aus Peckham mit einem Madness-T-Shirt mit dem Aufdruck »One Step Beyond«, einem Pork-Pie-Hut mit Werbung für das Seebad Minehead und Shorts à la Hawaii Five-0, der den »Straßenkreuzer« startet, als ich gerade den Mund aufmachen will. Dann also später, denke ich.

Die E-Mail, die Mr. Schlitzohr – also Andy – meint, war in der Tat gut. Eigentlich sogar *sehr* gut. Sie enthielt den Bericht eines New Yorker Taxifahrers über einen Fahrgast, den er zu früher Stunde abholte. Viel mehr kann ich dazu nicht sagen, außer sie Ihnen weiterzuleiten. Die knappe, schöne, ergreifend alltägliche Erzählung spricht einfach für sich:

Ich kam bei der Adresse an und hupte. Nachdem ich ein paar Minuten gewartet hatte, ging ich zur Tür und klopfte.
»Nur eine Minute«, antwortete die Stimme einer gebrechlichen, älteren Frau.
Ich konnte hören, wie etwas über den Boden geschleift wurde. Nach einer langen Pause ging die Tür auf. Eine kleine Frau in den 90ern stand vor mir. Sie trug ein gemustertes Kleid und eine Pillbox mit Schleier, wie in einem Film aus den 1940er Jahren. Neben ihr stand ein kleiner Nylonkoffer.
Die Wohnung sah aus, als ob seit Jahren niemand darin gelebt hätte. Sämtliche Möbel waren mit Tüchern abgedeckt. An den Wänden hingen keine Uhren, es gab keine Zier- oder Gebrauchsgegenstände auf den Flächen. In der Ecke stand ein Karton voller Fotos und Glaswaren.
»Würden Sie meine Tasche zum Auto hinaustragen?«, fragte sie.
Ich brachte das Köfferchen zum Taxi und ging dann zurück, um der Frau behilflich zu sein. Sie nahm meinen Arm, und wir gingen langsam zum Bordstein. Sie dankte mir immerzu für meine Freundlichkeit.

»Nicht der Rede wert«, sagte ich zu ihr. »Ich versuche nur, meine Fahrgäste so zu behandeln, wie ich meine Mutter behandelt haben möchte.«

»Ach, was sind Sie für ein guter Junge«, sagte sie.

Als wir im Taxi saßen, nannte sie mir eine Adresse und fragte dann: »Könnten Sie durch die Innenstadt fahren?«

»Das ist nicht der kürzeste Weg«, antwortete ich rasch.

»Ach, das macht mir nichts aus«, sagte sie. »Ich habe es nicht eilig, ich bin auf dem Weg in ein Hospiz.«

Ich schaute in den Rückspiegel. Ihre Augen glänzten feucht.

»Ich habe keine Angehörigen mehr«, fuhr sie mit leiser Stimme fort. »Der Arzt sagt, mir bleibt nicht mehr viel Zeit.«

Ich beugte mich schnell nach vorn und schaltete den Taxameter aus.

»Welche Route soll ich denn nehmen?«, fragte ich.

Die nächsten beiden Stunden kurvten wir durch die Stadt. Sie zeigte mir das Gebäude, in dem sie einmal als Fahrstuhlführerin gearbeitet hatte. Wir fuhren durch das Viertel, in das sie und ihr Mann als Jungverheiratete gezogen waren. Sie ließ mich vor einem Möbellager anhalten, einem ehemaligen Ballsaal, wo sie als junges Mädchen zum Tanz gegangen war. Manchmal bat sie mich, an einem bestimmten Gebäude oder einer Ecke langsamer zu fahren und starrte stumm in die Dunkelheit.

Als das erste Sonnenlicht den Horizont erhellte, sagte sie plötzlich: »Ich bin müde. Fahren wir jetzt.«

Wir fuhren schweigend zu der angegebenen Adresse. Es war ein flaches Gebäude, wie ein kleines Genesungsheim, mit einer Auffahrt, die unter einem Säulengang hindurchführte.

Zwei Pfleger kamen heraus an das Taxi, sobald wir angehalten hatten. Sie waren zuvorkommend und aufmerksam, beobachteten jede ihrer Bewegungen. Sie mussten sie erwartet haben.

Ich öffnete den Kofferraum und trug das kleine Gepäckstück zur Tür. Die Frau war bereits in einen Rollstuhl gesetzt worden.

»Wie viel schulde ich Ihnen«, fragte sie und griff nach ihrem Geldbeutel.
»Nichts«, sagte ich.
»Sie müssen doch von etwas leben«, entgegnete sie.
»Es gibt noch andere Fahrgäste«, erwiderte ich.
Fast ohne nachzudenken beugte ich mich zu ihr hinunter und umarmte sie. Sie drückte mich an sich.
»Sie haben einer alten Frau einen Augenblick der Freude geschenkt«, sagte sie. »Danke.«
Ich drückte ihr die Hand und ging dann davon in das schwache Morgenlicht. Hinter mir schloss sich eine Tür. Mit diesem Geräusch schloss sich auch ein Lebenskreis.
Ich nahm in dieser Schicht keine Fahrgäste mehr auf. Ich fuhr ziellos herum, verloren in Gedanken. Den Rest des Tages brachte ich kaum ein Wort heraus. Was, wenn diese Frau an einen ärgerlichen Fahrer geraten wäre oder an einen, der ungeduldig das Ende seiner Schicht erwartete? Was, wenn ich die Fahrt abgelehnt oder nur einmal gehupt hätte und dann weggefahren wäre?
Im Rückblick glaube ich nicht, dass ich je in meinem Leben etwas Wichtigeres getan habe. Wir sind darauf konditioniert zu glauben, dass unser Leben sich um große Momente dreht. Aber große Momente kommen oft unerwartet über uns – hübsch verpackt in solche, die andere vielleicht für klein halten.

Wenn es je eine Reklame für die Maxime gegeben hat, im gegenwärtigen Augenblick zu leben, dann diese – eine moralische, spirituelle, psychologische Wahrheit, verdichtet zu einer Quantenquintessenz in einer einzigen, einfachen Begegnung.

Wie der Taxifahrer ganz richtig betont: wäre er an diesem Morgen in irgendeiner Weise mit seinen Gedanken woanders gewesen – verärgert über einen Vorfall am Tag zuvor oder begierig auf Feierabend und Freizeit –, die Fahrt der alten Frau zum Hospiz wäre höchstwahrscheinlich anders verlaufen. Welch ein Glück für sie – und für ihn –, dass sein soziales Bewusstsein sich als dem Anlass gewachsen erwies.

»Und vergiss die alte Frau nicht«, sagt Andy, als wir ins Auto springen und in den Sonnenaufgang davonfahren. »Auch sie erfüllte ihre Rolle. Sie war diejenige, die die Tür zur Vergangenheit abschloss. Niemand sonst. Mag sein, dass ihr nicht mehr viel Zeit blieb. In der aber, die ihr noch geblieben *war*, war sie bereit, direkt in den Gewehrlauf zu blicken. Hier und jetzt. Das erfordert viel Mut.«

Aber zwischen den Zeilen der Geschichte hatte ich den Eindruck, dass diese alte Frau schon früher eine Meisterin darin gewesen war – oder besser gesagt, *gegenwärtig* eine Meisterin. Und ich glaube, dass sie nicht nur dem Taxifahrer, sondern auch uns allen einiges beizubringen hätte.

## GEGENWÄRTIG – ABER RICHTIG

Heutzutage hört man viel über die Vorzüge des Lebens im gegenwärtigen Augenblick. Und mit gutem Grund: Es *gibt* welche!

Ich mache meinen alten Kumpel Mark Williams dafür verantwortlich. Vor mehreren Jahren veröffentlichte Mark, Professor für klinische Psychologie an der Oxford University, ein Buch mit dem Titel *Das Achtsamkeitstraining: 20 Minuten täglich, die Ihr Leben verändern.* Darin brach er eine Lanze dafür, sich ganz in den gegenwärtigen Augenblick zu versenken, statt seine Gedanken davonschießen zu lassen, sich an schmerzhaften, belastenden Erinnerungen aus der Vergangenheit abzuarbeiten oder seine Nerven in panischer Angst vor der Zukunft aufzureiben.

Das Achtsamkeitstraining setzt ein mit einer volltönenden buddhistischen Basslinie und legt dann ein paar klassische Riffs aus den Archiven der kognitiven Psychologie darüber – es bringt Ihnen bei, Ihre Gedanken und Gefühle zu beobachten, als seien es

Affen in einem Wald, die sich von Baum zu Baum schwingen. Oder Fahrzeuge auf einer vielbefahrenen Straße. Achtsamkeit lehrt Sie, sie zur Kenntnis zu nehmen, das wohl. Sich aber nicht in ihnen zu verstricken, sich nicht mit ihnen zu identifizieren oder zu glauben, sie seien »Sie«.

Achtsamkeit richtet große, verkehrsberuhigte Umweltzonen im wimmelnden, verstopften Innenstadtbezirk unseres Gehirns ein, so dass nur Gedanken aus dem unmittelbaren Strom der Gegenwart hineindürfen. Einige von uns jedoch besitzen diese Sperrzonen von Natur aus – ihr kognitives Verkehrsberuhigungssystem gehörte von Anfang an zum Konstruktionsplan: Psychopathen!

Ist es ein Zufall, dass diese Typen einerseits berühmt sind für ihre Einstellung des »Carpe diem« – ihre Dickfelligkeit gegenüber Reue und ihre Gleichgültigkeit gegenüber Konsequenzen –, andererseits aber verdächtig frei von den Depressionen und Ängsten, die so viele von uns Übrigen quälen?

Mark Williams glaubte das offenbar nicht, als ich diese Frage äußerte – wies jedoch darauf hin, dass der Unterschied zwischen dem psychopathischen und dem achtsamen Gehirnzustand darin bestehen könnte, was wir mit der Gegenwart »machen«, wenn wir erst »drin« sind. Achtsamkeit lehrt, sie zu *genießen*, betonte er. Wohingegen Psychopathen sie eher *verschlingen*.

»Ja«, sagt Andy, als wir auf einen verlassenen Parkplatz am Klippenrand rollen, »da ist was dran. Ich war immer eher ein Verschlinger als ein Genießer. Aber glaubst du, dass das wirklich 'ne Rolle spielt? Ich meine, ob du sie verschlingst oder genießt? Ist doch auf jeden Fall besser, als die Gelegenheit komplett zu verpassen.«

## ICH MUSS DA NOCH WAS LOSWERDEN

Auf unserem Weg vom Parkplatz einen heidekrautgesäumten Pfad hinunter zum Strand erzählt mir Andy, wie er Achtsamkeit nutzte – die natürlich auftretende Sorte! –, um das SAS-Auswahlverfahren zu überstehen.

»Jeden Morgen wachte ich auf, als ob dieser Tag der erste Tag der Auswahl gewesen wäre. Ob ich am Tag zuvor Mist gebaut hatte oder auch in Topform gewesen war – total egal. Es hatte keinen Sinn, sich über den Scheiß von gestern Gedanken zu machen oder mit seinen Erfolgen zu protzen. Das war alles aus und vorbei.

Während dieser Zeit war ›heute‹ der wichtigste Tag meines Lebens. Das war der einzige Tag, den ich in der Hand hatte – und in der Welt, in die ich reinzukommen versuchte, warst du sowieso nur so gut wie dein schlechtester Tag. Warum sich also über morgen auch nur einen Gedanken machen?

Ich habe mich nie dafür interessiert, was für eine Aufgabe sie uns am diesem Tag stellen würden, denn ich würde sie ja sowieso in Angriff nehmen. Es konnte sein, dass ich mit dem schwersten Gepäck der Welt auf dem Rücken durch die Black Mountains rannte, dass ich im Dschungel von Gott weiß was für einem Insekt bei lebendigem Leib aufgefressen wurde oder dass ich in einem Unterrichtsraum hockte und mir irgendwelche komplizierten Matheformeln in den Kopf zu drücken versuchte, damit ich berechnen konnte, wie viel Sprengstoff nötig war, um eine Brücke in die Luft zu jagen.

Sieben Monate lang ging ich jeden einzelnen Tag so an, als ob er der erste des Auswahlverfahrens gewesen wäre, und ich glaubte, ich hätte das Zeug, um sie zu bestehen, denn sonst hätte ich mich erst gar nicht freiwillig dafür gemeldet. Also … nicht nötig, *darüber* noch mal nachzudenken

Selbst dann wusste ich, dass die Auswahl noch gar nichts war gegen das, was kommen würde, wenn ich erst mal in einer Schwadron drin war. Doch darum würde ich mir Gedanken machen, wenn ich es geschafft hatte. Jetzt zählte einzig und allein zu bestehen. Immer einen Tag nach dem anderen.

In dem Kurs waren ein paar hervorragende Soldaten. Einige kamen durch, aber es gab andere, die sich einfach nicht auf das konzentrieren konnten, was wichtig war. Sie dachten so viel über das nach, was mit ihnen passiert war und was ihnen noch passieren könnte, dass sie sich nicht darauf konzentrieren konnten, was gerade jetzt mit ihnen passierte.

Der Kniff besteht darin, sich jeden einzelnen Tag als eine Umdrehung eines Rades vorzustellen und diese Vorstellung Tag für Tag zu wiederholen, als ob die heutige Umdrehung die einzige wäre, die das Rad jemals machen wird. Meiner Meinung nach ist das der einzige Weg, um überhaupt irgendwohin zu kommen. Selbst jetzt noch denke ich nur in Drei-Stunden-Blöcken. Das treibt meine Frau in den Wahnsinn. Wenn ich am nächsten Tag mittags vielleicht eine Präsentation habe, und sie fragt am Abend vorher: ›Weißt du schon, was du morgen sagen wirst?‹, antworte ich: ›Nein, darüber denke ich morgen Vormittag nach. Ich mache heute, was ich heute erledigen muss, und morgen mache ich mit dem weiter, was morgen ansteht.‹«

Ich bekam selbst einen kleinen Vorgeschmack von dem, was Andy meint, als wir vor Jahren gemeinsam einen Pilotfilm für eine Fernsehsendung über Verhöre drehten.

»Hei, erinnerst du dich noch daran?«, brüllt er, als der Pfad sich verengt und ich einen ersten Blick auf das Meer erhasche – weit unten, wie ich mir nicht verkneifen kann festzustellen »Ich hab mir fast in die Hosen gemacht, als der Gabelstapler klemmte!«

»Ja«, erwidere ich sarkastisch. »Ein echter Brüller, nicht wahr?«

Der Gabelstapler, auf den Andy anspielt, trug zufällig eine Palette mit Stahlbeton und senkte sie mit peinlich genauer und quälender Präzision bis auf einen Millimeter auf meine Brust herab, während ich gefesselt auf dem Boden einer kalten, schwach beleuchteten Lagerhalle lag.

Natürlich wusste ich zu diesem Zeitpunkt nicht, dass der Beton gar kein Beton war, sondern täuschend echt angemaltes Styropor. Und dass der Mechanismus des Gabelstaplers keineswegs klemmte: All das war Teil einer raffinierten – und höchst erfolgreichen – List, um mich dazu zu bewegen, Einzelheiten meines »Auftrags« preiszugeben.

Doch als ich diesen kleinen Lausbubenstreich ein paar *bösen* Psychopathen erzählte, mit denen ich mich bei einem Besuch in Broadmoor unterhielt, sahen sie die Szene merkwürdigerweise deutlich anders als ich. Sie konnten ums Verrecken nicht verstehen, was die ganze Aufregung sollte.*

»Doch selbst wenn der Mechanismus geklemmt hätte«, meinte einer von ihnen, »heißt das noch lange nicht, dass die Gabelarme auf dich draufkrachen, oder? Es heißt nur, dass du für eine Weile dort feststeckst. Na, und wenn schon.«

Der andere stimmte zu:

»Als du unter diesem Betonklotz gelegen hast – oder dem, was du für einen Betonklotz gehalten hast«, sagte er, »ist dir eigentlich nichts Schlimmes passiert, oder? Okay, ein Himmelbett wäre vielleicht bequemer gewesen. Und wenn du geschlafen hättest, wärst du auch nicht blöder dran gewesen, oder? Aber was dich verrückt gemacht hat, war deine Phantasie. Dein Gehirn befand sich im Schellvorlaufmodus, und dir sind jede Menge Katastrophen durch den Kopf geschossen, die vielleicht passieren würden. Aber nicht passiert *sind*.

---

* Aufgrund der Einschränkungen, was Aufzeichnungsgeräte angeht, spielt in der Darstellung dieses Dialogs ein gewisses Maß an erzählerischer Freiheit mit. Das Gespräch wurde jedoch so genau wie möglich wiedergegeben.

Der Trick besteht darin, dein Gehirn möglichst davon abzuhalten, dir vorauszueilen. Die Sache mit der Angst oder wohl eher mit dem, was *ich* unter Angst verstehe – denn, um ehrlich zu sein, ich glaube nicht, dass ich je Angst gehabt habe –, ist doch die: In den meisten Fällen ist sie völlig ungerechtfertigt. Wie heißt es so schön? 99 Prozent der Dinge, über die die Menschen sich Sorgen machen, passieren nie. Was soll das Ganze dann?

Ich glaube, das Problem ist, dass die Leute so viel Zeit damit verbringen, sich Gedanken über das zu machen, was passieren könnte, dass sie die Gegenwart völlig aus den Augen verlieren. Sie übersehen einfach die Tatsache, dass im Moment alles vollkommen in Ordnung ist. Ganz deutlich wird das bei deiner Verhörgeschichte … Warum also nicht einfach im Augenblick bleiben?«

## VIELEN DANK, GEGENWART

Wir sind jetzt eine gute Viertelstunde unterwegs, und mit dem Pfad geht es rasch bergab. Nicht nur in der Höhe, sondern auch im Zustand. Würden wir hier von einem Menschen reden, wäre er vor fünf Minuten an lebenserhaltende Geräte angeschlossen worden. An dieser Stelle fiel der unebene, steinige Pfad ins Koma und ging in eine Art Schlafwandeln aus schmalen Felsvorsprüngen und steinigen Gedankensprüngen über. Nichts für schwache Nerven.

Zum Glück muss ich nichts tragen. Aber Andy, mit Badetüchern unterm Arm und Surfboards und Frühstück auf dem Rücken spaziert einfach weiter, hüpft lässig von Vorsprung zu Vorsprung, als ob er in einem Center Parc wäre.

Der Morgen dämmert. Kaltes Sonnenlicht breitet sich auf dem Meer aus, und 15 Meter unter uns kochen und brodeln die suppigen, pfefferminzgrünen Tiefen in gigantischen basaltischen Töpfen aus der Kreidezeit. Ich kann mich des Gedankens nicht erwehren, wie schön das ist – dieser rohe, urzeitliche, elementare Sonnenaufgang. Und wie schön es wäre, noch einen weiteren zu erleben!

»Alles klar?«, höre ich Andy von irgendwo da unten heraufrufen. »Sind fast da. Immer einen Schritt nach dem anderen. Lebe im Augenblick!«

»Ganz recht«, quieke ich und kämpfe mich auf dem Hintern rutschend um eine scharfe, zerklüftete Ecke. »Ich dachte, wir gehen surfen, nicht klettern, verdammt nochmal!«

Ich höre Andy lachen und dann, wie sich seine Schritte immer weiter nach unten entfernen. Aber an dem, was er sagt, ist durchaus etwas dran. Ein Großteil der positiven Auswirkungen, die man dem Leben in der Gegenwart zuschreibt, besteht in allgemeinen, übergreifenden Nutzeffekten für Gesundheit und Wohlbefinden. Nicht in konkreten Verbesserungen der Leistung oder Entscheidungsfindung.

Sicher, niedrigere Stresspegel, ein gestärktes Immunsystem, niedrigerer Blutdruck, höheres Selbstwertgefühl und eine »entspanntere« Einstellung zu Problemen und negativen Rückmeldungen – alles mögliche Folgen von Achtsamkeit – tragen zweifellos schon als solche zu gesteigerter Leistungsfähigkeit bei (wie wir in vorangegangenen Kapiteln sahen).

Aber gibt es einen direkteren Zusammenhang zwischen dieser Haltung des »Lebens im Augenblick« und Erfolg? Kann sie Ihnen wirklich auf kurze Sicht zu dem verhelfen, was Sie wollen?

Einige neuere Studien weisen in diese Richtung. Und das nicht nur für kurzfristige Ziele, sondern auch im Hinblick auf längerfristige. Die fraglichen Studien untersuchten die Dynamik der Versuchung. Oder genauer gesagt, unseren Umgang mit ihr: wie wir, wenn wir auf ein Ziel hinarbeiten oder einen Entschluss fassen, bei der Stange bleiben und die unausweichlichen »Ablenkungen« bewältigen.

Als Oscar Wilde auf den Wiesen von Magdalen ruhte, mag er ja sinniert haben, dass der beste Weg, der Versuchung zu widerstehen, der sei, ihr nachzugeben. Aber konnte die Wissenschaft da nicht einen draufsetzen?

In der ersten Studie ging es um gesundheitsförderliches Essverhalten. Die teilnehmenden Studenten wurden in zwei Gruppen eingeteilt, und jede erhielt ein jeweils etwas anderes Mantra, das die Mitglieder auf dem rechten Pfad halten sollte.

Die eine Gruppe sollte sich jedes Mal, wenn sie mit einem nicht empfehlenswerten Nahrungsmittel konfrontiert war, folgenden Satz vorsagen: »Ich *kann* X nicht essen« – eine negative, selbstbeschränkende Strategie, welche die Gegenwart als Feind in ein »schlechtes« Licht rückt.

Die andere Gruppe erhielt eine leicht abgewandelte Version: »Ich *esse* X *nicht*« – eine positive, selbstbestätigende Strategie, welche die Gegenwart als Verbündeten in ein »gutes« Licht rückt.

Nach Zuweisung ihres Mantra sollten die Studenten es im Labor wiederholen, damit es sich einprägte. Danach sollten sie einen Fragebogen – ohne Bezug zu der Studie – ausfüllen. Hatten sie das erledigt, durften sie den Raum verlassen.

Doch es gab noch einen Clou: Jeder Student durfte nach dem Abgeben seines Antwortbogens und beim Verlassen des Labors zwischen zwei Gratisnaschereien wählen. Ja, Sie haben es erraten. Entweder einen dicken, fetten Schokoriegel. Oder einen netten, gesunden Müsliriegel.

Wer hat was von einem Ende des Experiments gesagt? Es hatte gerade erst angefangen! Und es geschah Folgendes:

Die Studenten mit dem Mantra »Ich *kann* X nicht essen« wählten zu 61 Prozent den Schokoriegel.

Dagegen entschieden sich von den Studenten, deren Mantra »Ich *esse* X *nicht*« gelautet hatte, nur 36 Prozent dafür.

Diese kleine Abänderung des Wortlauts bewirkte diesen großen Unterschied. Und das ist noch nicht alles. Wenn bei einmaligen Entscheidungen ein »Ich tu's nicht« ein »Ich kann's nicht« schlägt, so fragten sich die Forscher, könnte es dann auch langfristig wirken? Halten wir womöglich länger durch, wenn wir die Gegenwart *ergreifen* und uns ihren stärkenden Ansporn zunutze machen, statt gegen sie zu kämpfen und sie als Gefängniswärter zu betrachten?

Zur Klärung dieser Frage führten die Forscher eine zweite Studie nach dem Muster der ersten durch. Diesmal jedoch waren die Probanden keine Studenten, sondern 30 Akademikerinnen, die sich zu einem eigens konzipierten »Gesundheits- und Wellness-Seminar« angemeldet hatten. Um die Sache ins Rollen zu bringen, sollte jede Frau zuerst ein ihr wichtiges langfristiges Gesundheits- und Wellnessziel angeben – und dann wurde die Gruppe in drei Untergruppen zu je zehn Personen eingeteilt.

Das Prinzip war dasselbe wie oben.

- **Gruppe 1** sollte sich jedes Mal, wenn sie ihrem Ziel untreu zu werden drohte, sagen: »Ich *kann* heute meinen Sport nicht ausfallen lassen.«
- **Gruppe 2** sollte sich jedes Mal, wenn sie in Versuchung geriet, das Handtuch zu werfen, sagen: »Ich *lasse* den Sport *nicht* ausfallen.«
- **Gruppe 3** erhielt keine spezielle Anweisung; sie sollte einfach Nein sagen.

Während der folgenden zehn Tage erhielt jede Frau in regelmäßigen Abständen E-Mails, die sie an ihre Widerstandsstrategie gegen Versuchungen erinnerten und sie zu berichten baten, wann diese Strategie funktioniert hatte und wann nicht.

Nach Ablauf dieser zehn Tage schauten sich die Forscher an, wie viele Frauen jeder Gruppe »standhaft« geblieben waren, wie viele also ihre Ziele unbeirrt verfolgt hatten und wie viele nicht.

Die Ergebnisse waren diesmal noch eindrucksvoller als bei den Studenten:

- In **Gruppe 1** – der »Ich *kann* nicht«-Gruppe – betrug der Anteil 1 von 10.
- In **Gruppe 2** – der »Ich *lasse nicht*«-Gruppe – betrug der Anteil 8 von 10.
- In **Gruppe 3** – der *»Einfach Nein sagen«*-Gruppe – betrug der Anteil 3 von 10.

Das spricht offenbar eine klare Sprache.

Wenn wir uns mit dem Hier und Jetzt *identifizieren*, statt es lediglich *hinzunehmen*, dann stärkt das nicht nur unsere Entschlossenheit, gute Entscheidungen zu treffen. Es stärkt unsere *Entschlossenheit*, uns zu entschließen, gute Entscheidungen zu treffen.

## VOREILIGE SCHLUSSFOLGERUNGEN

»Sieht aus, als ob gerade Flut wäre!«, höre ich eine Stimme hinter einem riesigen überhängenden Felsbrocken zu mir herüberdröhnen. »Verdammt! Hätten wir nachprüfen sollen, bevor wir losgefahren sind. Wir müssen die Handtücher und das Frühstückszeug hier liegen lassen und reinspringen. Später können wir wieder zum Pfad raufklettern, wenn wir fertig sind.«

Ich brauche ungefähr eine Minute, um nachzukommen. Aber als ich so weit bin – als ich es endlich geschafft habe, den wahnsinnig schmalen Felsvorsprung um den Überhang herum zu überwinden, während Andy mich von der anderen Seite festhält – bekomme ich endlich ein für alle Mal den Beweis, dass er völlig bekloppt ist.

Der Strand befindet sich zehn Meter zu unserer Linken – eine abgeschiedene, türkisfarbene Bucht mit makellosem, feinem Sand. Doch um dorthin zu gelangen, müssen wir durch die Hölle: ein Sechs-Meter-Sprung in einen eisigen, tobenden, schäumenden Hexenkessel.

Ich stehe da wie angewurzelt. Kommt nicht in die Tüte.

»Wie bist du um diesen Überhang rumgekommen, du fetter Schweinehund?«, ist alles, was mir einfällt.

Andy lacht. »Also, springst du jetzt?«, fragt er. »Oder soll ich dich schubsen?«

Er reißt sich das Madness-T-Shirt vom Leib und hängt es an eine aufwärts gerichtete Felsnadel außerhalb der Reichweite der Gischt. Als Nächstes ist der Minehead-Hut dran.

»Das ist meine Umkleidekabine«, grinst er und zeigt über seine Schulter nach hinten. »Deine ist nebenan.«

»Wir teilen uns eine«, knurre ich.

Unten in der Gischt bemerke ich zwei Boards, die in einer Art Höhleneingang herumtanzen. Es sind unsere. Er hat sie schon reingeworfen. Vielleicht spült sie eine launische Strömung in die drohende, dröhnende Dunkelheit, denke ich. Oder irgendeine grässliche prähistorische Meereslebensform kriecht heraus und zieht sie runter. Und das war's dann. Wir werden unsere Sandwiches essen und wieder hoch zum Auto klettern.

Doch wenn ich noch mal drüber nachdenke, ist das vielleicht keine so gute Idee. Er wird wahrscheinlich von irgendwoher eine Pressluftflasche hervorzaubern und darauf bestehen, dass wir ihnen nachtauchen.

Zu spät! Ein Platschen, und er ist drin.

»Ist das geil!«, schreit er, schüttelt das Wasser aus den Haaren und sammelt die Bretter ein. »Du bist dran, Kumpel – spring!«

Ich schwanke. Ich will springen, aber mein Hirn macht nicht mit.

»Mach schon!«, ruft Andy. »Was ist los mit dir? Das ist Wasser und kein schnellbindender Zement!«

Wieder mache ich Anstalten zu springen. Aber wieder hält mich etwas zurück. Der Wunsch weiterzuleben, sehr wahrscheinlich.

»Pass mal auf«, brüllt Andy, »stell dir einfach vor, Typen mit

Gewehren kriechen den Vorsprung entlang, sie sind hinter dir her.«

Ich starre zu ihm hinunter, wie er in der riesigen, gnadenlosen Waschmaschine des Nordatlantiks herumwirbelt. Nein, hat nicht funktioniert.

»Ich glaube, ich probiere es lieber mit den Bewaffneten«, rufe ich zurück. »Kliffspringen heißt nicht umsonst Tombstoning!«

Sechs Meter unter mir in dem Strudel amüsiert sich Andy königlich.

»Okay«, ruft er. »Wir machen das jetzt so. Ich erzähle dir einen Witz, und dann springst du. Kapiert?«

»Besser, lachend als weinend zu sterben, glaube ich«, brülle ich in einem Versuch, mich psychisch aufzubauen. »Leg los.«

»Okay«, schreit Andy. »Er geht so:

In einem Taxi sitzt ein Fahrgast. Er lehnt sich vor und tippt den Fahrer auf die Schulter, weil er ihn etwas fragen will. Der Fahrer schreit auf, verliert die Kontrolle über den Wagen, schlingert vor einen herannahenden Bus, rumpelt über die Bordkante und kommt nur Zentimeter vor einer Schaufensterscheibe zum Stehen. Einige Augenblicke lang sagt keiner ein Wort. Dann stößt der Fahrer, noch am ganzen Leibe zitternd, hervor: »Tut mir leid, aber Sie haben mich zu Tode erschreckt.«

Der Fahrgast versteht das nicht recht. »Sie sind wohl ein bisschen schreckhaft«, sagt er. »Ich habe Sie doch nur auf die Schulter getippt.«

»Ja, ja, ich weiß«, sagt der Fahrer. »Ich hätte es sagen sollen. Sehen Sie, heute fahre ich den ersten Tag Taxi.«

»In Ordnung … was haben Sie denn vorher gemacht?«

»Leichenwagen gefahren«, sagt der Fahrer …

## ZEIT UND ORT

Es ist ein unbeschreibliches Gefühl, eine Welle in genau dem richtigen Moment zu erwischen! Und es ist ein unbeschreibliches Gefühl, sie im falschen Augenblick zu erwischen – wenn man »getunkt« wird, untergeht und ein paar schreckliche Sekunden lang nicht weiß, wo unten und wo oben ist. Ich schaffte an diesem Morgen beides. Und genoss jede Minute davon. Ich war froh, dass ich den Sprung gewagt hatte. Auch wenn ich die nächste halbe Stunde lang Seetang hustete.

Die Moral von der Geschichte? Wenn du ins kalte Wasser springst, dann verzieh keine Miene!

»Weißt du, dieser keine Trick, den du da vorhin versucht hast, der mit den bewaffneten Verfolgern«, sage ich zu Andy, als wir – wieder zurück in seiner »Umkleidekabine« – unseren Stapel Sandwiches abarbeiten, »erinnert mich an eine Studie mit Psychopathen, die vor ein paar Jahren durchgeführt wurde. Schon komisch, aber diese Studie hat durchaus was mit mir und meinem Sprung von dieser Felsnase zu tun, denn sie wies nach, dass Psychopathen in der Hitze des Gefechts, wenn es wirklich drauf ankommt, Dinge viel besser ›geregelt kriegen‹ als normale Leute.«

»Erzähl weiter«, ermuntert mich Andy kauend.

»Okay«, erwidere ich. »Im Prinzip passierte Folgendes. Ein Trupp Psychopathen und eine Gruppe normaler Leute sollten mehrere moralische Dilemmas lösen. In einigen bestand ein hohes persönliches Konfliktpotential, in anderen ein geringes.«

»Verstehe ich nicht«, sagt Andy.

»Dann gebe ich dir ein paar Beispiele«, sage ich. »Feindliche Soldaten haben dein Dorf eingenommen. Sie haben strikten Befehl, jeden zu töten, den sie finden. Du hast dich mit ein paar anderen in einem Keller versteckt, als du hörst, wie die Soldaten in das Haus über euch eindringen. Dein Baby beginnt laut zu weinen. Du hältst ihm den Mund zu, um das Geräusch zu unterdrücken, aber du weißt, dass es weiterplärren wird, wenn du die Hand wegnimmst. Natürlich wird das die Soldaten auf dich aufmerksam machen, und sie werden kommen und dich, dein Baby und alle anderen umbringen.

Jetzt kommt der Knackpunkt. Um dich und die anderen zu retten, musst du dein Kind ersticken. Ist das für dich moralisch vertretbar, um allen anderen das Leben zu retten?«

»Ja«, sagt Andy ohne Zögern. »An dem Punkt waren wir schon einmal. Der Hirtenjunge in der Wüste?«

»Richtig«, erwidere ich. »Das ist ein Dilemma mit hohem Konfliktpotential. Jetzt gebe ich dir ein Beispiel für eines mit geringem Konfliktpotential: Du besuchst am Wochenende deine Großmutter. Normalerweise steckt sie dir ein paar Geldscheine zu, wenn du kommst. Diesmal aber nicht. Du fragst sie, warum, und sie beklagt sich, dass du dich zu selten blicken lässt. Du bist sauer. Also beschließt du, ihr eine Lektion zu erteilen. Du findest ein paar Tabletten in ihrem Badezimmerschränkchen und gibst sie in ihren Tee, weil du glaubst, dass sie dann ein paar Tage das Bett hüten muss.

Ist es für dich moralisch zulässig, deiner Oma einen solchen Streich zu spielen?«

»Nein«, sagt Andy, wiederum ohne Zögern.

Ich lache.

»Kumpel«, sage ich, »du hast den Kernpunkt an der Sache wieder mal bestätigt, denn genau dieses Ergebnismuster haben auch die Leute gefunden, die die Studie durchgeführt haben. Die Psychopathen waren nämlich weitaus besser im Babyersticken – und am Leben bleiben! – als die anderen. Doch wenn es darum ging, Oma mit den Tabletten schachmatt zu setzen, gab es ein Unentschieden. Darüber hinaus trafen die Psychopathen ihre Entscheidungen über das richtige Verhalten viel schneller.

Sie ließen sich nicht von Schuldgefühlen oder Zweifeln oder Wut oder dergleichen ablenken. Sie reagierten schlicht und einfach auf die Anforderungen des Augenblicks. Und je höher diese Anforderungen waren, desto größer der Unterschied zwischen ihrer Reaktionsweise und der … na ja, also zwischen dir und mir. Die Psychopathen waren in einer Weise ›da‹, wie es die normalen Leute nicht waren.«

## KAMPFPAROLEN

Das Hochklettern zurück zum Auto verläuft ohne Zwischenfall. Und das heißt etwas bei Andy. Er ist sogar untypisch still – vielleicht denkt er über die Studienergebnisse nach. Dabei habe ich ihm nicht mal alles erzählt.

Als die Probanden sich mit dem Gedanken auseinandersetzten, das Baby umzubringen, um alle zu retten, registrierten die Forscher ein auffälliges neuronales Erkennungszeichen im Gehirn der Psychopathen, das bei den normalen Menschen nicht auftrat: ein Aktivitätsmuster, wie es bei Spitzensportlern auftritt, wenn sie einen als »Flow« bezeichneten Zustand automatischer Mühelosigkeit erreichen, und bei der Elite buddhistischer Mönche, wenn sie in tiefer Meditation versunken waren.

Woran wir Normalsterblichen jahrelang arbeiten müssen, damit kommen Psychopathen offenbar zur Welt.

»Das erinnert mich an diese Roulettetisch-Studie«, sagt Andy, als wir am Auto sind und er eine Thermosflasche mit Kaffee aufschraubt und einschenkt. »Und auch an diese andere Studie, von der du erzählt hast – du weißt schon, die, wo du das Geld gerecht oder ungerecht aufteilst. Es geht immer darum, nur das in den Mittelpunkt zu stellen, was du rausziehen kannst, und nicht, was du verlierst – und das richtige Gleichgewicht zu finden. Na schön, wenn du dein Baby erstickst, wirst du wohl nicht mehr Elternteil des Jahres. Aber wenn dadurch viele Leben gerettet werden …«

Er reicht mir eine Tasse, und wir lehnen uns an die Kühlerhaube und schauen über den Parkplatz aufs Meer. Der Kaffee sieht aus wie Rohöl – und schmeckt auch so.

»Weißt du«, fährt er fort, »damals im Sommer 1998 gaben ich und meine bessere Hälfte eine Party zum Eurovision Song Contest. Frag mich nicht, warum! Es war ein Kostümfest, und wir hatten schließlich etwa 200 Freunde und Verwandte im Haus, darunter ein großes Kontingent SAS-Leute. Zwei von meiner alten Truppe, Nish und Frank, traten als 1970er Pornostars auf, inklusive angeklebten Seehundschnurrbärten, Koteletten, Plateauschuhen, Samtjacketts, dem ganzen Drum und Dran. Jedenfalls kamen wir auf einen anderen Ehemaligen der Truppe zu sprechen, Tommy, der kürzlich wegen Mordes an seiner Freundin lebenslänglich gekriegt hatte. Dem Vernehmen nach hatten sie auf dem Parkplatz einer Kneipe Streit bekommen, der eindeutig nicht gut ausgegangen war, denn aus dem Kofferraum seines Wagens kam eine Kalaschnikow zum Vorschein, mit der er ihr ein paar Salven verpasste.

Tommy hatte das Regiment zu diesem Zeitpunkt bereits verlassen und Medizin studiert, um ausgerechnet Anästhesist zu werden. Kann nicht sagen, dass sich sein Umgang mit Patienten hätte sehen lassen können. Frank war auch aus dem Regiment ausgeschieden – er hatte sein M4-Sturmgewehr gegen einen Priesterkragen eingetauscht. Tommy schläferte Leute ein, und Frank beerdigte sie! Wie Frank eben so war – und insbesondere jetzt als Reverend Frank –, er dachte immer zu viel nach.

›Warum tut ein Mann so was?‹, fragte er mich und Nish immer wieder.

›Weil er noch durchgeknallter ist als ich‹, meinte Nish.

Da war schon einiges dran, denn bei Nish war paranoide Schizophrenie diagnostiziert worden. Vier Jahre zuvor hatte er mit einer Schere auf seine Freundin eingestochen, weil er sie für den Teufel hielt. Er war in verschiedenen Klapsmühlen gewesen, hatte jedoch mit Hilfe seiner Medikamente anscheinend das

Schlimmste hinter sich. Um ehrlich zu sein, er wirkte immer noch wie derselbe alte Nish, den ich vor 15 Jahren gekannt hatte, als er in die größte Klapsmühle überhaupt eingeliefert wurde: das Regiment. Per Saldo hatte sich sein Zustand wahrscheinlich sogar gebessert.

Diese drei Männer, hatten – abgesehen von ihrem früheren Dienst in der Truppe – alle etwas gemeinsam. Weißt du, was? Sie hatten alle eine Posttraumatische Belastungsstörung. Natürlich nannte es damals keiner von uns so. Aber in der Rückschau war es das meiner Meinung nach zweifellos.

Einige Monate nach unserer Party war Nish ohne Fallschirm aus einem Flugzeug gesprungen, und Frank hatte sich selber abgeschossen, durch eine heiße Nacht mit seinem Autoauspuff. Vielleicht waren es auch die Königinpastetchen, wer weiß?

Aber eigentlich, Kevin, *weiß* ich es. Und der Punkt ist der: Es läuft auf genau das hinaus, worüber wir gesprochen haben. Frank und Nish konnten nämlich nicht einfach weiterziehen. Sie kamen beide nicht über die Vergangenheit hinweg – einen Einsatz in Nordirland vor ein paar Jahren, bei der ein guter Kumpel, Al Slater, erschossen wurde.

Wir waren in dieser Nacht alle drei an der Grenze. Eine aktive Zelle der PIRA, der Provisorischen irisch-republikanischen Armee, war dabei, eine 1000-Pfund-Bombe zu legen, und wir hatten die Aufgabe, sie zu finden. Ich werde das nie vergessen. Es war eine eiskalte, pechschwarze, nebelverhangene Nacht – perfekt für Versteckspiele.

Jedenfalls, als wir sie schließlich aufgespürt hatten, kam es zum Kontakt und eine Salve erwischte Al, während er das Feuer erwiderte. Zwei Jungs von der Truppe versuchten ihn zu retten, während die anderen die Bombenleger verfolgten. Aber es sollte nicht sein. Al hätte es in dieser Nacht nur per Hubschrauber schaffen können. Und der war keine Option wegen des Nebels. Also starb er in den Armen von einem unserer Jungs.«

»Das ist wirklich tragisch«, bemerke ich.

»Ja«, sagt Andy, »war es. Keine Frage. Natürlich bekam die PIRA bei dem Kontakt auch ein bisschen Blei ab. Aber das änderte nichts daran, dass Nish und Frank Als Tod miserabel verkrafteten. Die drei waren spitzenmäßige, völlig abgedrehte Freifallverrückte und hielten zusammen wie Pech und Schwefel. Frank und Nish kauten endlos immer wieder durch, was sie in dieser Nacht hätten tun können, damit Al zu einer anderen Zeit an einem anderen Ort gewesen wäre. Doch das war alles Mist. Sie fingen schon an, *mich* wuschig zu machen mit ihrer Breittreterei!

Man hätte absolut nichts anders machen können, damit sich Al an einem anderen Ort befunden hätte. Er machte schließlich seine Arbeit! Aber Frank und Nish konnten sich damit nicht abfinden. Jahrelang hechelten sie immer wieder durch, was in dieser Nacht passiert war, was nicht passiert war, was hätte passieren können. Immer und immer wieder. Ich meine, versteh mich nicht falsch. Natürlich ist es Scheiße, wenn Kumpel draufgehen. Aber das war nicht das erste Mal. Und leider auch nicht das letzte.

Tatsache ist: Al starb bei diesem Auftrag. Und keiner von uns kann das durch irgendetwas ändern. Letzten Endes musst du einfach weitermachen und darfst nicht zu viel drüber nachdenken. Du musst tun, was diese alte Frau getan hat: die Schutzhüllen über die Möbel ziehen und die Tür zur Vergangenheit schließen.«

»Und was der Taxifahrer getan hat, auch«, füge ich hinzu und zwinge mich den Kaffee zu schlucken. »Jeden Tag, jede Begegnung für sich genommen behandeln. Ohne emotionalen Kater.«

»Genau«, bestätigt Andy. »Aber weißt du, über die Gefahren des *Zurück*blickens ist gut reden. Aber als Soldat muss man auch die Kehrseite der Medaille sehen. Man muss darauf achten, dass einem die Gedanken nicht *voraus*eilen.

Als ich zum Beispiel während des ersten Golfkriegs 1991 von den Irakern erwischt und gefoltert wurde, stellten sie alles Mögliche mit mir an. Einer von den kleinen Tricks, die sie ausheckten, war, mir die Mündung ihrer Waffe in den Mund zu stecken und sie zu entsichern. Großes Gelächter!

Ein anderes Mal kamen ein paar Wachen in meine Zelle, einer von ihnen mit einer Makarov-Pistole. Er spannte sie, zielte auf meinen Kopf und drückte den Abzug. Der Schlagbolzen traf auf eine leere Kammer. Seine Kollegen lachten sich kaputt. Scheiß drauf, dachte ich. Da kann ich doch genauso gut mitmachen.

Ich meine, warum nicht? Es war schließlich nicht so, dass mein Terminkalender voll gewesen wäre! Ich trug Handschellen, lag grün und blau geschlagen und splitterfasernackt auf dem Boden. Ich hatte keine Kontrolle über das, was passierte. Also dachte ich bei mir, da kann ich es genauso gut genießen, solange es dauert.

Und weißt du was? Je mehr ich mich auf jedes Ereignis in der Isolation konzentrierte, desto eher glitt es an mir ab. Du konzentrierst dich auf das Gefühl des kalten Stahls in deinem Mund – das ist irgendwie interessant! Was denkst du, wie Schusswaffen schmecken?«

»Besser als dieses verdammte Zeug, schätze ich mal«, murre ich und schütte den Rest meines Tasseninhalts ins Gras.

Andy lacht.

»Du konzentrierst dich auf den lauten Knall, den Ausdruck auf den Gesichtern der Wachen, den Geruch des billigen Rasierwassers, deinen Atem, die Tatsache, dass du noch lebst. Wenn du nichts hast als die Gegenwart, dann kann sie unglaublich faszinierend werden!

Jedenfalls stellte sich heraus, dass das große Finale noch kommen sollte, denn nach Kriegsende vereinbarte das Rote Kreuz mit den Irakern, uns Kriegsgefangene alle zurück nach Hause zu bringen. Wenige Stunden bevor wir aus Bagdad ausgeflogen werden sollten, verbanden sie einer Gruppe von uns die Augen und fesselten uns und fuhren uns zu dem Flugfeld – oder zumindest hofften wir, dass es das Flugfeld war –, wo unseres Wissens eine Maschine des Roten Kreuzes wartete.

Nach ein paar Stunden – ungefähr – hielt das Fahrzeug an, und sie begannen uns herauszuzerren. Ich spürte, wie zwei Paar Hände meine Arme ergriffen und mich von meinem Sitz zogen. Das war in Ordnung. Was mich anging, waren das weitere gute Neuigkeiten. Wir bewegten uns noch. Es ging noch vorwärts. Nimm wieder jeden Augenblick, wie er kommt. Bleib in der Gegenwart.

Außerhalb des Fahrzeugs hallten Echos. Auch das war vielversprechend. Zumindest hörte es sich nach einem Flugzeughangar an. Toll! Bald würden wir auf dem ganzen Weg nach Saudi heiße Schokolade trinken und klebrige, süße Teilchen futtern. Aber eile nicht voraus. Nimm nichts für selbstverständlich. Fokussiere dich auf deine Empfindungen. Konzentriere dich auf deine unmittelbare Umgebung.

Wir wurden in eine lange Reihe geschubst und geschoben, immer noch in Handschellen und mit verbundenen Augen. Es war ein lautes Zischen zu hören, und es roch nach Petroleumlampen. Es waren Soldaten zu hören, die hinter uns herumliefen. Ich hörte schwer atmende Menschen rechts und links von mir. Nein, warte mal. Ganz plötzlich sagte mir etwas, dass da etwas nicht stimmte. Ich wusste nicht was … einfach irgendwas.

Wir standen eine Ewigkeit da, ohne zu wissen, was los war. Als Krönung des Ganzen meldete sich mein Darm wieder und wollte was in die Post geben. Express. Jedenfalls beugte ich mich nach vorne, um den Schmerz der Handschellen um meine Handgelenke zu mildern, als mein Darm sich dem Briefkasten näherte. Meine Nase streifte eine Backsteinmauer, und ich stützte mich mit der Stirn dagegen. Jetzt machte sich die Dehydrierung bemerkbar, und ich fühlte mich allmählich sehr schwach. Wieder konzentrierte ich mich auf die Beschaffenheit der Ziegel, ihre Rauheit auf meiner Haut. So fühlen sich Ziegel an, sagte ich zu mir selbst.

Doch bald sagte ich mir etwas ganz anderes. Ein plötzlicher Schwall von Befehlen auf Arabisch, gefolgt von dem drohenden, metallischen Echo entsicherter AK-47-Sturmgewehre.

Na bitte, dachte ich. Diesmal muss es ernst sein. So viel zur Freilassung. Ich hielt meinen Kopf weiter gegen die Ziegel gedrückt und konzentrierte mich ruhig auf jeden Hubbel und jede Vertiefung. Was sonst sollte ich machen? Wenn es jetzt ans Sterben ging, dann hatte ich es ja doch nicht in der Hand, oder? Und seien wir mal ehrlich, wenn man zwischen Ziegeln, Kugeln, Durchfall und einem Mund voller zerschlagenem Geschirr zu wählen hat, dann nimmt man doch immer die Ziegel, oder?

Außerdem hatte ich doch sowieso noch nie im Leben weit vorausgeschaut. Wie ich gesagt habe, drei Stunden sind das höchste der Gefühle. Und das an einem guten Tag!

Und es war ja nicht so, dass ich blindlings gewürfelt hätte. Ich hatte einen Vertrag mit Haftungsausschluss für das Kampfspiel unterschrieben, und wie Al Slater wusste ich ganz genau, dass eine der Schattenseiten davon war, ins Gras zu beißen.

So ging es jedenfalls mir, und wie du dir vorstellen kannst, sahen einige der anderen Kriegsgefangenen es nicht ganz so wie ich. Merkwürdigerweise waren sie nicht sehr begeistert über die Aussicht, ein paar AK-47-Ladungen in den Rücken zu kriegen.

Viele fingen an zu beten. Manche brachen in Tränen aus. Und andere flehten und bettelten. Und ich? Ich konzentrierte mich ganz darauf, mir nicht in die Hosen zu machen. Ich dachte: ›Wenn ich jetzt in die Hosen scheiße, bevor wir alle abgemurkst werden, könnten die Iraker glauben, ich hätte die Kontrolle verloren, weil mir die Muffe geht, und sich wegen des Ganzen hier nur einen noch dickeren Ast lachen.‹«

»Lieber Gott«, sage ich. »Du bist wirklich eiskalt, nicht wahr?«

Andy lächelt und stößt mich am Arm an.

»Aber du hast das Beste ja noch gar nicht gehört«, fährt er fort. »Rechts von mir stand dieser Amerikaner – ein Pilot des US Marine Corps, wie sich rausstellte –, den ich sehr kurze, scharfe

Atemzüge machen hörte. Anfangs dachte ich, er würde nur versuchen, sich in den Griff zu kriegen, die Tränen zurückzuhalten, mit Würde zu sterben, so was eben.

Ich war so was von auf dem Holzweg! Es war einfach nur stinksauer über all das Geflenne und konnte sich nicht mehr zurückhalten. ›Haltet verdammt noch mal das Maul!‹, brüllte er, dass seine Worte von den Wänden widerhallten. ›Das Letzte, was ich jetzt hören will, ist dieser ganze beschissene Gottesschwachsinn, ihr erbärmlichen verdammten Schlappschwänze!‹

Wie sollst du das noch toppen? Kannst du nicht! Also schaltete ich mich mit dem Erstbesten ein, was mir in den Sinn kam: ›Und ich muss mal scheißen!‹

Also, es war kaum zu glauben, aber die Iraker begannen sich vor Lachen fast in die Hosen zu machen. Eine richtige verdammte Stimmungskanone, nicht wahr? Wie sich herausstellte, stand das Flugzeug, das uns heimbringen sollte, gleich außerhalb des Hangars auf dem Rollfeld. Die heiße Schokolade war unterwegs!«

## DIE GEGENWART DER GEGENWART

»Alle sind sich einig, dass es wichtig ist, im gegenwärtigen Augenblick zu leben, aber das Problem ist, wie«, sagt die Harvard-Psychologin Ellen Langer. »Wenn Menschen nicht im Augenblick sind, dann sind sie nicht da und wissen nicht, dass sie nicht da sind.«

Sie hat recht – es sei denn natürlich, Ihnen wurde wie Andy der Luxus zuteil, dem Tod ins Antlitz zu blicken. Wie war das gleich noch mal, was Samuel Johnson gesagt hat? »Nichts schärft den Geist so sehr wie die Aussicht, in zwei Wochen gehängt zu werden.«

Wie also fangen wir es an? Wie überwinden wir, wenn wir uns nicht gerade einem plötzlichen, gewaltsamen Ende gegenübersehen, unsere starken Ablenkungsreflexe und bemächtigen uns der Herrschaft über unsere Gedanken, statt diese Gedanken uns beherrschen zu lassen?

Wie steuern wir aus dem ohrenbetäubenden narrativen Wasserfall, der durch unseren Kopf rauscht, aus den ewigen Stromschnellen der Angst und der Reue hinaus und hinein in die ruhigeren, stilleren Gewässer des Hier und Jetzt: unbewegt von Erwartung, ungetrübt von Schuld und Kummer?

Erwartungsgemäß ist das nicht einfach. Sich zu verpflichten – und aus Kapitel 5 kennen wir den Unterschied zwischen Verpflichtung und wahrhafter Verpflichtung – erfordert Übung, Hingabe und Willenskraft. Doch man gewinnt dabei enorm.

Die Fähigkeit, sich mit skrupellos stromlinienförmig geschmirgeltem Vorsatz – mit Gedanken, die genauso gedrillt und zusammengeschweißt sind wie eine Spezialeinheit – auf die vorliegende Aufgabe zu fokussieren, bringt in einer Welt, die im Minutentakt schneller und komplexer wird, einen überlegenen Vorteil.

Mit diesem Wissen im Hinterkopf – oder vielmehr *nicht* im Hinterkopf – folgen jetzt ein paar Kniffe, um den Ball ins Rollen zu bringen. Wahrscheinlich werden Sie nie *ganz* das Niveau erreichen, auf dem sich gute Psychopathen wie Andy bewegen. Wahrscheinlich werden Sie nie *so* frei und unbeschwert agieren. Aber andererseits ... streben Sie vielleicht auch gar nicht danach.

## Wachen Sie auf und riechen Sie den Kaffeeduft

»Vor ein paar Jahren war ich in Edinburgh auf dem Festival«, erzählt mir Andy, als wir ins Auto springen und zurückfahren. »Eines Morgens, weil das Hotel so schlecht war, ging ich in ein Café, um ein bisschen Zeit totzuschlagen. ›Haben Sie was dagegen, wenn ich den Computer raushole und ein bisschen arbeite?‹, frage ich den Besitzer. Kein Problem, sagt er, solange Sie bis zur Mittagszeit weg sind.

Der Vormittag zieht sich hin, ich bestelle ein paarmal Kaffee, und der Besitzer und ich kommen ins Gespräch. Er war früher Fallschirmspringer und auf den Falklands – ein echt prima Kerl. Als die Mittagszeit naht und das Telefon zu klingeln beginnt, stellt er tatsächlich nach und nach Reservierungsschilder auf die Tische. Zuerst platziert er ein Schild auf dem Tisch links von mir: reserviert für 13 Uhr. Dann ein weiteres auf dem Tisch rechts von mir: reserviert für 12.45 Uhr. Schließlich kommt er an meinen Tisch und stellt ein Schild hinter meinen Laptop-Bildschirm. Ich spähe hinüber und lese: *Verpiss dich!*

Wir schüttelten uns beide vor Lachen. Selbst heute noch muss ich kichern. Zum Brüllen!«

Die komische Seite dieser Geschichte ist schwer zu übersehen. Doch sie hat auch eine ernste. Dinge geschehen, Ereignisse gehen ihren Gang, alle nach ihrer eigenen Zeit – und sich selbst vorauszueilen und sich zu sorgen, was die Zukunft bringen mag, ändert daran nicht die Bohne.

Mark Twain hat einmal gesagt: »Ich hatte eine ganze Menge Probleme. Die meisten davon sind nie passiert.« Das trifft nicht nur auf Mark Twain zu. Sondern auf uns alle. Doch was *wirklich* geschieht – was *gerade* geschieht –, geschieht *jetzt.* In ebendiesem Augenblick. In der Gegenwart. Also üben Sie, da zu sein, wenn es geschieht. Erscheinen Sie auf der Bildfläche, damit sich etwas ändert!

Wenn Sie aufwachen – *riechen* Sie den Kaffee. Und riechen Sie ihn nicht nur, *kosten* Sie den Geruch *aus*, *würdigen* Sie ihn, wie Psychologen das auch nennen. Darunter versteht man den Akt, sich so in etwas zu vertiefen, dass man sämtliche winzigen Details daran zur Kenntnis nimmt – und das können Sie nicht, wenn Sie woanders sind als in der Gegenwart.

Dieser Anfang ist ganz einfach, bringt aber erwiesenermaßen Nutzen. Forschungen haben ergeben, dass Menschen, die sich täglich ein paar Minuten – das ist alles – Zeit nehmen, um etwas, das sie normalerweise eilig hinter sich bringen würden, etwa essen oder zum Bahnhof gehen, aktiv zu würdigen, im Durchschnitt mehr positive Gefühle und weniger depressive erfahren.

Hier kommt ein Beispiel:

In einer Studie teilte man den Teilnehmern mit, andere Probanden würden eine Gruppe bilden und darüber abstimmen, ob sie sich anschließen durften oder nicht. Das war natürlich Unsinn. Es gab keine Gruppe. Und es gab keine Abstimmung – die Forscher wollten nur einige Probanden aufbringen!

Fünf Minuten später, als die »Abstimmung« stattgefunden hatte, erfuhr die Hälfte der Teilnehmer, jene sei günstig ausgegangen und sie dürften sich anschließen, während die andere Hälfte – die die Forscher auf die Palme bringen wollte – hörte, dass sie abgelehnt worden sei.

Doch es war noch ein Kniff dabei. Vor der Bekanntgabe nahm die Hälfte jeder Gruppe – sowohl der »Aufgenommenen« als auch der »Abgelehnten« – an einer Achtsamkeitsübung teil: Sie aßen ganz langsam und bewusst eine Rosine, kosteten ihren Geschmack aus und konzentrierten sich auf jede einzelne Empfindung.

Und jetzt fing der Spaß erst richtig an. Bei einer Aufgabe einige Zeit später, von der die Teilnehmer nicht wussten, dass sie noch zur Studie gehörte, sollten sie einer anderen Person einen schmerzhaften Lärmstoß versetzen. Würde sich die Achtsamkeitsübung, so fragten sich die Forscher, darauf auswirken, wer den Knopf drückte und wer nicht?

Die Antwort hätte nicht deutlicher ausfallen können: Von den Teilnehmern, die glaubten, einen Korb bekommen zu haben, waren diejenigen, die die Rosine *nicht* gegessen hatten, signifikant aggressiver und verteilten längere und schmerzhafte akustische Stöße, ohne provoziert worden zu sein. Abgelehnt von ihrer Bezugsgruppe waren sie mehr als bereit, ihre Wut an vollkommen fremden Menschen auszulassen.

Bei den Probanden jedoch, die die Rosine verzehrt *hatten*, bewirkten weder Ablehnung noch Aufnahme den geringsten Unterschied. In beiden Fällen blieben sie cool und gelassen und zeigten nicht den kleinsten Funken Interesse daran, sich »zu revanchieren«.

Das Auskosten der vorangegangenen Achtsamkeitserfahrung hatte sie dagegen geimpft, sich mit ihren eigenen toxischen Gefühlen anzustecken. Statt anderen eins auszuwischen, konnten sie sich selbst die Frage stellen: »So empfinde ich. Wie sollte ich reagieren?«

»Weißt du«, sagt Andy, schiebt eine CD der Undertones in den Player und dreht die Lautstärke voll auf, »dieser Rosinentrick ist mir schon früher untergekommen. Als wir noch halbe Kinder in der Infanterie waren, hatte ich einen Kumpel, der in Nordirland ein paar ziemlich haarige Sachen durchgemacht hatte. Jahre später bekam er eine Belastungsstörung. Aber erst nachdem er die Armee verlassen hatte und ein bekannter Sänger in den Clubs im East End von London geworden war. Es wurde so schlimm, dass seine Arbeit und seine Ehe massiv zu leiden begannen. Der Kerl geriet echt in einen Abwärtsstrudel. Erst als seine Frau ihm die Pistole auf die Brust setzte und ihm klarmachte, dass er etwas gegen seine Probleme unternehmen müsse – sonst wäre sie weg! –, entschloss er sich, Hilfe in Anspruch zu nehmen.

Jedenfalls war es Achtsamkeitstraining, was ihm darüber hinweghalf. Und weißt du was? Eine der Übungen, die sie ihm beibrachten, war genau die, von der du gerade erzählt hast. Er sollte sich eine Rosine auf die Handfläche legen, sie ganz sorgfältig betrachten und jedes Detail an ihr zur Kenntnis nehmen, sie berühren und ihre Oberflächenbeschaffenheit spüren und sie dann in den Mund stecken und dasselbe tun, bevor er sie ganz langsam kaute, und dabei den Geschmack auskosten und dann den Augenblick vor dem Schlucken erfassen … und dabei die ganze Zeit bewusst auf jede kleine Einzelheit jeder kleinen Handlung achten. Das hat ihn gerettet.

Das einzige Problem ist jetzt, dass das halbe East End eine Posttraumatische Belastungsstörung hat – von seiner verdammten Singerei.«

Aber wie auch immer … wenn sich das nächste Mal die Gelegenheit ergibt, dann *holen* Sie das Beste aus diesem Kaffee raus! Konzentrieren Sie sich ganz auf seinen Geschmack. Seine Farbe. Wie er sich eingießt. Das Aroma. Wie der Dampf von der Oberfläche aufsteigt. Denn Sie wissen nie, was hinter der nächsten Ecke kommt.

Außer natürlich, Andy hat den Kaffee gekocht. Dann kippen Sie ihn besser ins Gebüsch.

## Drücken Sie den Reset-Knopf

Ich habe jetzt ein kleines Rätsel für Sie:

Jack schaut Anne an.
Aber Anne schaut George an.
Jack ist verheiratet.
Aber George ist es nicht.
Schaut eine verheiratete Person eine unverheiratete Person an?
1. Ja 2. Nein 3. Ist nicht feststellbar

Wenn Sie so sind wie 80 Prozent aller Leute, dann entscheiden Sie sich für Alternative 3. Und liegen falsch! Sind Sie jedoch wie Andy, nehmen Sie Alternative 1. Und liegen richtig.

Gehen wir es einmal durch: Die einzige Person, deren Familienstand unbekannt ist, ist Anne. Nehmen wir also zunächst einmal an, dass sie verheiratet ist. Wenn Anne verheiratet ist, dann wissen wir, dass eine verheiratete Person eine unverheiratete Person anschaut, weil wir wissen, dass sie George anschaut. Aber dasselbe trifft zu, wenn Anne unverheiratet ist. Denn in diesem Fall wissen wir, dass Jack, der verheiratet ist, sie anschaut. Also … ist es Alternative 1.

Der Grund, warum dieses Rätsel so stark wirkt, ist ganz einfach. (Übrigens, falls Sie es richtig gelöst haben: gut gemacht!) Bei oberflächlicher Betrachtung scheint es tatsächlich so, als hätten wir nicht genug Information für eine Lösung. Erst bei näherem Hinsehen und systematischer Zerlegung der Information in ihre beweglichen Teile erkennen wir, dass unser Autopilot uns verdammt viele Erklärungen schuldet. Er lässt uns Dinge übersehen – in diesem Fall buchstäblich –, die einem förmlich ins Gesicht springen.

Natürlich machen wir das im Alltag so oft, dass wir es schlicht nicht merken. Im Lauf der Evolution ist uns das Einschalten des Autopiloten als Reaktion auf das Tempo und die Komplexität einer immer stärker informationsgestützten Gesellschaft derart in Fleisch und Blut übergegangen, dass es ironischerweise praktisch unmöglich ist, uns selbst auf frischer Tat zu ertappen. Das heißt, bis uns zufällig ein einfaches Rätsel wie dieses ein Bein stellt!

Aber das gilt für den Alltag. Selbstredend verhält es sich am Arbeitsplatz anders. Viele Berufe – etwa in der Chirurgie – beruhen darauf, dass ihre Vertreter *nicht* auf Automatik sind, wenn sie Erfolge erzielen sollen. Entgeht einem das Offensichtliche im OP, war's das oft. Die Lichter gehen aus.

Ich habe einmal einen Neurochirurgen – einen guten Psychopathen wie Andy – danach gefragt, in welche psychische Verfassung er sich vor einer Operation versetzt. Das hat er mir geantwortet:

> Wenn man sich vor einer schwierigen Operation die Hände schrubbt, stimmt das schon: Da geht es einem eiskalt durch und durch. Das Einzige, womit ich das vergleichen kann, ist ein Rausch. Nur dass es ein Rausch ist, der die Sinne schärft, statt sie abzustumpfen; ein veränderter Bewusstseinszustand, der sich von Präzision und Klarheit nährt statt von Verschwommenheit und Zusammenhanglosigkeit … Vielleicht ließe er sich mit »geistig superklar« besser beschreiben. Weniger dunkel. Irgendwie spiritueller …

Und jetzt kommt Andy – über eine andere Sorte »Kopfoperation«: »Bei mir stellt sich alles schärfer, und das Tempo verlangsamt sich, wie in Zeitlupe. Ich kriege offenbar nicht diesen schweren, pumpenden Puls, von dem ich weiß, dass ihn manche haben. Es ist, als ob der Mann vor mir, der mich zu töten versucht, sich absichtlich langsamer bewegt, damit ich mir ein klares Bild davon machen kann, was zum Teufel da vor sich geht. Es ist fast, als ob er mir jede Menge Zeit gäbe, um eine Waffe aus dem Halfter zu ziehen, sie hochzunehmen und zu zielen und einen Kopfschuss zu landen, statt das ganze Chaos vor mir ins Visier zu nehmen. Nicht immer, aber meistens war das ganz leicht.«

Unter kniffligen Bedingungen übernimmt man die volle Kontrolle des Cockpits.

Die von Andy und dem Chirurgen beschriebene psychische Verfassung ist nicht etwa nur von Zen-Meistern oder Psychopathen erreichbar. Dieser Geisteszustand liegt für uns alle in Reichweite. Und wir können erstaunlich leicht dorthin gelangen … wenn wir uns eine ganz einfache Aufgabe stellen. In welcher Situation auch immer Sie sich befinden mögen: *Seien Sie aufmerksam und offen für Neues.*

In den höheren Rängen der Kampfkünste gibt es einen Ausdruck für diese Haltung. Er lautet *shoshin* oder »Anfänger-Geist«.

»Im Geist des Anfängers gibt es viele Möglichkeiten«, erklärt Shunryu Suzuki, einer der bekanntesten Zen-Meister und -lehrer, »im Geist des Experten nur wenige.«

Doch das ist nicht nur in den Kampfkünsten so. Sondern überall.

Aufmerksame Offenheit für Neues verankert Sie fest im Hier und Jetzt, denn wenn wir erst einmal glauben, etwas zu kennen, beachten wir es nicht mehr, und unser Geist beginnt abzuschweifen. Wir gehen den Vertrag durch wie im Tran, weil wir das schon tausendmal gemacht haben. Wir nehmen wieder denselben Lieferanten, nach dem Prinzip »besser das Übel, das man schon kennt«. Wir machen uns nicht die Mühe, an *dieser* speziellen Kreuzung aufzupassen, weil da sowieso nie einer kommt!

Wenn Sie bei Ihren Erwartungen den Reset-Knopf drücken, wird das Leben spannender, und zwar aus den richtigen Gründen.

»Wie zum Beispiel, es weiterzuleben!«, bemerkt Andy.

FINDEN SIE DEN
DEN **FEHLER?**
**123456789**

Okay, das war leicht!

Aber wie ist es mit den folgenden Bildern?

Fällt Ihnen irgendwas ... Merkwürdiges auf?

Antworten am Ende des Kapitels!

## Denken Sie nicht drüber nach

Vergangenen Sommer zeigte Andy in einem Sportstudio in der Nähe meines Wohnortes ein Kunststück, das man wirklich gesehen haben muss, um es zu glauben.

Es läuft so ab: Ein Mann kniet sich hin – Arme an der Seite,

Augen verbunden –, und ein anderer steht hinter ihm mit einem über den Kopf erhobenen Schwert. Wann immer es ihm gefällt, kann er es auf den vor ihm knienden Mann niedersausen lassen und ihn schwer verwunden oder töten. Es sei denn, dieser ahnt den Schlag voraus und entwaffnet den Angreifer blitzschnell. Das scheint unmöglich, ich weiß. Ist es aber nicht. Ich habe es mit eigenen Augen in einem Dojo in Japan gesehen und bin seither fasziniert davon.

Versuchen wir's, sagte Andy, als ich ihm davon erzählte. Also nahm ich eine zusammengerollte Zeitung – auf die Schnelle sind Samurai-Schwerter im ländlichen Oxfordshire ein wenig schwer zu bekommen –, und er kniete sich hin.

Im Nu lag ich auf dem Rücken!

»Man muss seinen Geist vollkommen leeren«, erklärte mir ein alter Sensei, als ich das Kunststück zum ersten Mal sah. »Man muss sich vollständig auf das Jetzt fokussieren. Wenn man in einen Zustand wie diesen eintritt, kann man die Zeit riechen. Kann spüren, wie ihre Wellen die Sinne überspülen. Das winzigste Kräuseln kann über große Entfernungen entdeckt und das Signal abgefangen werden. Oft sieht es so aus, als würden die beiden Kämpfer sich simultan bewegen. Doch das ist nicht der Fall. Es ist nicht schwierig. Mit Übung kann man die Kunst beherrschen.«

»Du musst einfach aufhören zu denken«, lautete Andys prosaischer formulierte Fassung. »Was mich angeht, ist das nicht schwer!«

»Nicht darüber nachdenken« ist etwas, das wir alle gut gebrauchen könnten. Wirkt in einem Buch über Erfolg ein bisschen seltsam, was? Sie würden doch eher das Gegenteil erwarten. Aber es stimmt. Denken Sie mal drüber nach – oder vielmehr nicht!

Nehmen wir an, Sie befänden sich in einer Situation, die Sie nervös macht. Sie sollen sich beispielsweise gleich vor eine Menschenmenge stellen und eine Rede halten. Oder Sie setzen zu einem Bungee-Sprung an. Hilft Ihnen dann Nachdenken? Die meisten Menschen würden das verneinen. Im Gegenteil, es wird dadurch nur noch schlimmer.

Einer meiner Kollegen, Peter Lovatt, ist kognitiver Psychologe an der University of Hertfordshire. Peter setzt Tanz ein, um Menschen bei der Lösung ihrer emotionalen, psychischen und zwischenmenschlichen Probleme zu helfen. Deshalb lautet sein Spitzname Dr. Dance!

Peter und ich besuchten einmal gemeinsam eine Weihnachtsparty, und Peter zeigte, was er konnte.

»Los, Kevin!«, rief er. »Worauf wartest du?«

»Ich warte, bis ich wirklich tanzen kann«, entgegnete ich.

Er zog mich aufs Parkett.

»Jeder kann tanzen«, sagte er. »Das Problem ist, dass die meisten Menschen *denken*, sie könnten es nicht. Vergiss einfach, was du tust. Vergiss, was die anderen tun. Bewege einfach deinen Körper hin und her, lass ihn sein Ding machen und genieße es, an der Party teilzunehmen. Tritt aus deinem Kopf *heraus* und auf die Tanzfläche.«

Ich tat es – und war trotzdem trampelig. Aber ich verstehe, was Peter meint. Es ist dasselbe, was auch Andy und der Sensei sagen wollen.

Machen Sie Ihren Geist frei und konzentrieren Sie sich auf Ihre unmittelbare Erfahrung, ohne ihn an das ganze Hintergrundgeschwätz, an die unaufhörlich in Ihrem Kopf ablaufende Endlosschleife der »neuesten Nachrichten« zu binden – die Zweifel an Ihren Selbstwert, die Angst vor Blamage, den neuesten Stand des Selbstvergleichs und der Selbstbewertung oder andere unangenehme oder störende, die Reinheit der puren Erfahrung vergiftende Gedanken –, und alles wird viel »sauberer« und weniger bedrohlich.

So fühlte ich mich eine halbe Stunde lang nach meinem »psychopathischen Umstyling« mit Andy im Labor. In kürzester Zeit und mit Hilfe einer Art Harry-Potter'scher elektromagnetischer Gehirnzauberei wuchs ich über mich selbst hinaus.*

Leider verflog der Effekt wieder. Andy schrieb damals: »Dutton ist ein Schlappschwanz. Er könnte es nur 15 Minuten lang aushalten, ich zu sein!«

## Verwechseln Sie nicht die Welt in Ihrem Kopf mit der außerhalb

»Als Student hatte ich einen ziemlich erfindungsreichen Tutor, der sich immer neue Methoden einfallen ließ, um uns etwas beizubringen«, erzähle ich Andy, als wir, wieder zurück auf der Farm, das Auto entladen.

> Eines Morgens, als wir uns nacheinander zu einem Seminar über Paranoia in seinem Arbeitszimmer einfanden, reichte er jedem einen Umschlag.
> »Setzen Sie sich nicht«, sagte er. »In jedem dieser Umschläge befindet sich eine maßgeschneiderte Wahnvorstellung, die ich vorab für Sie vorbereitet habe. Nehmen Sie ihn mit und öffnen Sie ihn. Dann möchte ich, dass Sie den Rest des Tages aktiv nach Beweisen suchen, dass diese Wahnvorstellung stimmt!«
> Wir schauten uns alle an, griffen nach unseren Umschlägen und verdünnisierten uns.
> »Toll!«, dachten wir alle. »Ein freier Vormittag!«
> Ich nahm meinen Umschlag mit in ein Café auf dem Campus und öffnete ihn dort. Darin befand sich ein Blatt DIN-A4-Papier. Ich faltete es auf und las folgende Behauptung: »Die Leute lachen über Ihre Schuhe.«
> Ich blickte mich um. Nein, taten sie nicht.

* Mehr über meine psychopathische Verwandlung finden Sie auf: http://www.thegoodpsychopath.com/my-psychopath-makeover/ und in meinem Buch *Psychopathen*, S. 194–199.

Aber Moment mal, dachte ich. Darum geht es doch gar nicht, oder? Es geht darum, dass man *glaubt*, sie täten es, und dann nach den Indizien sucht, die das *beweisen*. Ich holte mir einen Kaffee und setzte mich wieder.

Am Nebentisch saßen einige Mädchen und unterhielten sich. Eine von ihnen sagte etwas Lustiges, und alle brachen in Lachen aus. Doch kurz bevor sie lachte, blickte das Mädchen, das mir am nächsten saß, zufällig von dem Tisch weg und hinunter auf meine Schuhe.

Zufall?

Dann war da noch der Typ am Münztelefon in der Sporthalle. Er drehte sich um, sah mich warten, ließ seinen Blick an mir rauf- und runtergleiten … und lachte. Und der Kerl im Bus, der »entschuldigend« lachte, als er mir »versehentlich« auf den Fuß trat.

Weißt du was? Am Ende des Tages fing ich tatsächlich an, es zu glauben – obwohl ich tief drinnen »wusste«, dass es nur eine Übung war, und ein Stück Papier als Beweis hatte!

»Ich wette, da hast du zum letzten Mal diese pinkfarbenen Doc Martens getragen«, sagt Andy, wirft die Bretter in die Garage und schüttelt den Sand aus den Handtüchern. »Aber ich verstehe, was du sagen willst. Es passiert leicht, dass man zwei und zwei zusammenzählt und auf fünf kommt, dass die Vorgänge *in* deinem Kopf darüber bestimmen, was du außerhalb siehst.

Das ist auch der Grund, warum manche Kandidaten in der Verhörphase der SAS-Auswahl schlappmachen, wie ich dir erzählt habe. Sie verlieren aus den Augen, dass sie im Auswahlverfahren sind – dass es nur eine Übung ist –, und fangen an zu glauben, es sei real.

Du musst jederzeit fest in der Gegenwart verankert bleiben. Deshalb tragen, wenn du tatsächlich gefangen genommen wirst, findige Verhörleute nie eine Armbanduhr. Und deshalb sperren sie dich in einen geschlossenen Raum weit weg von jedem natürlichen Licht. Wenn man jemandem lange genug das Zeitgefühl nimmt, hört die Gegenwart auf zu existieren. Dann verflüchtigt sich das Schwerefeld des Gehirns – und ohne das treibst du davon in die Vergessenheit.«

Andy hat vollkommen recht. Falsche Schlussfolgerungen, unrichtige Annahmen, verworrene Zuschreibungen (wenn Sie sich an das vorige Kapitel erinnern) sind allesamt Erzeugnisse eines verankerungslosen Geistes – eines Geistes, dessen Gedanken und Gefühle wahllos in den kognitiven Weltraum wegdriften, in den psychologischen Äther der Vergangenheit oder der Zukunft, in eine Zeit, die entweder zurückliegt oder erst noch kommt.

Doch wenn Sie im Augenblick bleiben – sich im »Anfänger«-Denken üben –, werden Sie allmählich merken, dass Ihre Denkprozesse immer ein wenig »niet- und nagelfester« werden.

Vielleicht war es wirklich ein Versehen, dass Sie keine Einladung bekommen haben. Vielleicht war der andere Bewerber für die Stelle wirklich ein kleines bisschen erfahrener. Vielleicht lachen die Leute wirklich nicht über Ihre Schuhe.

Andy holt sein Telefon raus.

»Hier«, sagt er, »falls du noch endgültig überzeugt werden musst, dass das Gehirn mehr zur Party mitbringt, als es muss, dann schau dir das hier an und sag mir ganz schnell, was du siehst.«

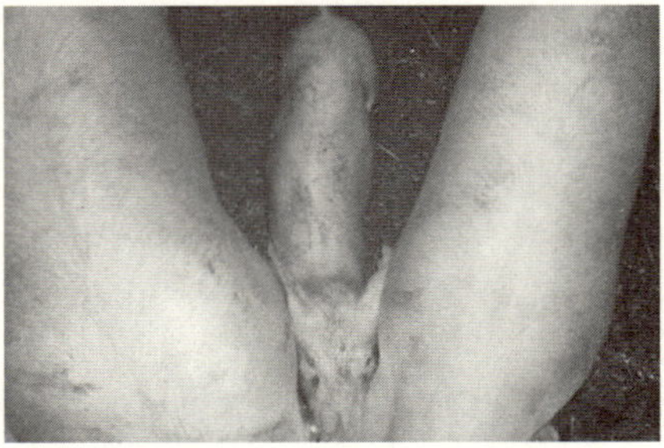

»Ich sehe drei Schweine«, antworte ich.

»Witzig«, sagt er. »Genau das hab ich auch gesehen!«

## Machen Sie immer eines nach dem anderen

Wie macht man eine Million Euro?

Ganz einfach. Erst macht man zehn, dann zwanzig, dann fünfzig …

Ja, hört sich nach 'nem Kalauer an, nicht wahr? Aber nicht so schnell!

Die Forschung zeigt, dass Menschen, die so denken – Menschen mit einen klaren, langfristigen Ziel, das sich in eine Folge von genau definierten, erreichbaren, kleineren Zielen als Gradmesser ihrer Fortschritte unterteilen lässt –, das Gewünschte mit weitaus größerer Wahrscheinlichkeit erreichen als solche, die einfach die ganze Zeit »im Großmaßstab« denken.

Ist Ihr Ziel am Anfang zu abstrakt oder zu furchteinflößend, dann lassen sich Motivation und Zielstrebigkeit viel schwerer aufrechterhalten. Brechen Sie jedoch Ihr eines, allumfassendes »Meisterschafts«ziel auf eine Reihe kleinerer, vorläufiger »Vorrunden«erfolge herunter, dann verschafft Ihnen das mehrere wichtige Vorteile:

Sie können:

- positive, messbare Fortschritte erzielen,
- konkrete, sofortige Rückmeldung über Ihre Leistung bekommen,
- auf dem Weg zu Ihrem »Hauptgewinn« selbstvertrauenstärkende »Kleingewinne« einfahren.

Selbst etwas so Kleines und Unbedeutendes zu tun wie das Frühstücksgeschirr abzuwaschen, bevor Sie morgens zur Arbeit aufbrechen, ruft nachweislich ein »Belohnungshoch« hervor, das die Leistungsfähigkeit den ganzen restlichen Tag lang stützt – ein weiterer guter Grund neben den bereits erwähnten, warum eine Morgenroutine Wunder wirkt. Die Bedeutung eines guten Starts sollte man nicht unterschätzen.

Ein solches Ein-Schritt-nach-dem-anderen-Denken ist die, wie man sagen könnte, »kommerziellere« Kategorie der kaffeeduftenden, rosinenessenden Gegenwart, die wir bislang betrachtet haben.

Die Forschung hat beispielsweise gezeigt, dass kleine Belohnungen am Arbeitsplatz – wenn Sie etwa ein Problem lösen oder ein Vorgesetzter oder ein Kollege Ihnen auf die Schulter klopft – im Allgemeinen sowohl die persönliche Motivation als auch die Arbeitszufriedenheit deutlich beeinflussen.

Und ein wissenschaftlicher Vergleich von »Kleingewinn«-Strategien der kurzfristigen Zielsetzungen mit »Urknall«-Strategien der langfristigen Bewertung in Unternehmen ergibt, dass Erstere das Rennen machen, was die Produktivität angeht – das wissen App-Entwickler und Videospiel-Hersteller schon lange. Halten Sie es für bloßen Zufall, dass Millionen Menschen süchtig werden nach Spielen wie Grand Theft Auto (GTA) mit ihren sorgfältig justierten, fortschreitenden Levels … aber nur sehr wenige nach ihrer Arbeit?

Leicht zu erfüllende Bestrebungen, Aufgaben und Herausforderungen sowie fix zu überwindende Gegner beliefern die Belohnungszentren unseres Gehirns regelmäßig mit Pellets kleinerer Leistungen – und verschaffen uns einen Schuss Wohlgefühl wie jede andere Droge auch.

Doch es gibt eine gute Neuigkeit für uns alle. Wenn wir:

- den Tag in einzelne Elemente, Abschnitte oder Aufgaben einteilen,
- eine tägliche »to-do«-Liste führen und
- unsere »Kleingewinne« in ein Tagebuch eintragen (so wie Videospiele automatisch »sichern«, wo Sie stehen),

… dann können wir alle das Niveau unseres Engagements, unserer Motivation und unserer Produktivität am Arbeitsplatz steigern.

Ein anderer Weg besteht darin, Multitasking zu unterlassen. Mehreres zugleich zu tun ist nicht nur das völlige Gegenteil vom Bleiben im gegenwärtigen Augenblick, denn es schaltet zahlreiche kleine Scheinwerfer an vielen verschiedenen Fronten ein, zwischen denen das Gehirns dann hektisch hin und her springen muss. Es *beeinträchtigt* auch erwiesenermaßen die Leistung und resultiert unter Umständen in einer bis zu vierfach höheren Fehlerquote!

Der Reiz des Multitaskings beruht auf einer Illusion. Wenn wir gleichzeitig an mehreren Dingen arbeiten, dann *kommt es uns so vor,* als erzielten wir Fortschritte, weil wir in vielen verschiedenen Bereichen jeweils ein klein wenig vorankommen. Wir kriegen diesen billigen Belohnungskick quer übers ganze Beet.

Aber Sie wissen, wie es ist ... sobald Sie bei einer der Aufgaben auf Schwierigkeiten stoßen, wenden Sie sich von ihr ab und einfacheren zu. Bis auch die aufmüpfig werden. Am Ende fällt es Ihnen schwer, auch nur eine gebacken zu kriegen. Und Ihr Geist ist alles andere als klar, frisch und fokussiert, sondern in alle Himmelsrichtungen zerstreut.

»Ich hab mal eine nette kleine Geschichte gehört«, ruft Andy aus der Küche, wo er mit der schicken Gaggia eine trinkbare Version des Zeugs von vorhin aus der Thermoskanne fabriziert, »die das auf andere Weise erhärtet.«

Er stellt ein paar Ingwerkekse auf den Tisch.

»Ein Kerl fährt an einem dunklen, nebligen Abend auf einer Landstraße. Da bleibt sein Auto liegen. Er steigt aus und leuchtet mit seiner Taschenlampe vor sich in den Nebel hinein, doch das Licht wird einfach reflektiert und blendet ihn. Er kann nichts sehen. Er verflucht sein Pech und findet sich schon damit ab, dass er die Nacht wohl auf dem Rücksitz verbringen muss, als plötzlich aus dem Nichts ein weiser Mann auftaucht.«

»Wie praktisch«, werfe ich ein.

»Ja«, sagt Andy. »Jedenfalls erklärt der Bursche dem Mann

seine Notlage, und der bittet ihn um die Taschenlampe. Als er sie ihm reicht, richtet der sie auf den Boden und beleuchtet nur einige Zentimeter vor seinen Füßen.

›Um dahin zu kommen, wo Sie hin wollen‹, sagt der Weise, ›müssen Sie sich vor allem auf das konzentrieren, was unmittelbar vor Ihnen liegt. Nichts sonst.‹«

»Und was passierte dann?«, frage ich. »Nahm der Weise ihn mit?«

»Ach, halt den Mund«, sagt Andy.

## Lebe ohne doppelten Boden

Als ich *Gehirnflüsterer* schrieb, schaute ich bei einem Freund an der University of Western Australia in Perth vorbei. Colin MacLeod ist Professor für klinische Psychologie und Fachmann für Angststörungen – und weiß aus jahrelanger klinischer Praxis nur allzu gut, dass das Gehirn sich selbst verrückt machen und wegen Nichtigkeiten in helle Aufregung geraten kann.

»Meistens sorgen wir uns über die Sorgen«, erklärte mir Colin. »Wir vermischen das, weswegen wir uns sorgen, mit der Sorge, die das auslöst, weswegen wir uns sorgen! Diese Sorge ›zweiter Ordnung‹ gewinnt dann die Oberhand, und alles gerät durcheinander. Die Sorge zweiter Ordnung wird zum Brennpunkt des Problems – mit anderen Worten zur Sorge erster Ordnung …«

Ich glaube, wir wissen alle, worauf Colin hinauswill. Die natürliche Reaktion unseres Gehirns, wenn es sich Angst, Depression oder eigentlich jedem unangenehmen Gedanken gegenübersieht, ist, die Augen davor zu verschließen.

Wir verleugnen unsere finanziellen Probleme. Wir erleben eine »Midlifecrisis«, wenn wir versuchen, unsere Jugend heraufzubeschwören. Wir tun Dinge, die wir besser lassen sollten, wenn wir noch an einer gescheiterten Beziehung zu knabbern haben.

Und dennoch wissen wir dabei alle, wenn wir uns selbst gegenüber ganz ehrlich sind, dass wir auf verlorenem Posten kämpfen.

Dass in einem schmuddeligen kleinen Schlupfloch tief im Innern unseres Gehirns Angst und Traurigkeit bis spät in die Nacht darauf lauern, dass wir »nach Hause« kommen.

Also was tun wir? Wir nutzen jeden nur möglichen Trick, um noch ein kleines bisschen länger fortzubleiben – und treffen in schummrigen neuralen Spelunken auf die Gefühle zweiter Ordnung, die Gefühle über andere Gefühle, von denen Colin redet.

Die ursprüngliche, *primäre* Emotion könnte etwa Stress wegen eines näher kommenden Stichtags sein. Die abgeleitete, *sekundäre* Emotion ist: »Ich bin gestresst, weil ich gestresst bin.«

Die Ironie dabei ist natürlich, dass es gar nicht so sein muss. Und dass, wenn wir im Augenblick »drinbleiben«, statt »auszugehen«, wenn wir das Gefühl einfach annehmen, wie es ist – als vollwertigen Mieter, der jedes Recht hat, da zu sein –, und nicht versuchen, es rauszuschmeißen, hinter ihm herzuräumen oder ihm gegenüber deutliche Worte zu finden, vieles sehr viel einfacher wird.

Als einschlägigen Fall stellte mir Colin Tania vor, eine seiner Patientinnen, deren Sicherheitsgurt-Phobie sich so sehr verschlimmert hatte, dass sie sich gezwungen fühlte, ihr Auto zu verkaufen.

»Ironischerweise werden wir Tania dazu bringen, ihre Angst auf den *Sicherheitsgurt* zu fokussieren«, erklärte mir Colin, »denn damit tun wir, ohne dass sie es weiß, nichts anderes, als ihre Gedanken von der *eigentlichen* Quelle ihrer Angst – der Sorge über die Sorge – wegzulenken und sie auf eine ›Geister‹angst zu verpflanzen: das ursprüngliche Zentrum, das sich jetzt in einem emotionalen Ruhezustand befindet. Im Prinzip ist das getarnte Ablenkung. Was Tania unbewusst »wegkonzentrieren« wird, ist nicht die eigentliche Phobie *selbst* – sondern eine mit dem Einsetzen der Phobie verknüpfte Trabantenangst.«

Der Fachausdruck für diese Technik lautet Colin zufolge *paradoxe Intention* – die Beseitigung eines Problems, indem man es aufgreift und seine Aufmerksamkeit bewusst darauf richtet, im gegenwärtigen Augenblick. Wenn Sie das mit eigenen Augen beobachten, dann ist das schon ein besonderes Erlebnis.

»Zunächst einmal«, erklärte Colin Tania, als sie eintraf, »muss ich Ihre Symptome selbst beobachten, damit ich einen Zugang dazu finde. Ich das okay?«

»In Ordnung«, erwiderte Tania.

»Gut«, sagte Colin. »Wir werden schrittweise vorgehen. Zuerst sagen Sie mir, wie Sie sich jetzt in diesem Moment fühlen, während wir uns dem Parkplatz nähern. Konzentrieren Sie sich ganz fest auf Ihre Angst, und versuchen Sie mir zu vermitteln, wie sie sich anfühlt.«

Tania wurde einen Augenblick ganz still, und man sah die Rädchen in ihrem Kopf sich förmlich drehen, als sie ihre Empfindungen in Worte zu fassen suchte. Nach ein paar Sekunden sagte sie: »Eigentlich geht es mir im Augenblick gut.«

»Das ist in Ordnung«, meinte Colin. »Wir werden gleich darauf zurückkommen.«

Als wir über den Parkplatz gingen und zu ihrem Auto kamen, versuchte Colin es erneut. Fokussieren Sie sich auf Ihre Angst, ermutigte er sie, und sagen Sie mir, wie sie sich anfühlt.

Wieder war Tania um Worte verlegen. Ein Rätsel – sie fühlte sich gut.

Als Colin ihr einige Sekunden später, als sie in das Auto stieg, dieselbe Frage stellte, konnte sie erstaunlicherweise immer noch keine Antwort geben. Und noch erstaunlicher auch nicht, als sie ihren Sicherheitsgurt anlegte!

Auf dem Parkplatz herumzukurven schien ihr gleichfalls nichts auszumachen. Ebenso wenig, auf die Autobahn zu fahren.

Ein Wunder? Nein – nur ein bisschen geniales Gehirnflüstern!

Sie sehen, bis zu diesem Augenblick hatte sich Tania – ohne sich dessen bewusst zu sein – vor ihrer Furcht gefürchtet. Ihre Angst hatte hinter den Kulissen Metastasen gebildet – und begonnen, sich selber einzuschalten.

Doch sobald Tania im Augenblick verankert wurde, sobald sie dazu gebracht wurde, ihre Angst bewusst wahrzunehmen, sie *auszukosten*, löste sich diese in Luft auf.

Vor mehreren Jahren unterhielt ich mich mit einem *bösen Psychopathen*, der in einer gesicherten Einrichtung hinter Schloss und Riegel saß. Wenn du im Meer an einer Stelle stehst, wo die Wellen sich über dir brechen, so sagte er zu mir, hast du zwei Möglichkeiten. Entweder kannst du zurückweichen und raus an den Strand gehen – und den ganzen Spaß versäumen. Oder du kannst weiter reingehen und dich von den Wellen hochheben statt plattmachen zu lassen.

An dem, was er sagt, ist viel dran.

»Oder«, sagt der *gute Psychopath*, je eine Tasse frischen, dampfenden Kaffee in jeder Hand, »du kannst drauf reiten wie wir vorhin!«

An dem, was *er* sagt, ist auch viel dran!

---

Ist Ihnen etwas Ungewöhnliches aufgefallen?

Fehler: Das Wort »den« wird wiederholt.

Pferd: Ist das nicht die Silhouette eines Bond-Girls in Weiß auf seinem Nasenrücken?

Fußballmannschaft: Wo steckt die linke Hand des Trainers?

## FRAGEBOGEN:

# WIE SEHR SIND SIE »IM AUGENBLICK«?

Ordnen Sie jeder der folgenden Aussagen einen Punktwert zu und addieren Sie alle. Vergleichen Sie Ihren Wert mit der umseitigen Auswertung:

| | 0 trifft ganz und gar nicht zu | 1 trifft eher nicht zu | 2 trifft eher zu | 3 trifft voll und ganz zu |
|---|---|---|---|---|
| 1. Ich kann in schwierigen Situationen innehalten, bevor ich reagiere. | ❍ | ❍ | ❍ | ❍ |
| 2. Es gelingt mir gut, große Aufgaben und Projekte in kleinere zu unterteilen. | ❍ | ❍ | ❍ | ❍ |
| 3. Es fällt mir leicht, beunruhigende Dinge bis zu einem späteren Zeitpunkt gedanklich beiseitezuschieben. | ❍ | ❍ | ❍ | ❍ |
| 4. Ich kann ein Jucken verschwinden lassen, indem ich mich darauf konzentriere. | ❍ | ❍ | ❍ | ❍ |
| 5. Es gelingt mir gut, immer nur eines auf einmal zu machen und mir nicht selbst vorauszueilen. | ❍ | ❍ | ❍ | ❍ |
| 6. Gelegentlich mache ich ganz langsam und koste jeden Aspekt dessen, was ich tue, bewusst aus. | ❍ | ❍ | ❍ | ❍ |
| 7. Ich nehme regelmäßige Auszeiten, um mich zu entspannen und den Kopf freizukriegen. | ❍ | ❍ | ❍ | ❍ |
| 8. Es fällt mir leicht, mich eine Minute lang ausschließlich auf meinen Atem zu konzentrieren und keine störenden Gedanken zu haben. | ❍ | ❍ | ❍ | ❍ |
| 9. Ich erhole mich gut von Rückschlägen. | ❍ | ❍ | ❍ | ❍ |
| 10. Wenn ich mit einer Aufgabe beschäftigt bin, lasse ich mich nicht leicht ablenken. | ❍ | ❍ | ❍ | ❍ |
| 11. Ich lasse mich selten von meinen Gefühlen oder Gedanken fertigmachen. | ❍ | ❍ | ❍ | ❍ |

## Auswertung

**0–11** Erstaunlich, dass Sie es bis zum Ende des Fragebogens geschafft haben! Sie sind mit den Gedanken überall, nur nicht hier.

**12–17** Ihre Gedanken sind ungefähr so verankert wie ein Heliumballon – sie schweben ständig davon in die emotionale Atmosphäre Ihres Gehirns. Zeit, Leinen anzuschaffen.

**18–22** Manchmal sind Sie der Boss in Ihrem eigenen Kopf, aber dann wieder können Ihre Gedanken Sie sehr leicht austricksen und die Macht an sich reißen. Sie müssen regelmäßiger energisch durchgreifen.

**23–28** Acht von Zen (!). Für Sie geht es eher um die Freude des Moments als um momentane Freude.

**29–33** Sie sind eins mit allem!

## KAPITEL 10

# ENTKOPPELN SIE VERHALTEN UND GEFÜHL

*Die emotionalen Qualitäten hindern nur das klare Denken.*

Sherlock Holmes, »Im Zeichen der Vier«

## TAXI FÜR MR. DUTTON?

Es heißt, eine Reise nach Indien sei ein Angriff auf die Sinne. Aber das stimmt nicht. Sie ist ein Angriff auf die Seele. Die Sinne sind ein Kollateralschaden.

Die Fahrt von Neu-Delhi nach Dharamsala dauert im Taxi 16 Stunden, und sie rauscht, braust, schwankt und ruckelt durch drei Bundesstaaten – Uttar Pradesh, Haryana und den Punjab –, bevor sie in wildem Auf und Ab durch die Wolken nach Himachal Pradesh hineinführt.

Ich habe keine andere Wahl, als sie auf mich zu nehmen. Zu dieser Jahreszeit, im Oktober, machen Babymonsuns den Flugverkehr unzuverlässig, und ich muss bis morgen früh um acht Uhr in McLeod Ganj (auch Upper Dharamsala) sein, dem sagenhaften Sitz der tibetischen Exilregierung des Dalai Lama. Dort werde ich einen Mönch treffen, der mich für die nächsten beiden Wochen durch ein Land führen wird, in dem angeblich Zauberer umherstreifen: zurückgezogene *tsanbalas*, die hoch oben in den Bergen meditieren und psychologische Kräfte besitzen, von denen wir Normalsterblichen nur träumen können. Ich bin gekommen, um sie zu testen – zu prüfen, ob ihre berühmte Fähigkeit zur Distanzierung von ihren Gefühlen diejenige von Psychopathen übertrifft. Ich schätze, es läuft auf ein Elfmeterschießen hinaus.

Die Reise lässt sich schon richtig lustig an. Am Flughafen von Delhi ist der Taxifahrer, der das »Kevin Dutton«-Schild hochhält, keineswegs der, den ich erwartet habe.

»Morgen, Kumpel, willkommen in Indien!«, triumphiert eine vertraute Stimme, kaum dass ich den Fuß in die Ankunftshalle setze.

Ich bleibe wie angewurzelt stehen.

»Was zum …?«

Andy lacht.

»Haben wir alles schon vor Wochen arrangiert«, sagt er. »Deine dir Angetraute kann wirklich ein Geheimnis wahren!«

Drüben auf dem Parkplatz steht ein schimmernder Toyota Pickup mit vollem Benzintank und einer Straßenkarte auf dem Armaturenbrett. Ich werfe meinen Rucksack auf den Rücksitz, und Andy manövriert uns hinein in das Tollhaus des Verkehrs von Neu-Delhi. Autos, Rikschas, Laster, Busse und Motorräder kommen aus allen Richtungen auf uns zu. Aber ihn kümmert das kein bisschen.

»Ich hoffe, du hast eine Versicherung für dieses Ding abgeschlossen«, lächelt er, lässt einen Arm aus dem Fenster hängen und spielt mit der anderen Hand am CD-Player herum.

»Ja, das ist ein Argument«, sage ich. »Wie bist du …?«

»Unter deinem Sitz liegen ein paar Bier«, sagt er. »Trink doch eins und entspann dich, zum Teufel!«

Die Sonne steigt, und wir rasen nordwärts. Ich öffne ein eiskaltes Kingfisher und nehme einen Schluck. Ausnahmsweise hätte ich den Schweinehund küssen mögen.

## KREISCHEN AUF RÄDERN

Kurz nach acht erreichen wir die Stadt Panipat am National Highway – einem Abschnitt der Grand Trunk Road, die seit über 2000 Jahren die östlichsten und westlichsten Regionen des indischen Subkontinents von Chittagong in Bangladesh im Osten bis Kabul im Westen miteinander verbindet.

Wie überall sonst zu dieser Zeit ist Stoßzeit. In den Hütten entlang der Straße, die alles verkaufen, von Seidenstoffen über Autoreifen bis zu Elektrogeräten, werden die Rollläden hochgezogen, und der Verkehr steht.

Andy trinkt eine Diätcola und reißt einen Marsriegel auf.

»Schön zu sehen, dass die Peckham-Ernährung der 70er immer noch angesagt ist«, lästere ich.

Er lächelt.

»Deins ist im Handschuhfach«, murmelt er.

Ich öffne es und finde ein kleines Kästchen Jelly Brains – Geleebonbons in Gehirnform. Doch sie sind in der Hitze alle miteinander zu einem großen Albert-Einstein-Jelly Brain verschmolzen, und das steckt fest. Ich bräuchte einen Schlagbohrer, um es rauszukriegen.

»Als ich beim Regiment war, hatte ich einen Kumpel namens Clive«, erzählt Andy, während eine Kuh trübsinnig am Fenster vorbeitrottet und zu uns hereinäugt. »Clive war gerade in eine neue Wohnung in der Stadt gezogen, und alles war perfekt bis auf eins: Sein Nachbar, ein Taxifahrer, stand in aller Herrgottsfrühe auf und sang sehr laut unter der Dusche. Normalerweise wäre das kein Problem gewesen. Aber die Wände der Wohnung waren dünn wie Papier. Und der Nachbar – na ja, einen Plattenvertrag würde er so bald wohl nicht kriegen.

Noch schlimmer machte es, dass der Taxifahrer zu dramatischen Auftritten neigte. In den zwei Wochen, die Clive jetzt dort wohnte, hatte er schon zweimal mit angehört, wie sein Nachbar in der Wohnung die Beherrschung verlor – beide Male offenbar wegen Pippifax. Wenn man also seine Ruhe haben wollte – und Clive war so: er kam aus Woking in Surrey und stand auf Sibelius –, dann ist es wahrscheinlich keine gute Idee, an eine fremde Tür zu klopfen und: »Halt die Klappe« zu blaffen. Andererseits konnte es nicht so weitergehen. Was also tun? Folgendes passierte:

Sehr clever machte sich Clive den Umstand zunutze, dass er seinen Nachbarn bislang noch nicht persönlich getroffen hatte. Doch, er wusste schon, wie er aussah – hatte ihn ein paarmal durchs Fenster gesehen –, aber sein Nachbar hatte *ihn* noch nie zu Gesicht bekommen.

Eines Abends macht Clive also Folgendes. Er schreibt sich auf dem Parkplatz die Nummer des Taxis auf und bittet mich, ein paar Tage später damit zu fahren. Der Fahrer und ich kommen ins Gespräch.

»Mein Kumpel ist gerade in eine neue Wohnung gezogen«, erzähle ich.

»Ach ja?«, erwidert der Fahrer. »Wie gefällt sie ihm?«

»Gut«, sage ich, »sie ist toll bis auf eines. Sein Nachbar nebenan hat die mieseste Stimme, die er je im Leben gehört hat. Kann ums Verrecken nicht singen, wie's scheint. Aber wissen Sie was? Um halb fünf morgens singt er – oder vielmehr kreischt er – aus vollem Hals in der Dusche!

Ist es zu glauben? Um ehrlich zu sein, es stört ihn im Grunde gar nicht so sehr. Zufällig mag er Queen und George Michael. Und außerdem vermutet mein Kumpel, dass sein Nachbar eigentlich ein netter Kerl ist. Aber vielleicht sollte er trotzdem was sagen. Wissen Sie, es wäre ja auch im Sinne des Nachbarn. Nur falls jemand anderes sich *offiziell* beschwert. Was meinen Sie dazu?«

Eine Pause entsteht.

»Hmmm«, meint der Fahrer ein wenig unbehaglich. »Ja, vielleicht schon.«

Er blickt in den Rückspiegel.
»Übrigens, wohin wollten Sie noch mal?«
»Ich will jetzt bei meinem Kumpel vorbeischauen«, sage ich. »Asquith Court, Nummer 7.«

»Weißt du was? Der Rest der Fahrt verlief in Schweigen. Genauso wie ab da die Morgenstunden bei Clive!«

## DIE EVOLUTION DES TAKTGEFÜHLS

In diesem Buch haben wir an verschiedenen Stellen über Ursprung und Funktion zweier sehr wichtiger Gehirnregionen gesprochen. Zum einen über die Amygdala, den alten emotionalen Kontrollturm, der die Welt auf der Grundlage urtümlicher, aufs Überleben ausgerichteter Werte in »gute« und »schlechte« Erfahrungen einteilt. Und zum anderen den präfrontalen Cortex: die entwicklungsgeschichtlich jüngere, diplomatischere, metrosexuellere Stimme der Vernunft.

Im Verlauf unserer Evolutionsgeschichte legte, wie wir gesehen haben, die natürliche Auslese Telefonleitungen zwischen diesen beiden neuralen Ministerien. Und es wurden Kommunikationskanäle eingerichtet.

Nach und nach, während die Jahrtausende verstrichen und Bewusstsein, Sprache und Gesellschaft auf der Bildfläche erschienen, begann das Ministerium für Emotionen mit dem Ministerium für rationales Denken zu reden, und in unserem Gehirn vollzog sich ein epochaler Umbruch. Unsere Problemlöse- und Entscheidungsfindungsstrategien wurden deutlich weniger »autokratisch« und entschieden »demokratischer«.

Zu jener Zeit ergaben sich zahlreiche Gelegenheiten, wo wir einfach kämpfen mussten, wo wir, wenn wir über das Kämpfen *nachgedacht* hätten, nie wieder nachgedacht hätten. Doch mit der

Zeit veränderten sich unsere Prioritäten. Und nach Jahrmillionen der Alleinherrschaft über das Gehirn war der *Vorrang* gezwungen, sich die Macht mit dem *Vorzug* zu teilen.

»Gut und schlecht« und »besser und schlechter« bildeten eine Koalition.

Falls Sie noch einen überzeugenden Beweis dafür brauchen, dass die natürliche Auslese den Sack zugemacht hat und dass das der richtige Schachzug war, dann gibt es keinen besseren als die Geschichte von Clive und dem Taxifahrer, die Andy gerade erzählt hat.

Verständlicherweise nervte Clive der frühmorgendliche Krachmaninow, der durch seine Schlafzimmerwand ouvertürte. Doch wenn er in seiner neuen Wohnung ein ruhiges Leben ohne Streit führen wollte, dann wäre Dampfablassen in einer zweifellos heftigen Auseinandersetzung nicht gerade der beste Weg gewesen. Gut, einerseits hätte die Singerei vielleicht aufgehört. Aber andererseits – wer weiß, was stattdessen durch die Schlafzimmerwand gekracht wäre. So war das, was er tat – Gefühl und Verhalten entkoppeln –, die effektivste Strategie.

Die Singerei hörte auf. Der Taxifahrer wahrte das Gesicht. Und es entstand kein Schaden.

Gefühle sind was Tolles. Sie retten uns das Leben, sorgen dafür, dass wir uns verlieben, schmieden lebenslange Freundschaften und helfen uns, große Kunstwerke zu würdigen. Aber sie können einem auch auf die Nerven gehen.

Insbesondere die großen, brenzligen wie Wut.

## ZORNIGER JUNGER MCNAB

»Weißt du, Kevin, ich bin mindestens mein halbes Leben lang wütend gewesen«, erzählt mir Andy, während wir in einem Meer von Kühen und Karren zum Stehen kommen.

»Jahrelang hatte ich einen Brass auf alles und jeden, meistens weil ich nicht hatte, was sie hatten. Wie du weißt, verbrachte ich die ersten 15 Jahre meines Lebens in einer Mietskasernensiedlung in Südlondon. Aber – ich bin sicher, du weißt das – Peckham war nie von den lockeren, trinkfreudigen Typen nach dem Motto ›arm, aber lustig‹ bevölkert. Dort herrschten Arbeitslosigkeit, Drogen, Waffen und sinnloser Vandalismus, nur zum Zeitvertreib.

Ich ließ die Finger von Drogen oder Waffen. Das war was für Schwachsinnige. Aber zum Vandalismus habe ich meinen Teil beigetragen. Ich war wütend auf Leute, die glänzende neue Autos oder makellose Motorräder hatten, also trat ich dagegen, nur weil ich es konnte. Ich demolierte Läden und warf die Waren durcheinander – einfach weil andere was hatten und ich nicht.

Ich weiß auch noch, dass ich stinkwütend auf meine Lehrer war. Ich ging in der Zeit von fünf bis 15 Jahren auf neun verschiedene Schulen, es gab also viele, auf die ich einen Hass hatte. Ich war wütend, dass sie mich ständig in Förderklassen steckten. Aber andererseits tat ich auch nichts, um da rauszukommen.

Mir gefiel es sogar, Klassenletzter zu sein. Das gab mir noch einen Grund mehr zur Wut. Ich mochte das Gefühl, eine Minderheit zu sein, das Gefühl, dass alle gegen mich waren. Es war, als ob ich meinem eigenen exklusiven Club angehörte. Es gab mir das Gefühl, dass mein Zorn berechtigt war und dass ich das Recht hatte, Dinge zu tun, die andere nicht tun konnten oder sollten.

Es gab nur ein Problem. Nicht alle sahen die Dinge so, und als ich 15 war, landete ich im Jugendarrest, denn ich hatte eine ganze Wohnung voller hübscher, glänzender Dinge zerlegt, für die ein anderer hart gearbeitet hatte. Leider lernte ich durch meine Zeit im Jugendknast gar nichts. Sie machte mich nur noch wütender. In meinen Augen konnte ich nichts dafür, dass ich dort war. Schuld waren immer die anderen. Die kurze, harte Schocktherapie des Jugendarrests bestätigte nur, dass keinem was an mir lag.«

»Und wenn *denen* nichts an dir lag, warum dann dir, richtig?«, sage ich und drehe die Klimaanlage kälter.

»Genau«, bestätigt Andy. »Aber ein Gutes hatte der Knast, Kevin. Dort bin ich, wie du weißt, für die Armee angeworben worden. Okay, ich wurde nicht Hubschrauberpilot, wie es der Sergeant versprochen hatte. Ich wurde in die Fußtruppe gesteckt. Aber andererseits stellte sich bald heraus, dass alles viel besser wurde, als ich es mir vorgestellt hatte.«

»Erzähl weiter«, sage ich.

»Ich kam bald dahinter«, fährt Andy fort, »dass die Armee es *gern* hatte, wenn ihre jungen Männer zornig waren. Und als ich *das* rausfand, hatte *ich* die Armee gern. Und wie!

Ich mochte insbesondere die ›Mangel‹. Dabei wirst du in einen menschlichen Boxring geworfen und sollst gegen den anderen 16-Jährigen kämpfen, den sie mit dir reingeworfen haben. Jeder Kampf dauert zwei Minuten – oder so lange, bis einer umfällt. Das Ganze soll dich auf hundertachtzig bringen. Dich wütend machen. Es gibt keine Technik. Keinen Stil. Du gehst einfach rein und versuchst deinen Gegner umzunieten, bevor er dich umnietet. Ich konnte mein Glück nicht fassen. Ich befand mich tatsächlich an einem Ort, wo ich wütend sein *sollte.*«

»Und obendrein haben sie dich dafür auch noch bezahlt!«, werfe ich ein.

»Ein perfektes Paket!«, bestätigt Andy. »Und sie haben mich nicht nur dafür bezahlt. Sie haben mich auch dafür bezahlt, dass ich ein Stahlbajonett auf mein Gewehr steckte, an all die Leute dachte, die mich je wütend gemacht hatten, und aus vollem Hals schreiend damit auf einen Sandsack losging. Wieder und wieder rammte ich dieses Stück Stahl in meine Lehrer, das Gefängnispersonal … wer mir einfiel, der in seinem Leben mehr hatte als ich.

Es war großartig. Es gab ein Talent, das ich in Hülle und Fülle besaß! Einmal in meinem Leben konnte ich etwas Richtiges machen.«

»Muss sehr befreiend gewesen sein«, sage ich, während die Kühe in eine Nebenstraße davonbimmeln und wir uns wieder in Bewegung setzen. »Endlich hattest du deinen Weg gefunden. Und der ganze Mist vorher hatte sich gelohnt.«

Andy nickt. »Genauso fühlte es sich an«, sagt er. »Und es wurde immer besser! Nach meinem Jahr als Kindersoldat wurde ich in mein Infanteriebataillon geschickt. Die Jungs dort waren mir alle ziemlich ähnlich, und wir kamen ganz prima miteinander klar. Auch sie waren zornig. Aber anders als bei mir schien sich ihre Wut eher auf das System zu richten als auf Einzelne. Sie schoben einen Hass auf größere Dinge. Auf die Regierung beispielsweise. Und eigentlich auch auf das Militär selbst. Und weißt du was? Ich konnte verstehen, warum. Denn damals, als stahlharter Babyinfanterist, schnallte ich einfach nicht, was das Militär mit der Aggression, die es in uns Soldaten weckte, eigentlich bezweckte.

Sie drillten uns darauf, aggressiv zu sein. Echt wütend zu werden und zu kämpfen. Aber wenn diese Wut ins Zivilleben hinüberschwappte – wie es samstagsabends in Garnisonsstädten überall im Land unweigerlich passierte –, dann taten sie überrascht, und wir wurden schwer bestraft dafür. Ich meine, was soll das denn? Sie *bezahlten* uns doch fürs Kämpfen, oder nicht?

An einem dieser Samstagabende war ich selber dabei. Die Pubs hatten geschlossen, und zwischen den Soldaten und den Zivilisten ging eine Prügelei los.«

»Nein!«, sage ich. »Wirklich?«

Andy kichert. »Ja, schon komisch«, sagt er. »Jedenfalls rief jemand die Militärpolizei, und die rückte in ihren Mannschaftswagen an, um uns einzukassieren. Aber irgendwie – ich weiß nicht mehr wie – gelang es mir abzuhauen. Da renne ich also plötzlich mitten in der Nacht die Kopfsteinpflasterstraße runter, verfolgt von einem dicken, fetten Feldjäger, von dem ich weiß, dass er nicht die geringste Chance hat, mich zu erwischen, und der mir brüllend befiehlt, stehen zu bleiben.«

Andy hält inne, ein verwundertes Lächeln im Gesicht.

»Und weißt du, was ich gemacht habe, Kevin?«

»Ja«, sage ich. »Du bist stehen geblieben.«

Er schaut mich erstaunt an.

»Ja«, sagt er. »Bin ich. Aber weißt du, warum? Nicht weil er es mir befohlen hatte. Oder weil ich wusste, dass ich etwas Falsches getan hatte. Nichts in der Art. Der Grund, weshalb ich anhielt, war, dass meine Wut auf ihn und das System, für das er stand, mich überwältigte und ich genau hier und jetzt einen guten Moment sah, wieder in alte Gewohnheiten zu verfallen. Du weißt schon, ihm ein paar Beleidigungen an den Kopf zu werfen, ihn näher rankommen zu lassen, dann abzuhauen und wieder mit ihm Fangen zu spielen.«

»Und?«, frage ich. »Was ist passiert?«

Andy zuckt die Achseln.

»In der *Theorie* war es ein guter Plan«, sagt er. »Aber in der Praxis kam ich gar nicht dazu.«

»Warum?«, hake ich nach.

»Weil der Wichser aus lauter Frust mit seinem Schlagstock ausholt, und als ich mich rumdrehe, trifft der mich voll an der Schläfe, und ich gehe sofort k.o.!«

Wir lachen beide.

»Jetzt allerdings«, fährt Andy fort, »sah die Sache ganz anders aus, jetzt war die Royal Military Police an der Reihe, ihre Wut an mir auszulassen. Ich bekam ein paar ordentliche Tritte, und dann schafften sie mich weg.«

»Und wann wendete sich das Blatt?«, frage ich, als die Straße wieder passierbar wird und die kaleidoskopischen Hütten leuchtend grünen Feldern weichen. »Wann hast du dich verändert – mal angenommen, du *hast*, heißt das?«

Andy lächelt.

»Eigentlich«, sagt er, »kam der Wendepunkt, als ich ins Regiment eintrat. Als ich so Mitte 20 und zum Sergeant befördert worden war, begann ich mich zu fragen, ob sich meine Wut nicht anderswo besser einsetzen ließe. Und der SAS kämpfte doch schließlich immer, nicht wahr? Aber wie sehr ich mich da täuschte! Als ich das Auswahlverfahren bestanden hatte, kam ich ganz schnell dahinter, dass es im Regiment keinen Platz für die ganze Wut gab. Absolut keinen. Die Atmosphäre war völlig anders als die in der regulären Armee.

Ganz plötzlich befand ich mich in einem viel ruhigeren, viel unaggressiveren Umfeld. Es brauchte anscheinend keiner mehr zu brüllen oder Finger in Brustkörbe zu bohren, damit Dinge erledigt wurden. Die Leute gingen respektvoller miteinander um. Redeten sich sogar mit Vornamen an.

Auch viele Regeln und Vorschriften der Armee waren verschwunden. Zunächst einmal gab es keine Marschiererei. Und auch keine Uniform. Die meisten Männer liefen in Jeans herum. Das war eine ganz neue Welt für mich. Und ich musste schnell lernen, mich an sie anzupassen.«

»Worin bestand denn der Hauptunterschied?«, will ich wissen. »Du hast gerade von einer anderen ›Atmosphäre‹ gesprochen. Aber kannst du benennen, was genau diese Atmosphäre ausmachte?«

»Das ist leicht!«, sagt Andy. »Kurz gesagt, ging es weniger um Wut als vielmehr um Selbstbeherrschung. Gewalt gab es im Regiment als Teil des Jobs schon genug. Es war gar nicht gewollt, dass du dich im Vorfeld in Rage brachtest, bis dein Gesicht rot anlief und dir Dampf aus den Ohren quoll. Gewollt war, dass du deine Aggression im Zaum halten und dir Zeit lassen konntest, um nachzudenken, eine Situation zu beurteilen und bereit zu sein für welche auch immer nötige Aktion. Jungs vom Regiment gerieten beispielsweise samstagabends in der Stadt nie in Prügeleien. Wenn sie dich bei einer Schlägerei oder betrunken am Steuer erwischten, wurdest du in deine Einheit zurückgeschickt. Aus dem SAS rausgeschmissen.

Außerdem gingen die Jungs vom Regiment eher zum Mädchenaufreißen in Bars als zum Prügeln. Aber es gab noch mehr und feinere Unterschiede. ›Der Feind‹ wurde beispielsweise nicht mehr so genannt oder auch nur so *gesehen*. Wie ich schon sagte, man redete einfach von ›Spielern‹. So wie auch *wir* welche waren.

Und unsere ›Aufträge‹ hießen auch nicht mehr so. Wir nannten sie ›Jobs‹. Oder ›das Geschäft‹. Du siehst, im Regiment ist das Konzept von ›richtig‹ und ›falsch‹ etwas verschwommener. Kurzum, meine neue Welt hätte sich nicht stärker von meiner alten unterscheiden können. Es war schwer zu glauben, dass beide zu denselben Streitkräften gehörten. In meiner neuen Welt war keine Wut erforderlich, um ›kinetisch‹ zu sein – eine wunderbare militärische Umschreibung dafür, Sachen in die Luft zu jagen und Menschen umzubringen. Erforderlich war etwas ganz anderes: Kaltblütigkeit, Gelassenheit und Konzentration.

Es dauerte nicht lange, bis bei mir der Groschen fiel. Und dann war es ein ziemlicher Schock. Die Botschaft war glasklar: Ich brauchte die Wut nicht mehr. Sie würde aus mir keinesfalls einen effizienten Soldaten der Special Forces machen. Sie würde mir nur in die Quere kommen. So lernte ich, die alten Gewohnheiten, die ich mir in der regulären Truppe zugelegt hatte – und die mir bislang gute Dienste geleistet hatten –, Stück für Stück in die Tonne zu treten und anders an Jobs heranzugehen. Einen Gang runterzuschalten. Eigentlich ein paar Gänge runterzuschalten.

Ich meine, Wut hilft dir schließlich nicht die Bohne, wenn du dich als Undercoveragent in Derry etablieren sollst, nicht wahr? Lange Haare und billige Sneaker vielleicht. Aber als Pulverfass rumzulaufen ganz bestimmt nicht. Um als verdeckt arbeitender Agent den Job zu erledigen und am Leben zu bleiben, musst du zum grauen Mann werden. Und der Punkt an grauen Männern ist: Sie werden nicht wütend.«

## KREUZWORTRÄTSEL UND ZU KREUZE KRIECHEN

Andys Bericht ist sehr aufschlussreich. Er bietet ein gutes Beispiel dafür, wie Sie Ihr endgültiges Ziel – das, was Sie wirklich aus einer Situation herausholen wollen – auf viel effizientere Weise erreichen können: Trennen Sie die Emotion gewissermaßen chirurgisch von der Gleichung ab.

Genau das tat Andys Kumpel Clive bei seinem Problem mit dem Taxifahrer – wenn es je eine verdeckte SAS-Operation gegeben hat, dann diese! –, und der diabolische Schachzug ging reibungslos über die Bühne. Wäre Clive jedoch »explodiert«, wäre er wütend geworden, als das »Geschäft« »kinetisch« wurde, hätte die Sache ganz anders ausgehen können.

Ja, es gibt eine Zeit und einen Ort für Wut. Das lässt sich nicht leugnen. Und in der »alten Welt«, aus der Andy seinen Worten zufolge kam, leistete sie ihm gute Dienste. Doch in der Welt der Special Forces ist sie ein gefährlicher und unnötiger Hemmschuh für den kühl und klinisch urteilenden Verstand – ob man es nun mit Entführern, Aufständischen oder Karaoke-Taxifahrern zu tun hat.

»Weißt du, angeblich gibt es im obersten Stockwerk von Harrods ein kleines Büro, in dem ein Mann sitzt und den ganzen Tag die Füße hochlegt, Kreuzworträtsel löst, sich Instantnudeln zubereitet und fernsieht«, erzähle ich, während die Straße heißer und staubiger wird und wir um Menschen herumkurven, die mitten darauf liegen und schlafen – ausgestreckt in Lumpen im Schmutz und Dreck und Schutt. »Er sitzt den ganzen Tag in Jeans und T-Shirt herum und wird dafür bezahlt, dass er absolut nichts tut. Na ja, fast nichts. Auf einem Schreibtisch in der Ecke steht ein Telefon. Das Telefon klingelt nicht allzu oft. Ein oder zwei Mal im Monat höchstens. Doch wenn es klingelt, legt der Mann sein Kreuzworträtsel weg, zieht seine Jeans und sein T-Shirt aus und schlüpft in die Harrods-Uniform, die er in einer Schutzhülle hinter der Tür hängen hat. Dann begibt er sich hinunter auf die Etage der Abteilung, die ihn gerufen hat. Dort spielt sich folgendes Ritual ab:

*Abteilungsleiter:* Smithers, Sie waren doch verantwortlich für die Bestellung von Professor Blatherwicks exorbitant überteuerter griechisch-römischer Statuette, nicht wahr?
*Smithers:* Ja, Sir.
*Abteilungsleiter:* Würden Sie dann bitte Professor Blatherwick hier erklären, wie es passieren konnte, dass sie sich diesen Haarriss am Sockel zuzog?
*Smithers:* Nein, Sir. Ich fürchte, das kann ich nicht.
*Abteilungsleiter:* Danke, Smithers. Sie sind entlassen. Packen Sie auf der Stelle Ihre Sachen und gehen Sie!
*Smithers:* Sehr wohl, Sir.
Worauf Smithers, gebührend gerüffelt vor dem erzürnten Kunden, den der Abteilungsleiter nicht zu beschwichtigen vermochte, sich völlig geknickt zum Aufzug verzieht, wieder nach oben in sein kleines Büro im obersten Stockwerk fährt, sich umzieht und sein Kreuzworträtsel zur Hand nimmt, bis das Telefon zum nächsten Mal klingelt …
*Abteilungsleiter:* Smithers, Sie waren doch verantwortlich für die Lieferung der absurd teuren weißen Trüffeln an Lord Farqhuar Pilkington-Bland, nicht wahr …?

So sieht der ruhigste Job der Welt aus. Der Mann wird dafür bezahlt, gefeuert zu werden!«

## ALLES UMSTEIGEN

Es ist Mittagszeit, und wir haben ein paar Meilen nördlich der Stadt Karnal vor einem Café am Straßenrand angehalten. Es ist ein recht angenehmes Etablissement, mit Außentoiletten auf der Rückseite, die man draußen auf dem Vorplatz riechen kann, und einem ganzen Zoo von Eidechsen an der Wand.

Sehr zur Überraschung der Kellner macht sich Andy die Mühe, eine zu fangen – um mir zu zeigen, dass diese besondere Sorte einen evolutionären Trick im Ärmel hat: Wird sie gefangen, wirft sie ihren Schwanz ab. Doch entweder das Tier fühlt sich nicht besonders bedroht, oder unser David Attenborrough hat ein schlechtes Exemplar erwischt, denn etwa eine Minute später lässt er es mit intaktem Schwanz wieder frei.

Wir sitzen im Schatten und bestellen Dal, Tschapatis und Wasser. Als das Essen kommt, sind wir begeistert. Es ist verdammt gut.

»Du weiß doch, dass wir darüber gesprochen haben, dass Wut das klare Denken stört«, sagt Andy, während er kräftig zugreift, »aber das ist nicht das einzige störende Gefühl. Es kann auch Angst sein, die dich lähmt. Im Regiment hab ich das, um ehrlich zu sein, eigentlich nie beobachtet – es gibt dort mehr als nur einen Psychopathen, weißt du. Aber in der regulären Armee kommt es ziemlich häufig vor: junge Burschen, die solchen Schiss haben, dass sie nicht mal eine Waffe halten können.«

»Ist das denn nicht natürlich?«, frage ich. »Da bringen sie dich in Sekundenschnelle von Brighton nach Basra, und das Nächste, was du mitkriegst, ist, dass dir Kugeln um die Ohren fliegen?«

Andy nickt. »Aber sicher doch«, bestätigt er. »Ich behaupte ja auch gar nicht, dass es das nicht wäre. Ich sage nur, dass es in den Spezialeinheiten genauso wenig Platz für Angst wie für Wut gibt. Angst ist nur ein weiteres Hindernis, das dem Job in die Quere kommt. Und das gilt natürlich nicht nur für die Special Forces. Es gilt für jeden. Ich hab mal eine großartige Geschichte gehört – du könntest kein besseres Beispiel kriegen. Ich weiß nicht mehr, wo es war: Australien vielleicht? Jedenfalls, ein Bus hält an, um zwei Fahrgäste einsteigen zu lassen:

Die Tür hat sich kaum geöffnet, als einer der beiden – ein großer alter Kerl mit vielen Tattoos – über den Fahrer zu fluchen beginnt. Der Grund? Er und seine Freundin wollen das Fahrgeld nicht rausrücken, und der Fahrer macht da nicht mit.
Die Uhr beginnt zu ticken. Fahrzeuge stauen sich. Die Situation eskaliert. Da versucht es einer der Fahrgäste.
»Sieh mal«, sagt er mit ruhiger Stimme. »Der Fahrer kann nichts dafür, dass du kein Geld hast. Also steig doch einfach wieder aus, ja?«
Der Dickkopf erstarrt. Er schaut den Fahrgast an. Dann seine Freundin. Und dann wieder den Fahrgast. Man hätte eine Stecknadel fallen hören können.
»Du willst wohl ein paar in die Fresse, du Arsch?«, knurrt er.
Der Fahrgast weicht nicht von der Stelle.
»Ja, das will ich«, erwidert der ganz cool. »Aber nicht hier drin. Wenn wir uns prügeln wollen, dann richtig. Draußen, auf der Straße.«
Der ganze Bus hält den Atem an, als er auf die Tür deutet. Der Tätowierte und seine Freundin können es nicht glauben. Sie schauen einander an – und steigen, zum Kampf bereit, hinaus auf den Bürgersteig. Der Fahrgast wendet sich zum Fahrer.
»Ich würde jetzt schnell die Tür schließen, wenn ich Sie wäre«, sagt er. »Fahren wir los.«

## RISIKOBEWERTUNG

In der Finanzwelt gibt es eine Formel, die als Sharpe-Ratio bezeichnet wird. Einfach ausgedrückt, ist die Sharpe-Ratio eine Gleichung, die Ihnen sagt, ob die Höhe des mit einer bestimmten Geldanlage verbundenen Risikos die daraus folgende Rendite wert ist.

Stellen Sie sich mal vor, wir hätten etwas Ähnliches im Alltag!

Hätten wir es, dann wären die beiden Kennzahlen für den Fahrgast in Andys Geschichte sicherlich hoch gewesen: Die Situation enthielt ein hohes Risiko (er hätte windelweich geprügelt werden können) für einen großen Gewinn (die friedliche Lösung einer sich zuspitzenden Lage). Und in der echten Manier eines *guten Psychopathen* beschloss er, es zu wagen. Zum Glück hat er gewonnen. Aber es ist nicht zu leugnen, dass sein eiskaltes Eingreifen Mumm erforderte.

Tut man das Gegenteil – geht man ein hohes Risiko für einen kleinen Gewinn ein –, befindet man sich auf einem anderen Terrain. Das erfordert keinen Mut, sondern etwas völlig anderes: Skrupellosigkeit. Das, wonach *böse Psychopathen* handeln.

Ihre Furchtlosigkeitsregler stehen ständig auf Maximum – was bedeutet, dass ihnen die kognitive Flexibilität für eine intelligente Schlagauswahl fehlt. Sie können nicht unterscheiden, wann ein Angriffsschlag angebracht ist und wann sie auf Sicherheit spielen sollten. Im Ergebnis wählen sie, wie wir wissen, *immer* den Angriffsschlag. Und meistens geht der dann ins Aus.

*Nicht* anzugreifen, wenn Sie es *sollten*, ist natürlich genauso widersinnig – und an dieser Stelle kommt unsereins ins Spiel.

Den Mumm des *guten Psychopathen* zu haben, um nötigenfalls den absoluten Winner zu schlagen, um das Gefühl *im richtigen Kontext* aus dem Entscheidungsprozess herauszunehmen, ist ein persönliches Merkmal, nach dem viele streben, das aber nur relativ wenige besitzen.

Der Knackpunkt ist wie immer der *Kontext.*

Vor mehreren Jahren – weil wir gerade von Sharpe-Ratio reden – untersuchte eine amerikanische Studie, wie wir finanzielle Entscheidungen treffen. Sie veranschaulicht diese Frage mustergültig. Die Studie hatte die Form eines Glücksspiels mit 20 Runden. Zu Beginn des Spiels erhielt jeder Teilnehmer ein Bündel 20-Dollar-Scheine. Vor jeder neuen Runde wurde er gefragt, ob er bereit war, um einen Dollar auf Kopf oder Zahl zu wetten.

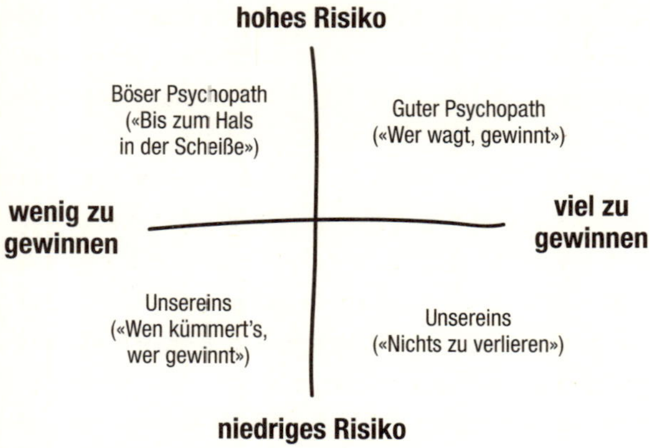


Die Sharpe-Ratio

Verlieren zog als Strafe den Verlust dieses eingesetzten Dollars nach sich, Gewinnen jedoch ließ die Kasse um satte 2,50 Dollar anschwellen. Man muss kein Genie sein, um hinter die Gewinnformel zu kommen.

Logisch gesehen lautet, wie einer der Autoren bemerkte, die richtige Entscheidung, in jeder Runde zu investieren. Doch Logik, wie jemand anderes einmal klug bemerkt hat, liegt häufig im Auge dessen, der sie anwendet.

Vor dem Experiment wurden die Teilnehmer in zwei Gruppen eingeteilt. Die eine Probandengruppe wies Schädigungen der für Emotionen zuständigen Bereiche ihres Gehirns auf, die andere Läsionen anderer Areale.

Wenn nun, wie die neuroökonomische Theorie vermutet, eine Überdosis Emotion für unnötige Risikoscheu verantwortlich ist, dann hätten der Dynamik des Spiels entsprechend diejenigen Teilnehmer mit der »richtigen« Art von Läsion (mit anderen Worten, die der ersten Gruppe) absahnen müssen. Sie hätten diejenigen mit der »falschen« Läsion – ohne Zusammenhang mit den Emotionen (die der zweiten Gruppe) – übertreffen müssen.

Überraschung, Überraschung, genau so kam es auch. Im weiteren Verlauf des Spiels verzichteten die »normalen« Teilnehmer auf die Gelegenheit zum Zocken und zogen es stattdessen vor, ihre Gewinne zu horten.

Dagegen machten die Teilnehmer mit Problemen im *Gefühlsviertel* ihres Gehirns – Teilnehmer, deren Gehirn nicht mit dem emotionalen Streifenpolizisten, der alltäglichen Gefühlspolizei, die unsereins für selbstverständlich hält, ausgerüstet war – unverdrossen weiter. Und hatten am Schluss mehr gewonnen als ihre sparsameren, vorsichtigeren Konkurrenten.

»Das ist möglicherweise die erste Studie«, behauptet einer der Verfasser, »die dokumentiert, dass Menschen mit einem Hirnschaden bessere finanzielle Entscheidungen treffen als normale Menschen.«

Sein Kollege setzt noch einen drauf: »Die Forschung muss ermitteln, unter welchen Umständen Gefühle nützlich beziehungsweise störend sein können und wann sie als Orientierungshilfe für das menschliche Verhalten geeignet sind … Die erfolgreichsten Börsenhändler könnte man durchaus als ›funktionale Psychopathen‹ bezeichnen – Individuen, die entweder besser in der Lage sind, ihre Gefühle zu kontrollieren, oder aber Gefühle nicht so intensiv erleben wie andere.«

»Dies könnte«, ergänzt ein anderer Autor, »auch auf viele CEOs und Spitzenanwälte zutreffen.«

## GELD ODER LEBEN

Am späten Nachmittag verlassen wir die Grand Trunk Road in Jalandhar und fahren nun nach Norden auf den Himalaja zu. Ganze Familien drängen sich auf der Sitzbank von wenig vertrauenerweckenden Mopeds, die sich durch den Verkehr schlängeln wie klapprige menschliche Toastständer.

Wir sind im Punjab, wo die Straßen glatt und geteert sind (zumindest relativ) und wo die Kleider der Menschen eine wahre Farbenorgie feiern. Sogar die Elefanten sind bunt angemalt.

»Weißt du«, sagt Andy und reißt plötzlich das Lenkrad herum, um einem Käfig voller Hühner auszuweichen, der von dem Laster vor uns heruntergefallen ist, »es ist komisch, dass du das erwähnst, denn ich wollte dir grade von einem ganz ähnlichen Experiment erzählen, das vor ein paar Jahren auch in Amerika stattfand und finanzielle mit militärischer Entscheidungsfindung verglich.

Du hast doch bestimmt schon vom United States Marine Corps gehört, oder? Also, das US Marine Corps ist doppelt so groß wie die britischen Landstreitkräfte. Es ist sogar größer als Army, Navy und RAF zusammen ... wird aber von weitaus weniger Generälen befehligt als unser Militär. Was bedeutet, dass diese Generäle nicht nur viel Grips haben müssen, sondern auch breite Schultern. Denn wenn die Kacke am Dampfen ist, dann kann sie auch nur auf diese wenigen Schultern verteilt werden.

Jedenfalls, Ende der 1990er Jahre beschlossen die Köpfe des Marine Corps, die Reinigungskosten zu reduzieren, und unternahmen dazu einen kleinen Ausflug an die Wall Street. Sie wollten sehen, ob die Börsenmakler ihnen nicht etwas über Entscheidungsfindung beibringen konnten. Du siehst, plötzlich dämmerte es irgendeinem Intelligenzbolzen, dass die City und das Schlachtfeld mehr gemein haben, als man meinen möchte. Zunächst einmal arbeiten Wertpapierhändler in einem Dauerzustand aus Getümmel, Gerüchten und widersprüchlichen Meldungen; dazu kommt noch ständig das Risiko, dass alles grandios den Bach runtergeht – exakt dieselben Bedingungen, unter denen ein General seine Truppen im Kampf befehligt.

Dann ist da noch die Frage der Schlachtpläne. Börsenmakler haben immer einen Aktionsplan für das Tagesgeschäft. Ihr Plan ist, zu gewinnen – offensichtlich – und dabei Unsummen zu scheffeln, damit sie noch mehr Scheinchen für Haargel und Rolex-Uhren hinblättern können.

Doch diese gegelten Börsenfuzzis haben das Problem, dass all die anderen gegelten Börsenfuzzis genau dasselbe wollen – so wie unsere Bürstenschnitt-Generäle das Problem haben, dass ihre Gegner im Irak, in Afghanistan oder weiß der Kuckuck wo *ihre* Pläne zu durchkreuzen versuchen. Konnten ihnen diese zigarrenschmauchenden Gordon Gekkos also Tipps geben? Wie sich herausstellte, konnten sie! Das Hauptinteresse der Generäle galt den schnellen Entscheidungen der Börsenmakler.

Digitale Displays so hoch wie Doppeldeckerbusse, Hunderte von Computerbildschirmen mit vorüberflimmernden Aktienkursen, unablässig Zurufe und Handzeichen quer übers Parkett … wie zum Teufel schafften sie es, diesen Riesenberg Daten, mit denen sie aus allen Ecken des Raumes bombardiert wurden, in ihren Kopf runterzuladen und dann binnen Sekunden auf der Stelle Entscheidungen zu fällen, auf der Stelle Geschäfte abzuschließen und dabei Hunderte Millionen Dollar zu riskieren? Die Generäle dachten sich, wenn sie *dahinter*steigen würden, dann hätten sie wirklich einen Durchbruch erzielt – denn genauso fochten sie auch *ihre* Schlachten aus.

Wir kennen alle die Kriegsfilme mit dem »Krisenraum« – fensterlose Räume, in denen sich Dutzende Gestalten über Computerbildschirme beugen, auf denen alles Mögliche von Bombenabwürfen bis zu Schiffspositionen zu sehen ist; alle hämmern auf Tastaturen ein und quasseln in Funkgeräte, kommunizieren mit den Jungs in der Gefechtszone. Inmitten von alldem befindet sich der General. Die eine große Gestalt in dem einen großen Sessel – die keine Notiz von dem sie umgebenden Chaos nimmt, sondern nur die Daten in sich aufsaugt.

Es gab da sicher Parallelen, stimmt schon. Aber was käme raus, wenn beide ganz real gegeneinander antreten würden? Wenn die Börsenmakler sich wirklich mit den Generälen messen würden?

Sie mit ihren eigenen Waffen zu schlagen versuchen würden? Wer würde dann wohl als Sieger dastehen?

Um das herauszufinden, wurden zwei getrennte Krisenräume eingerichtet und mit identischen Gefechtsinformationen versorgt. Die Daten stammten aus einer simulierten Wehrübung, bei der die Gefechtszone sich interaktiv entsprechend der Strategie veränderte – das heißt in Übereinstimmung mit den von den Insassen jedes Raums getroffenen Entscheidungen.

In einem Raum saßen die Generäle. Im anderen die Börsenhändler. Würden die Gekkos die Eisenhowers auf ihrem eigenen Terrain schlagen? Oder würden militärisches Können und Gefechtserfahrung den Sieg davontragen?

Die Antwort haute alle um! Beide Gruppen gewannen ihre Schlacht. Aber stell dir vor: Es waren die Börsenmakler, nicht die Generäle, die am Schluss über weitaus mehr überlebende Soldaten und unbeschädigte Schiffe und Flugzeuge verfügten.

Warum? Bei näherer Analyse stellte sich heraus, dass es einen riesigen Unterschied zwischen der Entscheidungsfindung der Generäle und der der Börsenmakler gab. Die Ersteren »kämpften«. Die Letzteren nicht.

Die Börsenmakler waren weit davon entfernt, die Dinge persönlich zu nehmen, und lösten nur Gleichungen. Sie nahmen die Daten auf, verarbeiteten sie, bekamen Speicherauszüge und entschieden dann, schnell und kühl, allein auf dieser Grundlage. Hinter ihrer Entscheidung stand keinerlei Gefühl. Nur kalte, harte Mathematik.

Die Generäle dagegen nahmen die Daten ebenfalls auf. Aber sie sahen sie durch eine von Mitleid getönte Brille: Ihre Gefühle kamen ins Spiel. Aufgrund ihrer reichen Gefechtserfahrung kannten sie die möglichen Folgen einer falschen Entscheidung für einen jungen Mann oder eine junge Frau im Kampfgebiet aus eigener Anschauung.

Im Kampf sind immer Menschenleben zu beklagen. Aber weil

die Generäle zum selben Stamm gehörten wie die Soldaten und Soldatinnen an der Front, hatten sie die ganze Zeit Schadensbegrenzung im Hinterkopf. Sie bemühten sich ständig, die Opferzahl auf ein Minimum zu beschränken. Was ehrenwert und löblich war. Aber auch ein bisschen problematisch. Denn dadurch, durch dieses leichte Zögern bei dem Versuch, einen alternativen, möglicherweise sichereren Weg zur Erledigung des Jobs auszuarbeiten, opferten sie mehr Leben, mehr Schiffe und mehr Flugzeuge, als wenn sie die emotionslose Variante gewählt hätten.

Es war ein bisschen so wie das, was ich dir seinerzeit über Rugby gesagt habe. Wenn du nicht mit vollem Körpereinsatz in einen Angriff hineingehst, setzt du dich einem größeren Verletzungsrisiko aus. Gehst du aber mit 100 Prozent rein, kommst du wahrscheinlich unverletzt wieder raus.

Was nicht heißen soll, dass Empathie nicht gut ist. Natürlich ist Einfühlungsvermögen gut. Aber es hat eine Schattenseite – du fühlst mit, wenn du es dir am wenigsten leisten kannst. Und dieses warme, vibrierende Gefühl im Herzen kann eher Leben *kosten* als retten.

Gefühle bringen's nicht, wenn sie die ganze Zeit ›an‹ sind. Aber wenn du einen Schalter zum Ein- und Ausschalten hast – dann können sie dir durchaus nützen.«

## DER EMPATHIESCHALTER

Andys Bemerkungen könnten für die Psychopathieforschung nicht passender kommen. Jahrelang hat man geglaubt, Psychopathen seien nicht zu Empathie fähig, in ihrem Gehirn sei einfach nicht das nötige Betriebssystem dafür installiert. Doch eine neuere Studie hat das verändert. Sie spricht dafür – genau im Einklang mit Andys Empfehlungen –, dass Psychopathen nicht etwa unfähig zu Empathieempfindungen sind, sondern vielmehr über einen Empathie»schalter« verfügen, den sie nach Belieben ein- und ausknipsen können … und die Werkseinstellung ist eben zufällig auf »aus« programmiert.

Die fragliche Studie, so erzähle ich ihm, während die Luft klarer und die Straßen steiler und schmaler werden und sich die Dämmerung wie eine Staubschicht über die Vorgebirge des Himalaja senkt, schob einige Psychopathen in einen Hirnscanner und zeigte ihnen währenddessen verschiedene Videoclips von zwei einander berührenden Händen.

Die Hände berührten sich auf vier unterschiedliche Arten und Weisen:

- Eine Hand streichelte die andere liebevoll.
- Eine Hand fügte der anderen Schmerz zu.
- Eine Hand »wies« die andere Hand »zurück« oder schob sie weg.
- Die beiden Hände stellten auf neutrale Weise Kontakt her.

Die Studie war in zwei Abschnitte untergliedert. Im ersten sahen die Psychopathen die Clips ohne vorherige Anweisungen, und ihre Hirnaktivität wurde aufgezeichnet.

Im zweiten jedoch wurde es interessanter. Diesmal bekamen die Psychopathen die Clips erneut zu sehen, doch wurden sie zuvor ausdrücklich aufgefordert, sich in die Lage der anderen Person zu versetzen und nachzuempfinden, was diese empfinden mochte. Sich in sie einzufühlen, mit anderen Worten.

Die Ergebnisse waren erstaunlich: Bei der Analyse der Hirnscans der Psychopathen aus dem ersten Abschnitt der Studie zogen die Forscher eine Niete. Verglichen mit der Hirnaktivität einer vergleichbaren Gruppe von Nicht-Psychopathen, die sahen, wie eine Hand der anderen Schmerz zufügte, zuckte das Hirn der Psychopathen nur die Achseln. Die Aktivität in ihrem Spiegelneuronensystem – ein Netzwerk von Gehirnzellen, die darauf spezialisiert sind, die Handlungen und Gefühle anderer nachzuahmen oder zu »spiegeln« – blieb weit unter dem bei normalen Menschen beobachteten Niveau.

Doch die Scans aus dem zweiten Teil des Experiments, in dem die Psychopathen sich ausdrücklich in die Lage der anderen Person hatten versetzen sollen, ergaben ein völlig anderes Bild. Diesmal trat kein signifikanter Unterschied in der Aktivität der Spiegelneuronen beider Gruppen auf.

»Wenn wir wollen, können wir also fühlen«, lächelt Andy. »Die Frage ist nur: Wollen wir?«

Vor ein paar Jahren machte mich Andy mit einem japanischen Spezialeinheiten-Sergeant namens Yoshiji Hayashi (japanisch für Andy McNab!) bekannt. Hayashi war unter den Ersten gewesen, die in der Stadt Nihonmatsu durch den Atomreaktor Fukushima verstrahlte Männer, Frauen und Kinder per Hubschrauber evakuiert hatten. Wie Andy und bestimmte andere Spezialeinheitskämpfer, die ich kenne, hatte er ein gewisses »Etwas« an sich.

Eine Ausstrahlung. Ein Selbstvertrauen. Ein psychologisches Kraftfeld unbegrenzter Möglichkeiten: als ob sein Gehirn so etwas wie eine neurale Steueroase wäre und auf unheimliche Weise ausgenommen von der alltäglichen emotionalen Steuerpflicht.

»Ich spulte einfach den vorgeschriebenen Ablauf herunter«, erklärte mir Hayashi. »Verstehen Sie mich nicht falsch. Es war nicht so, dass ich kein Mitgefühl empfunden hätte. Vielmehr war es zu diesem Zeitpunkt so, dass ich mir kein Mitgefühl *leisten* konnte. Meine Ausbildung ließ das nicht zu. Wenn ich gedacht hätte: ›Das sind meine Leute. Das sind meine Brüder und Schwestern. Schau dir bloß an, was ihnen zugestoßen ist …‹, dann hätte ich vielleicht nicht helfen können.

Ja, die Leute haben Angst. Die Leute schreien. Die Leute leiden Schmerzen. Aber du machst einfach deine Arbeit. Das musst du. Du schaltest dich innerlich irgendwie ab. Und gehst auf Autopilot. Du denkst später darüber nach.«

Einige Zeit später fühlte ich mich an Hayashis Bemerkungen erinnert, als ich einen Neurochirurgen der Spitzenklasse interviewte. Er sagte zu mir:

> Ich habe kein Mitleid mit denen, die ich operiere. Das ist ein Luxus, den ich mir einfach nicht leisten kann. Im OP werde ich neu geboren: als kalte, herzlose Maschine, völlig eins mit Skalpell, Bohrer und Säge.
>
> Wenn du dich loslöst und dem Tod hoch über der Schneefallgrenze des Gehirns ein Schnippchen schlägst, kannst du keine Gefühle brauchen. Emotion ist Entropie und ganz schlecht fürs Geschäft. Ich habe sie bei mir im Lauf der Jahre an den Rand der Ausrottung gebracht.

Klingt abschreckend, nicht wahr? Das würden Sie vielleicht von einem Elitesoldaten erwarten, nicht aber von einem Menschen, der Ihren Schädel aufsägt und in Ihrem Gehirn herumwühlt. Aber denken Sie noch mal darüber nach!

Von Henry Marsh, Facharzt für Neurochirurgie am St. George's Hospital in London, stammt ein neues Buch mit dem Titel *Do No Harm: Stories of Life, Death and Brain Surgery* (Dem Kranken nicht schaden: Geschichten über Leben, Tod und Gehirnchirurgie). Es folgt ein Auszug daraus:

> Es ist eine der schmerzlichen Wahrheiten über die Neurochirurgie, dass man nur dann gut genug ist für die wirklich schwierigen Fälle, wenn man viel Übung und große Erfahrung sammelt. Das aber bedeutet, dass man anfangs viele Fehler macht und eine Spur geschädigter Patienten hinter sich lässt.
>
> Ich vermute, dass man etwas von einem Psychopathen oder zumindest ein sehr dickes Fell haben muss, um weiterzumachen. Wenn man ein netter Arzt ist, gibt man wahrscheinlich auf, lässt der Natur ihren Lauf und bleibt bei den einfacheren Fällen …

Es ist eine ausschließlich Neurochirurgen vorbehaltene Erfahrung und eine, die allen Neurochirurgen vertraut ist. In anderen chirurgischen Fachgebieten ist es generell so, dass die Patienten entweder sterben oder genesen und nicht monatelang auf der Station bleiben.

Wir sprechen unter uns nicht darüber, außer dass man vielleicht seufzt und nickt, wenn man von solch einem Fall hört, aber wenigstens weiß man, dass jemand versteht, was man empfindet. Einige sind offenbar imstande, es abzuschütteln, aber die sind in der Minderheit. Vielleicht sind sie es, die große Neurochirurgen werden.

Oder vielleicht sind sie es, die zufällig wissen, wo der Schalter sitzt!

»He«, sage ich zu Andy, während wir auf unserem Endanflug auf Dharamsala durch das Kangra-Tal mäandern, »ich hab ein Rätsel für *dich*.«*

Du bist Kommandant in einem Kriegsgebiet. Du willst gerade Tausende Soldaten in eine große Schlacht schicken. Du glaubst, eine gute Chance zu haben, die bevorstehende Schlacht zu gewinnen, aber der Sieg wäre etwas schneller und mit weniger Verlusten zu erringen, wenn der Feind durch Fehlinformation über deine Absichten getäuscht wird.

Zugleich verfügst du über einen Spion, der dir seine Treue viele Male bewiesen hat und unter hohem persönlichen Risiko überaus nützlich war. Wie wäre es, ihn mit falschen Informationen zu versorgen und ihn an einen Ort zu schicken, wo er mit Sicherheit gefangen genommen würde?

Er würde entsetzlich gefoltert, verstümmelt und schließlich getötet werden. Doch dabei würde er die falschen Informationen so über-

* Dank an Crispin Rovere für dieses Dilemma.

zeugend preisgeben, dass es dir in der Schlacht einen Vorteil verschafft.

Schickst du ihn los?

Wir halten in einer Ausweichbucht, um eine Busladung Touristen aus McCleod Ganji – Upper Dharamsala oder »Klein-Lhasa«, wie es auch heißt – vorbeizulassen. Andy schaut mich verblüfft an.

»Natürlich«, sagt er. »Warum sollte ich denn nicht?«

»Weil er loyal und genial ist?«, wage ich zu vermuten.

Andy lacht. »Dann umso mehr Grund, ihn einzusetzen!«, sagt er und fährt wieder an. »Ich meine, du schickst doch keine zwielichtige Type, oder?«

## EMOTHERAPIE

Okay, es ist höchst unwahrscheinlich, dass Sie jemals in einer Nuklearkatastrophe als Erste/r aus einem Helikopter springen. Oder weit hinter feindlichen Linien im Gehirn operieren. Oder einen genialen Geheimagenten in den Tod schicken. Und selbst wenn Sie sich zufällig doch in einer dieser Situationen wiederfinden sollten, ist es höchst wahrscheinlich, dass Sie bereits sehr geübt darin sind, Ihr Haus der Gefühle sauber zu halten.

Aber wenn Sie kein Freund von Höhe sind, dann kann sich schon der kleinste Maulwurfshaufen wie ein Berg vor Ihnen auftürmen – und keiner von uns kann nur in der Ebene durchs Leben schreiten. Wenn Sie also das nächste Mal auf eine längere, steilere Steigung stoßen, als Ihnen vielleicht lieb ist, dann folgen jetzt einige Tipps, wie Sie vorankommen, ohne nach unten zu schauen.

### Fragen Sie sich: Was wäre, wenn …?

Der australische Milliardär Kerry Packer war von den 1970er bis in die 1990er Jahre ein vertrautes Gesicht in Las Vegas. Die Summen, die der Medienmogul gewann und verlor, sind legendär – und wenn er in der Stadt war, überschlugen sich die Casinobosse gewöhnlich vor Beflissenheit. Mahlzeiten, Mädchen, Suiten, Autos – was auch immer – wurden ihm mit besten Grüßen des Hauses auf dem Silbertablett serviert. Und jeder auch noch so winzigen Laune wurde nachgegeben.

Doch Packers Star-Status war – wenig überraschend – auch ein Stein des Anstoßes und machte ihn bei seinen Mitgästen nicht gerade beliebt. Einmal – es war im Casino des »Stratosphere« – ärgerte sich ein reicher texanischer Öl-Investor so sehr über eine weitere atemberaubende Vorstellung des Australiers, dass er beschloss, zum Angriff überzugehen.

»Was macht Sie denn so besonders?«, knurrte er. »Ich habe 100 Millionen Dollar auf der Bank.«

Packer lächelte. »Das ist toll«, erwiderte er. »Ich sag' Ihnen was – ich knoble mit Ihnen darum.«

100 Millionen Dollar sind verdammt viel Geld. Und fest eingebettet in diesen Berg von Dollarnoten ist verdammt viel Gefühl. Menschen entwickeln ziemlich starke Bindungen an ihren Kontostand. Als also der Ölbaron Packer fragte, was ihn denn so besonders mache, bekam er auf der Stelle die unmissverständliche Antwort Packers. Es war nicht der Umstand, dass er sich einfach so von 100 Millionen Dollar trennen konnte. Eigentlich war das der leichtere Teil. Nein. Es war der Umstand, dass er sich einfach so von *Gefühl* im Wert von 100 Millionen Dollar trennen konnte. *Das* ist ein bisschen schwieriger!

Wir schlagen hier jetzt aber nicht etwa vor, dass Sie Ihre Lebensersparnisse aus dem Fenster werfen sollen oder etwas in der Art.

»Es sei denn, Sie wollen sie uns zuwerfen«, meint Andy.

*Was* wir jedoch empfehlen, ist eine ganz elementare Technik, die ebenso simpel wie wirksam ist. Wenn Sie sich das nächste Mal von einer schwierigen Aufgabe gestresst fühlen, dann treten Sie einen Schritt zurück und fragen Sie sich Folgendes:

- Was täte ich, wenn ich mich *nicht* so fühlen würde?
- Was täte ich, wenn es mir *schnurzegal* wäre, was andere denken?
- Was täte ich, wenn die Sache unwichtig wäre?

Und dann, wenn Sie die Antwort auf diese Fragen haben, legen Sie los. Es ist kein Hexenwerk. Tun Sie es einfach.

Steve Davis, sechsmaliger Snooker-Weltmeister, wurde einmal danach gefragt, was einen großen Spieler ausmache. Er antwortete: »Zu spielen, als würde es nichts bedeuten, obwohl es alles bedeutet.«

»Ich meine, ich hab's dir doch schon mal gesagt, seit wann muss man denn zu etwas *Lust haben*, um es dann wirklich zu *tun*?«, sagt Andy, während er uns stetig aufwärts in die sandelholzduftgeschwängerte Nacht durch die kerzenerleuchteten Basare von Lower Dharamsala schaukelt. »Wenn das so wäre, kämen doch die meisten Leute morgens gar nicht aus dem Bett. Habe ich je Lust gehabt, jemanden zu erschießen? Nein. Ehrlich gesagt hätte ich mir Sorgen gemacht, wenn es je so gewesen wäre. Es gehört eben zu dem Job dazu. Habe ich mich je *mies* dabei gefühlt, jemanden zu erschießen? Nein. Auch das gehört einfach zum Job.

Ich hab' mal eine tolle kleine Geschichte gehört. Also eigentlich eher eine Parabel. Ein muslimischer Kämpfer zieht in den Krieg gegen die Ungläubigen. Auf dem Schlachtfeld spuckt ihm ein feindlicher Soldat ins Gesicht. Der Muslim ist schon drauf und dran, ihn zu töten, als er innehält und ihn ziehen lässt. Verblüfft fragt ihn der Mann, warum.

›Bevor du mich angespuckt hast, wollte ich dich im Namen Allahs töten‹, erwidert der Kämpfer. ›Aber danach wollte ich dich töten, um mein Ego zu erhalten. Das aber ist eine Sünde.‹«

## Denken Sie daran: »Es ist nur in Ihrem Kopf«

»Was du fühlst, ist nicht real, nicht wahr?«, bemerkt Andy und prägt, ohne es zu wissen, ein halbwegs anständiges Mantra. »Ich meine, ist es schon, aber es ist es nicht … wenn du verstehst, was ich sagen will. Es sind einfach nur verschiedene Sorten Zellen, die in deinem Gehirn in verschiedene Richtungen wandern. Es bedeutet eigentlich nichts. Wenn du einen Film ohne Ton guckst, ist es immer noch derselbe Film. Der Soundtrack ändert nichts an der Handlung. So sehe ich Gefühle.«

Wenn Ihnen Andys Sicht der Beziehung zwischen Gefühl und Erlebnis – zwischen Innenwelt und Außenwelt – vertraut vorkommt, dann täuschen Sie sich nicht. Sie würde, oberflächlich betrachtet, ein großartiges Leitbild für Achtsamkeit abgeben – die Einstellung des Im-Augenblick-Lebens, die wir im vorigen Kapitel betrachtet haben.

Zwischen unseren Ohren spielen sich jede Menge Vorgänge ab, die absolut keine Beziehung zur Realität haben – und in vielen Fällen gehört dazu auch, wie wir etwas empfinden. Sich das vor Augen zu halten – immer daran zu denken, dass es oft »nur in Ihrem Kopf ist« – ist ein sehr guter erster Schritt, um sich schließlich die 100-Millionen-Dollar-Frage »Was wäre wenn …?« zu stellen. Und dann trotzdem weiterzumachen.

Als ich *Psychopathen* schrieb, nannte mir der Achtsamkeitsexperte Mark Williams das vielleicht beste Beispiel für die Macht dieser Denkweise, das ich je gehört habe. Er erklärte mir, wie man sie einsetzen könnte, um jemandem über Flugangst hinwegzuhelfen.

»Eine Möglichkeit«, erklärte Mark, »wäre vielleicht die, den Betreffenden in ein Flugzeug zu bringen und neben jemanden zu setzen, der es einfach liebt, hoch oben in der Luft zu sein. Während des Fluges führen Sie dann bei beiden einen Gehirnscan durch. Der eine zeigt ein glückliches Gehirn, der andere ein ängstliches. Ein Gehirn im völligen Angstzustand:

»Diese beiden Bilder«, sagen Sie ihnen, »repräsentieren genau das, was im Moment, in ebendiesem Augenblick, in Ihren Gehirnen vor sich geht. Und da sie so unterschiedlich sind, bedeutet offensichtlich keins von beiden irgendetwas, oder? Keines sagt irgendetwas über den Zustand des Flugzeugs aus. *Diese* Wahrheit können uns nur die Motoren verraten. Das Einzige, was diese Bilder repräsentieren, die Sie da in Händen halten, ist ein Gehirnzustand. Ein Gefühl. Nicht mehr und nicht weniger. Was sie fühlen, ist nichts weiter als das: ein Gefühl. Ein neuronales Netzwerk, ein elektrisches Ensemble, eine chemische Konfiguration, verursacht durch Gedanken in Ihrem Kopf, die wie Wolken kommen und gehen.
Wenn Sie sich also dazu durchringen können, diese Tatsache zu akzeptieren, Ihre innere virtuelle Realität unvoreingenommen zu betrachten, die Wolken vorbeiziehen zu lassen, damit ihre Schatten andernorts fallen, und sich stattdessen nur auf das zu konzentrieren, was unmittelbar um Sie herum geschieht – auf jede einzelne Sekunde und jedes einzelne Geräusch in Ihrer Umgebung, jeden Sinneseindruck –, dann dürfte sich Ihr Zustand im Lauf der Zeit verbessern.«

## Denken Sie nicht dran

Der südafrikanische Golfer Louis Oosthuizen gewann 2010 entgegen allen Erwartungen die British Open Championship. Die Saison vor diesem Turnier war für ihn nicht allzu gut gelaufen, und die meisten Fachleute waren fest überzeugt, dass er trotz eines Vorsprungs von vier Schlägen dem Druck der letzten Runde nicht standhalten würde. Aber sie irrten sich. Der Oosthuizen des vorigen Jahrs wäre vielleicht eingeknickt. Aber nicht dieser. Und das hatte einen ganz simplen Grund: einen kleinen roten Punkt direkt unterhalb des Daumensattelgelenks auf seinem Handschuh.

Der Punkt war ein Einfall des Sportpsychologen und Leistungstrainers Karl Morris. Kurze Zeit zuvor hatte Oosthuizen Morris einen Besuch abgestattet und ihn um Rat gefragt, wie er mit seinen zwanghaften Versagensgedanken fertig werden könnte, die ihn derzeit ständig in genau dem falschen Augenblick beschlichen – etwa vor einem entscheidenden Schlag. Und Morris verfiel auf eine ganz einfache Lösung:

Wenn Oosthuizen zum Schlag ausholte, sollte er sich bewusst ablenken. Er sollte sich ausschließlich auf den roten Punkt auf seinem Daumen konzentrieren. Im entscheidenden Moment zählte nur der Punkt, nicht der Schlag. Die »Golfregion« seines Gehirns konnte den Schlag sehr gut alleine ausführen, ohne dass der Rest von »ihm« dabei war und alles vermasselte. Er gewann mit sieben Schlägen Vorsprung.

Morris' »Dotcon«-Lösung für Oosthuizens psychologische Nöte wird in der Sportpsychologie als »Process Goal« bezeichnet. Bei dieser Technik soll der Sportler sich auf *etwas* anderes konzentrieren, damit er an *nichts* anderes denkt.

Der Grundgedanke ist, wie Oosthuizen bewies, dass wir meistens wissen, was wir tun müssen. Doch die Angst, es nicht fertigzubringen, verhindert eben, dass wir es tun.

Es tun! Jeder, der schon einmal Probleme mit dem Einschlafen hatte, weiß das nur zu gut. Je mehr man sich bemüht, desto weniger gelingt es – denn, wie Andy es formuliert, »wenn es etwas gibt, dem Leistungsangst in die Quere kommt, dann dem Einschlafen«.

Stattdessen gilt es, die bestmöglichen Bedingungen für eine »optimale Leistung« zu schaffen – ein dunkles, ruhiges Zimmer mit einem kuscheligen, bequemen Bett – und den Dingen ihren Lauf zu lassen.

Die Wirksamkeit von Ablenkung gegen Trübsal ist in der wissenschaftlichen Literatur gut belegt. Ablenkung richtet Ihre Aufmerksamkeit neu aus: weg von dem aktuellen Problem – und der oft damit einhergehenden quälenden Ungewissheit seiner Lösung – und hin auf etwas weniger »Bedeutsames«. Diese Unterscheidung zwischen dem Ereignis selbst und seinem von Natur aus wahrscheinlichkeitsabhängigen Auftreten ist überaus wichtig. Denn auch wenn es nicht so aussehen mag, zu knabbern hat man ironischerweise an der Ungewissheit, ob etwas Schlimmes passiert. Nicht an den schlimmen Dingen selbst!

So stellte eine Studie beispielsweise fest, dass Menschen mit chronisch unsicherem Arbeitsplatz signifikant häufiger unter Depressionen und Gesundheitsproblemen leiden als Menschen, die ihre Arbeit tatsächlich verloren hatten. Für eine andere Untersuchung sollten Menschen vorhersagen, ob ein ungelöstes Problem in ihrem Leben ein schlimmes Ende nehmen werde. Es stellte sich heraus, dass sich die Befragten zu 85 Prozent *irrten*.

»Im SAS-Auswahlverfahren war es genauso«, sagt Andy. »Die Trips über die Black Mountains dienten eigens dazu, nicht nur die körperliche, sondern auch die mentale Fitness der Kandidaten zu prüfen. Die meistens Jungs sind fit genug, um mit dem Gewicht auf dem Buckel voranzukommen, und sie können Karten lesen. Doch das Problem ist, dass keiner die Zeitobergrenzen kennt – wie lange du für jede Strecke brauchen darfst. Diese ständig nagende Ungewissheit macht die Leute fertig. Sie macht jeden unsicher. Aber es gibt ein ganz einfaches Gegenmittel. Du liest die Karte und setzt so schnell wie möglich einen Fuß vor den anderen. Nichts sonst zählt.«

Die Botschaft ist glasklar. Ungewissheit ist für uns so schwer zu ertragen, dass wir bereit sind, vom Schlimmsten auszugehen, nur um sie loszuwerden. Wenn Sie also das nächste Mal vor einem »entscheidenden Schlag« stehen, dann bedenken Sie, bevor Sie losschlagen, Folgendes:

- Ungewissheit ist von Natur aus ungewiss.
- Es *könnte* schiefgehen. Aber es könnte genauso gutgehen.
- Selbst wenn es sich zum Schlechteren wendet, dann ist die *Vorstellung*, dass es übel ausgehen wird, noch schlechter!

Ablenkung kann aber nicht nur uns selbst entwaffnen, sondern ist auch ein ebenso wirksames Werkzeug zur emotionalen Entwaffnung anderer. Wie Sie sich erinnern werden, sahen wir in Kapitel 7, dass der Überraschungseffekt der Beeinflussung auf Ablenkung beruht – er wirft eine psychologische Blendgranate durch das Erwartungsfenster des Gehirns. Und in dem darauf folgenden Chaos schleust er ein, was auch immer unter dem Radar durchschlüpfen soll.

Diese Technik ist überaus effektiv – insbesondere in Konfliktsituationen, in denen ein Attentat auf negative Emotionen besonders wichtig ist, um zu einer erfolgreichen Lösung zu kommen. Als wir endlich vor unserem Hotel in McLeod Ganj vorfahren, liefert Andy noch ein hervorragendes Beispiel.

»Damals in meiner Zeit im Regiment hatte ich einen Kumpel namens Dave, der Bulle in Hereford war. Dave war ein Fußballnarr, und seine Mannschaft, Brentford, hatte im englischen Pokalwettbewerb Liverpool als Gegner gezogen. Jedenfalls fährt er mit, um sein Team anzufeuern, und es wird vernichtend geschlagen, mit 38 zu 0 oder so. Im Zug nach Hause gibt sich Dave die Kante, und als er wieder in Hereford angekommen ist, lässt er sich in den Kneipen weiter volllaufen.

Als er schließlich zu Hause eintrudelt, ist er nicht gerade gut drauf. Er rempelt den Wohnzimmertisch um, schlägt mit der Faust eine Tür durch, geht dann auf seine Gattin los und schubst sie rum. Sie kriegt eine Heidenangst und rennt aus dem Haus auf die Straße. Sie will nicht die Polizei holen, damit seine Kollegen ihn so nicht sehen, also ruft sie mich an. Ich sage ihr, sie soll bleiben, wo sie ist, bis ich da bin.

Ich springe also ins Auto, düse rasch zu Liverpool-Billy – einem anderen Kumpel aus dem Regiment –, um mir ein Liverpool-Shirt zu borgen, und marschiere fünf Minuten später im strömenden Regen Daves Auffahrt hoch und klopfe an seine Tür. Seine Frau traut ihren Augen nicht!

›Hallo Dave‹, sage ich, als er aufmacht. ‹Ich kam grad vorbei und dachte mir, du weißt vielleicht zufällig, wie Brentford gespielt hat?›

Ein Moment herrscht Schweigen, während er allmählich erfasst, was er sieht. Den Regen. Die Kälte. Die Frau. Das *Liverpool-Trikot*! Dann lacht er.

›Du blöder Mistkerl‹, sagt er. ›Komm schon rein.‹«

## HÄRTEN SIE SICH AB

Allerorten hört man von den segensreichen Wirkungen regelmäßiger Bewegung. Doch es gibt Hinweise darauf – und für diese Information werden Sie uns nicht dankbar sein –, dass regelmäßiger Sport mit einer eiskalten Dusche zum Abschluss noch segensreicher ist.

Sportliche Betätigung als solche hilft gegen Angst, Stress und Depressionen, weil sie den Körper einer überschaubaren, kontrollierbaren, regulierbaren Belastung aussetzt. Diese impft Ihre Psyche – wie eine Grippeimpfung Ihr Immunsystem gegen die Rüsselpest – gegen aggressive emotionale Stressoren.

Doch wie es aussieht, gilt das auch für die regelmäßige Anwendung von kaltem Wasser. Zumindest bei Ratten jedenfalls!

Die Wissenschaft hat festgestellt, dass Ratten, die regelmäßig in kaltem Wasser schwammen, weniger anfällig für erlernte Hilflosigkeit waren – der in Kapitel 3 besprochenen Unfähigkeit, »die Initiative zu ergreifen« und »sich zu wehren«.

Ob eine solche Resilienz, eine solche emotionale Abhärtung

auch bei uns Menschen auftritt, ist umstritten. Doch manche Forscher vertreten diese Ansicht. Wenn Sie regelmäßig Sport treiben, machen Sie wiederholt abwechselnde Phasen von Stress und Erholung durch. Und wenn Sie sich dazu noch den akuten thermischen Härten durch ein kaltes Tauchbad zum Abschluss aussetzen, dann stellt dies einen schrittweisen affektiven Abhärtungsprozess dar, der denjenigen, die sich ihm unterziehen, zu größerer emotionaler Stabilität verhilft und sie länger andauernden Stress besser verkraften lässt.

Solche Schlussfolgerungen sind wie gesagt spekulativ. Doch es könnte durchaus etwas dran sein. Einige Evolutionsbiologen nehmen an, dass die neurobiologische Hardware, die in den Tagen unserer prähistorischen Vorfahren die Grundlage der Thermoregulation der Säugetiere bildete, auch späteren emotionalen Erregungsmechanismen den Weg gebahnt haben könnte. Diese Voraussetzung gibt dem amerikanischen Psychologen Richard Dienstbier Anlass zu der Vermutung, dass es einen Zusammenhang zwischen Kältetoleranz und emotionaler Stabilität geben könnte. Und dass Sie durch Stärkung der Ersteren womöglich Letztere steigern können.

Ist es ein Zufall, dass Verkehrsrowdytum in den Zeiten, bevor ausgeklügelte Klimaanlagen zur Standardausstattung von Autos, Häusern und Büros gehörten, so gut wie unbekannt war? Vielleicht. Vielleicht aber auch nicht.

Neuere Befunde deuten darauf hin, dass die weite Verbreitung dieser temperaturregelnden Anlagen auch zu der gleichermaßen weit verbreiteten Zunahme der Fettleibigkeit beitragen könnte. So ergaben Studien, dass in geschlossenen Räumen die Senkung der Temperatur um nur fünf Grad Celsius – von 27 auf 22 Grad – dazu führt, dass pro Tag zusätzlich 239 Kalorien verbrannt werden.

Bedenkt man, dass die Temperatur in der britischen Durchschnittswohnung von 13 Grad im Jahr 1970 auf 18 Grad im Jahr

2000 gestiegen ist, dann muss man kein Atomphysiker sein, um sich vorstellen zu können, dass eine solche Zunahme sich im Lauf der Zeit in beträchtliche Gewichtszunahmen, eine allgemeine Abnahme der Fitness ... und zunehmende emotionale Labilität übertragen könnte.

Thermischer Stress ist etwas, mit dem umzugehen wir gelernt haben – über Millionen Jahre unserer Evolutionsgeschichte. Wenn, wie manche vermuten und wie das Experiment mit den Ratten allem Anschein nach belegt, die neurobiologischen Mechanismen der Thermoregulation und der emotionalen Regulation an irgendeinem Punkt im Verlauf dieser Geschichte konvergierten, dann ist es sehr gut möglich, dass die präzise Temperatursteuerung unserer Innenraumumgebung Einfluss auf unsere Fähigkeit zur Stressbewältigung ausübt.

»Es könnte mehr an dem Ausdruck ›Dampf ablassen‹ dran sein, als wir glauben!«, sage ich zu Andy, als wir auf dem Balkon unseres angemessen mönchischen Zimmers stehen und über die Stadt auf die golden glänzenden Lichter des Dalai-Lama-Palasts schauen.

»Möchte da jemand einen Waldlauf, einen Saunagang und ein eiskaltes Tauchbad?« Er grinst, schüttelt den Kopf, reckt den Hals und schaut die Straße rauf und runter.

»Wie hoch schätzt du die Chance ein, irgendwo hier und zu dieser Nachtzeit noch ein Bacon-Sandwich zu kriegen?«, sagt er.

## FRAGEBOGEN:

# WIE GUT KÖNNEN SIE VERHALTEN UND GEFÜHL ENTKOPPELN?

Ordnen Sie jeder der folgenden Aussagen einen Punktwert zu und addieren Sie alle. Vergleichen Sie Ihren Wert mit der Auswertung am Ende:

| | 0 trifft voll und ganz zu | 1 trifft eher zu | 2 trifft eher nicht zu | 3 trifft ganz und gar nicht zu |
|---|---|---|---|---|
| 1. Ich bin schnell frustriert, wenn es nicht nach meinem Kopf geht. | ❍ | ❍ | ❍ | ❍ |
| 2. Es fällt mir schwer, mich zu konzentrieren, wenn »ein Damoklesschwert über mir schwebt«. | ❍ | ❍ | ❍ | ❍ |
| 3. Es fällt mir schwer, jemandem eine schlechte Neuigkeit zu überbringen oder ihm die nackte Wahrheit zu sagen. | ❍ | ❍ | ❍ | ❍ |
| 4. Ich bekomme häufig nicht, was ich wirklich will, weil ich andere nicht beunruhigen oder belästigen möchte. | ❍ | ❍ | ❍ | ❍ |
| 5. Selbst wenn vor einem knappen Termin jede Sekunde zählte, könnte ich es mir nur schwer verkneifen, eine wichtige E-Mail zu öffnen. | ❍ | ❍ | ❍ | ❍ |
| 6. Ich bereue oft später Entscheidungen oder Dinge, die ich in der Hitze des Gefechts gefällt oder getan habe. | ❍ | ❍ | ❍ | ❍ |
| 7. Es fällt mir schwer, meiner Mannschaft bei einem Entscheidungsspiel oder beim Elfmeterschießen zuzusehen. | ❍ | ❍ | ❍ | ❍ |
| 8. Ich bin nicht gut in Notfällen, weil es mir schwerfällt, einen klaren Kopf zu bewahren. | ❍ | ❍ | ❍ | ❍ |
| 9. Ich gehe ungern Risiken ein, wie berechtigt sie auch sein mögen. | ❍ | ❍ | ❍ | ❍ |
| 10. Wenn ich in *Wer wird Millionär* vor der letzten Frage stünde, könnte ich nicht klar denken. | ❍ | ❍ | ❍ | ❍ |
| 11. Ich hätte Probleme, einem kleinen Kind im Notfall Insulin zu spritzen. | ❍ | ❍ | ❍ | ❍ |

## Auswertung

**0–11** Ihr Gehirn ist eine vom Gefühl beherrschte Diktatur. Eventuell Zeit für einen Staatsstreich?

**12–17** Ihr Gehirn ist vielleicht nicht gerade eine emotionale Diktatur, aber das Gefühl ist sicherlich die Regierungspartei. Misstrauensvotum in Ordnung?

**18–22** 50 Prozent Stefan Raab, 50 Prozent Stefanie Hertel.

**23–28** Ihr Hirn beherrscht definitiv Ihr Herz. Sie wägen ab, bevor Sie handeln, und können die Dinge gut ins richtige Verhältnis setzen.

**29–33** Gegen Sie ist Mr. Spock ein Waisenknabe!

Jörg Schindler

**Die Rüpel-Republik**

Warum sind wir so unsozial?

Band 18916

Rüpel, Ignoranten, Sozialallergiker und andere Ichlinge – Menschen, die uns täglich auf offener Straße beleidigen; Kollegen, die rücksichtslos ihre Ellbogen ausfahren; Schmarotzer, die sich nicht darum scheren, ob andere auch noch etwas brauchen. Wir leben in einer Rüpel-Republik.

Was hat uns so unsozial werden lassen? Wo führt es hin, wenn jeder nur noch tut, was er für richtig hält und was zwar ihm nutzt, dafür aber anderen schadet? Und wieso wehren wir uns nicht dagegen? Jörg Schindler tritt eine überfällige Debatte über unsere immer rücksichtslosere Gesellschaft los und entwickelt Ideen und Lösungsansätze.

Fischer Taschenbuch Verlag

fi 18916 / 1